이패스 **외환전문역 Ⅰ종**

3주 완성

Since 2003 필수체크문제+모의고사

2025~2026년 시험 대비

● 2025년 기본서 개정사항 반영 완료
● 핵심개념 및 출제예상문제 + Final 체크 문제 +실전모의고사 2회

이패스 추천도서
금융자격 교육 21년

문제풀이 강의
30% 할인쿠폰

박성현, 이패스코리아 금융연구소 공편저

epasskorea

외환전문역 I 종 |머|리|말|

외환전문역 자격증은 실제 현업에 있는 종사자들이 필요에 의해 취득을 하는 경우가 많습니다. 대부분 은행의 외환딜러들이나 무역회사들에서 업종에 특성에 맞춰 필요한 경우가 대부분이라고 볼 수 있습니다. 외환전문역 1종의 경우 외환업무를 보는 금융권 실무 담당자나 본점에 있는 외환부서 직원들에게 필요하며, 특히 외환부서를 목표로 하는 경우 반드시 취득해야 할 자격증입니다.

반면, 기존 외환전문역 교재의 경우 출제 경향과 맞지 않는 문제들이 많아서 교재와 시험의 괴리가 크다는 평을 받아왔습니다.

이패스코리아 외환전문역 I 종 교재는 이러한 괴리감을 최소로 하며, 최신 출제 트렌드를 반영하여 개발하려고 노력하였습니다. 외환전문역에서 출제되는 2점 배점 문항을 맞추는 것에 초점을 잡게 되면 배가 산으로 가는 엉뚱한 결과를 낳을 수 있기 때문에 최대한 1점 배점을 다 맞추는 것에 포커스를 맞췄습니다. 본 교재는 기본서 개념을 바탕으로 기초문제를 완벽 분석하였습니다. 또한 "시험 보기 전에 반드시 풀어봐야 할 문제"를 통하여 외환에 대한 기초 지식이 있는 은행원들에게는 공부시간을 줄여주고, 외환전문역을 처음 접하는 학습자에게는 시험을 어떤 방식으로 대비해야 하는지를 알려주는 합격의 가교역할을 할 수 있도록 개발되었습니다.

본 교재는 합격을 위해 시간을 줄여주고, 외환전문역이 될 수 있는 기초지식을 배양하여 두 마리 토끼를 잡을 수 있도록 하였습니다.

모의테스트를 통해 시험보기 전 자신을 점검한다면 반드시 좋은 결과를 낳을 수 있을 것입니다.

저자 박성현, 이패스코리아 금융연구소 공편저

|출|제|경|향|분|석| 외환전문역 Ⅰ종

● 제1과목 외환관리실무

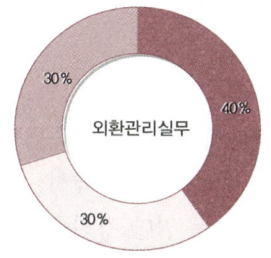

- 외국환매매·대출 및 보증, 지급과 영수
- 지급 등의 방법, 지급수단
- 현지금융 및 해외직접투자

출제포인트

총 35문항이 출제되기 때문에 외환전문역 Ⅰ종에서 가장 중요한 과목입니다. 외국환거래 시 적용되는 외국환 거래법의 이해와 외국환의 매매, 환전 및 자본거래와 현지 금융 등 외환관리에 대한 전반적인 내용을 정확히 이해해야 합니다.

● 제2과목 외국환거래실무

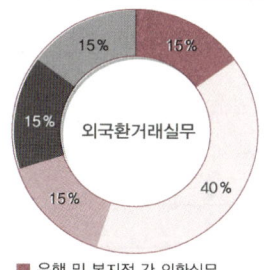

- 은행 및 본지점 간 외환실무
- 대고객 외환실무
- 특수한 외환상품
- 외국환 회계
- 외국환업무와 관련된 컴플라이언스 업무

출제포인트

총 25문항이 출제되며, 외국환 지급결제업무에 대한 이해와 영업점에서 발생하는 대고객 외국환업무와 대고객 업무를 지원하기 위한 은행 간, 은행 본 지점간 지원 시스템 및 관리업무에 대한 내용이 주를 이룹니다.

● 제3과목 환리스크 관리

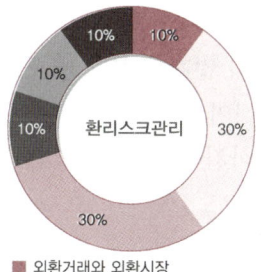

- 외환거래와 외환시장
- 환리스크 관리
- 선물환거래와 외환스왑
- 선물
- 스왑
- 옵션

출제포인트

총 20문항이 출제되며 출제비율이 낮은 과목입니다. 무역 및 자본자유화의 진전에 수반되는 기업 및 개인고객의 환리스크의 기초 이해와 환리스크 및 이자율 리스크를 관리할 수 있는 파생금융상품 개념이 함께 나옵니다.

좀 더 자세한 내용 및 수험정보 등은 당사 홈페이지(www.epasskorea.com) 참조

외환전문역 Ⅰ종 |학|습|전|략|

외환전문역 1종은 과목별로 점수 비중이 다르기 때문에 학습하는 시간과 방식을 다르게 하여 학습하는 것이 필요하며, 구체적으로 다음과 같은 전략을 기초로 학습하는 것이 효율적입니다.

특히 1과목에서 나오는 내용이 2과목과 40% 정도 중복되기 때문에 1과목에 집중 해야 합니다. 2과목과 3과목도 10% 정도 비슷하기 때문에 중복되는 내용은 3과목에서 집중 해서 공부를 하는 것이 좋습니다. 그래서 무조건 공부를 하기 보다는 일단 강의를 듣고 공부를 하는 것을 추천합니다.

특히 은행에 근무하지 않는 실무자의 경우 1과목은 정말 두리뭉실한 내용이 많기 때문에 동영상 학습을 선행하는 것이 좋습니다. 1과목은 교재를 모두 보지 않고, 중요한 부분을 중심으로 보는 것이 좋지만 처음 학습하는 경우 중요한 부분과 그렇지 않은 부분을 분리하기 어렵습니다.

● 제1과목 외환관리실무(35문제, 50점)

제1과목에서는 제2장 외국환은행의 외국환매매, 제3장 전문외국환업무취급업자의 외국환업무, 제4장 지급과 영수, 제5장 지급 등의 방법이 중요하고, 제7장 자본거래의 경우, 계정에 관련된 내용과 제9장 해외직접투자와 부동산투자가 중요합니다. 또한 매년 개정되는 부분을 챙겨 보고 변경된 내용을 확인해야 합니다.

1과목은 외국환 거래법이라는 쉽게 접하지 않은 생소한 용어들이 많기 때문에 체계적이고, 불필요한 부분을 쳐낸 중요한 부분 위주로 공부를 하는 것이 중요합니다. 무조건 암기하는 것은 큰 도움이 되지 않으며, 이해를 하는 것이 중요하기 때문에 동영상을 선행학습하기를 강력히 추천합니다.

● 제2과목 외국환거래실무(25문제, 30점)

제2과목에서는 제1과목의 내용과 40%이상 중복이 됩니다.

제1장 은행 및 본지점 간 외환실무, 제2장 대고객 외환실무, 제3장 특수한 외환상품, 제4장 외국환회계는 1과목과 10% 정도 겹칩니다. 제5장 외국환업무와 관련된 컴플라이언스업무 제6장 외국환거래관련 위규사례의 경우는 1과목과 똑같으며, 보충하는 정도이기 때문에 1과목을 제대로 공부했다면 대략적인 내용만 체크하고 넘어가도 됩니다. 4장 외국환회계는 수출입에 관련된 내용이 많이 나오기 때문에 교재의 내용만으로 이해가 어렵기 때문에 사전 지식이 필요한 부분입니다.

● 제3과목 환리스크관리(20문제, 20점)

제3과목에서는 배점이 낮고 내용이 많기 때문에 선택과 집중이 필요합니다. 특히 환리스크라는 수험교재는 다소 애매한 내용들로 되어 있어서 시험을 보는 수험생 입장에서는 그리 좋은 교재는 아닙니다. 또한 파생 상품 위주기 때문에 어렵게 느껴질 수 있습니다.

제1장 외환거래와 외환시장과 제2장 환리스크 관리는 파생상품에서 본 내용위주로 나오고 제3장 선물환거래와 외환스왑에서는 외환스왑이 중요하고 제4장 선물에서는 선물과 선물환의 구분이 중요합니다. 옵션에서는 다양한 옵션과, KIKO 등이 출제 가능성이 높습니다.

좀 더 자세한 내용 및 수험정보 등은 당사 홈페이지(www.epasskorea.com) 참조

외환전문역 Ⅰ종 3주 학습플랜

1일	2일	3일	4일	5일
1과목 외국환은행의 외국환매매	1과목 전문외국환업무 취급업자의 외국환업무	1과목 지급과 영수	1과목 지급등의 방법	1과목 자본거래
6일	**7일**	**8일**	**9일**	**10일**
1과목 현지금융 해외직접투자	1과목 외국인 국내 직접투자 (외국인투자촉진법)	1과목 대외무역법규	2과목 은행 및 본지점 간 외환실무	2과목 대고객 외환실무
11일	**12일**	**13일**	**14일**	**15일**
2과목 특수한 외환상품	2과목 외국환회계	2과목 외국환업무와 관련된 컴플라이언스 업무	2과목 외국환거래관련 위규사례	3과목 외환거래와 외환시장
16일	**17일**	**18일**	**19일**	**20일**
3과목 환리스크 관리	3과목 선물환거래	3과목 외환스왑	3과목 선물	3과목 스왑
21일				
3과목 옵션				

이 책 의 구 성 과 특 징 외환전문역 Ⅰ종

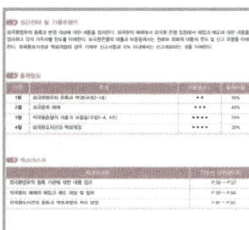

● STEP 1 | 학습포인트

① 각 과목의 단원별로 기출트렌드 및 출제빈도를 알려줍니다.
② 기본서와 연계된 체크리스트를 기재함에 따라 주요 핵심내용을 빠르게 익힐 수 있습니다.
③ 핵심을 짚어주는 학습포인트에 따라 공부하면 수험준비시간을 줄일 수 있습니다.

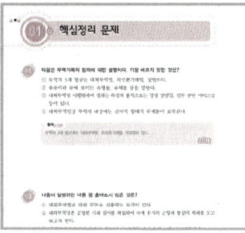

● STEP 2 | 핵심문제 정리

① 기본개념을 바탕으로 한 기초문제를 수록하였습니다.
② 출제자의 출제포인트를 자세히 기재하여 문제풀이 및 핵심요약까지 가능하도록 설계되었습니다.

● STEP 3 | 출제예상 문제

① 기출문제와 비슷한 유형과 난이도의 문제를 집중적으로 출제하였습니다.
② 각 문제별로 난이도 표시를 해주어 수준별 학습이 가능하도록 구성하였습니다.

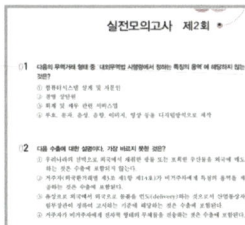

● STEP 4 | 최종실전모의고사

① 실전 시험에 대비할 수 있도록 출제가능성이 높은 문제들로 구성하였습니다.
② 실제 시험과 동일한 문항수를 배치함으로써 시험 전 실전감각을 기를 수 있습니다.
③ 모의고사를 통해 최종 점검을 해본 후 미진한 과목 또는 단원에 대해서는 마무리 체크해보시기 바랍니다.

외환전문역 Ⅰ종 |자|격|시|험|안|내|

● 외환전문역 Ⅰ, Ⅱ종

1. 국가공인 외환전문역 Ⅰ종 : 금융기관의 외환업무 중 외국환 법규 및 외환거래실무를 이해하고 고객의 외화 자산에 노출되는 각종 외환리스크를 최소화시키는 등 주로 개인 외환과 관련된 직무를 담당
2. 국가공인 외환전문역 Ⅱ종 : 금융기관의 외환업무 중 수출입업무 및 이와 관련된 국제무역 규칙을 이해하고 외환과 관련된 여신업무를 수행하는 등 주로 기업 외환과 관련된 직무를 담당

● 외환전문역 전망

보통 외환전문역의 경우 실제 현업에 있는 종사자들이 필요에 의해 취득을 하는 경우가 많다. 대부분 은행쪽의 외환딜러들이나 무역회사들에서 업종에 특성에 맞춰 필요한 경우가 대부분이라고 볼 수 있다. 외환 전문역 1종의 경우 외환업무를 보는 금융권 실무 담당자나 본점에 있는 외환부서 직원들에게 필요하며, 특히 외환부서를 목표로 하는 경우 반드시 취득해야 할 자격증이다. 외환부서를 목표로 한 경우 세부적인 공부가 필요하며, 고득점을 위해서 공부를 하는 것이 바람직 할 것이다. 외환 딜링 쪽을 생각하는 경우에도 1종의 취득을 권한다.

외환전문역 2종의 경우 기업체의 외환 실무자 뿐만 아니라. 은행에서 주로 무역 파트 그리고 외환업무를 하는 기업을 상대로 하는 직무에 있는 직원들에게 필요한 자격증으로 무역실무와 신용장 개설에 관한 중요한 내용들을 숙지하게 되어 반드시 필요한 자격증이라고 할 수 있다.

기존의 개인의 예대마진을 주마진으로 해 오던 금융권의 수익 체계가 바뀌고 있다. 금융권이 살아남기 위한 방향으로 비이자마진 폭을 늘리려고 노력하고 있고 그 분야에서 중요한 부분 중에 하나가 외환손익이다. 그리고 우리나라는 기본적으로 무역을 하지 않으면 살아남을 수 없기 때문에 외환전문역의 업무 분야는 늘어날 수 밖에 없을 것이다. 금융권 취업을 준비하는 취업준비생의 경우도 이러한 트랜드를 숙지하고 자격증을 취득한다면 향후 외환전문가로서의 필요한 자질을 보여줄 수 있어, 취업에도 도움이 될 수 있을 것이다.

● 외환전문역 업무 및 혜택

- ● 취업 및 진출분야
  - – 금융권 외환딜러
  - – 은행 외환사업부 등의 전문분야
  - – 외환 수출입 관련부서
  - – 외환회계 관련 부서
  - – 기업점포 수출입업무 담당자

- ● 승진 및 경력개발
  - – 본점 외환사업부 관련 부서
  - – 본점 외환딜링부서
  - – 본점 외환회계 취급 부서

2025년 시험일정

회 차	시험일	접수기간	합격자발표
제52회	2025.03.22(토)	02.11(화) ~ 02.18(화)	04.04(금)
제53회	2025.07.05(토)	05.27(화) ~ 06.03(화)	07.18(금)
제54회	2025.11.22(토)	10.14(화) ~ 10.21(화)	12.05(금)

시험구성 및 배점

구분	시험과목	배점	시험시간
제Ⅰ종	외환관리실무	50	120분 (10:00~12:00)
	외국환거래실무	30	
	환리스크 관리	20	
	계	100점	
제Ⅱ종	수출입실무	50	120분 (13:00~15:00)
	국제무역규칙	30	
	외환관련여신	20	
	계	100점	

※ 국제무역규칙 과목은 문제(지문과 보기)가 모두 영어로 출제됨

응시자격 및 합격자 결정

구분	내용
접수처	한국금융연수원(www.kbi.or.kr)
응시자격	제한없음
응시료	전과목 : 55,000원
시험일시	연간 3회 실시
시험장소	서울, 대전, 대구, 광주, 부산, 창원, 제주
시험방법	필기시험(객관식 4지 선다형)
준비물	수험표, 신분증, 필기도구 및 일반 계산기
합격기준	Ⅰ,Ⅱ종 각각 시험과목별로 100점 만점을 기준으로 하여 과목별 40점 이상이고 전과목 평균이 60점 이상 득점자

※ 외환전문역 Ⅰ종, 외환전문역 Ⅱ종은 별개의 자격으로 각각의 자격증을 따로 발급하며, Ⅰ종 또는 Ⅱ종만 따로 응시하거나 함께 응시할 수 있습니다.

외환전문역 Ⅰ종 |차|례|

1과목 외환관리실무

제1장 총론 ... 17
- 핵심정리 문제 / 18
- 출제예상 문제 / 35

제2장 외국환은행의 외국환매매와 대출 및 보증 ... 43
- 핵심정리 문제 / 44
- 출제예상 문제 / 58

제3장 전문외국환업무취급업자의 외국환업무 및 지급과 영수 ... 67
- 핵심정리 문제 / 68
- 출제예상 문제 / 81

제4장 지급 등의 방법 및 지급수단 등의 수출입 ... 87
- 핵심정리 문제 / 88
- 출제예상 문제 / 94

| 제5장 | 자본거래 및 현지금융 | 99 |

- 핵심정리 문제 / 100
- 출제예상 문제 / 112

| 제6장 | 해외직접투자 / 보고·검사 및 사후관리·제재 / 외국인 국내직접투자 / 대외무역법규 | 121 |

- 핵심정리 문제 / 122
- 출제예상 문제 / 133

2 과목 외국환거래실무

| 제1장 | 은행 및 본지점 간 외환실무 | 139 |

- 핵심정리 문제 / 140
- 출제예상 문제 / 149

| 제2장 | 대고객 외환실무 | 157 |

- 핵심정리 문제 / 158
- 출제예상 문제 / 172

외환전문역 Ⅰ종 |차|례|

제3장 특수한 외환상품   183

- 핵심정리 문제 / 184
- 출제예상 문제 / 192

제4장 외국환회계   205

- 핵심정리 문제 / 206
- 출제예상 문제 / 212

제5장 외국환업무와 관련된 컴플라이언스 업무   219

- 핵심정리 문제 / 220
- 출제예상 문제 / 228

제6장 각종 위규사례   239

- 핵심정리 문제 / 240
- 출제예상 문제 / 247

 환리스크 관리

제1장 외환거래와 외환시장   257

- ■ 핵심정리 문제 / 258
- ■ 출제예상 문제 / 273

제2장 환리스크 관리   281

- ■ 핵심정리 문제 / 282
- ■ 출제예상 문제 / 297

제3장 선물환거래와 외환스왑   307

- ■ 핵심정리 문제 / 308
- ■ 출제예상 문제 / 316

제4장 선물   329

- ■ 핵심정리 문제 / 330
- ■ 출제예상 문제 / 332

외환전문역 Ⅰ종 |차|례|

제5장) 스왑 339

- 핵심정리 문제 / 340
- 출제예상 문제 / 344

제6장) 옵션 351

- 핵심정리 문제 / 352
- 출제예상 문제 / 362

Appendix 부 록

1과목 시험 보기 전에 꼭 풀어야 할 필수체크문제 / 376

2과목 시험 보기 전에 꼭 풀어야 할 필수체크문제 / 400

3과목 시험 보기 전에 꼭 풀어야 할 필수체크문제 / 420

1과목 정답 및 해설 / 431

2과목 정답 및 해설 / 435

3과목 정답 및 해설 / 439

제1회 실전모의고사 / 444

제2회 실전모의고사 / 472

제1회 정답 및 해설 / 497

제2회 정답 및 해설 / 502

이패스코리아 외환전문역 I 종

제1과목

외환관리실무

- 제1장 총론
- 제2장 외국환은행의 외국환매매와 대출 및 보증
- 제3장 전문외국환업무취급업자의 외국환업무 및 지급과 영수
- 제4장 지급 등의 방법 및 지급수단 등의 수출입
- 제5장 자본거래 및 현지금융
- 제6장 해외직접투자 / 보고·검사 및 사후관리·제재 / 외국인 국내직접투자 / 대외무역법규

01 총론

▶ **접근전략 및 기출트렌드**

외국환거래법 및 외국환 관리기관을 정리하고 물적 대상을 이해하도록 합니다.

▶ **출제빈도**

단원	주제	학습중요도	출제비율
1절	외국환거래법	★★★	30%
2절	외국환관리기관	★	10%
3절	외국환업무취급기관의 등록과 업무범위(영13,14조)	★★★★	40%
4절	외국환거래일반	★★	20%

▶ **체크리스트**

체크리스트	기본서 상세페이지
외국환거래법의 내용 정리	P.2 ~ P.13
외국환업무취급기관의 등록 내용 정리	P.22 ~ P.28

이패스코리아 외환전문역 I종

외환관리실무   제1과목

제1장

총론

제1장 핵심정리 문제

 외국환거래법의 목적으로 가장 옳지 않은 것은 어느 것인가?
① 국제수지의 균형
② 외국환거래 및 대외거래의 자유보장 등 시장기능 활성화
③ 외국환거래의 관리 강화
④ 통화가치의 안정

출제포인트
외국환거래법은 민간부분의 외국환거래를 자유화하고 시장기능을 달성함으로써 그 목적을 달성하고자 하는 것이다. 따라서 외국환 관리 강화는 해당이 되지 않는다.

정답 ❸

 다음 중 외국환거래법의 성격에 대한 설명으로 가장 옳지 않은 것은 어느 것인가?
① Negative 체제를 채택하고 있고, 예외적으로 규제항목을 두고 있다.
② 속지주의, 속인주의 및 보호주의, 국제주의를 채택하고 있다.
③ 법률 위반 시 법률행위가 무효화된다.
④ 법에 정하여진 벌칙적용만 있고 법률행위 자체의 사법상 효력에는 영향이 없다.

출제포인트
강행법규로서 단속규정이지만 법률 위반 시 법률행위가 무효화되는 것은 아니다.

정답 ❸

다음 중 외국환의 개념에 대한 설명으로 가장 옳지 않은 것은 어느 것인가?

① 외국환이란 거래당사자가 소재하는 곳에서 지급 영수가 바로 이루어지는 것을 말한다.
② 국내에서 외국으로 지급하는 것을 송금거래라고 한다.
③ 격지자간에 현금의 직접 이동 없이 제3자인 거래당사자가 소재한 장소에서 은행을 이용하여 지급위탁의 방법에 의해 결제하는 금융거래방식을 환이라고 한다.
④ 격지간 거래가 국내에서 이루어지고 내국통화로 거래되는 것을 외국환이라 한다.

출제포인트
내국환(Domestic Exchange)이라고 한다.

정답 ④

 다음 중 외국환거래법의 목적과 특성에 대한 설명으로 옳지 않은 것은?

① 외국환거래법의 외국환거래와 그 밖의 대외거래의 자유를 보장하고 시장기능을 활성화 하여 국민경제의 건전한 발전에 이바지함에 목적이 있다.
② 기획재정부 장관은 이 법에 따른 제한을 필요한 최소한의 범위에서 함으로써 외국환거래나 그 밖의 대외거래가 원활하게 이루어질 수 있도록 노력해야 한다.
③ 외국환거래법은 성격상 강행법규로서 법률 위반시 법률행위가 무효화 된다.
④ 외국환 거래법상 외환전산망 통보는 금융실명거래 및 비밀보장에 관한 법률 제 4조의 규정에 우선 적용되므로 거래당사자로부터 거래정보 제공에 대한 사전 동의나 사후통보 의무가 없다.

출제포인트
법률행위가 무효가 되는 것은 아니다.

정답 ③

 외국환거래법이 적용되는 외국환의 대상이 아닌 것은?

① 외국통화로 표시된 증권 또는 외국에서 지급을 받을 수 있는 증권
② 지분증권, 주권, 법인의 출자증권, 신주인수권이 표기된 것 등
③ 무기명양도성예금증서(CD) 및 ABS 등
④ 정부지폐·은행권·주화(cash)·수표(check·T/C·D/D(demand draft) 등 액면가 초과하여 매매되는 금화 등은 주화에 포함된다.

출제포인트
액면가 초과하여 매매되는 금화 등은 주화에 제외된다.

정답 ④

 다음 중 외국환거래법상 개인과 법인의 거래행위에 대한 설명으로 가장 옳지 않은 것은 어느 것인가?

① 대한민국과 외국 간의 거래 또는 지급·영수 및 그 밖에 이와 관련되는 행위를 말하며 외국에서 발행하여 국내에 효과가 미치는 것은 포함하지 않는다.
② 외국에 있는 개인과 외국에 본사가 있는 법인이 내국통화로 거래하는 행위 등을 말한다.
③ 거주자의 외국에서 개인재산 또는 업무에 관한 행위 등을 말한다.
④ 대한민국 내에서 행하는 외국환거래를 말한다.

출제포인트
외국에서 발행하여 국내에 효과가 미치는 것을 포함한다.

정답 ①

07 다음 중 외국환거래법이 적용되는 외국환의 물적 대상 항목에 대한 설명으로 가장 옳지 않은 것은 어느 것인가?

① 대외지급수단이란 외국통화, 외국통화로 표시된 지급수단 기타 표시통화에 관계없이 외국에서 사용할 수 있는 지급수단을 말한다.
② 외화증권이란 외국통화로 표시된 증권 또는 외국에서 지급을 받을 수 있는 증권을 말한다.
③ 지분증권, 주권, 법인의 출자증권, 신주인수권이 표기된 것 등은 외화증권에 포함된다.
④ 금·합금·지금(地金)·비유통 금화 등 금을 주재료로 하는 가공품 등은 외국환에 포함된다.

출제포인트
외국환이 아닌 귀금속 등에 포함된다.

정답 ④

 08 다음 중 외화증권에 포함되지 않은 것은 어느 것인가?

① 국채, 지방채, 특수채, 사채, 기업어음, 기타의 채권 등의 채무증권
② 지분증권, 주권, 법인의 출자증권, 신주인수권이 표기된 것 등
③ 투자계약증권, 파생결합증권, 증권예탁증권
④ 우편환, 신용장과 환어음·약속어음·여행자카드

출제포인트
우편환, 신용장과 환어음·약속어음·여행자카드는 대외지급수단에 포함된다.

정답 ④

외환거래제도 변천사에 대한 내용 중 가장 바르지 못한 것은 어느 것인가?

① 1961년 12월 '외국환관리법'을 제정하여 외화 획득과 사용에 대한 관리를 시작함으로써 외환관리의 제도적인 체제가 갖추어지기 시작하였다.
② 2001년 제2단계 자유화조치가 시행되었고, 안전장치 safeguard조치 및 조기경보체계 등을 구축하여 사후관리를 하게 되었다.
③ 1970년대 고정환율제도 도입하였다.
④ 2008년 2월부터 자본시장법이 시행되었다.

출제포인트
자본시장법은 2009년 2월부터 시행되었다.

정답 ④

 기획재정부의 외국환 관리에 대한 다음 설명 중 가장 바르지 않은 것은?

① 외환정책의 수립 및 집행
② 외국환업무취급기관의 등록 및 감독
③ 외국환 거래 정지 등 긴급조치
④ 환전영업자의 등록·변경·폐지·취소 관련 업무

출제포인트
환전영업자의 등록·변경·폐지·취소 관련 업무 등은 관세청에서 관리한다.

정답 ④

다음 중 한국은행의 외국환 관리 업무가 아닌 것은 어느 것인가?

① 외국환업무의 중계의뢰
② 외국환평형기금의 자금으로 외환시장 개입 등을 통한 외환시장 개입 및 보유외화의 운용
③ 외환거래정보의 상시모니터링 외환거래의 사후관리 및 정보교환 등을 위한 외환시장 안정 협회의 운영
④ 외환전산망을 통해 외국환업무 취급기관으로부터 모든 외국환 거래 정보를 제출받음

출제포인트
외환거래정보의 상시모니터링 외환거래의 사후관리 및 정보교환 등을 위한 외환시장 안정 협회의 운영은 기획재정부장관의 업무이다.

정답 ③

 외국환평형기금에 대한 다음 설명 중 바르지 않은 것은?

① 급격한 환율변동 등에 따른 외환시장의 안정과 외국환거래를 원활하게 하기 위한 기금이다.
② 정부출연금, 외평채 발행으로 조성된 자금, 외국정부·외국중앙은행 기타 거주자 또는 비거주자로부터의 예수금 또는 일시차입금 및 천재지변 등 긴급사태에 따른 외국환거래정지로 인해 부과된 의무예치금 등이 기금의 조달재원이다.
③ 기금은 외국환의 매매, 한국은행·외국정부·외국중앙은행 또는 국내외 금융기관에 예치·예탁 또는 대여, 그리고 국가가 보증한 외국환업무취급기관의 외화 채무를 국가를 대신하여 일시적으로 상환하는 등의 방법으로 운용한다.
④ 한국은행총재가 발행하여 운용·관리한다.

출제포인트
기획재정부장관이 발행하여 운용·관리한다.

정답 ④

13 다음 중 외국환 업무 취급 기관 등에 대한 설명으로 가장 옳지 않은 것은 어느 것인가?

① 집합투자업자, 투자일임업자, 신탁업자, 보험사업자, 상호저축은행, 신용협동조합, 여신전문금융업자, 새마을금고와 중앙회, 한국해양진흥공사는 외국환 은행에 포함된다.
② 환전영업자는 소재지가 있는 영업장과 명칭을 갖추어 관세청(관할세관)에 등록해야 한다.
③ 환전영업자는 외국통화의 매입 및 매도와 여행자 수표의 매입업무가 가능하며, 관세청장의 신설, 폐지신고 및 업무의 관리 감독을 받는다.
④ 기타전문외국환업무취급업자(PG사)는 기획재정부에 기타전문외국환취급업자로 등록하여야 한다.

출제포인트
기타 외국환 업무 취급 기관에 해당된다.

정답 ❶

14 외국환업무의 등록 요건이 아닌 것은?

① 영업소별로 2년 이상 외국환업무에 종사한 경력자 또는 기획재정부장관이 정하는 교육을 이수한 자를 은행별로 2인 이상 확보할 것
② 외환정보 집중기관과 전산망이 연결되어 있을 것
③ 외국환업무에 대한 사후관리를 수행할 수 있는 전산설비를 갖출 것
④ 금융위원회가 정한 자본규모와 재무구조가 적정할 것

출제포인트
영업소별로 2인 이상을 확보하여야 한다.

정답 ❶

외국환거래법상 거주자가 아닌 경우는 어느 것인가?

① 비거주자였던 자로서 입국하여 국내에 3개월 이상 체재하고 있는 국민
② 국내 입국 후 6개월 이상 국내에 체재하고 있는 외국인
③ 대한민국 재외공관
④ 외국에서 영업활동에 종사하고 있는 국민

출제포인트
외국에서 영업활동에 종사하고 있는 국민은 비거주자이다.

정답 ④

 외국환거래법상 외국인거주자인 경우는 어느 것인가?

① 미합중국 군대의 그 구성원·군속 등(초청계약자, 동거 가족 포함)
② 국내 입국 후 6개월 이상 국내에 체재하고 있는 외국인
③ 국내에 있는 외국정부의 공관과 국제기구에서 근무하고 있는 외교관·영사 또는 그 수행원이나 사용인
④ 거주자였던 외국인으로서 출국하여 외국에서 3개월 이상 체재 중인 자

출제포인트
① ③ ④는 외국인비거주자에 해당한다.

정답 ②

다음 중 외국환 거래 중 거주성에 대한 설명으로 가장 옳지 않은 것은 어느 것인가?

① 외국환 거래의 유형은 거주성의 분류가 중요한데 특히 해당국적, 소재장소, 여권, 기타 등록, 신고증, 국내외 체류목적, 체류기간 등의 구분이 중요하다.
② 원칙적으로 대한민국 내에 주소 또는 거소를 둔 개인과 대한민국 내에 주된 사무소를 둔 법인은 거주자로 본다.
③ 외국환거래법상의 거주성과 소득세법상 거주성(비거주자판정기준)과는 많은 차이가 있다.
④ 거주자 또는 비거주자에 의하여 주로 생계가 유지되는 동거가족은 그 해당 가족의 거주 여부에 따라 분류한다.

출제포인트
당해 거주자 또는 비거주자의 구분에 따라 거주자 또는 비거주자로 분류된다.

정답 ④

 다음 중 국내거소증 소지자의 거주성에 대한 설명으로 가장 옳지 않은 것은 어느 것인가?

① 외국인, 재외동포가 출입국 사무관리사무소로부터 국내거소증을 발급 받은 경우 거주자로 분류한다.
② 외국인 등록증은 순수 외국인이나, 국내체류 비자 외국인 사업자, 외국인 취업자만 발급 가능하다.
③ 대한민국 국적보유자로 외국국적 취득자는 외국국적동포 국내거소신고증을 발급받는다.
④ 대한민국 국민인 자가 외국에 귀화하여 외국국적을 취득한 자를 영주권자라고 한다.

출제포인트
시민권자라고 한다.

정답 ④

다음 중 외환 거래법의 거주성에 대한 설명으로 가장 옳지 않은 것은 어느 것인가?

① 복수여권은 유효기간 10년이며 여행횟수가 무제한인 여권을 말한다.
② 외국인 등록증은 중국동포(조선족), 구소련동포(우즈베키스탄, 사할린 등)의 경우에는 일정요건 갖춘 자로 한정하여 발급해야 한다.
③ 영주권자는 영주할 권리만 부여된 상황으로 대한민국 국적을 가지고 있다.
④ 시민권자는 국내 여권이 존재할 수 없고, 해당 국가의 여권 발행해야 한다.

출제포인트
외국국적동포 국내거소신고증을 제한적으로 발급한다.

정답 ②

 대외거래의 형태 중 경상거래에 해당하지 않는 것은?

① 물품의 수출 / 수입
② 해외직접투자, 외국인투자 등
③ 서비스, 이전거래, 지사경비
④ 급료, 임금, 투자수익

출제포인트
해외직접투자, 외국인투자 등은 자본거래에 해당된다.

정답 ②

21 대외거래의 형태 중 자본거래에 해당하지 않는 것은?

① 예금(신탁), 금전대차, 보증
② 임대차
③ 증권, 채권, 파생상품 등의 투자
④ 이전거래

> **출제포인트**
> 이전거래는 경상거래 무역외 거래 중 서비스 / 용역을 말한다.
>
> 정답 ④

 22 외국환거래의 사전적 관리에 대한 내용으로 가장 바르지 못한 것은?

① 외국환거래규정은 신고 등 절차에 따라 업무가 이루어진다.
② 거래당사자 간이나 관리주체들이 거래실행 이전에 사전적으로 이행하고 수행하여야 할 법규상의 절차를 외국환거래의 사전적 관리라고 한다.
③ 각종 용역 서비스 대금의 수수거래 등의 무역외 거래는 확인사항이다.
④ 거래 시 신고절차 없이 실명확인이나 증빙서류 확인만으로 업무처리가 가능한 사항을 신고사항이라고 한다.

> **출제포인트**
> 거래 시 신고절차 없이 실명확인이나 증빙서류 확인만으로 업무처리가 가능한 사항을 확인사항이라고 한다.
>
> 정답 ④

다음 보기 중 신고사항이 아닌 것은 어느 것인가?

① 금융기관의 해외지점 설치
② 상호계산
③ 비거주자원화증권 발행
④ 대외지급수단매매

출제포인트
금융기관의 해외지점 설치는 신고수리사항이다.

정답 ①

 다음 보기 중 허가사항은 어느 것인가?

① 금융기관의 해외지점 설치
② 금융기관의 금융·보험업에 대한 해외직접투자
③ 거주자의 해외부동산 임차권을 제외한 권리취득 시, 해외지사의 제한업무
④ 역외계정과 일반계정 간의 자금이체

출제포인트
나머지는 신고수리사항이다.

정답 ④

25 다음 중 외국환 거래당사자의 신고수리사항에 대한 설명으로 가장 옳지 않은 것은 어느 것인가?

① 자본거래에서 신고대상으로 정한 사항 중 신고수리 요건에 적합한지 여부 심사 후 신고수리서 교부 또는 수리거부, 거래내용의 변경권고 등을 하는 것을 신고수리사항이라고 한다.
② 금융기관의 해외지점 설치는 금융감독원 신고수리사항이다.
③ 원칙적으로 해당 거래를 제한 또는 금지하는 사항으로 극히 일부분만 남아 있다.
④ 거주자의 해외부동산 임차권 등을 제외한 권리취득 시 한국은행 신고수리사항이다.

출제포인트
허가사항에 대한 설명이다.

정답 ❸

 26 다음 보기 중 외국환거래정보의 사후적 관리에 대한 설명 중 바르지 못한 것은?

① 외국환거래당사자 및 외국환업무취급기관 등의 모든 외국환거래내역을 일정기준에 의거 사후적으로 각 기관에 보고하도록 한 것을 말한다.
② 금융감독원은 외국환업무취급기관 및 관계인으로부터 감독업무 수행을 위한 필요한 보고나 정보의 제출을 요구, 금융기관의 금융·보험업에 대한 해외직접투자를 보고하도록 하고 있다.
③ 불법재산, 자금세탁행위, 공중협박자금조달행위 자금 분석 등은 금융감독원에서 진행하고 있다.
④ 외국환은행은 규정에 의거해 한국은행, 금융감독원 등으로 일, 월, 분기, 반기, 연도별로 외국환 거래 정보를 보고하도록 하고 있다.

출제포인트
불법재산, 자금세탁행위, 공중협박자금조달행위 자금 분석 등은 금융정보분석원에서 진행하고 있다.

정답 ❸

다음 중 금융정보분석원(KoFIU)에 대한 설명으로 가장 옳지 않은 것은 어느 것인가?

① 금융위원회 내에 구축된 금융거래정보시스템의 하나를 말한다.
② 불법재산, 자금세탁행위, 공중협박자금조달행위 자금 분석 등의 업무를 수행한다.
③ 거래 중 불법재산이나 분할거래로 의심되는 합당한 근거가 있는 경우 담당자는 보고경로를 통해 KoFIU에 혐의거래보고 의무 등이 있다.
④ 외국환업무취급기관 및 관계인으로부터 감독업무 수행을 위한 필요한 보고나 정보의 제출을 요구한다.

출제포인트
금융감독원의 업무이다.

정답 ④

 거래당사자 신고와 외국환은행의 업무처리 중 설명이 바르지 못한 것은?

① 당사자가 미성년자, 노약자로서 가족, 친지가 대리 신고인 경우 대리위임장을 제출하지 않아도 된다.
② 신고서는 국문으로 작성하는 것이 원칙이다.
③ 외국환은행의 장은 외국어로 작성하여 제출된 신고서의 신고인에게 번역공증서류를 요구할 수 있다.
④ 외국환은행은 신고서 보완 등의 요구는 불가능하다.

출제포인트
외국환은행은 신고서 보완 등의 요구 가능. 단, 원칙적으로 1회에 한하여야 한다.

정답 ④

29 다음 중 거래당사자 신고와 외국환은행의 업무처리에 대한 설명으로 가장 옳지 않은 것은 어느 것인가?

① 외국환거래 또는 행위에 관하여 외국환은행에 신고를 하고자 하는 자는 소정의 신고서 및 지침에서 정하는 관계서류를 제출하여야 한다.
② 외국환은행은 원본을 받은 사실이 있는 경우, 신고인의 요구에 따라 원본대조필 확인이 된 사본 발행·교부가 가능하다.
③ 외국환은행은 신고서의 보완 등의 요구는 발생 시마다 변경 요청이 가능하다.
④ 신고는 당해 행위 또는 거래를 착수 또는 개시하기 전에 이루어져야 한다.

출제포인트
원칙적으로 1회에 하여야 한다.

정답 ❸

30 다음 중 외국환은행의 업무처리에 대한 설명으로 가장 옳지 않은 것은 어느 것인가?

① 외국환은행장의 신고수리업무는 2영업일 이내에 처리해야 한다.
② 신고사항은 신고대장에, 신고수리사항은 신고수리대장에 각각 기장하여야 한다.
③ 자본거래신고를 한 경우 대외지급을 위한 별도의 신고는 요하지 아니한다.
④ 신고필증 및 신고수리서 상의 신고(수리) 금액·일자, 유효기간의 정정은 불인정, 그 정정된 서류는 무효이다.

출제포인트
7영업일 이내 처리해야 한다.

정답 ❶

외국환거래 관련문서의 보존기간에 대한 설명이다. ( )의 숫자로 옳은 것은?

- 지급신청서와 영수확인서는 (a)년간 보존하여야 한다.
- 수출실적 3천만불 이상인 기업의 송금방식 수출 대금의 영수 시 증빙서류의 제출 면제가 가능하며 해당기업들은 자체적으로 관련 증빙서류를 (b)년간 보관하여야 한다.
- 상계를 실시하는 자는 관계증빙서류를 (c)년간 보관하여야 한다.

① a:3 b:3 c:3
② a:3 b:5 c:5
③ a:5 b:3 c:3
④ a:5 b:5 c:5

출제포인트
모두 5년이다.

정답 ④

 거래당사자 신고와 외국환은행의 업무처리 중 '유효기간'에 대한 설명으로 바르지 못한 것은?

① 신고인이 신고(수리)내용에 따라 당해 지급 또는 영수를 완료하여야 하는 기간을 말한다.
② 신고 당사자는 신고수리서의 유효기간 이내에 분할지급을 신청할 수 있다.
③ 신고(수리)를 받은 자가 유효기간 이내에 그 신고(수리)를 받은 행위나 거래를 하지 아니한 경우에는 그 신고(수리)는 무효이다.
④ 신고대상 외국환거래는 유효기간을 12개월 이내에서 설정 가능하다.

출제포인트
신고대상 외국환거래는 6개월 이내에서 설정 가능하다.

정답 ④

33 다음 중 외국환은행의 업무처리에 대한 설명으로 가장 옳지 않은 것은 어느 것인가?

① 신고인이 신고(수리)내용에 따라 당해 지급 또는 영수를 완료하여야 하는 기간을 유효기간이라고 한다.
② 해외직접투자 신고서 및 해외부동산 취득신고수리서의 경우 1년을 원칙으로 하되 사업의 특성을 감안하여 외국환은행의 장이 자율적으로 정할 수 있다.
③ 신고대상 외국환거래의 경우 유효기간은 6개월 이내에서 설정이 가능하다.
④ 당초 유효기간 이내에 부득이하다고 인정되는 사유로 신청 시 유효기간의 연장이 가능하고 만료일로부터 연장이 된다.

출제포인트
만료일 익일부터 연장이 된다.

정답 ④

34 다음 중 지정거래 외국환은행의 지정업무 처리 절차에 대한 설명으로 가장 옳지 않은 것은 어느 것인가?

① 외국인거주자, 외국인비거주자 및 해외이주자를 포함한 재외동포는 여권번호로 거래외국환은행 지정등록을 해야 한다.
② 지정관련 문서는 신고일로부터(유효기일이 있는 경우 유효기일로부터) 1년간 보관한다.
③ 지정필요항목은 1개의 외국환은행(취급점 단위)을 지정하여 거래해야 한다.
④ 외국환 은행의 지정 변경은 거래외국환은행지정(변경) 신청서 2부를 제출하여 변경의뢰 및 동의를 받아야 한다. (변경 전 지정거래은행이 동의한 경우 변경 후 지정거래은행을 통하여 변경절차를 진행할 수 있다)

출제포인트
2년간 보관해야 한다.

정답 ②

출제예상 문제

01 외국환거래법의 목적으로 가장 바르지 못한 것은?
① 외국환거래와 그 밖의 대외거래의 자유를 보장
② 시장기능 활성화 및 대외 거래 원활화
③ 대외거래의 원활화와 촉진 및 국제수지의 균형
④ 통화가치의 안정을 위한 적극적인 외국환 관리 강화 및 정부 개입

02 외국환거래법상 개인과 법인의 거래행위에 해당되지 않는 것은?
① 대한민국 내에서 행하는 외국환거래
② 대한민국과 외국 간의 거래 또는 지급·영수 및 그 밖에 이와 관련되는 행위(외국에서 발행하여 국내에 효과가 미치는 것은 포함되지 않는다.)
③ 외국에 있는 개인과 외국에 본사가 있는 법인이 내국통화로 거래하는 행위
④ 거주자의 외국에서 개인재산 또는 업무에 관한 행위 등

03 다음 설명 중 가장 바르지 못한 것은?
① 외국통화, 외국통화로 표시된 지급수단 기타 표시통화에 관계없이 외국에서 사용할 수 있는 지급수단을 대외지급수단이라고 한다.
② 금·합금·지금(地金)·비유통 금화 등 금을 주재료로 하는 가공품을 귀금속이라고 한다.
③ 외국통화로 표시된 파생상품 또는 외국에서 지급받을 수 있는 파생상품을 외화파생상품이라고 한다.
④ 액면가 초과하여 매매되는 금화, 주화 등은 대외지급수단에 포함된다.

정답 및 해설

01 ④ 통화가치의 안정을 해야 하지만 외국환 관리의 자유화와 정부 개입을 최소화 한다.
02 ② 외국에서 발행하여 국내에 효과가 미치는 것은 포함된다.
03 ④ 액면가 초과하여 매매되는 금화, 주화 등은 대외지급수단에 포함되지 않는다.

04 한국은행의 외국환 관리에 대한 다음 설명 중 가장 바르지 않은 것은?
① 한국은행은 외국환업무를 영위함에 있어서 필요한 경우 외국환은행에 대하여 당해 외국환업무의 중계를 의뢰하거나 사무의 처리를 위탁할 수 있다.
② 한국은행총재는 외환시장의 안정을 위하여 필요하다고 인정될 때에는 한국은행 및 외국환평형기금의 자금으로 외환시장에 개입할 수 있다.
③ 외국환은행로부터 위탁받은 업무수행을 위해 지급 등의 신고절차, 환전영업자 관련 업무, 각종 보고업무에 대한 절차인 '외국환거래업무취급세칙 및 절차'를 제정하여 업무를 수행한다.
④ 한국은행은 외환전산망을 통해 각 외국환업무취급기관으로부터 모든 외국환거래정보를 제출받는 집중기관이다.

중요
05 외국환 업무 취급 기관 중 외국환은행에 해당하지 않는 것은?
① 일반은행
② 한국수출입은행
③ 중소기업은행
④ 체신관서

06 외국환의 매매, 교환, 대여의 중개, 파생상품거래의 중개 또는 이와 관련된 업무 영위하는 회사를 무엇이라고 하는가?
① 환전영업자
② 외국환중개회사
③ 외국환은행
④ 종합금융회사

07 외국환업무의 등록에서 등록요건으로 가장 잘못된 것은?
① 영업소별로 1년 이상 외국환업무에 종사한 경력자 또는 기획재정부장관이 정하는 교육을 이수한 자를 영업소별로 2인 이상 확보할 것
② 외환정보집중기관과 전산망이 연결되어 있을 것
③ 금융위원회가 정하는 재무건전성 기준에 비추어 자본규모와 재무구조가 적정할 것
④ 외국환업무 및 그에 따른 사후관리를 수행할 수 있는 전산설비를 갖출 것

08 다음 설명 중 가장 바르지 못한 것은?
① 외국환업무를 영위하고자 하는 자는 필요한 요건을 갖추어 기획재정부장관에게 등록하여야 한다.
② 외국환업무의 범위로는 외국환의 발행 또는 매매 및 비거주자와의 예금, 금전의 대차 또는 보증 등이 있다.
③ 체신관서는 외국환거래규정에 규정된 지급을 하고자 하는 자에 대한 외국통화표시 우편환의 발행·매각 등의 업무를 할 수 있다.
④ 종합금융회사는 예금 및 업무와 관련 없는 수입신용장발행과 외국에 대한 지급 등의 업무를 한다.

09 다음은 외국환업무의 범위에 대한 설명이다. 가장 바르지 못한 것은?
① 대외지급수단 매매는 투자매매업자가 한다.
② 통화, 이자율, 증권, 신용을 기초자산으로 하는 파생상품 매매의 중개 등은 투자중개업자가 한다.
③ 비거주자의 원화자산 또는 외화자산의 투자일임은 투자일임업자가 한다.
④ 외화표시 시설대여 및 외화리스채권의 매매 등은 상호저축은행에서 한다.

10 외국환거래의 유형은 거주성의 분류 기준이 아닌 것은?
① 소재장소
② 해당국적
③ 국내외 체류목적, 체류기간
④ 소득세법상 거주 여부

─ 정답 및 해설 ─

04 ③ ③의 경우 기획재정부로부터 업무를 위탁받는다.
05 ④ 체신관서는 기타 외국환 업무 취급 기관이다.
06 ② 외국환중개회사라고 한다.
07 ① 영업소별로 2년 이상 외국환업무에 종사한 경력자 또는 기획재정부장관이 정하는 교육을 이수해야 한다.
08 ④ 예금 및 업무와 관련 없는 수입신용장발행과 외국에 대한 지급을 제외하고는 외국환은행의 업무 범위와 동일하다.
09 ④ 외화표시 시설대여 및 외화리스채권의 매매 등은 여신전문금융업자(시설대여업자, 신기술사업금융업자, 할부금융업자)에서 한다.
10 ④ 소득세법상 거주성 판단 여부와는 상이함

11. 다음 중 국민인거주자인 경우는?
① 국내에서 영업활동에 종사하고 있는 외국인
② 비거주자였던 자로서 입국하여 국내에 3개월 이상 체재하고 있는 국민
③ 대한민국 재외공관
④ 외국에 있는 국제기구에서 근무하고 있는 국민

12. 다음 설명 중 가장 바르지 못한 것은?
① 국내에 있는 외국정부의 공관과 국제기구에서 근무하고 있는 외교관·영사 또는 그 수행원이나 사용인은 외국인 비거주자이다.
② 외국에 소재하고 있는 모든 회사는 비거주자이다.
③ 거주자 또는 비거주자에 의하여 주로 생계가 유지되는 동거가족은 당해 거주자 또는 비거주자의 구분에 따라 거주자 또는 비거주자로 분류된다.
④ 국내에 주된 사무소가 있는 단체·기관 그 밖에 이에 준하는 조직체는 비거주자이다.

13. 다음 설명 중 가장 바르지 못한 것은?
① 외국인, 재외동포가 출입국 사무관리사무소로부터 국내거소증 발급받은 경우 거주자로 분류 한다.
② 외국국적동포 국내거소신고증은 국내체류 비자 외국인 사업자, 외국인 취업자만 발급 가능하다.
③ 중국동포(조선족), 구소련동포(우즈베키스탄, 사할린 등)의 경우에는 일정요건 갖춘 자로 한정하여 발급하는 것은 외국국적동포 국내거소신고증이다.
④ 외국영주권을 취득한 국민에게 발급하는 것은 재외국민 주민등록증이다.

14 다음은 여권에 대한 설명이다. 가장 바르지 못한 것은?

① 유효기간 10년인 여권을 복수여권이라고 한다.
② 과거 영주권자, 이민자가 발급하는 거주 여권제도는 폐지되었다.
③ 일반여권은 외교통상부, 재외공관에서 발급한다.
④ 시민권자는 국내 여권이 존재할 수 없고, 해당 국가의 여권을 발행한다.

15 대외거래의 형태 중 물품 등에 대한 무역거래의 경상거래 항목인 것은 어느 것인가?

① 보험, 통신, 특허 거래
② 해외직접투자
③ 컨설팅용역
④ 급료, 임금, 투자수익

16 다음 중 신고수리사항이 아닌 경우는 어느 것인가?

① 거주자의 해외부동산 취득
② 거주자의 해외부동산 권리취득 시, 해외지사의 제한업무
③ 금융기관의 해외지점 설치
④ 역외계정과 일반계정 간의 자금이체

정답 및 해설

11 ② 비거주자였던 자로서 입국하여 국내에 3개월 이상 체재하고 있는 국민만 국민인 거주자이다. ①번은 외국인거주자, ③번은 거주자 단체 등, ④ 국민인 비거주자이다.
12 ④ 국내에 주된 사무소가 있는 단체·기관 그 밖에 이에 준하는 조직체는 거주자이다.
13 ② 국내체류 비자 외국인 사업자, 외국인 취업자가 발급하는 것은 외국인 등록증이다.
14 ③ 일반여권은 시·군·구청에서 발급한다.
15 ③ 컨설팅용역만 물품 등에 대한 무역거래이다.
16 ④ 역외계정과 일반계정 간의 자금이체는 기획재정부장관의 허가사항이다.

17 다음 설명 중 가장 바르지 못한 것은?

① 외국환거래당사자 및 외국환업무취급기관 등의 모든 외국환거래내역을 일정기준에 의거 사후적으로 각 기관에 보고하는 것을 외국환거래정보의 보고라고 한다.
② 외국환은행으로부터 보고를 받은 한국은행은 이를 기획재정부 등에 보고한다(건당 1만불 초과 건은 모두 보고).
③ 금융감독원은 외국환업무취급기관 및 관계인으로부터 감독업무 수행을 위한 필요한 보고나 정보의 제출을 요구할 수 있다.
④ 불법재산, 자금세탁행위, 공중협박자금조달행위 자금 분석 등을 하는 곳은 금융정보분석원이다.

18 다음은 거래당사자 신고와 외국환은행의 업무처리에 대한 설명이다. 가장 바르지 못한 것은?

① 외국환거래 또는 행위에 관하여 외국환은행에 신고를 하고자 하는 자는 소정의 신고서 및 지침에서 정하는 관계서류를 제출하여야 한다.
② 신고서는 해당 국가의 언어로 작성하는 것이 원칙이다.
③ 당사자가 미성년자, 노약자로서 가족, 친지가 대리 신고인 경우는 대리인이 신고인이므로 대리위임장을 제출하지 않아도 된다.
④ 신고는 당해 행위 또는 거래를 착수 또는 개시하기 전에 이루어져야 한다.

19 다음은 거래당사자 신고와 외국환은행의 업무처리에 대한 설명이다. 가장 바르지 못한 것은?

① 신고사항은 신고대장에, 신고수리사항은 신고수리대장에 각각 기장하여야 한다.
② 외국환은행장의 신고업무는 7영업일 이내 처리해야 한다.
③ 외국환은행은 신고서 보완 등의 요구가 가능하다(단, 원칙적으로 1회에 한하여야 한다.).
④ 외국환은행은 원본을 받은 사실이 있는 경우, 신고인의 요구에 따라 원본대조필 확인이 된 사본 발행·교부 가능하다.

20 지정거래 외국환은행의 지정업무 처리 절차에 대한 설명으로 바르지 못한 것은?

① 거래외국환은행지정(변경) 신청서를 한국은행에 제출해야 한다.
② 지정등록 실명번호 중 법인은 사업자등록번호를 이용한다.
③ 거래외국환은행지정의 관리기간은 거래외국환은행을 지정한 연도 말일까지 관리한다.
④ 지정관리 기간은 취소가 불가능하며 다른 외국환은행으로 변경만 가능하다.

21 거래외국환은행지정 유의사항이 아닌 것은?

① 지정필요항목은 여러 개의 외국환은행(취급점 단위)을 지정하여 거래가 가능하다.
② 연간 금액을 관리(연간 기준 매년 1월 1일 ~ 12월 31일)한다.
③ 법인의 경우 업체단위로 지정(공장, 지점, 사업부 단위 불가능)한다.
④ 외국인거주자, 외국인비거주자 및 해외이주자를 포함한 재외동포는 여권번호로 거래외국환은행 지정등록 한다.

22 다음 설명 중 가장 바르지 못한 것은?

① 외국환은행의 지정을 변경하는 경우 거래외국환은행지정(변경) 신청서 2부를 제출하여 변경의뢰 및 동의를 받아야 한다.
② 거래외국환은행을 지정한 연도 말일까지 관리한다(매년 신규 지정하여야 함).
③ 법인의 경우 공장, 지점, 사업부 단위로 지정해야 한다.
④ 지정을 요하는 문서는 지정취소 시까지 보존해야 한다.

정답 및 해설

17 ② 외국환은행으로부터 보고를 받은 한국은행은 이를 기획재정부 등에 보고한다(건당 1천불 초과 건은 모두 보고).
18 ② 신고서는 해당 국문으로 작성하는 것이 원칙이다.
19 ② 외국환은행장의 신고업무는 2영업일 이내 처리해야 한다.
20 ① 거래외국환은행지정(변경) 신청서를 외국환은행에 제출해야 한다.
21 ① 지정필요항목은 1개의 외국환은행(취급점 단위)을 지정하여 거래해야 한다.
22 ③ 법인의 경우 업체단위로 지정한다.

02 외국환은행의 외국환매매와 대출 및 보증

▶ 접근전략 및 기출트렌드

외국환 업무의 등록과 변경 대상에 대한 내용을 정리합니다.

외국환의 매매에서 외국환 은행 입장에서 매입과 매도에 대한 내용을 이해하고 각각 거주자별 한도를 암기하도록 합니다. 외국환은행의 대출과 보증 등에서는 원화와 외화의 내용의 한도 및 신고 유형을 이해할 수 있도록 합니다. 외국환 포지션과 역외계정의 경우 기재부 신고사항과 10% 이내에서는 신고 예외라는 것을 이해합니다.

▶ 출제빈도

단원	주제	학습중요도	출제비율
1절	외국환업무의 등록과 변경(규정2-1조)	★	10%
2절	외국환의 매매	★★★★	40%
3절	외국환은행의 대출과 보증 등(규정2-6, 8조)	★★	20%
4절	외국환포지션과 역외계정	★★★	30%

▶ 체크리스트

체크리스트	기본서 상세페이지
외국환업무의 등록 기관에 대한 내용 정리	P.58 ~ P.60
외국환의 매매의 매입과 매각 대상 및 절차	P.61 ~ P.74
외국환포지션의 종류와 역외계정의 처리 방법	P.83 ~ P.86

외환관리실무　제1과목

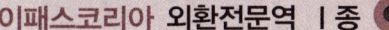

제2장

외국환은행의 외국환매매와 대출 및 보증

핵심정리 문제

외국환업무를 등록하기 위해 필요한 서류가 아닌 것은?

① 외국환업무등록신청서
② 외국환업무를 취급하고자 하는 국내영업소 내역
③ 당해 금융기관 설립인가서 사본 또는 이에 갈음하는 서류
④ 거래외국환은행지정(변경) 신청서

출제포인트
거래외국환은행지정(변경) 신청서는 필요하지 않다.

정답 ④

다음 중 외국환업무 등록과 변경에 대한 설명으로 가장 옳지 않은 것은 어느 것인가?

① 외국환업무등록신청서와 개별에 맞는 서류를 기획재정부장관에게 제출해야 한다.
② 국내영업소의 신설·폐지, 국내영업소의 소재지 변경시 기획재정부장관에게 신고해야 한다.
③ 국내영업소의 신설·폐지, 국내영업소의 소재지 변경을 제외한 등록사항의 변경, 외국환업무 폐지의 신고시 기획재정부장관에게 외국환업무등록내용변경신고서 제출해야 한다.
④ 외국환은행은 외국환거래당사자가 외국환관리규정에 의한 신고 등을 회피하고자 하는 거래를 중개·알선해서는 안 된다.

출제포인트
금융감독원장에게 신고해야 한다.

정답 ②

다음 중 거래당사자가 국세청 통보 등을 피하기 위한 변칙적인 거래행위 사례에 해당하지 않는 것은?

① 소액으로 주기적으로 반복하는 거래
② 동일한 자금원천에서 여러 명의로 나누는 차명거래
③ 자금을 분산하는 거래
④ 계약관계가 명확하고, 증빙서류 등이 있는 거래

> **출제포인트**
> 계약관계가 모호하거나 증빙서류가 없거나 계약서 등이 허술한 경우가 변칙적인 거래에 해당한다.
>
> 정답 ④

 다음 중 외국환은행의 업무상 제한 또는 금지사항이 아닌 것은?

① 외국환은행은 외국환거래당사자가 외국환관리규정에 의한 신고 등을 회피하고자 하는 거래를 중개·알선하는 행위
② 외환 및 파생상품거래 등에서 고객의 불법 또는 변칙적인 거래행위를 지원하거나 관여하는 행위
③ 외국환은행은 고객과 외국환 거래법의 적용을 받는 거래를 함에 있어 고객의 거래 또는 지급 등이 이 법에 의한 허가를 받았거나 신고를 하였는지의 여부를 확인하지 않는 행위
④ 외국환거래의 비밀을 보장하는 행위

> **출제포인트**
> 외국환거래의 비밀을 보장하는 행위는 당연히 해야 하는 업무이다.
>
> 정답 ④

05 다음에 대한 설명 중 틀린 것을 고르시오.
① 매매기준율이란 최근 거래일의 외국환중개회사를 통한 미화의 현물환매매 중에서 익익일 결제거래 매매율과 그 거래량을 가중평균하여 산출되는 시장평균환율을 말한다.
② 원화 대 기타통화(JPY, EUR 등) 환율 산출기준이 되는 환율은 재정된 매매기준율이다.
③ 여행자수표 판매 시 사용되는 환율은 여행자수표(T/C) 매입율이다.
④ 대외지급수단의 매매계약일로부터 2영업일 이내 현물이 수도 결제되는 거래를 현물환 거래라고 한다.

출제포인트
여행자수표 판매 시 사용되는 환율은 여행자수표(T/C) 매도율이다.

정답 ③

 06 다음 중 외국환 매입률과 매도율에 대한 설명으로 가장 옳지 않은 것은 어느 것인가?
① 전신환매도율은 원화 대 미달러화(US$) 및 위안화의 환율 산출기준으로 활용된다.
② 재정된 매매기준율(재정환율)은 미화 이외의 통화와의 매매중간율을 시장평균환율로 하는 재정환율을 말한다.
③ 현물환거래는 당일결제, 익일결제 및 익익일결제 거래가 있으며, 원화 대 미달러화 매매기준율 산출 시 익익일 결제거래를 기준으로 한다.
④ 선물환거래의 결제일은 주로 제3영업일로부터 1주일, 1개월, 2개월, 3개월, 6개월, 1년으로 정하여 거래한다.

출제포인트
원화(₩) 대 미달러화(US$) 및 위안화의 환율 산출기준으로 활용되는 것은 매매기준율이다.

정답 ①

07 다음 중 환율 크기를 정확하게 배열한 것은 어느 것인가?

① 현찰매도율 > 여행자수표(T/C) 매도율 > 전신환매도율 > 매매기준율 > 전신환매입율 > 수표매입률 > 현찰매입률
② 현찰매도율 < 여행자수표(T/C) 매도율 < 전신환매도율 < 매매기준율 < 전신환매입율 < 수표매입률 < 현찰매입률
③ 현찰매도율 < 전신환매도율 < 여행자수표(T/C) 매도율 < 매매기준율 < 수표매입률 < 전신환매입율 < 현찰매입률
④ 전신환매도율 > 현찰매도율 > 여행자수표(T/C) 매도율 > 매매기준율 > 수표매입률 > 현찰매입률 > 전신환매입율

출제포인트
현찰매도율 > 여행자수표(T/C) 매도율 > 전신환매도율 > 매매기준율 > 전신환매입율 > 수표매입률 > 현찰매입률

정답 ①

 08 외국환 매입에 관한 다음 설명 중 바르지 않은 것은?

① 외국환의 매입 (규정2-2조) 규정은 거주자 중 외국인을 제외한 모든 거주자가 적용된다.
② 외국환의 매입 실무상 타발송금, 외화현찰, 여행자수표, 외화수표, 수출환어음 등 주로 대외지급수단이 매매대상이 많이 이용됨
③ 동일자 동일인 2만불 이하 대외지급수단의 매입은 취득경위 확인이 면제된다.
④ 외국으로부터 송금된 미화 1만불 초과의 대외지급수단을 매입(예치)하는 경우로서 취득경위를 입증하는 서류 미제출 시 영수확인서를 징구해야 한다.

출제포인트
10만불 초과 시 영수확인서를 징구해야 한다.

정답 ④

영수확인서에 대한 설명으로 옳지 않은 것은?

① 영수확인서는 외국인거주자도 그 징구 대상에 포함한다.
② 외국으로부터 송금 된 건당 미화 10만불 초과하는 경우로서 취득 경위를 입증하는 서류를 제출하지 않은 경우에 징구한다.
③ 영수확인서에 기재된 영수사유에도 불구하고 단순 이전거래로 간주하여 매입한다.
④ 영수자금 수취인의 소재불명 또는 연락두절로 인하여 송금된 날로부터 3영업일 이내에 영수사유를 알 수 없는 경우에는 징구를 생략하고 단순 이전거래로 간주하여 매입이 가능하다.

출제포인트
영수확인서의 경우 외국인거주자는 징구 대상에 포함되지 않는다.

정답 ①

 다음 중 외국환의 매입에 대한 설명으로 가장 옳지 않은 것은 어느 것인가?

① 외국환은행이 거주자로부터 외국환을 매입하여 원화로 교환하여 주는 경우를 외국환의 매입이라고 한다.
② 외화대체(外貨對替)거래의 경우에도 동일한 기준을 적용한다.
③ 거주자(외국인 제외)로부터 매입 시 동일자 동일인 2만불 이하 대외지급수단의 매입은 취득경위 확인 면제거래이다.
④ 거주자(외국인 제외)로부터 매입 시 취득 경위 입증서류를 제출하지 않은 경우 원칙적으로 취급이 불가능하다.

출제포인트
입증서류를 제출하지 않은 경우 단순이전거래로 간주하여 매입 가능하다.

정답 ④

다음 중 거주자(외국인 제외)로부터 매입 시 영수확인서 징구제도에 대한 설명으로 가장 옳지 않은 것은 어느 것인가?

① 대상자는 거주자만 대상이고 외국인거주자 및 비거주자는 제외된다.
② 외국으로부터 송금된 미화 10만불 초과의 대외지급수단을 매입(예치)하는 경우로서 취득경위를 입증하는 서류 미제출 시 영수확인서를 징구한다.
③ 수취인의 소재불명 또는 연락두절로 인하여 송금일로부터 7영업일 이내 영수사유를 알 수 없는 경우 징구를 생략하고 단순이전거래로 간주하여 매입 처리한다.
④ 영수확인서에 기재된 영수사유(무역, 무역외, 자본 등)에도 불구하고 단순이전거래로 간주하여 매입(예치) 처리한다.

출제포인트
3영업일 내이다.

정답 ③

 외국인거주자 및 비거주자로부터 매입에 관한 다음 설명 중 바르지 않은 것은?

① 처분목적이나 사유를 알 수 없는 경우 '해외재산반입자금'으로 간주하여 매입 가능하다.
② 동일자 동일인 2만불 이하 대외지급수단의 매입인 경우 매입제한이 없다.
③ 동일자 2만불 초과이면서 재원확인 입증서류가 없는 경우 매입이 불가능하다.
④ 동일자 미화 2만불 초과 매입의 경우 거주자와 동일하게 자동 통보된다.

출제포인트
동일자 미화 1만불 초과 매입의 경우 거주자와 동일하게 자동 통보된다.

정답 ④

13 다음 중 외국인거주자 및 비거주자로부터 매입에 대한 설명으로 가장 옳지 않은 것은 어느 것인가?

① 외화현찰, 수표(T/C)금액이 동일자 1만불 초과 시 세관 또는 외국환은행이 발행하는 외국환신고(확인)필증 등의 취득경위 입증서류를 확인해야 한다.
② 동일자 미화 1만불 초과 매입의 경우 거주자와 동일하게 국세청 및 관세청에 자동 통보된다.
③ 처분목적이나 사유를 알 수 없는 경우 '해외재산반입자금'으로 간주하여 매입 가능하다.
④ 외국인, 비거주자에게는 매입 후 1회에 한하여 외국환 매입증명서, 영수증, 계산서 등 발행한다.

출제포인트
2만불 초과 시 취득경위 입증서류를 확인해야 한다.

정답 ❶

14 외국환의 매각(규정2 – 3조)에 대한 내용이다. 바르지 않은 것은?

① 대고객 적용환율은 현찰매도율, 전신환매도율, 여행자수표매도율이다.
② 인정된 거래란 외국환거래법규상 허용되어 있는 절차를 이행한 거래를 말한다.
③ 내국지급수단으로 거주자계정 및 거주자외화신탁계정 예치목적 매각은 2만불로 제한을 두고 있다.
④ 거주자가 다른 외국환은행으로 이체하기 위한 매각은 자기명의 또는 타인명의를 불문하고 증빙서류가 필요 없다.

출제포인트
한도제한이 없다.

정답 ❸

다음 중 거주자에 대한 외국환 매각에 대한 설명으로 가장 옳지 않은 것은 어느 것인가?

① 외국환거래법규상 허용되어 있는 절차를 이행한 거래를 인정된 거래라고 한다.
② 소지목적 매각은 2만불까지 허용된다.
③ 내국지급수단으로 거주자계정 및 거주자외화신탁계정 예치목적 매각은 원화로 외화예금 하는 것을 말한다.
④ 거주자가 다른 외국환은행으로 이체하기 위한 매각의 경우 자기명의 또는 타인명의를 불문하고 증빙서류가 필요 없다.

출제포인트
소지목적 매각은 한도 제한이 없다.

정답 ②

 다음 중 거주자에 대한 외국환 매각에 대한 설명으로 가장 옳지 않은 것은 어느 것인가?

① 인정된 거래 또는 지급을 위한 매각 원칙은 외국인은 제외되며, 거주자만 대상으로 한다.
② 내국지급수단으로 거주자계정 및 거주자외화신탁계정 예치목적 매각의 경우 1만불 초과시 국세청 및 관세청에 통보 된다.
③ 소지목적 매각의 경우 동일자 1만불 초과 시 국세청 및 관세청에 통보된다.
④ 대외계정 및 비거주자외화신탁계정으로 이체 시에는 인정된 거래에 한하여 매각이 가능하다.

출제포인트
국세청 및 관세청 통보대상이 아니다.

정답 ②

외국환은행의 외국환신고필증 교부 대상으로 옳지 않은 것은?

① 시민권자가 본인 명의의 대외계정에서 미화 2만불을 외화로 인출하였다.
② 유학경비로 미화 2만불을 외화로 환전하였다.
③ 해외이주비로 미화 2만불을 외화로 환전하였다.
④ 국민인거주자가 일반 해외여행경비로 미화 2만불을 환전하였다.

출제포인트
신고필증을 교부하지 않는다.

정답 ④

 다음 중 외국인거주자에 대한 국내 소득 등의 대외지급을 위한 매각에 대한 설명으로 가장 옳지 않은 것은 어느 것인가?

① 국내에서의 고용·근무에 따라 취득한 보수 또는 자유업 영위에 따른 소득 및 국내로부터 지급받는 사회보험 및 보장급부 또는 연금 등의 범위 이내에서 매각하고자 하는 경우가 해당된다.
② 거래외국환은행을 지정하여 대외로 지급해야 한다.
③ 급여를 받는 경우 제출증빙서류로는 고용주가 확인한 급여명세표이다.
④ 제출증빙서류가 없거나 제출할 수 없는 경우에는 지정거래 외국환은행의 관리 하에 연간 미화 1만불 이내에서 사유불문 매각 및 대외지급이 허용된다.

출제포인트
5만불 이내에서 가능하다.

정답 ④

다음 중 외국환의 비거주자에 대한 매각에 대한 설명으로 가장 옳지 않은 것은 어느 것인가?

① 최근 입국일 이후 당해 체류기간 중 매각한 실적 범위 내까지 매각이 가능하다.
② 비거주자가 국내소재 외국공관 및 공관원의 경우 매각제한 없으며, 신분확인으로만 가능하다.
③ 매각실적이 없는 경우 미화 5만불 이내 매각이 가능하며 여권에 매각사실을 기재해야 한다.
④ 해외발행 신용카드나 직불카드로 국내에서 원화현금서비스나 원화 인출한 범위 내에서 매각이 가능하다.

출제포인트
미화 1만불 이내에서 가능하다.

정답 ③

통화의 실제인수도 없이 외국환은행에 일정액의 거래증거금을 예치한 후 통화를 매매하고, 환율변동 및 통화 간 이자율 격차에 따라 손익을 정산하는 거래를 무엇이라고 하는가?

① 외환증거금거래
② 외환선물거래
③ 외환차익거래
④ 외환통화현물환거래

출제포인트
외환증거금거래라고 한다.

정답 ①

외국환은행의 대출에 대한 설명으로 바르지 못한 것은?

① 거주자의 외화대출은 외국환거래규정상 금액 또는 용도에 불구하고 한국은행 신고사항이다.
② 거주자의 외화대출은 외국환거래규정상 해외사용 실수요 목적자금과 국내 시설자금으로 국한되고 있다.
③ 거주자 원화대출은 거주자 제한이 없으나, 해외송금 시 한국은행 신고사항이다.
④ 비거주자 원화대출국인은 동일인 기준 10억원 이하는 신고예외사항이다.

출제포인트
외국환거래규정상 신고예외 대상으로 원칙상 금액 또는 용도에 제한이 없다.

정답 ①

 다음 중 외국환은행의 대출과 보증에 대한 설명으로 가장 옳지 않은 것은 어느 것인가?

① 거주자의 원화대출의 경우 한도 제한은 없다.
② 외국인거주자의 원화대출은 한도 제한 없으나, 해외송금 시 한국은행에 신고해야 한다.
③ 비거주자의 원화대출시 동일인 기준 10억원 이하는 신고예외사항이다.
④ 외국환 은행이 거주자 또는 비거주자와 대출채권, 대출어음, 대출채권의 원리금 수취권, 외화증권 및 외화채권을 매매하는 경우에는 한국은행 신고사항이다.

출제포인트
신고예외사항이다.

정답 ④

다음 중 외국환은행의 대출과 보증에 대한 설명으로 가장 옳지 않은 것은 어느 것인가?

① 비거주자의 원화 대출은 원칙적으로 제한이 없다.
② 비거주자가 다른 거주자의 담보제공 또는 보증이 있는 경우 대출을 받고자 하는 비거주자가 한국은행총재에게 신고해야 한다.
③ 비거주자가 원화대출을 받으려고 할 때 동일인 기준 300억 원 초과 시, 금전의 대차계약신고서를 작성하고 외국환 은행에 신고해야 한다.
④ 비거주자가 당좌예금을 개설한 비거주자에 대한 2영업일 이내의 결제자금을 위한 당좌대출의 경우 금액제한이 없고 신고예외대상자에 해당된다.

출제포인트
한국은행에 신고해야 한다.

정답 ③

 교포 등에 대한 여신에 관한 설명으로 옳은 것은?

① 영주권자 또는 시민권자 등 해외교포가 수혜받는 여신을 말한다.
② 국내에 있는 예금 또는 보증을 담보로 국내은행의 해외지점 또는 해외현지법인으로부터 대출 받는 것을 말한다.
③ 동일인 보증금액이 미화 50만불까지는 한국은행총재 앞 신고사항이다.
④ 국민인비거주자가 전액 출자하여 설립한 법인은 교포 등에 대한 여신 수혜자가 될 수 없다.

출제포인트
① 시민권자는 제외
③ 동일인 보증금액이 미화 50만불까지는 외국환은행 신고사항이다.
④ 국민인비거주자가 전액 출자하여 설립한 법인은 교포 등에 대한 여신 수혜자가 될 수 있다.

정답 ②

다음의 설명 중 틀린 것은?

① 외국환은행의 종합매입초과포지션 한도는 각 외국통화별 매입초과액의 합계액 기준으로 전월 말 자기자본의 50%에 상당하는 금액으로 한다.
② 외국환은행의 종합매각초과포지션 한도는 각 외국통화별 매각초과액의 합계액 기준으로 전월 말 자기자본의 30%에 상당하는 금액으로 한다.
③ 외국환 은행의 선물환포지션 한도는 전월말 자기자본의 40%에 상당하는 금액으로 한다.
④ 매입초과포지션인 경우 환율이 상승하는 경우 환차익이 발생한다.

출제포인트
자기자본의 50%에 상당하는 금액으로 한다.

정답 ❷

 다음 중 외국환포지션에 대한 설명으로 가장 옳지 않은 것은 어느 것인가?

① 매입초과포지션은 외화 매입이 매도보다 큰 것을 말한다.
② 매도초과포지션은 외화부채가 외화자산보다 많은 것을 말한다.
③ Square포지션의 경우 환율 상승 시 이익이 된다.
④ 매도초과포지션의 경우 환율이 상승하면 환차손이 발생한다.

출제포인트
환리스크가 없기 때문에 아무런 손익이 발생하지 않는다.

정답 ❸

다음의 설명 중 틀린 것은?

① 비거주자로부터 자금을 조달하여 비거주자를 상대로 운용하는 경우 이를 일반 외화계정과 구분하여 계리할 수 있도록 설치된 계정을 역외계정이라 한다.
② 역외계정은 일반계정과 분리하여 구분계리 하는 것이 원칙이다.
③ 외국환은행이 역외계정에의 예치목적으로 미화 5천만불을 초과하는 외화증권을 상환기간 1년 초과의 조건으로 발행하고자 하는 경우에는 기획재정부장관에게 신고해야 한다.
④ 외국환은행은 매월 파생상품거래실적을 기획재정부장관에게 보고하여야 한다.

출제포인트
외국환은행은 매월 파생상품거래실적을 한국은행총재에게 보고하여야 한다.

정답 ④

 다음 중 역외계정에 대한 설명으로 가장 옳지 않은 것은 어느 것인가?

① 역외계정과 일반계정 간의 자금이체는 기획재정부장관의 허가를 받아야 한다.
② 역외계정과 일반계정 간의 자금이체는 기획재정부장관의 허가를 받아야 하나 직전회계연도 중 역외 외화자산평잔의 10% 이내는 예외이다.
③ 신용파생상품거래(신용파생결합증권 포함)의 경우 거래일로부터 5영업일 이내에 한국은행총재에게 보고해야 한다.
④ 외국환은행의 장은 당해 법인의 당월 중 역외계정의 자산 및 부채상황을 익월 10일까지 한국은행총재에게만 보고하면 된다.

출제포인트
금융감독원장에게도 보고해야 한다.

정답 ④

출제예상 문제

01 외국환업무 등록과 변경에 대한 설명으로 바르지 못한 것은?
① 외국환업무 등록 신청을 위해서는 외국환업무등록신청서와 부속서류를 제출해야 한다.
② 서류는 기획재정부장관에게 제출해야 한다.
③ 국내영업소의 신설·폐지, 국내영업소의 소재지 변경은 금융감독원장에게 신고해야 한다.
④ 외국환은행은 소액으로 주기적으로 반복하는 거래 등을 권유해야 한다.

02 다음 설명 중 가장 바르지 못한 것은?
① 외국환업무 등록과 변경을 하고자 하는 자는 외국환업무등록신청서와 해당 서류를 기획재정부장관에게 제출해야 한다.
② 외국환은행은 외국환거래당사자가 외국환관리규정에 의한 신고 등을 회피하고자 하는 거래를 중개·알선해서는 안 된다.
③ 국내영업소의 신설·폐지, 국내영업소의 소재지 변경은 금융감독원장에게 신고해야 한다.
④ 동일한 자금원천에서 여러 명의로 나누는 차명거래 등으로 송금을 분산시켜야 한다.

03 다음 설명 중 가장 바르지 못한 것은?

① 외국통화의 매도로 주로 사용되며 매매기준율을 기준으로 통상 +10원 현찰매도율이라고 한다.
② 대외지급수단의 매매계약일로부터 2영업일 이내 현물이 수도 결제되는 거래를 현물환거래라고 한다.
③ 매매기준율이란 최근 거래일의 외국환중개회사를 통한 미화의 현물환매매 중에서 익익일 결제거래 매매율과 그 거래량을 가중 평균하여 산출되는 시장평균환율을 말한다.
④ 미화 이외의 통화와의 매매중간율을 시장평균환율로 재정한 환율을 재정된 매매기준율(재정환율)이라고 한다.

04 거주자(외국인 제외)로부터 매입 시 취득경위 확인 면제거래에 해당하지 않는 거래는?

① 동일인 2만불 이하 대외지급수단의 매입(동일자 별개의 거래는 합산이 되지 않는다.)
② 정부, 지방자치단체, 외국환업무취급기관으로부터의 매입
③ 당해 거주자의 거주자계정 및 거주자외화신탁계정에 예치된 외국환을 매입하는 경우
④ 환전영업자로부터 매입

정답 및 해설

01 ④ 소액으로 주기적으로 반복하는 거래는 거래당사자가 국세청 통보 등을 피하기 위한 변칙적인 거래행위 사례로 금지하고 있다.
02 ④ 동일한 자금원천에서 여러 명의로 나누는 차명거래는 거래당사자가 국세청 통보 등을 피하기 위한 변칙적인 거래행위 사례행위이다.
03 ① 매매기준율을 기준으로 통상 +20원 정도에서 거래가 이루어진다.
04 ① 동일자 거래도 합산된다.

05 다음은 영수확인서 징구제도에 대한 설명이다. 가장 바르지 못한 것은?

① 외국으로부터 송금된 미화 10만불 초과의 대외지급수단을 매입(예치)하는 경우로서 취득경위를 입증하는 서류 미제출 시 징구한다.
② 수취인의 소재불명 또는 연락두절로 인하여 송금일로부터 3영업일 이내 영수사유를 알 수 없는 경우 징구를 생략하고 역시 단순이전거래로 간주하여 매입 처리한다.
③ 영수확인서에 기재된 영수사유(무역, 무역외, 자본 등)에도 불구하고 단순이전거래로 간주하여 매입(예치) 처리한다.
④ 대상자는 거주자 및 외국인거주자 및 비거주자 등이 포함된다.

06 거주자(외국인 제외)로부터 매입에 대한 설명으로 바른 것은?

① 동일자 동일인 3만불 이하 대외지급수단의 매입 시 취득경위 확인이 면제된다.
② 동일자 1만불 초과 매입하는 경우 국세청에 자동 통보된다.
③ 영수확인서에 기재된 영수사유는 무역, 무역외, 자본 등에 따라 분류하여 처리해야 한다.
④ 외국환은행이 외국환을 매입한 경우 매월별로 익월 15일 이내에 국세청장 및 관세청장 앞으로 통보하여야 한다.

07 외국인거주자 및 비거주자로부터 외국환을 매입 시 외화현찰, 수표(T/C)금액이 동일자 2만불 초과 시 취득경위 입증서류에 해당하는 것은?

① 대외지급수단 매매신고필증
② 외국환업무 등록증
③ 외국인등록증
④ 여권

08 다음은 외국환의 매각에 대한 설명이다. 가장 바르지 못한 것은?

① 외국환은행이 거주자로부터 원화를 받고 외국환을 매각하여 외화로 교환하여 주는 경우를 말한다.
② 해외 당발송금, 외국통화 환전, 외화예금, 송금수표발행, 타발추심자금 결제 등이 여기에 해당한다.
③ 내국지급수단으로 거주자계정 및 거주자외화신탁계정 예치목적 매각은 한도제한이 없다.
④ 거주자에 대한 매각 중 소지목적 매각은 1만불로 제한을 두고 있다.

09 거주자에 대한 매각거래에 해당하지 않는 경우는?

① 인정된 거래 또는 지급을 위한 매각
② 소지목적 매각
③ 내국지급수단으로 거주자계정 및 거주자외화신탁계정 예치목적 매각
④ 국내 소득 등의 대외지급을 위한 매각

정답 및 해설

05 ④ 대상자는 거주자이다.
06 ② ① 동일자 동일인 2만불 이하 대외지급수단의 매입 시 취득경위 확인이 면제된다.
　　　③ 영수확인서에 기재된 영수사유(무역, 무역외, 자본 등)에도 불구하고 단순이전거래로 간주하여 매입(예치) 처리한다.
　　　④ 익월 10일 이내 통보한다.
07 ① 대외지급수단 매매신고필증 또는 외국환신고(확인)필증을 제시해야 한다.
08 ④ 거주자에 대한 매각 중 소지목적 매각은 제한이 없고, 동일자 1만불 초과 시 국세청 및 관세청에 통보한다.
09 ④ 국내 소득 등의 대외지급을 위한 매각은 외국인거주자에 대한 매각에 해당한다.

10 다음은 외국인거주자에 대한 매각에 대한 설명이다. 가장 바르지 못한 것은?

① 국내에서 외국환을 매각한 실적 범위 내까지 매각 가능하다.
② 일반 해외여행경비의 1만불까지 매각은 여권에 매각사실을 기재하고 매각이 가능하다.
③ 국내 소득 등의 대외지급을 위한 매각은 제출증빙서류가 없거나 제출할 수 없는 경우에는 지정거래 외국환은행의 관리 하에 연간 미화 1만불 이내에서 사유불문 매각 및 대외지급 허용된다.
④ 5년 이상 국내에 거주한 외국인의 해외유학경비의 지급을 위한 매각은 가능하다.

11 다음 설명 중 가장 바르지 못한 것은?

① 거주자의 원화대출은 원칙적 제한이 없다.
② 외국인거주자 역시 원화대출은 제한이 없으나, 해외송금 시 한국은행 신고사항이다.
③ 동일인 기준 10억원 이하의 비거주자 외화대출은 신고예외 항목이다.
④ 비거주자의 원화대출의 경우 1인 기준 300억원 초과 시 한국은행 신고사항이다.

12 다음은 외국환은행의 보증 업무 중 신고예외 거래 사항에 해당하지 않는 경우는?

① 비거주자 간 현지금융관련 보증
② 거주자 간의 거래에서 채권자에 대한 보증
③ 비거주자 간 거래에서 거주자가 외국환은행에 보증 또는 담보를 제공하는 경우
④ 거주자(채무자)와 비거주자(채권자)의 인정된 거래에 관하여 채권자인 비거주자에 대하여 보증을 하는 경우

13 외국환포지션 한도에 대한 설명으로 가장 바르지 못한 것은?

① 각 외국통화별 매입초과액의 합계액 기준으로 전월말 자기자본의 50%에 상당하는 금액까지가 외국환은행의 종합매입초과포지션 한도이다.
② 한국수출입은행의 경우 외화자금 대출 잔액의 150%에 해당하는 금액이 외국환은행의 종합매입초과포지션 한도이다.
③ 매입초과포지션의 경우 환율상승 시 환차손이 발생한다.
④ 외국환은행의 장은 외국환포지션 한도와 관련하여 한국은행총재에게 매월 외국환포지션상황을 보고하여야 하며, 한국은행총재는 이를 금융감독원장에게 통보하여야 한다.

14 외국환포지션에 대한 설명이다 가장 바른 것은 어느 것인가?

① 스퀘어포지션은 환리스크가 없다.
② 매도초과포지션은 매도가 매입보다 적은 것이다.
③ 매입초과포지션은 부채가 자산보다 많은 것이다.
④ 매도초과포지션은 환율하락이 발생한 경우 환차손이 발생한다.

정답 및 해설

10 ③ 연간 미화 5만불 이내에서 사유불문 매각 및 대외지급 허용된다.
11 ③ 동일인 기준 10억원 이하의 비거주자 외화대출이 아닌 원화대출이 신고예외 항목이다.
12 ③ 비거주자 간 거래에서 거주자가 외국환은행에 보증 또는 담보를 제공하는 경우는 신고사항이다.
13 ③ 매입초과포지션의 경우 환율상승 시 환차익이 발생한다.
14 ① ② 매도초과포지션은 매도가 매입보다 많은 것이다.
　　③ 매입초과포지션은 자산이 많은 것이다.
　　④ 매도초과포지션 환율하락이 발생한 경우 환차익이 발생한다.

15 외국환은행의 파생상품 거래에 대한 설명으로 바르지 못한 것은?

① 한국은행총재는 종합하여 기획재정부장관에게 보고하여야 한다.
② 외국환은행은 매월 파생상품거래실적을 한국은행총재에게 보고하여야 한다.
③ 신용파생상품거래의 경우 거래일로부터 5영업일 이내 보고하여야 한다.
④ 신용파생결합증권은 보고 대상에서 제외 된다.

정답 및 해설

15 ④ 신용파생결합증권은 보고 대상에서 포함된다.

03 전문외국환업무취급업자의 외국환업무 및 지급과 영수

▶ 접근전략 및 기출트렌드

환전영업자의 외국환업무, 소액해외송금업자의 외국환업무, 기타 전문외국환업무취급업자의 외국환업무의 경우 등 각 기관의 이행보증금 및 전문인력의 숫자를 이해합니다.

또한 거주성별 지급 등의 절차의 경우 국민인 거주자, 비거주자를 구별하여, 흐름을 정확하게 파악해야 합니다. 해외여행경비 (규정4-5조) 해외이주비(규정4-6조) 재외동포 재산반출(규정4-7조)는 대표적인 경상거래의 유형으로 각각 한도와 신고유형을 이해해야 합니다.

▶ 출제빈도

단원	주제	학습중요도	출제비율
1절	환전영업자의 외국환업무	★	10%
2절	소액해외송금업자의 외국환업무	★	10%
3절	기타 전문외국환업무취급업자의 외국환업무	★	10%
4절	통칙	★	5%
5절	거주성별 지급 등의 절차	★	10%
6절	해외여행경비(규정4-5조)	★★	15%
7절	해외이주비(규정4-6조)	★★	15%
8절	재외동포 재산반출(규정4-7조)	★★	15%
9절	국세청장, 관세청장, 금융감독원장 앞 통보	★	10%

▶ 체크리스트

체크리스트	기본서 상세페이지
환전영업자의 외국환업무내용 정리	P.88 ~ P.92
거주성별 지급 등의 절차(국민인 거주자, 외국인 거주자, 비거주자 구분)	P.112 ~ P.121
해외여행경비(규정 4-5조), 지급절차 및 규정	P.122 ~ P.129
해외이주비(규정4-6조) 및 재외동포 재산반출(규정4-7조)의 차이 정리	P.130 ~ P.140

이패스코리아 외환전문역 I종

외환관리실무 제1과목

제3장

전문외국환업무취급업자의 외국환업무 및 지급과 영수

핵심정리 문제

 다음의 설명 중 틀린 것은?

① 환전업무의 등록을 하고자 하는 자는 해당 서류를 관세청장(관할세관장)에게 제출하고 등록증을 교부받아야 한다.
② 환전영업자는 여행자 등 고객에게 환전의 편의 제공 및 환전업무 영위에 따른 확인 및 보고 의무를 성실히 이행해야 한다.
③ 환전영업자는 거주자, 비거주자 모두로부터 원화를 대가로 외국통화 및 여행자수표를 매입할 수 있다.
④ 외국환 매각은 제한 없이 거주자, 비거주자에 모두에게 매각할 수 있다.

출제포인트
2천불 초과 외국환 매각은 비거주자에 한한다.

정답 ④

 다음 중 환전영업자의 의무에 대한 설명으로 가장 옳지 않은 것은 어느 것인가?

① 환전영업자는 여행자 등 고객에게 환전의 편의 제공 및 환전업무 영위에 따른 확인 및 보고 의무를 성실히 이행해야 한다.
② 환전영업자는 환전 업무를 원활하게 수행할 수 있는 충분한 영업공간 확보 및 등록된 영업장소에서 영업을 해야 한다.
③ 국문 및 영문으로 표시된 환전업무 영위 표지 및 당일 환전영업자의 외국환매매율을 영업장에 매주 게시해야 한다.
④ 환전업무에 관하여 일자, 매각자(매입자) 성명, 환전금액, 적용환율, 여권번호 또는 주민번호 등 거래내용을 환전장부에 기록하고 관련서류를 5년간 보존해야 한다.

출제포인트
환전영업자는 관련 정보를 매일 게시해야 한다.

정답 ③

다음의 설명 중 틀린 것은?

① 환전영업자와 지정거래 외국환은행을 위해서 환전영업자등록증, 사업자등록증, 거래외국환은행지정(변경)신청서를 제출해야 한다.
② 지정거래 등록을 위하여 법인사업자는 사업자등록증번호로 지정등록을 해야 한다.
③ 환전증명서의 금액이 변경된 경우 정정을 해야 한다.
④ 환전영업자가 매각 가능한 외국환은 외국통화에 한하며 여행자수표 매각은 불가능하다.

> **출제포인트**
> 환전증명서의 금액은 정정이 불가하다.
>
> 정답 ❸

 다음 중 환전영업자와 지정거래 외국환은행에 대한 설명으로 가장 옳지 않은 것은 어느 것인가?

① 지정거래은행의 환전증명서는 같은 번호의 외국환매각신청서(자신이 보관)와 외국환매입증명서(고객에게 교부)가 1조로 구성되어 있다.
② 환전영업자는 지정거래외국환은행을 통해서만 외국환의 매매거래를 하여야 한다.
③ 환전영업자는 환전업무현황을 매 반기별로 익월 10일까지 지정거래외국환은행의 장에게 제출해야 한다.
④ 매각 가능한 외국환은 외국통화와 여행자수표이다.

> **출제포인트**
> 여행자수표 매각은 불가능하다.
>
> 정답 ❹

05. 소액해외송금업 등록과 폐지에 대한 설명으로 바르지 못한 것은?

① 소액해외송금업을 하려는 자는 소액해외송금업무등록신청서와 등록요건을 첨부하여 금융감독원장의 경유 확인을 받은 후 기획재정부장관에게 등록 신청하여야 한다.
② 명칭, 본점 및 영업소 소재지, 송금 대상국가 및 취급통화, 사용계좌 통장사본(은행계좌), 요건서류 등이 포함된 서류가 필요하다.
③ 자기자본 20억 이상, 재무건전성, 한국은행 외환전산망 연결, 사후관리용 전산설비 및 전문인력, 외국환업무 2년 이상 경력자 2명 확보 등이 필요 요건이다.
④ 소액해외송금업자는 고객용 약관을 제정하여야 하며 이를 사전에 금융감독원장에게 제출하여 점검을 받아야 한다.

출제포인트
자기자본 10억 이상이어야 한다.

정답 ③

06. 소액해외송금업에 대한 설명이다 아래의 빈칸의 합은 얼마인가?

소액해외송금업의 지급과 수령의 범위는 건당 지급 및 수령 범위는 각각 미화 (　)천불 이하로 연간누계 각각 미화 (　)만불까지로 한다.

① 3　　　　　　② 4
③ 10　　　　　 ④ 7

출제포인트
건당 지급 및 수령 범위는 각각 미화 5천불 이하로 연간누계 각각 미화 5만불까지로 한다.

정답 ③

07 소액해외송금업에서 외국환업무의 원활한 수행과 안정성 확보를 위해 소액해외송금업자는 얼마 이상의 이행 보증금을 예탁하고 등록기간까지 이를 유지하여야 하는가?

① 1억원 이상
② 2억원 이상
③ 3억원 이상
④ 5억원 이상

출제포인트
외국환업무의 원활한 수행과 안정성 확보를 위해 소액해외송금업자는 3억원 이상의 이행 보증금을 예탁하고 등록기간까지 이를 유지하여야 한다.

정답 ❸

08 소액해외송금업에 대한 설명으로 바르지 못한 것은?

① 소액해외송금업의 등록내용을 변경하거나 폐지하고자 하는 경우에는 등록필증과 관련서류를 첨부하여 기획재정부에 제출하여야 한다.
② 소액송금업자는 자기명의로 은행에 개설된 전용계좌를 통해서만 고객에게 자금을 지급하거나 수령하도록 하여 비대면 거래의 투명성을 확보하고 있다.
③ 소액해외송금업 업무에 따른 지급은 거래외국환은행 지정, 외국인거주자 또는 비거주자의 보수 또는 소득 등의 지급(증빙서류미제출 연간 5만불 포함), 해외여행경비(일반, 유학, 체재, 단체)의 규정을 적용받지 않고 별도 업무처리가 가능하다.
④ 소액해외송금업자는 국내의 지급인 및 수령인별로 지급 등의 내역을 기록하고 5년간 보관 하여야 하며, 지급 등의 내역을 매익월 10일까지 외환정보집중기관(한국은행전산망)을 통하여 금융정보분석원장, 국세청장, 관세청장, 금융감독원장에게 통보하여야 한다.

출제포인트
금융감독원에 제출하여야 한다.

정답 ❶

소액외화이체업에 대한 설명으로 바르지 못한 것은?
① 소액외화이체업은 외국환은행과 위·수탁계약을 통하여 소액외화이체업을 영위할 수 있다.
② 소액외화이체업의 수탁자는 자기자본 3억원 이상이어야 한다.
③ 사무처리에 필요한 이체정보시스템 등 전산설비 및 운영조직, 외환전문인력 2명 이상 확보하여 한다.
④ 위탁업무는 지급과 수령인 별로 각각 미화 5천불 이내로 하며 동일인당 연간누계 미화 5만불 이내로 하므로 소액해외송금업과 동일한 기준이다.

출제포인트
1명 이상이면 된다.

정답 ❸

 다음의 설명 중 틀린 것은?
① 외국환거래법상 외국환의 지급과 영수는 외국환은행을 통하여 이루어져야 한다.
② 외국환거래법상 외국환의 지급 중 비거주자가 외국에서 외국으로 발생하는 지급은 제외된다.
③ 조약 및 일반적으로 승인된 국제법규와 국내법령에 반하는 행위와 관련한 지급 등을 하여서는 안 된다.
④ 건당 미화 2만달러(동일자·동일인 기준) 지급 또는 영수에 대해서 외국환은행의 장은 당해 지급 등이 외국환거래법규에 의한 신고 대상인지 확인하여야 한다.

출제포인트
지급은 건당 5천달러를 초과해야 한다.

정답 ❹

11 다음 중 외국환업무의 지급에 대한 설명으로 가장 옳지 않은 것은 어느 것인가?

① 지급과 영수를 하고자 하는 자는 외국환은행의 장에게 그 사유와 금액을 입증하는 서류를 제출하여야 한다.
② 지급을 위한 신고 사유가 있는 경우는 신고 등을 사후에 처리한다.
③ 거주자의 증빙서류미제출 송금, 정부 또는 지방자치단체의 지급, 사전개산지급, 일정규모 이상인 수출입업체의 지급 등의 경우 예외적으로 입증하는 서류를 제출하지 않아도 된다.
④ 조약 및 일반적으로 승인된 국제법규와 국내법령에 반하는 행위와 관련한 지급 등을 하여서는 안 된다.

출제포인트
사전적으로 처리해야 한다.

정답 ❷

12 다음 중 외국환업무의 지급에 대한 설명으로 가장 옳지 않은 것은 어느 것인가?

① 외국환은행을 통한 거래 중 영수에는 제한이 없고 지급의 경우에만 적용한다.
② 비거주자가 외국에서 외국으로 발생하는 지급은 외국환거래법의 지급에서 제외된다.
③ 거래외국환은행을 지정한 경우에는 당해 외국환은행을 통하여 지급 등(휴대수출입을 위한 환전 제외)을 하여야 한다.
④ 송금방식에 의한 수출대금 영수 및 수입대금 지급 시 1건당 미화 50만불 상당액 이하인 경우 취득경위 입증서류 및 지급증빙서류를 사본으로도 확인요건을 갈음 할 수 있다.

출제포인트
휴대수출입을 위한 환전을 포함한다.

정답 ❸

13 국내수입업체인 가나다 통상은 물품을 중국으로 수출하고 그 수출대금을 외화수표로 국제우편을 통해 수령 하였다. 국제우편으로 받았다는 영수증을 함께 제시한 경우 업무 처리 방법은?

① 신고예외
② 외국환은행의 장에게 신고
③ 한국은행총재에게 신고
④ 입국세관에 신고

출제포인트
신고예외항목이다
거주자가 수출대금의 영수를 위하여 외국통화표시 수표를 휴대수입 외의 방법으로 수입하는 경우 수출입 신고예외 항목이다.

정답 ❶

14 증빙서류제출이 면제되는 지급 등에 관한 설명으로 옳은 것은?

① 정부 또는 지방자치단체의 지급 시 증빙서류 제출 없이 대외송금이 가능하며 한도 제한도 없다.
② 수출실적이 미화 3천만불 이상인 기업의 수입대금 송금 시 증빙서류 제출 없이 대외송금이 불가능하다.
③ 거주자의 증빙서류미제출의 송금은 거주자라면 개인인 국민 외국인 및 법인 모두 가능하다.
④ 사전지급의 경우 지급신청일로부터 30일 이내에 지급금액을 증빙하는 서류 등을 징구하여야 한다.

출제포인트
③ 거주자의 증빙서류미제출의 송금의 경우 외국인은 제외
④ 사전지급의 경우 지급신청일로부터 60일 이내에 지급금액을 증빙하는 서류 등을 징구하여야 한다.

정답 ❶

다음은 비거주자 또는 외국인거주자의 지급에 대한 설명이다. 틀린 것은?

① 비거주자 또는 외국인거주자는 영수 또는 휴대 수입한 대외지급수단 범위 이내의 경우 그 범위 내에서 지급이 가능하다.
② 매각실적이 없는 비거주자에게는 별도로 미화 1만불 이내 재환전이 허용된다.
③ 외국인거주자의 미화 1만불 이내의 해외여행경비 지급이 불가능하다.
④ 소득금액증명 및 납세증명서 등이 있는 경우 국내에서의 고용, 근무에 따라 취득한 국내보수로 지급이 가능하다.

출제포인트
외국인거주자의 미화 1만불 이내의 해외여행경비 지급이 가능하다.

정답 ❸

다음 중 비거주자 또는 외국인거주자의 지급에 대한 설명으로 가장 옳지 않은 것은 어느 것인가?

① 5년 이상 국내에서 거주한 자의 경우 해외유학생경비 또는 해외체재비 지급이 가능하다.
② 주한 외교기관이 징수한 영사수입 기타 수수료의 지급 및 외국공관, 외국공관원, 국제기구 및 주둔군인은 매각실적 범위 내 지급이 가능하다.
③ 자본거래의 규정에 의하여 대외지급이 인정된 경우 외국환은행에 자금의 취득경위를 입증하는 서류를 제출·확인 후 지급이 가능하다.
④ 매각실적이 없는 비거주자에게는 별도로 미화 1만불 이내 재환전 허용되며, 이때 여권에는 기재하지 않아도 된다.

출제포인트
여권에 환전사실을 기재해야 한다.

정답 ❹

17 해외여행경비 지급 시 제출서류 연결이 바르지 않은 것은?

① 일반 해외여행자 : 휴대출국 목적의 경우 별도 제한 없음
② 기술훈련 관련 해외체재자 : 관련 단체장의 해외여행확인서
③ 해외유학생 : 당해 수학기관의 입학허가서
④ 해외체재자 : 소속 단체의 장의 출장·파견증명서

출제포인트
기술훈련 관련 해외체재자의 경우 필요한 서류는 훈련출장명령서 또는 국외 훈련기관의 훈련초청서이다. 문화 관련 해외체재자의 경우 관련 단체장의 해외여행확인서가 필요하다.

정답 ❷

 18 해외여행경비 지급에 대한 내용이다. 바르지 않은 설명은 어느 것인가?

① 일반해외여행자 : 신분증만 있으면 금액제한 없이 여행경비 환전 가능
② 해외체재비 : 거래외국환은행은 5만불 초과 휴대출국 시 외국환신고(확인)필증 발행·교부
③ 해외유학경비 : 연간 지급누계가 10만불(신용카드 포함) 초과 시에 국세청 및 금융감독원 통보
④ 단체해외여행경비 : 여행사 명의로만 지급 가능

출제포인트
해외체제비의 경우 1만불 초과 휴대출국 시 외국환신고(확인)필증 발행·교부한다.

정답 ❷

다음 중 해외여행경비 지급에 대한 설명으로 가장 옳지 않은 것은 어느 것인가?

① 일반 해외여행자 경비의 경우 동일자 1만불 초과 환전 시 국세청 및 관세청에 통보된다.
② 해외체재비 및 해외유학경비의 경우 거래외국환은행을 지정하고 해외체재 입증서류를 제출해야 한다.
③ 외국인거주자의 여행경비는 국민과는 달리 5만불 이내까지 해외여행경비 지급이 가능하다.
④ 해외체재비 및 해외유학경비의 경우 연간 지급누계가 10만불(신용카드 포함) 초과 시에 국세청 및 금융감독원에 통보된다.

출제포인트
1만불까지 가능하다.

정답 ③

 해외이주비에 대한 설명으로 바르지 못한 것은?

① 생업에 종사하기 위해 외국에 이주하는 자와 그 가족 또는 외국인과의 혼인 및 연고관계로 인하여 이주하는 자를 해외이주자라고 한다.
② 여권, 비자 사본 또는 영주권 사본을 제출해야 한다.
③ 세대별 지급누계총액이 10만불 초과시 관할세무서 발행 자금출처확인서를 제출한다.
④ 지급 후 3년 이내에 영주권 등을 취득하였음을 입증하는 서류를 지정거래외국환은행에 제출하거나, 불가능할 시 지급한 자금은 국내로 회수하여야 한다.

출제포인트
지급 후 1년 이내이다.

정답 ④

다음 중 해외이주비의 지급절차에 대한 설명으로 가장 옳지 않은 것은 어느 것인가?

① 여권, 비자 사본 또는 영주권 사본 등을 제출하며, 사후보완은 불가능하다.
② 1만불 초과 휴대시 지정거래은행 외국환 신고필증을 발행한다.
③ 해외이주비 지급은 특별히 한도가 없다.
④ 해외이주신고확인서는 지정거래은행이 회수해야 한다.

출제포인트
사후보완도 가능하다.

정답 ❶

 해외이주비지급에 관한 설명 중 옳은 것은?

① 해외이주신고확인서 발급일로부터 1년 까지 지급이 가능하다.
② 송금하거나 휴대반출이 가능하며 그 외에 해외여행경비로 별도 지급이 가능하다.
③ 지급 한도는 세대별 지급누계 총액 미화 10만불 까지이다.
④ 해외이주신고확인서를 발급받고 1년 이내에 이주하지 않는 경우 동 신고서는 무효가 된다.

출제포인트
① 해외이주신고확인서 발급일로부터 3년 까지 지급이 가능하다.
② 해외여행경비로 별도 지급이 불가능하다.
③ 한도가 없다.

정답 ❹

재외동포의 국내재산에 대한 설명으로 바르지 못한 것은?

① 외국 국적을 취득한 자, 외국의 영주권 또는 이에 준하는 자격을 취득한 자를 재외동포라고 한다.
② 재외동포의 국내재산 반출절차재산으로는 본인명의 부동산 처분대금이 해당된다.
③ 1만불 초과 휴대출국 시 외국환신고(확인)필증을 발행, 교부하여야 한다.
④ 전체지급누계 5만불 이하인 경우 지정거래외국환은행에 통장 사본 등을 제출하여 본인재산임을 입증하여야 한다.

출제포인트
10만불 이하인 경우이다.

정답 ④

 다음 중 재외동포의 국내재산 반출절차에 대한 설명으로 가장 옳지 않은 것은 어느 것인가?

① 영주권자 또는 이에 준하는 자격취득 확인서류(영주권취득 확인서, 비자사본, 영주권사본) 또는 외국국적취득서류를 확인해야 한다.
② 본인명의 부동산 처분대금 및 매각 후 금융자산으로 보유하고 있는 경우 반출이 가능하다.
③ 전체지급누계 5만불 초과시 지정거래외국환은행의 주소지 또는 신청자의 최종 주소지 관할세무서장이 발행한 전체 금액에 대한 자금출처확인서를 확인해야 한다.
④ 지정거래외국환은행을 통하여 지급, 송금방식 또는 외화현찰이나 여행자수표로도 지급 가능하다.

출제포인트
10만불 초과시 자금출처 확인서를 확인한다.

정답 ③

국세청장 앞 통보대상 중 아닌 것은?

① 건당 5천불 초과 증빙서류 미제출 송금
② 동일자 1만불 초과하여 소지목적 · 여행경비 환전 · 외화인출 시
③ 모든 수출입대금의 지급 또는 영수 시
④ 기타 건당 1만불 초과의 각종 대외지급(송금수표 포함) 및 영수 시

출제포인트
모든 수출입대금의 지급 또는 영수 시는 관세청장 앞 통보대상이다.

정답 ③

 다음 중 국세청장, 관세청장, 금융감독원장 통보대상에 대한 설명으로 가장 옳지 않은 것은 어느 것인가?

① 해외체재비(해외유학경비) 지급금액이 연간 10만불 초과 시 국세청장 앞 통보대상이다.
② 건당 5천불 초과 증빙서류 미제출 송금 및 해외예금 송금액이 연간누계 1만불 초과 시 관세청장 앞 통보대상이다.
③ 기타 건당 1만불 초과의 각종 대외지급(송금수표 포함) 및 영수 시 국세청장 앞 통보대상이다.
④ 모든 수출입대금의 지급 또는 영수(무역거래)시 관세청장 앞 통보대상이다.

출제포인트
금융감독원장 앞 통보대상이다.

정답 ②

출제예상 문제

01 환전업무의 등록과 폐지에 대한 설명이다. 가장 바르지 못한 것은?

① 환전업무를 등록하기 위해서는 건물등기부등본 등 영업장에 관한 증빙서류와 인력사항에 관한 서류 및 환전업무신청서를 관세청장에게 제출하고 등록증을 교부받아야 한다.
② 등록변경 및 폐지 역시 관세청장에게 제출해야 한다.
③ 환전영업자는 비거주자로부터 원화를 대가로 외국통화 및 여행자수표를 매입이 가능하다(거주자 제외).
④ 환전영업자의 2천불 초과 외국환 매각은 비거주자에 한한다.

02 다음은 환전영업자와 지정거래외국환은행에 대한 설명이다. 가장 바르지 못한 것은?

① 지정거래외국환은행 등록 하기위해서 환전영업자등록증, 사업자등록증, 거래외국환은행지정(변경)신청서 등을 제출해야 한다.
② 법인사업자는 사업자등록증번호로 지정등록 해야 한다.
③ 환전증명서는 같은 번호의 외국환매각신청서(자신이 보관)와 외국환매입증명서(고객에게 교부)가 1조로 구성되어 있다.
④ 환전증명서의 금액은 붉은색 펜으로 두 줄을 긋고 정정을 하고 거래한다.

정답 및 해설

01 ③ 환전영업자는 거주자, 비거주자 모두로부터 원화를 대가로 외국통화 및 여행자수표 매입이 가능하다.
02 ④ 환전증명서의 금액은 정정 불가, 정정이 필요한 경우 폐기하고 다음 번호를 사용한다.

03 환전영업자 외 지정거래외국환은행과 매매거래에 대한 내용 가장 바르지 못한 내용은 무엇인가?

① 환전영업자는 지정거래외국환은행을 통해서만 외국환의 매매거래를 하여야 한다.
② 매각 가능한 외국환은 외국통화와 여행자 수표이다.
③ 지정거래은행이 매각 시 매각용도는 비거주자 앞 재환전용으로 매각하는 것만 가능하다.
④ 외국환은행 역시 지정거래외국환은행으로 등록된 영업점에서만 거래 가능하다.

04 다음은 환전영업자와 지정거래외국환은행에 대한 설명이다. 가장 바르지 못한 것은?

① 환전영업자는 환전업무현황을 익월 10일까지 지정거래외국환은행의 장에게 제출해야 한다.
② 관세청장은 시정요구, 과태료부과, 형사 처분, 업무정지, 등록취소 등의 제재조치를 할 수 있다.
③ 폐기된 환전증명서는 지정거래외국환은행의 장에게 환전증명서 교부신청 시 반납해야 하고, 지정거래은행은 명세확인 후 반납확인서 교부해야 한다.
④ 환전영업자는 지정거래외국환은행을 통해서만 외국환의 매매거래를 하여야 한다.

05 다음은 지급과 영수의 적용범위 등(규정4-1조)에 대한 설명이다. 가장 바르지 못한 것은?

① 외국환거래법상 외국환의 지급과 영수는 원칙적으로 외국환은행을 통하여 이루어져야 한다.
② 지급과 영수를 하고자 하는 자는 외국환은행의 장에게 그 사유와 금액을 입증하는 서류를 제출하여야 한다.
③ 건당 미화 1만불을 초과하는 지급 등을 하고자 하는 자는 외국환은행의 장에게 지급 등의 사유와 금액을 입증하는 서류를 제출하여야 한다.
④ 건당 5천달러를 초과하는 지급 또는 미화 2만달러(동일자·동일인 기준)를 초과하는 영수에 대해서 외국환은행의 장은 당해 지급 등이 외국환거래법규에 의한 신고 대상인지 확인하여야 한다.

06 다음은 지급과 영수의 적용범위 등(규정4-1조)에 대한 설명이다. 가장 바르지 못한 것은?

① 지급을 위한 신고 사유가 있는 경우는 신고 등을 먼저 해야 한다.
② 지연신고 시 과태료가 부과될 수 있다.
③ 송금방식에 의한 수출대금 영수 및 수입대금 지급 시 1건당 미화 50만불 상당액 이하인 경우 취득경위 입증서류 및 지급증빙서류를 사본으로도 확인에 갈음이 가능하다.
④ 외국환은행을 통한 거래 중 지급에는 제한이 없고 영수의 경우에만 거래집중이 적용한다.

07 다음 비거주자 또는 외국인거주자의 지급 중 지급할 수 없는 것은 어느 것인가?

① 자본거래의 규정에 의하여 대외지급이 인정된 경우
② 5년 이상 국내에서 거주한 자의 지급(해외유학생 및 체재비등으로 지급이 불가능)
③ 매각실적이 없는 비거주자에게는 별도로 미화 1만불 이내 재환전 허용
④ 외국인거주자의 미화 1만불 이내의 해외여행경비 지급

정답 및 해설

03 ② 여행자 수표는 불가능하다.
04 ① 환전영업자는 환전업무현황을 매 반기별로 익월 10일까지 지정거래외국환은행의 장에게 제출해야 한다.
05 ③ 건당 미화 5천불을 초과하는 지급 등을 하고자 하는 자는 외국환은행의 장에게 지급 등의 사유와 금액을 입증하는 서류를 제출하여야 한다.
06 ④ 외국환은행을 통한 거래 중 영수에는 제한이 없고 지급의 경우에만 거래집중이 적용한다.
07 ② 해외유학생경비 또는 해외체재비 지급이 가능하다.

08 원칙적으로 비거주자 또는 외국인거주자는 어느 정도의 외화 지급이 가능한가?
① 외국환신고(확인)필증 확인된 범위   ② 1만불
③ 2만불   ④ 5만불

09 외국인거주자의 여행경비에 대한 설명이다. 가장 바르지 못한 것은?
① 1만불 이내까지 해외여행경비 지급이 가능하다.
② 이때 환전만 가능하며, 송금은 불가능하다.
③ 1백만원 상당 이하 외화현찰 지급 시 여권기재 생략이 가능하다.
④ 국내보수, 소득 등과 합산하여 연간누계 미화 5만불 이내까지는 본인의 신용카드 등으로 해외여행경비 지급이 가능하다.

10 다음 설명 중 가장 바르지 못한 것은?
① 국내이주자는 해외이주신고확인서를 발급받은 날로부터 3년 이내 지정거래외국환은행을 통하여 지급해야 한다.
② 해외이주신고확인서나 현지이주확인서는 지정거래은행이 회수해야 한다.
③ 해외이주비의 지급의 경우 여권 Type PR, R 등 거주여권을 확인하는 제도는 폐지되었다.
④ 해외이주예정자가 영주권 등을 취득하기 위한 자금은 향후 분쟁의 소지가 있으므로 지급을 거절해야 한다.

11 다음은 재외동포의 국내재산 반출절차 (규정4-7조)에 대한 설명이다. 가장 바르지 못한 것은?

① 외국 국적을 취득한 자, 외국의 영주권 또는 이에 준하는 자격을 취득한 자가 반출 대상이다.
② 거래외국환은행의 지정 없이 송금이 가능하다.
③ 송금방식 또는 외화현찰이나 여행자수표로도 지급이 가능하다.
④ 1만불 초과 휴대출국 시 외국환신고(확인)필증을 발행·교부한다.

정답 및 해설

08 ① 비거주자 또는 외국인거주자의 경우 원칙적으로 외국환신고(확인)필증 확인된 범위 내에서는 지급이 가능하다.
09 ② 환전 / 송금 모두 가능하다.
10 ④ 해외이주예정자가 영주권 등을 취득하기 위한 자금도 해외이주비와 동일하게 지급이 가능하다.
11 ② 지정거래외국환은행을 통하여만 지급이 가능하다.

지급 등의 방법 및 지급수단 등의 수출입

▶ 접근전략 및 기출트렌드

지급 등의 방법은 대부분 한국은행 신고거래로 종류가 다양하므로 유형을 기억해야 합니다.

상계 및 상호계산, 기획재정부장관이 정하는 기간 초과하는 지급 등의 방법, 제3자 지급 등의 방법(규정5-10조), 외국환은행을 통하지 아니하는 지급 등의 방법(규정5-11조) 4가지 유형에서 신고예외 항목과 외국환 은행, 한국은행 신고 대상 여부를 정확하게 이해해야 합니다.

▶ 출제빈도

단원	주제	학습중요도	출제비율
1절	통칙	★	-
2절	상계 및 상호계산	★★★	30%
3절	기획재정부장관이 정하는 기간 초과하는 지급 등의 방법	★★★	30%
4절	제3자 지급 등의 방법(규정5-10조)	★★★	30%
5절	외국환은행을 통하지 아니하는 지급 등의 방법(규정5-11조)	★	10%

▶ 체크리스트

체크리스트	기본서 상세페이지
상계 및 상호계산의 차이점과 신고대상	P.149 ~ P.153
기획재정부장관이 정하는 기간 초과하는 지급 등의 방법의 수출 수입에 대한 내용정리	P.154 ~ P.157
제3자 지급 등의 방법의 신고유형	P.158 ~ P.162

이패스코리아 외환전문역 Ⅰ종

외환관리실무 제1과목

제4장

지급 등의 방법 및 지급수단 등의 수출입

핵심정리 문제

 지급 등의 방법에 대한 설명이다. 다음 중 지급 등의 방법의 종류가 아닌 것은?
① 상계
② 기획재정부장관이 정하는 기간을 초과하여 결제하는 경우
③ 외환거래법상 "지급과 영수"의 규정
④ 외국환업무취급기관을 통하지 아니하고 지급 또는 영수를 하는 경우

출제포인트
외환거래법상 "지급과 영수"의 규정이 제외된다.

정답 ❸

 상계에 대한 설명이다. 틀린 내용은 무엇인가?
① 상계란 거주자와 비거주자 간 이미 발생한 채권·채무를 총액계산하지 않고 차액만 지급·영수하는 것을 의미한다.
② 연계무역, 위탁가공무역 및 수탁가공무역에 의하여 수출대금과 관련 수입대금을 상계하고자 하는 경우 신고하여야 한다.
③ 상계관련 증빙서류는 5년 보관하여야 한다.
④ 거주자 간에 외화표시 채권 또는 채무를 상계하고자 하는 경우 신고의 예외사항이다.

출제포인트
신고의 예외사항

정답 ❷

다음 중 상계 및 상호계산에 의한 지급 및 영수에 대한 설명으로 가장 옳지 않은 것은 어느 것인가?

① 거주자와 비거주자 간의 거래가 지속적으로 이루어지는 경우 향후 발생할 채권·채무를 정기적으로 차액 정산하는 지급·영수하는 것을 상호계산이라고 한다.
② 신고예외 및 한국은행총재 신고대상을 제외하고, 거주자가 수출입 용역거래, 자본거래 등 대외거래 시 비거주자에 대한 채권 또는 채무를 비거주자에 대한 채무 또는 채권으로 상계하고자 하는 경우 등은 외국환은행의 장에게 신고해야 한다.
③ 다국적기업의 상계센터를 통하여 상계하거나 다수의 당사자의 채권 또는 채무를 상계하고자 하는 경우는 금융감독원장에게 신고해야 한다.
④ 신고를 받은 한국은행총재 또는 외국환은행의 장은 동 신고내용을 다음반기 첫째 달 말일까지 국세청장 및 관세청장에게 통보하여야 한다.

출제포인트
한국은행총재 신고사항이다.

정답 ③

 상호계산에 대한 설명이다. 틀린 내용은 무엇인가?

① 상대방과의 거래가 빈번하여 상호계산방법으로 지급 등을 하고자 하는 자는 상호계산신고서를 지정거래외국환은행의 장에게 제출하여야 한다.
② 지정거래외국환은행의 장은 상호계산을 실시하는 자가 규정을 위반하거나 그 거래실적 등에 비추어 상호계산계정의 존속이 필요 없다고 인정되는 경우에는 폐쇄할 수 있다.
③ 상호계산을 실시하는 자는 장부 및 관계증빙서류를 5년간 보관하여야 한다.
④ 상호계산계정의 결산은 회계기간의 범위 내에서 연단위로 결산주기를 정하여 실시하여야 한다.

출제포인트
결산주기는 월 단위이다.

정답 ④

다음 중 상호계산에 대한 설명으로 가장 옳지 않은 것은 어느 것인가?

① 상호계산계정을 통하여 대기(貸記) 또는 차기(借記)할 수 있는 항목은 상호계산상 대방과의 채권 또는 채무로 한다. 다만, 법·영 및 이 규정에 의하여 지급, 지급방법 및 자본거래에 있어 신고를 요하는 경우에는 신고하여야 한다.
② 폐쇄된 계정의 대·차기잔액 처리에 관하여는 매 결산기간 종료 후 3월 이내에 지정거래외국환은행의 장에게 신고한 후 지급하거나 영수하여야 한다.
③ 상호계산계정의 기장은 당해 거래가 물품의 수출입 또는 용역의 제공을 수반하는 경우에는 그 수출입 또는 용역제공의 완료 후 30일 이내, 기타의 경우에는 당해 거래에 따른 채권·채무의 확정 후 30일 이내에 행하여야 한다.
④ 상호계산계정의 대·차기잔액은 매 결산기간 종료 후 1월 이내에 지정거래외국환은행의 장에게 신고한 후 지급하거나 영수하여야 한다.

출제포인트
3개월 이내에 지정거래외국환은행의 장에게 신고한 후 지급하거나 영수하여야 한다.

정답 ④

 제3자 지급 및 영수 중 신고예외사항이 아닌 것은?

① 거래당사자가 회원으로 가입된 국제적인 결제기구와 지급 또는 영수하는 경우
② 거주자 간 또는 거주자와 비거주자 간 거래의 결제를 위하여 당해 거래의 당사자인 거주자가 당해 거래의 당사자가 아닌 비거주자로부터 영수하는 경우
③ 비거주자 간 또는 거주자와 비거주자 간 거래의 결제를 위하여 당해 거래의 당사자가 아닌 거주자가 당해 거래의 당사자인 비거주자로부터 영수하는 경우
④ 거주자가 당해 거래의 당사자가 아닌 자와 지급 및 영수를 하는 경우

출제포인트
거주자가 당해 거래의 당사자가 아닌 자와 지급 및 영수를 하는 경우는 한국은행 신고사항이다.

정답 ④

07 제3자 지급 등에 대한 설명 중 신고대상 거래를 포함하는 것은?

① 거주자간 또는 거주자와 비거주자간 거래의 결제를 위하여 당해 거래의 당사자인 거주자가 당해 거래의 당사자가 아닌 비거주자로부터 자금을 수령하는 경우
② 비거주자간 또는 거주자와 비거주자간 거래의 결제를 위하여 당해 거래의 당사자가 아닌 거주자가 당해 거래의 당사자인 비거주자에게 자금을 지급하는 경우
③ 해외부동산 취득 자금을 부동산 중개인에게 지급하는 경우
④ 해외현지법인을 설립하거나 해외지사를 설치하고자 하는 거주자가 동 자금을 대리인인 거주자 또는 비거주자에게 지급하는 경우

출제포인트
②는 신고대상이고 나머지는 신고예외이다.

정답 ❷

08 다음 중 외국환은행을 통하지 아니하는 지급 등의 방법에 대한 설명으로 가장 옳지 않은 것은 어느 것인가?

① 외국환은행을 통하는 지급을 제외한 지급과 영수를 말한다(거주자가 외국환은행을 통하지 아니하고 지급수단을 영수하고자 하는 경우 제외).
② 외항운송업자와 승객 간에 외국항로에 취항하는 항공기 또는 선박 안에서 매입, 매각한 물품대금을 직접 지급 또는 영수하는 경우가 외국환은행을 통하지 아니하는 지급 등에 해당된다.
③ 해외여행자(여행업자 및 교육기관 등을 포함) 또는 해외이주자(해외이주예정자를 포함) 및 재외동포가 해외여행경비, 해외이주비 및 국내재산을 외국에서 직접 지급하는 경우 등이 외국환은행을 통하지 아니하는 지급 등에 해당된다.
④ 지급절차를 거친 후 외국환은행 발행 외국환신고(확인)필증을 휴대한 경우 등이 외국환은행을 통하지 아니하는 지급 등에 해당된다.

출제포인트
거주자가 외국환은행을 통하지 아니하고 지급수단을 영수하고자 하는 경우를 포함한다.

정답 ❶

09 지급수단 등의 수출입에 대한 설명 중 틀린 것은?

① 대외지급수단, 내국지급수단, 원화증권 및 외화증권 등을 말하며 채권은 해당되지 않는다.
② 주로 원화 및 외화현찰 및 수표(T/C)가 해당되며, 적용범위에서 귀금속(금, 금제품) 등은 제외된다.
③ 1만불 이하 지급수단(자기앞수표포함) 및 은행의 확인필증 소지한 휴대수출은 신고 예외사항이다.
④ 5만불 이내의 내국통화를 전시용 수집, 기념용, 시험용으로 수출하는 경우는 신고해야 한다.

출제포인트
신고예외사항이다.

정답 ④

10 외국환신고(확인)필 중 발행·교부 대상이 아닌 경우는?

① 대외계정 및 비거주자외화신탁계정의 1만불 초과 인출하는 비거주자
② 한국은행에 대외지급수단매매신고를 한 비거주자가 동 대외지급수단을 휴대 수출하는 경우
③ 대외지급수단을 대외계정 및 비거주자외화신탁계정의 1만불 초과 인출하는 외국인
④ 해외체재자(유학생)경비, 단체여행(연수)경비 등 1천불을 초과 휴대출국 시

출제포인트
1만불을 초과 휴대출국 시 발행한다.

정답 ④

다음 중 외국환신고(확인)필증 발행·교부 대상에 대한 설명으로 가장 옳지 않은 것은 어느 것인가?

① 비거주자 또는 외국인거주자가 미화 5만불을 초과하는 대외지급수단을 국내에서 취득하는 경우 당해 취득사실에 대하여 외국환은행의 장의 확인을 받아야 한다.
② 외국인 거주자의 경우 최근 입국일 이후 영수 또는 휴대 수입한 대외지급수단 범위 이내에서 1만불 초과 재환전 시 외국환신고(확인)필증 발행·교부한다.
③ 거주자 또는 비거주자가 미화 1만불을 초과하는 지급수단(대외지급수단과 내국통화, 원화표시여행자수표 및 원화표시자기앞수표를 말한다)을 휴대 수입하는 경우 관할세관의 장에게 신고해야 한다.
④ '지급절차를 거친 후 외국환은행 발행 외국환신고(확인)필증을 휴대한 경우'에 해당되면 금액에 관계없이 외국환신고(확인)필증을 발행·교부한다.

출제포인트
미화 1만불을 초과시 발행교부한다.

정답 ❶

04장 출제예상 문제

01 지급 등의 방법에 대한 설명이다. 다음 중 지급 등의 방법의 종류가 아닌 것은?

① 외국환업무취급기관을 통하여 지급 또는 영수를 하는 경우
② 기획재정부장관이 정하는 기간을 넘겨 결제하는 경우
③ 거주자가 해당 거래의 당사자가 아닌 자와 지급 또는 영수를 하거나 해당 거래의 당사자가 아닌 거주자가 그 거래의 당사자인 비거주자와 지급 또는 영수를 하는 경우(제3자와의 거래)
④ 상계

02 다음 중 상계의 신고예외사항이 아닌 것은?

① 거주자가 거주자와 비거주자 간의 거래 또는 행위에 따른 채권 또는 채무를 규정에 의한 상호계산계정을 통하여 당해 거래의 당사자인 비거주자에 대한 채무 또는 채권으로 상계하고자 하는 경우
② 신용카드발행업자가 외국에 있는 신용카드발행업자로부터 영수할 금액과 당해 외국에 있는 신용카드발행업자에게 지급할 금액(거주자의 신용카드 대외지급대금, 사용수수료 및 회비)을 상계하거나 그 상계한 잔액을 지급 또는 영수하는 경우
③ 연계무역, 위탁가공무역 및 수탁가공무역에 의하여 수출대금과 관련 수입대금을 상계하고자 하는 경우
④ 거주자가 수출입 용역거래, 자본거래 등 대외거래 시 비거주자에 대한 채권 또는 채무를 비거주자에 대한 채무 또는 채권으로 상계하고자 하는 경우

03 다음은 상호계산에 대한 설명이다. 가장 바르지 못한 것은?

① 상호계산계정의 결산은 회계기간의 범위 내에서 월단위로 결산주기를 정하여 실시하여야 한다.
② 상대방과의 거래가 빈번하여 상호계산방법으로 지급 등을 하고자 하는 자는 상호계산신고서를 지정거래외국환은행의 장에게 제출하여야 하며, 폐쇄하고자 하는 경우에도 신고하여야 한다.
③ 상호계산을 실시하는 자는 장부 및 관계증빙서류를 3년간 보관하여야 한다.
④ 폐쇄된 계정의 대·차기잔액 처리에 관하여는 매 결산기간 종료 후 3월 이내에 지정거래외국환은행의 장에게 신고한 후 지급하거나 영수하여야 한다.

04 한국은행신고대상거래가 아닌 것은?

① 본 지사 간 D/A 3년 초과 수출거래 중 계약건당 5만불 초과거래
② 금 수입 후 미가공 재수출로 수입 시 30일 이후 결제 조건으로 계약건당 5만불 초과거래
③ 사전 송금 1년 이후 물품수입으로 계약건당 1만불 초과거래
④ 본 지사 간 수출선수금 영수 중 계약건당 5만불 초과거래

정답 및 해설

01 ① 외국환업무취급기관을 통하지 아니하고 지급 또는 영수를 하는 경우가 해당된다.
02 ④ ④의 경우 외국환은행의 장 신고사항이다(신고예외사항이 아님).
03 ③ 상호계산을 실시하는 자는 장부 및 관계증빙서류를 5년간 보관하여야 한다.
04 ③ 사전 송금 1년 이후 물품수입에 대한 계약건당 2만불 초과거래가 한국은행 신고대상이다.

05 다음 설명 중 가장 바르지 못한 것은?

① 거주자가 당해 거래의 당사자가 아닌 자와 지급 및 영수를 하거나, 당해 거래의 당사자가 아닌 거주자가 당해 거래의 당사자인 비거주자와 지급 및 영수를 하고자 하는 경우에는 한국은행총재에게 신고하여야 한다.
② 거주자 간 또는 거주자와 비거주자 간 거래의 결제를 위하여 당해 거래의 당사자인 거주자가 당해 거래의 당사자가 아닌 비거주자로부터 영수하는 경우 한국은행총재에게 신고하여야 한다.
③ 거래당사자가 회원으로 가입된 국제적인 결제기구와 지급 또는 영수하는 경우는 신고예외사항이다.
④ 외국환은행을 통하지 아니하는 지급 및 영수란 '외국환은행을 통하는 지급'을 제외한 지급과 영수를 말한다.

06 외국환은행을 통하지 아니하는 지급 및 영수(규정5-11조)에 해당하지 않는 것은?

① 외항운송업자와 승객 간에 외국항로에 취항하는 항공기 또는 선박 안에서 매입, 매각한 물품대금을 직접 지급 또는 영수하는 경우
② 해외여행자(여행업자 및 교육기관 등을 포함한다) 또는 해외이주자(해외이주예정자를 포함한다) 및 재외동포가 해외여행경비, 해외이주비 및 국내재산을 외국에서 직접 지급하는 경우
③ 인정된 거래에 따른 채권의 매매 및 양도, 채무의 인수가 이루어진 경우
④ 지급절차를 거친 후 외국환은행 발행 외국환신고(확인)필증을 휴대한 경우

07 지급수단 등의 수출입 규정에 대한 설명으로 바르지 못한 것은?

① 법령에 의거 신고하여야 하는 지급수단 또는 증권(이하 "지급수단 등")의 수출입의 범위와 기준을 규정하여야 한다.
② 여기서 말하는 지급수단 등이란 대외지급수단, 내국지급수단, 원화증권 및 외화증권 및 외화 채권을 말한다.
③ 적용범위에서 귀금속(금, 금제품)은 제외한다.
④ 지급수단 등의 수출입에 대하여 신고를 하게 하는 경우는 불법적인 자본유출·입 방지와 체결된 조약 및 승인된 국제법규의 성실한 이행을 위하여 필요한 경우로 한정하고 있다.

08 외국환신고(확인)필증 발행·교부 대상이 아닌 경우는?

① 최근 입국일 이후 영수 또는 휴대 수입한 대외지급수단 범위 이내에서 1만불 초과 재환전 시
② 한국은행에 대외지급수단매매신고를 한 비거주자가 동 대외지급수단을 휴대 수출하는 경우
③ 대외계정 및 비거주자외화신탁계정의 1만불 초과 인출 시
④ 해외여행경비 지급을 위하여 1만불 이하 환전하는 외국인 거주자의 경우

정답 및 해설

05 ② ②번 보기는 신고예외사항이다.
06 ③ 외국환은행을 통하지 아니하는 지급 및 영수(규정 5-11조)에 해당되지 않는다.
07 ② 외화 채권은 해당하지 않는다.
08 ④ 해외여행경비 지급을 위하여 1만불 초과하는 경우에만 신고필증 발행·교부한다.

 # 자본거래 및 현지금융

▶ 접근전략 및 기출트렌드

예금신탁계약에 따른 자본거래에서는 계정과 대외계정의 구분과 거주자 계정에 대한 분리가 중요합니다. 금전의 대차, 채무의 보증계약에 따른 자본거래와 대외지급수단, 채권·기타의 매매 및 용역계약에 따른 자본거래는 신고예외거래를 잘 알아야 풀 수 있습니다.

증권의 발행, 증권의 취득의 경우는 원화와 외화로 구분하고 발생 취득 대상을 구분하며 부동산거래는 출제빈도가 높으므로 집중적으로 학습해야 하는 파트입니다.

▶ 출제빈도

단원	주제	학습중요도	출제비율
1절	통칙	★	–
2절	예금신탁계약에 따른 자본거래	★★★	30%
3절	금전의 대차, 채무의 보증계약에 따른 자본거래	★★	10%
4절	대외지급수단, 채권·기타의 매매 및 용역계약에 따른 자본거래	★	5%
5절	증권의 발행	★★	10%
6절	증권의 취득	★★	10%
7절	파생상품거래(규정7-40조)	★	5%
8절	부동산거래	★★★	20%
9절	외국기업 등의 국내지사	★★	10%
10절	기타 자본거래	★	–
11절	통칙	★	–
12절	현지금융의 신고(규정8-2조)	★	5%
13절	현지금융의 사후관리	★	5%

▶ 체크리스트

체크리스트	기본서 상세페이지
예금신탁계약에 따른 자본거래 – 대외계정 및 거주자 계정 정리	P.186~P.203
금전의 대차, 채무의 보증계약에 따른 자본거래의 외화와 원화 신고 거래 정리	P.204~P.221
증권의 발행, 증권의 취득 및 신고대상	P.226~P.244
부동산거래의 절차 및 사후관리	P.255~P.274
기타 자본거래	P.281~P.289

이패스코리아 외환전문역 Ⅰ종

외환관리실무 제1과목

제5장

자본거래 및 현지금융

05장 핵심정리 문제

 다음 중 자본거래 및 현지금융에 대한 설명으로 가장 옳지 않은 것은 어느 것인가?

① 무역이나 용역거래처럼 단기계약의 경상거래가 아닌 원인거래의 내용파악이 어렵거나 거액거래일 가능성이 많은 채권 또는 채무의 발생 소멸 하는 것을 자본거래라고 한다.
② 거래유형으로는 예금, 신탁, 금전대차거래, 채무보증거래, 대외지급수단, 부동산거래 등 다양하다.
③ 외국환은행을 통하지 아니하고 대금을 지급, 영수하고자 하는 경우에는 외국환은행장에게 신고하여야 한다.
④ 외국환업무취급기관이 외국환업무로서 행하는 거래 및 동 외국환업무취급기관을 거래상대방으로 하는 거래는 신고 등의 예외거래이다.

출제포인트
한국은행총재에게 신고하여야 한다.

정답 ③

 다음 설명 중 바르지 못한 것은?

① 거주자인 국내의 일반 국민들이나 국내소재회사가 개설하는 계정이 거주자계정이다.
② 대외자산의 성격으로 자금의 원천을 반드시 확인 후 예치할 수 있도록 하고 처분은 완전 자유롭게 하는 독특한 성격의 계정이 대외계정이다.
③ 해외이주자계정은 당좌예금, 보통예금, 통지예금, 정기예금, 정기적금 등을 개설할 수 있다.
④ 비거주자, 외국인거주자 및 재외공관 직원 등은 대외계정을 만들 수 있다.

출제포인트
정기적금은 해당사항이 아니다.

정답 ③

다음 중 예금, 신탁계약에 따른 자본거래에 대한 설명으로 가장 옳지 않은 것은 어느 것인가?

① 국민인비거주자가 국내에서 사용하기 위하여 내국통화로 예금거래 및 신탁거래를 하는 경우 신고예외사항이다.
② 거주자와 국내에서 신탁거래(거주자 간의 원화신탁거래를 제외)를 하는 자가 신탁계약이 만료됨에 따라 금전이 아닌 자산 또는 이에 대한 권리를 취득하고자 하는 경우에는 이 규정에서 정하는 바에 따라 신고 등을 하여야 한다.
③ 거주자 또는 비거주자가 거주자와 국내에서 예금거래 및 신탁거래를 하고자 하는 경우에는 한국은행총재에게 신고하여야 한다.
④ 비거주자, 외국인거주자, 재외공관 직원이 개설 및 처분 시 제한을 두지 않는 계정을 대외계정이라고 한다.

출제포인트
거주자 간의 원화신탁거래를 포함한다.

정답 ❷

  다음 중 해외이주자계정으로 만들 수 없는 예금은 어느 것인가?

① 정기적금
② 당좌예금
③ 통지예금
④ 정기예금

출제포인트
정기적금은 만들 수 없다.

정답 ❶

05 거주자의 해외예금거래의 신고 시 예치한도에 제한이 없는 자가 아닌 경우는?

① 기관투자가
② 국민인비거주자
③ 해외건설촉진법에 의한 해외건설업자
④ 외국항로에 취항하고 있는 국내의 항공 또는 선박회사

출제포인트
국민인비거주자는 예치한도에 제한을 받는다.

정답 ❷

 06 다음 중 해외예금 및 해외신탁에 대한 설명으로 가장 옳지 않은 것은 어느 것인가?

① 외국에 체재하고 있는 거주자가 외화예금 또는 외화신탁거래를 하는 경우 신고예외 거래이다.
② 해외에서 예금거래를 하는 자(기관투자가 제외)가 해외에서 건당 미화 1만불을 초과하여 입금한 경우에는 입금일부터 30일 이내에 해외입금보고서를 지정거래외국환은행의 장에게 제출하여야 하며, 지정거래외국환은행의 장은 다음 연도 첫째달 말일까지 한국은행총재에게 보고하여야 한다.
③ 거주자가 건당(동일자, 동일인 기준) 미화 10만불을 초과하여 국내에서 송금한 자금으로 예치하고자 하는 경우. 한국은행총재에게 예금거래 신고하고, 지정거래외국환은행에 예금거래 신고를 하여야 한다.
④ 신고예외거래를 제외하고 거주자가 해외에서 비거주자와 외화예금거래를 하고자 하는 경우에는 지정거래외국환은행의 장에게 신고하여야 한다.

출제포인트
5만불을 초과하는 경우 예금거래를 신고해야 한다.

정답 ❸

07 다음 중 금전의 대차, 채무의 보증계약에 따른 자본거래에 대한 설명으로 가장 옳지 않은 것은 어느 것인가?

① 거주자 간 금전의 대차는 제한이 없고, 단지 외국환 은행을 통해서만 거래하면 된다.
② 국내 거주자가 해외 비거주자에게 차입을 하는 경우 금액에 따라 외국환은행, 한국은행, 기획재정부 신고사항으로 분류한다.
③ 거주자가 비거주자로부터 외화자금을 차입(외화증권 및 원화연계외화증권 발행을 포함)하고자 하는 경우에는 지정거래외국환은행의 장에게 신고해야 한다.
④ 개인 및 비영리 법인이 비거주자로부터 장, 단기 외화자금을 차입하고자 하는 경우에는 지정거래외국환은행을 경유하여 기획재정부장관에게 신고하여야 한다.

출제포인트
한국은행총재에게 신고해야 한다.

정답 ④

08 해외차입신고절차에 대한 설명이다. 가장 바르지 못한 것은?

① 영리법인은 5천만불 이하 차입 시 외국환은행신고사항이다.
② 거주자의 비거주자에 대한 대출은 원칙적으로 자유이며, 금액에 제한 없다.
③ 비영리법인 / 개인 / 개인사업자의 경우 차입금액 제한은 없지만, 한국은행신고사항이다.
④ 거주자의 비거주자로부터의 원화차입 10억원 초과 시 기획재정부장관 신고사항이다.

출제포인트
거주자의 비거주자에 대한 대출은 원칙적으로 한국은행 신고사항이다.

정답 ②

09 다음 중 해외차입신고절차에 대한 설명으로 가장 옳지 않은 것은 어느 것인가?

① 영리법인은 5천만불을 초과하여 차입하는 경우 기획재정부 신고사항이다.
② 비영리법인 / 개인 / 개인사업자가 5천만불을 초과하여 차입하는 경우 기획재정부 신고사항이다.
③ 외국인투자기업이 투자금액 50%을 일반제조업체에 투자하기 위해 차입하는 경우 외국환은행 신고사항이다.
④ 정유 / 액화천연가스 수입업자는 차입금액에 제한이 없으며 외국환은행 신고사항이다.

출제포인트
비영리법인 / 개인 / 개인사업자는 차입금액에 제한이 없으며 한국은행신고사항이다.

정답 ❷

10 교포 등의 여신 등으로 처리할 수 없는 기관은?

① 국내외국환 은행의 해외지점　② 현지의 교포은행
③ 자회사, 손회사　　　　　　　④ 현지법인

출제포인트
현지의 교포은행은 교포 등의 여신을 취급할 수 없다.

정답 ❷

다음 중 채무의 보증계약에 대한 설명으로 가장 옳지 않은 것은 어느 것인가?

① 투자매매, 투자중개업자 현지법인의 현지차입에 대한 보증(보증금액은 본사 출자금액의 300% 이내)은 외국환은행의 신고사항이다.
② 해외리스에 대한 국내 본사 등의 보고는 외국환은행의 신고사항이다.
③ 국민인비거주자, 국민인거주자 또는 국민인비거주자가 전액 출자하여 현지에 설립한 법인에 대하여 현지개인이나 법인을 지원하기 위해 국내은행의 해외지점이나 현지법인의 교포 등에게 현지 여신을 제공해 주는 제도를 교포 등의 여신이라고 한다.
④ 교포 등의 여신 취급시 차주 동일인 100만불까지 지정거래 외국환은행 신고로 처리해야 한다.

출제포인트
50만불까지 지정거래 외국환은행 신고로 처리한다.

정답 ④

 대외지급수단, 채권·기타의 매매 및 용역계약에 따른 자본거래 중 신고예외거래가 아닌 경우는?

① 물품 기타의 매매, 용역계약에 따른 외국통화 지급 받을 수 있는 거래
② 화폐수집용 기념용 매매
③ 미화 5천불 이내 대외지급수단 매매
④ 국내 자산유동화 회사가 발행한 자산담보부 채권을 해외에 매각하는 경우

출제포인트
국내 자산유동화 회사가 발행한 자산담보부 채권을 해외에 매각하는 경우는 한국은행총재의 신고대상이다.

정답 ④

13 다음 중 대외지급수단, 채권·기타의 매매 및 용역계약에 따른 자본거래에 대한 설명으로 가장 옳지 않은 것은 어느 것인가?

① 외국에서 사용할 수 있는 대외지급수단, 예금 보험증권, 대차 및 입찰 등으로 인하여 생기는 금전채권을 대외지급 수단 또는 내국지급수단을 대가로 매매하는 거래 및 동산 부동산을 불문하고 재산권을 매매하는 기타의 매매계약이나 "용역계약"에 따른 자본거래에 대한 규정을 대외지급수단, 채권·기타의 매매 및 용역계약에 따른 자본거래라고 한다.
② 외국의 부동산 시설물 등의 사용 또는 이에 관한 권리의 취득에 따른 회원권을 매입하고자 하는 경우 외국환은행장에게 신고한다.
③ 외국의 부동산 시설물 등의 사용 또는 이에 관한 권리의 취득에 따른 회원권을 매매신고서 이외의 거주자 간 양수도 계약서 등 증빙서류 지참 시 외국환은행장에게 신고해야 한다.
④ 국내 자산유동화 회사가 발행한 자산담보부 채권을 해외에 매각하는 경우 외국환은행장에게 신고해야 한다.

출제포인트
한국은행총재의 신고대상이다.

정답 ④

14 비거주자의 증권 취득신고에 대한 설명이다. 가장 바르지 못한 것은?

① 투자전용계정을 통한 투자절차에 의하여 원화증권을 취득하는 경우 신고예외사항이다.
② 외국인투자촉진법에 의하여 인정된 외국인투자를 위하여 비거주자가 거주자로부터 증권을 취득하는 경우 등은 신고예외사항이다.
③ 주식이 아닌 채권 등 비상장증권을 취득하는 경우 한국은행장의 신고필증이 있어야 송금이 가능하다.
④ 외국환 투자촉진법에서 정한 외국인투자에 해당하는 경우 외국환은행 신고대상의 경우에도 지정거래 은행을 등록해야 한다.

출제포인트
외국환은행 신고대상의 경우 지정거래 은행을 등록할 필요가 없다.

정답 ④

다음 설명 중 가장 바르지 못한 것은?

① 외국환업무취급기관과의 파생상품거래는 신고예외사항이다.
② 비거주자의 한국거래소를 통한 투자절차는 비거주자원화계정을 통한 거래가 가능하다.
③ 액면금액의 20% 이상을 옵션프리미엄 등 선급수수료로 지급하는 거래의 경우 한국은행총재가 인정하는 거래타당성 입증서류를 제출해야 한다.
④ 외국환업무취급기관에 거래위탁하지 않은 신용위험과 연계한 신용파생상품거래는 한국은행총재 신고대상거래이다.

출제포인트
비거주자의 한국거래소를 통한 투자절차는 투자계정을 통한 거래가 가능하다.

정답 ❷

 외국환거래규정상 거쳐야 할 신고 등의 절차로 옳은 것은?

> 미국에 거주중인 시민권자인 마이클 장 고객이 은행을 방문하여 강남의 아파트를 구입 하는데 부동산 담보대출이 가능한지를 문의해왔다. 부동산 대금의 40%는 미국에서 본인 명의의 외화계좌로 송금을 받고 30%는 국내에 있는 본인 명의의 원화통장에 있는 자금으로 나머지 30%를 부동산 담보대출로 취급하기로 확정하였다.

① 신고예외
② 외국환은행의 장에게 신고
③ 한국은행총재에게 신고
④ 기획재정부장관에게 신고

출제포인트
국내의 자금을 이용하였기 때문에 한국은행총재 신고사항이다.

정답 ❸

17 다음 중 부동산거래에 대한 설명으로 가장 옳지 않은 것은 어느 것인가?

① 거주자의 외국 부동산 취득의 경우 신고예외를 제외하고 신청자격과 요건을 모두 충족하고 외국환은행의 장 또는 한국은행총재에 신고하여 수리를 받아야만 가능하다.
② 개인의 주거용 주택의 소유, 해외단순보유, 투자목적의 부동산 소유권 취득하는 경우 외국환은행의 신고수리 사항이다.
③ 매매계약서를 부득이하게 제출할 수 없는 사유 발생 시 예비신고서로 갈음 가능한 것을 해외부동산 취득의 내신고(수리)라고 한다.
④ 처분 또는 명의 변경 후 6월 이내에 해외부동산 처분(변경)보고서를 제출해야 한다.

출제포인트
3월 이내에 해외부동산 처분(변경)보고서를 제출해야 한다.

정답 ④

18 거주자의 외국부동산 취득에 관한 설명이다 ( )안의 숫자가 바르게 된 것은?

- 부동산취득보고서는 부동산 취득대금 송금 후 (a)월 이내에 보고하여야 한다.
- 부동산 계속보유 사실 입증서류는 신고수리일 기준에 (b)년 마다 (c)회 보고하여야 한다.

① a:3 b:1 c:1   ② a:3 b:2 c:1
③ a:5 b:1 c:1   ④ a:5 b:2 c:1

출제포인트
a:3 b:2 c:1 이다.

정답 ②

외국기업 등의 국내지사 설치에 대한 설명 중 바르지 못한 것은?

① 비거주자가 국내에서 영업활동을 위한 지점 또는 비영업적 기능만을 수행하는 사무소를 설치하는 업무를 외국기업 국내지사라고 한다.
② 외국인, 외국법인, 영주권을 취득한 국민인 비거주자가 국내에 출자하여 국내 법령에 따른 신규법인 또는 합작법인 설립하는 것을 외국기업 국내 법인이라고 한다.
③ 외국기업 국내지사의 취급부서는 수탁은행 본점이다.
④ 외국기업 국내법인의 경우 투자금액 1억원 이상 송금, 휴대자금. 주금납입자금 등으로 사용 가능하다.

출제포인트
외국환은행 각 영업점이다.

정답 ❸

 다음 중 외국기업 등의 국내 법인에 대한 설명으로 가장 옳지 않은 것은 어느 것인가?

① 외국인, 외국법인, 영주권을 취득한 국민인 비거주자가 국내에 출자하여 국내 법령에 따른 신규법인 또는 합작법인을 설립한 것을 외국기업의 국내 법인이라고 한다.
② 외국기업 국내법인 설치 시 신주(기존주식) 등의 취득 등에 의한 외국인 투자신고서, 외국인 투자기업 등록 신청서를 제출해야 한다.
③ 외국기업 국내법인의 자금도입은 투자금액 1억원 이상 송금, 휴대자금도 가능. 주금납입자금 등으로 사용가능하다.
④ 외국기업 국내법인의 취급부서는 외국환은행 각 영업점이다.

출제포인트
수탁은행 본점, 산업통상자원부 지원센터이다.

정답 ❹

21 다음 대상자 중 현지금융을 수혜 받을 수 없는 자를 모두 고르시오.

> ㉠ 거주자
> ㉡ 거주자가 100% 출자하여 만든 해외법인
> ㉢ 해외건설업을 영위하는 해외지점
> ㉣ 해외사무소

① ㉠, ㉡ ② ㉢, ㉣
③ ㉠, ㉡, ㉢ ④ ㉠, ㉡, ㉢, ㉣

출제포인트
㉢ 해외건설업을 영위하는 해외지점
㉣ 해외사무소는 현지금융을 받을 수 없다.

정답 ②

22 다음 중 현지금융에 대한 설명으로 가장 옳지 않은 것은 어느 것인가?

① 현지금융수혜대상자는 거주자의 해외지점(독립채산제 예외적용지점 제외) 및 거주자의 현지법인(거주자는 국내법인일 것)등이 모두 포함된다.
② 개인인 거주자, 개인이 설치한 해외지점 및 현지법인 등도 현지금융수혜를 받을 수 없다.
③ 보증, 담보제공시 Letter of Credit 개설을 요청한다.
④ 현지금융으로 조달한 자금은 현지법인 등과 국내 거주자 간의 인정된 경상거래에 따른 결제자금의 유입의 경우를 제외하고는 국내에 예치하거나 유입할 수 없다.

출제포인트
STAND BY L/C 개설을 요청한다.

정답 ③

23 현지금융의 신고에서 신고 전 확인사항이 아닌 것은?

① 수혜자격 확인
② 한국은행총재 보증서 발급 여부 확인
③ 외국환은행의 보증서 발급 여부 확인
④ 기존에 현지금융 신고한 지정거래은행 존재 여부 확인

출제포인트
외국환은행의 보증서 발급 여부 확인이 필요하다.

정답 ❷

24 다음 중 현지금융의 신고에 대한 설명으로 가장 옳지 않은 것은 어느 것인가?

① 현지법인 등의 현지금융을 하는 경우 본사가 지정거래은행에 신고해야 한다.
② 현지법인 등의 현지금융에서 신용차입의 경우 본사가 지정거래은행에 신고한다.
③ 현지법인 등의 현지금융을 하는 경우 계열사가 본사의 지정거래은행에 신고해야 한다.
④ 거주자의 외화증권발행방식에 의한 미화 5천만불 초과하는 현지금융은 기획재정부에 신고한다.

출제포인트
신고예외사항이다.

정답 ❷

05장 출제예상 문제

01 다음 설명 중 가장 바르지 못한 것은?

① 자본거래란 무역이나 용역거래처럼 단기계약의 경상거래가 아닌 원인거래의 내용파악이 어렵거나 거액거래일 가능성이 많은 채권 또는 채무의 발생 소멸을 말한다.
② 자본거래 거래 유형으로는 예금, 신탁, 금전대차거래, 채무보증거래, 대외지급수단, 부동산 거래 등 다양하다.
③ 외국환평형기금이 법령 및 이 규정에 의하여 행하는 거래는 한국은행총재 신고사항이다.
④ 한국은행이 외국환업무로서 행하는 거래는 자본거래 중 신고예외사항이다.

02 다음 설명 중 자본거래상 신고 등의 예외거래가 아닌 것은 어느 것인가?

① 환전영업자가 제3장 제1절의 규정에서 정하는 바에 따라 환전업무로서 행하는 거래
② 한국은행이 외국환업무로서 행하는 거래
③ 해외부동산 및 해외직접투자를 제외한 자본거래로서 거주자의 거래건당 지급금액이 미화 5천불 초과 10만불 이내
④ 자본거래 건당 지급 등의 금액(분할하여 지급 등을 하는 경우에는 각각의 지급 등의 금액을 나누어 계산한 금액) 미화 5천불 이내인 경우

03 다음은 국내예금(요물소비임치계약) 및 국내신탁에 대한 설명이다. 가장 바르지 못한 것은?

① 국민인비거주자가 국내에서 사용하기 위하여 내국통화로 예금거래 및 신탁거래를 하는 경우는 신고예외 사항이다.
② 거주자와 국내에서 신탁거래(거주자 간의 원화신탁거래를 포함)를 하는 자가 신탁계약이 만료됨에 따라 금전이 아닌 자산 또는 이에 대한 권리를 취득하고자 하는 경우에는 신고 등을 해야 한다.
③ 거주자인 국내의 일반 국민들이나 국내소재회사가 개설하는 가장 흔한 외화예금계정을 대외계정이라고 한다.
④ 거주자계정으로는 당좌예금, 보통예금, 통지예금, 정기예금, 정기적금 등을 개설할 수 있다.

04 다음은 계정의 종류에 대한 설명이다. 바르지 못한 것은?

① 비거주자 원화계정은 비거주자(외국인거주자 제외)가 국내사용목적으로 원화로만 개설한 계정을 말한다.
② 비거주자 원화계정 중 투자전용계정은 당좌예금, 보통예금, 정기예금, 정기적금 등의 개설이 가능하다.
③ 비거주자 자유원계정은 대외계정과 동일한 성격을 가진다.
④ 비거주자 자유원계정은 당좌예금, 보통예금, 정기예금, 저축예금, 기업자유예금을 개설할 수 있다.

정답 및 해설

01 ③ 외국환평형기금이 법령 및 이 규정에 의하여 행하는 거래는 신고예외사항이다.
02 ④ 분할하여 지급 등을 하는 경우에는 합산한 금액으로 계산한다.
03 ③ 거주자계정이라고 한다.
04 ② 투자전용계정으로 개설이 가능한 예금은 당좌예금, 보통예금에 한한다.

05 다음 설명 중 가장 바르지 못한 것은?
① 대외계정에서 원화를 2만불 초과 인출 시 처분사유를 확인해야 한다.
② 대외계정의 타발송금으로 들어온 금액에는 제한이 없고 확인서류도 필요 없다.
③ 대외계정에서 외화를 1만불 초과 인출 시 처분사유를 확인해야 한다.
④ 대외계정에서 해외로 송금 이체 1만불 초과 인출 시 처분사유를 확인해야 한다.

06 대외계정의 예치 가능한 자금이 아닌 것은?
① 비거주자의 미화 1만불 이내의 재환전(여권기재) 금액
② 외국인거주자의 미화 1만불 이내 해외여행경비
③ 외국으로부터 송금되어 온 대외지급수단
④ 국내금융기관과 외국환은행해외지점, 외국환은행현지법인, 외국금융기관(이하 '외국환은행해외지점 등'이라 하며, 이하 이 항에서 같다)간 또는 외국환은행해외지점 등 간 외화결제에 따라 취득한 대외지급수단

07 대외계정의 처분용도로 가능하지 않은 것은?
① 다른 외화예금계정 및 외화신탁계정에의 이체
② 외국환은행 등에 내국지급수단을 대가로 한 매입
③ 대외지급수단으로의 인출 또는 외국환은행 등으로부터의 다른 대외지급수단의 매입
④ 외국에 대한 송금

08 비거주자 자유원계정에 대한 설명이다. 가장 바르지 못한 것은?
① 외국환은행 등에 대외지급수단을 대가로 한 매각으로 사용할 수 있다.
② 해외에서 송금된 자금이나 휴대수입 자금 또는 본인 명의 대외계정 자금 및 비거주자외화신탁계정에 예치된 외화자금을 내국지급수단을 대가로 매각한 자금을 예치할 수 있다.
③ 국내에서 받은 내국통화표시 경상거래대금(수출입거래와 관련된 운임, 보험료 등은 포함할 수 없다)은 예치가능하다.
④ 인정된 자본거래에 따라 국내에서 취득한 자금으로서 대외지급이 인정된 자금은 예치가능하다.

09 비거주자 자유원계정의 처분용도가 아닌 것은?

① 내국통화표시 경상거래대금 또는 내국통화표시 재보험거래대금 지급
② 외국에서 국내로 지급 의뢰된 건당(동일자, 동일인 기준) 미화 2만불 상당 이하 원화자금의 지급
③ 비거주자(외국인거주자 제외) 본인 명의의 다른 비거주자 자유원계정, 투자전용 비거주자 원화계정 및 비거주자 원화신탁계정으로의 이체
④ 외국환은행 등에 대외지급수단을 대가로 한 매각

10 해외예금 및 해외신탁의 신고예외거래 대상이 아닌 경우는?

① 거주자가 규정에 의한 외국에서의 증권발행과 관련하여 예금거래를 하는 경우
② 인정된 거래에 따른 지급을 위하여 외화예금 및 외화신탁계정을 처분하는 경우 등
③ 국민인거주자가 되고 난 이후에 외국에 있는 금융기관에 예치한 외화예금 또는 외화신탁계정을 처분하는 경우
④ 외국에 체재하고 있는 거주자가 외화예금 또는 외화신탁거래를 하는 경우

정답 및 해설

05 ④ 대외계정 해외로 송금 이체 시 제한이 없다.
06 ① 비거주자의 미화 1만불 이내의 재환전(여권기재) 금액은 대외계정 예치 가능 제외대상이다.
07 ② 외국환은행 등에 내국지급수단을 대가로 한 매각만 가능하다.
08 ③ 수출입거래와 관련된 운임, 보험료 등도 포함된다.
09 ③ 비거주자의 범위에 외국인거주자도 포함한다.
10 ③ 국민인거주자가 거주자가 되기 이전에 외국에 있는 금융기관에 예치한 외화예금 또는 외화신탁계정을 처분하는 경우가 해당된다.

11 금전의 대차의 신고예외거래가 아닌 경우는?

① 개인 및 비영리 법인이 비거주자로부터 장·단기 외화자금을 차입하고자 하는 경우에는 지정거래 외국환은행을 경유하는 경우
② 국민인거주자와 국민인비거주자 간에 국내에서 내국통화로 표시되고 지급되는 금전의 대차계약을 하는 경우
③ 거주자가 비거주자와 외국인투자촉진법에 의한 차관계약을 체결하거나 공공차관의 도입 및 관리에 관한 법률에 의한 공공차관협약을 체결하는 경우
④ 거주자가 비거주자와 대외경제협력기금법에 의한 차관공여계약을 체결하는 경우

12 채무의 보증계약에 대한 설명이다. 가장 바르지 못한 것은?

① 외국환은행 보증, 친인척 등의 거주자 보증 등 50만불 이내 신고 시 한국은행총재 신고사항이다.
② 국민인비거주자, 국민인거주자 또는 국민인비거주자가 전액 출자하여 현지에 설립한 법인에 대하여 현지 개인이나 법인을 지원하기 위해 국내은행의 해외지점이나 현지법인의 교포 등에게 현지 여신을 제공해 주는 제도를 교포 등의 여신이라고 한다.
③ 교포 등의 여신은 차주 동일인 50만불까지 지정거래 외국환은행 신고로 처리한다.
④ 채무의 보증계약 중 투자매매, 투자중개업자 현지법인의 현지차입에 대한 보증은 외국환은행의 신고사항이다.

13 거주자의 증권 취득신고 예외사항이 아닌 경우는?

① 거주자가 규정에 따라 외화증권 취득한 경우
② 거주자가 국내 유가증권 상장된 주식을 대가로 하여 비거주자로부터 해외적격 거래소에 상장 또는 등록된 주식을 취득하는 경우
③ 비거주자로부터 상속, 유증, 증여로 인하여 취득한 경우
④ 외국인투자촉진법에 의한 외국인투자기업, 외국기업 국내지사, 외국은행 국내지점 또는 사무소에 근무하는 자가 본사의 주식 또는 지분을 취득하는 경우

14 외국환에서 규정하는 부동산거래에 대한 설명이다. 가장 바르지 못한 것은?

① 거주자의 외국 부동산 취득은 원칙적으로 신고수리대상이다.
② 신청가격의 적정성을 판단하여야 한다.
③ 개인의 주거용 주택의 소유, 해외단순보유, 투자목적의 부동산 소유권 취득의 경우 외국환은행장 신고수리 사항이다.
④ 취득대금 송금 후 1개월 이내 부동산취득보고서를 징구해야 한다.

15 거주자와 비거주자의 부동산거래에 대한 설명이다. 다음 설명 중 가장 바르지 못한 것은?

① 신용관리대상자, 조세체납자, 해외이주수속 중인 개인 또는 개인사업자는 송금이 불가능하다.
② 신고수리 한도 금액 매매대금의 10% 이내로서 우선 송금이 가능하며, 분할 지급은 안된다.
③ 신고수리일 기준 매1년마다 1회 부동산 계속 보유사실 입증서류를 제출해야 한다.
④ 거주자 본인 또는 거주자의 배우자가 해외에서 체재할 목적의 주거용 주택은 외국환은행의 신고수리 및 사후관리 대상이다.

정답 및 해설

11 ① 개인 및 비영리 법인이 비거주자로부터 장·단기 외화자금을 차입하고자 하는 경우에는 지정거래 외국환은행을 경유하는 경우는 한국은행 총재 신고사항이다.
12 ① 외국환은행 보증, 친인척 등의 거주자 보증 등 50만불 이내 신고 시 외국환은행 신고사항이다.
13 ② 한국은행총재 신고대상이다.
14 ④ 취득대금 송금 후 3개월 이내 부동산취득보고서를 징구해야 한다.
15 ③ 신고수리일 기준 매2년마다 1회 부동산 계속 보유사실 입증서류를 제출해야 한다.

16 외국기업 등의 국내지사 설치에 대한 설명 중 바른 것은?
① 외국환거래법, 동시행령, 규정 등에 적용을 받는 것은 외국기업 국내 법인이다.
② 외국기업 국내지사 설치신고서를 제출해야 하는 것은 외국기업 국내지사이다.
③ 증빙서류만 있으면 모든 은행 송금 가능(배당금 처분 명세서)한 것은 외국기업 국내지사이다.
④ 수탁은행 본점, 산업통상자원부 지원센터에서만 취급이 가능한 것은 외국기업 국내지사이다.

17 기타 자본거래에 대한 설명으로 바르지 못한 것은?
① 거주자와 다른 거주자 기타자본거래 시 거래에 있어서 원칙적으로 신고를 요하지 않는다.
② 계약건당 5천만불 이하인 경우로서 부동산 이외의 물품임대차계약을 체결한 경우에는 한국은행총재 신고대상이다.
③ 거주자가 원화증권 및 원화연계외화증권을 비거주자에게 동일인당 500억원을 초과하여 대여하는 경우에는 차입하고자 하는 비거주자가 한국은행총재에게 신고하여야 한다.
④ 거주자와 비거주자 기타자본거래 시 부동산 이외의 물품을 무상으로 임차하는 경우는 신고예외사항이다.

18 현지금융수혜대상자가 아닌 경우는 어느 것인가?
① 거주자
② 거주자의 해외지점
③ 개인인 거주자, 개인이 설치한 해외지점 및 현지법인
④ 거주자의 현지법인

19 현지금융의 혜택이 아닌 경우는 어느 것인가?

① 역내금융대출
② 지급보증의 수혜
③ 직접자금차입
④ 거주자의 증권발행 방식에 의한 현지금융수혜

20 현지금융의 신고에서 신고 전 확인사항이 아닌 것은?

① 수혜자격 확인
② 한국은행총재 보증서 발급 여부 확인
③ 외국환은행의 보증서 발급 여부 확인
④ 기존에 현지금융 신고한 지정거래 은행 존재 여부 확인

21 다음은 현지금융의 신고에 대한 설명이다. 가장 바르지 못한 것은?

① 현지법인 등의 현지금융에서 은행보증을 서야 하는 경우 본사가 지정거래은행에 신고해야 한다.
② 현지법인 등의 현지금융에서 본사보증을 서야 하는 경우 본사가 지정거래은행에 신고해야 한다.
③ 현지법인 등의 현지금융에서 신용차입을 하는 경우 본사가 지정거래은행에 신고해야 한다.
④ 현지법인 등의 현지금융에서 계열사 보증 등을 하는 경우 계열사가 본사의 지정거래은행에 신고해야 한다.

정답 및 해설

16 ② ① 외국기업 국내법인은 외국인투자촉진법, 동시행령, 규칙 등의 적용을 받는다.
③ 증빙서류만 있으면 모든 은행 송금 가능(배당금 처분 명세서)한 것은 외국기업 국내법인이다.
④ 수탁은행 본점, 산업통상자원부 지원센터에서 취급이 가능한 것은 외국기업 국내법인이다.
17 ② 계약건당 5천만불 이하인 경우로서 부동산 이외의 물품임대차계약을 체결한 경우에는 외국환은행장 신고대상이다.
18 ③ 개인인 거주자, 개인이 설치한 해외지점 및 현지법인은 현지금융비수혜대상자이다.
19 ① 역외금융대출만 금융수혜를 받을 수 있다.(역내금융대출은 수혜 대상이 아님)
20 ② 외국환 은행의 보증서 발급여부 확인이 필요하다.
21 ③ 현지법인 등의 현지금융에서 신용차입을 하는 경우 신고예외사항이다.

06 해외직접투자 / 보고·검사 및 사후관리·제재 / 외국인 국내직접투자 / 대외무역법규

▶ 접근전략 및 기출트렌드

해외직접투자의 신고와 해외직접투자의 사후관리는 출제빈도가 가장 높습니다. 반드시 기억해야 하며, 본 장에서는 다른 파트의 출제빈도는 높지 않습니다. 보고 및 검사의 경우에는 벌금 과태료 규정을 잘 알아야하며, 대외무역법 및 대외무역 실무 특정거래형태의 수출입은 전체를 합쳐서 2문제가 출제됩니다.

플랜트 수출, 원산지 표시 및 벌칙은 2020년 신규 내용이며 중요도는 크지 않지만 한번 읽어보고 시험장에 가는 것이 좋을 것 같습니다.

▶ 출제빈도

단원	주제	학습중요도	출제비율
1절	통칙	★	5%
2절	해외직접투자의 신고	★★★	30%
3절	해외직접투자의 사후관리	★★	10%
4절	금융기관의 해외직접투자	★	10%
5절	역외금융회사에 대한 해외직접투자	★	5%
6절	국내기업의 해외지사	★★	10%
7절	보고 및 검사	★	5%
8절	사후관리 및 제재	★	5%
9절	외국인 직접투자 제도	★★	10%
10절	외국인 직접투자의 절차	★	5%
11절	외국인 직접투자 과실송금 등	★	5%
12절	대외무역법의 개요	★★	10%
13절	용어 정의	★	5%
14절	대외무역 실무	★	5%
15절	특정거래형태의 수출입	★★	10%
16절	외화획득 및 구매확인서	★	5%
17절	플랜트 수출, 원산지 표시 및 벌칙	★★	10%
18절	별도 공고 및 고시	★	5%

▶ 체크리스트

체크리스트	기본서 상세페이지
해외직접투자의 신고 및 사후관리 정리	P.307~P.323
외국인 직접투자 제도 및 절차 대상	P.366~P.379
대외무역법의 개요	P.384~P.385
특정거래형태의 수출입 8가지 정리	P.385~P.400

이패스코리아 외환전문역 Ⅰ종

외환관리실무 제1과목

제6장

해외직접투자 /
보고·검사 및 사후관리·제재 /
외국인 국내직접투자 /
대외무역법규

핵심정리 문제

 해외직접투자에 대한 설명이다. 가장 바르지 못한 것은?

① 해외투자상담 시 투자주체가 법인인지 개인인지 등 투자조건을 확인해야 한다.
② 거래 외국환은행을 지정해야 한다.
③ 해외직접투자신고서, 사업계획서, 사업자등록증, 납세증명서 등을 징구해야 한다.
④ 해당지정은행 신고 후 2년 이내에 투자를 완료하여야 한다.

출제포인트
해당지정은행 신고 후 1년 이내에 투자를 완료하여야 한다.

정답 ④

 해외직접투자 사후관리에 대한 내용으로 옳은 것은?

① 외화증권취득 보고서는 투자 후 1년 이내에 제출해야 한다.
② 연간사업실적보고서는 회계기간 종료 후 6개월 이내에 제출해야 한다.
③ 투자금액의 합계가 100만불 초과부터 200만불 이하의 경우 현지법인 투자 현황표를 제출해야 한다.
④ 사후관리 미이행자는 기간만료일로부터 30일 이내에 사후관리 이행을 독촉해야 한다.

출제포인트
① 외화증권취득 보고서는 투자 후 6개월 이내에 제출해야 한다.
② 연간사업실적보고서는 회계기간 종료 후 5개월 이내에 제출해야 한다.
③ 투자금액의 합계가 200만불 초과부터 300만불 이하의 경우 현지법인 투자 현황표를 제출해야 한다.

정답 ④

다음 중 해외직접투자에 대한 설명으로 가장 옳지 않은 것은 어느 것인가?

① 거래 및 행위에 따른 해외직접투자와 자금의 지급에 따른 해외직접투자(해외지사 등)로 외국환거래법에서 정의하고 있다.
② 외국법령에 의하여 설립된 법인의 경우 외국법인의 발행주식 총수 또는 출자총액의 10% 이상의 투자하는 경우는 외국환거래법시행령에서 규정하고 있다.
③ 이미 투자한 외국법인의 주식 또는 출자지분을 추가로 취득하는 경우는 해외직접투자에 적용되지 않는다.

출제포인트
외국환거래법시행령에 해외직접투자로 규정하고 있다.

정답 ❸

 해외직접투자에 대한 설명이다. 가장 바르지 못한 것은?

① 투자금 10만불 이하인 경우 현지법인 투자현황표를 징구해야 한다.
② 투자금이 3백만불 초과 시 연간 사업보고서를 작성해야 한다.
③ 해외 이주등을 판단하기 위해 주민등록등본을 징구한다.
④ 연간사업실적보고서를 회계종료 후 5개월 이내에는 제출하지 않는 경우 과태료 처분을 받는다.

출제포인트
투자금 200만불 초과 ~ 300만불 이하 현지법인 투자현황표를 징구한다.

정답 ❶

 다음 중 해외직접투자의 사후관리에 대한 설명으로 가장 옳지 않은 것은 어느 것인가?

① 투자금 5백만불 초과 시 현지법인 감사 보고서 또는 세무 보고서를 작성해야 한다.
② 해외직접투자의 사후관리시 관리파일에 해외직접투자 신고서와 제출서류 일체 보관하고 관리대장을 작성해야 한다.
③ 투자 후 6개월 이내 외화증권 취득보고서 징구한다(현지법인은 등기부등본, 공증서, 증권사본 없으면 출자증명서로 갈음하고 중국은 험자보고서로 갈음한다).
④ 결산보고시 연간사업실적보고서(회계종료 후 5개월 이내), 투자금이 200만불 초과 300만불 이하인 경우 현지법인 투자현황표를 해외직접투자 사업 청산 및 대부채권 회수 보고서를 징구해야 한다.

출제포인트
3백만불 초과 시 연간사업실적보고서를 제출해야 한다.

정답 ①

 해외직접투자와 해외지사를 비교 설명한 내용이다. 가장 바르지 못한 것은?

번호	해외직접투자	해외지사
①	외국법령에 의해 설립된 법인의 경영참가 목적으로 주식 또는 출자지분 취득이 목적이다.	외국에서 영업소를 설치 확장 운영하는 것으로 영업활동을 하는 해외지점과 비영리적 기능을 수행하는 해외사무소로 구분한다.
②	신고사항이다. (예) 신고 17xx-해투-000X)	신고사항이다. (예) 신고 17xx-해투-000Y)
③	거래은행은 주채권은행이다.	거래은행은 임의지정 가능하다.
④	거래형태는 무역외 거래이다.	거래형태는 자본거래 지급항목이다.

출제포인트
반대로 설명해 놓았다.

정답 ④

해외지사의 사후지사 완료보고는 서류신고 후 ( ) 이내 보고하여야 하며, 연도별 영업활동회계종료 후 ( ) 내 보고해야 한다.

① 5월, 5월
② 5월, 6월
③ 6월, 5월
④ 6월, 6월

출제포인트
6월, 5월 이다.

정답 ③

 금융감독원의 행정처분이 아닌 것은?

① 경고
② 고발조치
③ 과태료
④ 과징금

출제포인트
고발조치는 행정처분에 해당되지 않는다.

정답 ②

다음 중 지급 등 지급수단 등의 수출입 위반거래에서 5천만원 이하 과태료 항목이 아닌 것은?

① 환전 / 송금 / 재산반출 등 절차위반
② 지급수단 미신고 또는 허위신고
③ 외화건전성부담금 관련 금융회사 등의 자료제출 의무위반
④ 외국환 중개회사 합병 해산 폐지, 양수도 위반

출제포인트
1천만원 이하 과태료항목이다.

정답 ④

 외국인 직접투자 제도에서 말하는 외국인투자자가 아닌 경우는?

① 대한민국국민 중 외국의 영주권을 취득한 자
② 외국의 법인
③ 영주권 제도가 없는 국가에서는 5년이상 체류 허가를 받은 자
④ 외국국적의 개인

출제포인트
영주권 제도가 없는 국가에서는 4년 이상 체류 허가를 받은 자를 말한다.

정답 ③

다음 중 외국인 직접투자 제도에 대한 설명으로 가장 옳지 않은 것은 어느 것인가?

① 외국인투자촉진법에서 정한 외국인투자로서 투자금액이 5억원 이상(투자자가 2인 이상인 경우에는 1인당 1억원 이상으로서 의결권이 있는 주식 총수 또는 출자총액의 10% 이상을 소유한 경우 등을 말한다.
② 외국인 직접투자의 장기차관방식은 5년 이상 장기차관으로서 해외모기업의 지분을 50% 이상 소유하고 있는 기업 등을 말한다.
③ 외국인 직접투자 방식의 비영리법인의 대한 출연은 과학기술분야의 연구인력, 시설 등에 해당하는 비영리법인으로 독립된 시설을 갖추고, 해당분야 석사학위 3년 이상 연구경력을 가진 학위소지자의 연구전담 인력의 상시고용규모가 5명 이상인 것을 말한다.
④ 외국인 직접투자 제도에서 말하는 외국인투자자란 외국국적의 개인, 외국의 영주권과 이에 준하는 자격 취득자, 외국의 법인 등을 말한다.

> **출제포인트**
> 외국인투자로서 투자금액이 1억원 이상을 말한다.
>
> 정답 ①

 다음은 무역거래의 정의에 대한 설명이다. 가장 바르지 못한 것은?

① 물품이란 눈에 보이는 유형물, 유체물 등을 말한다.
② '대외무역법 시행령에서 정하는 특징의 용역'으로는 경영 상담원, 법무 관련 서비스업 등이 있다.
③ 전자적 형태의 무체물을 포함한다.
④ 무역의 3대 법규에는 대외무역법, 외국환거래법, 상법이 있다.

> **출제포인트**
> 무역의 3대 법규에는 대외무역법, 외국환거래법, 관세법이 있다.
>
> 정답 ④

다음 중 대외무역법의 특성과 거리가 먼 것은?

① 국제성, 대외적 성격
② 기획재정부장관에 의한 무역관리 권한의 전속
③ 규제대상의 포괄성
④ 무역업무의 과학화 추진

출제포인트
대외무역법은 산업통상부장관의 전속이다.

정답 ②

 대외무역법상의 무역의 범위에 들어가지 않는 것은?

① 부호·문자·음성·음향·이미지·영상 등을 디지털 방식으로 제작하거나 처리한 자료 또는 정보 등으로서 대통령령으로 정하는 전자적 형태의 무체물
② 경영 상담업을 영위하는 자가 제공하는 용역
③ 특허권·실용신안권·디자인권 등의 양도, 전용실시권의 설정 또는 통상실시권의 허락
④ 「외국환거래법」에서 정하는 지급수단

출제포인트
외국환거래법에서 정하는 사항들을 제외한 동산을 대외무역법상의 물품으로 하며, 대외무역법상의 무역이란, 이러한 물품과 용역 등을 수출입하는 것이다.

정답 ④

다음은 우리나라의 대외무역법령에서 규정하고 있는 용어에 대한 설명이다. 잘못된 것은?

① "수출"이란 매매, 교환, 임대차, 사용대차, 증여 등을 원인으로 국내에서 외국으로 물품이 이동하는 것이다.
② "무역거래자"란 수출 또는 수입을 하는 자, 외국의 수입자 또는 수출자에게서 위임을 받은 자 및 수출과 수입을 위임하는 자 등 물품 등의 수출행위와 수입행위의 전부 또는 일부를 위임하거나 행하는 자를 말한다.
③ "외화획득용 제품"이란 수입한 후 생산과정을 거친 상태로 외화획득에 제공되는 물품 등을 말한다.
④ "수입실적"이란 산업통상자원부장관이 정하여 고시하는 기준에 해당하는 수입 통관액 및 지급액을 말한다.

출제포인트
"외화획득용 제품"이라 함은 수입한 후 생산과정을 거치지 아니하는 상태로 외화획득에 제공되는 물품을 말한다. 관광호텔에서 사용하는 식기류, 수입소고기, 와인 등이 해당한다.

정답 ❸

 다음 중 대외무역법상의 관한 내용 중 잘못된 것은?

① 물품 등의 수출입과 이에 따른 대금을 받거나 지급하는 것은 허가를 받고 이루어져야 한다.
② 무역거래자는 대외신용도 확보 등 자유무역질서를 유지하기 위하여 자기 책임으로 그 거래를 성실히 이행하여야 한다.
③ 물품의 수출 또는 수입승인의 유효기간은 1년을 원칙으로 한다.
④ 수출입승인은 특별한 경우에 1년 이내 또는 20년의 범위 내에서 유효기간을 단축 또는 초과할 수 있다.

출제포인트
허가를 받는 것이 아닌 자유롭게 이루어져야 한다.

정답 ❶

17 다음 수출입 실적과 관련한 대외무역법령의 기술 내용 중에서 가장 거리가 먼 것은?

① 수출실적은 수출통관액(FOB금액), 입금액, 가득액과 내국신용장, 그리고 구매확인서를 이용하여 수출에 제공하는 외화획득용 원료·기재의 국내 공급액을 말한다.
② 수입실적의 인정시점은 수입신고 수리일이며, 외국인 수입과 용역 또는 전자적형태의 무체물의 수입인 경우에는 지급일이다.
③ 내국신용장 또는 구매확인서에 의한 국내 물품공급 실적은 한국무역협회에서 발급한 수출입확인서에 의하여 수출실적으로 인정된다.
④ 중계무역에 의한 수출 인정금액은 수출금액(FOB가격)에서 수입금액(CIF가격)을 공제한 가득액이다.

출제포인트
한국무역협회가 아닌 외국환은행이다.

정답 ③

18 임대계약(사용대차 포함)에 의하여 물품 등을 수출한 후, 일정기간 후에 다시 수입(회수)하거나 임대계약기간의 만료 전 또는 만료 후에 당해 물품 등의 소유권을 이전하는 방식의 거래를 무엇이라고 하는가?

① 연계무역 ② 수탁판매수입
③ 임대수출 ④ 무환수출입

출제포인트
임대수출이라고 한다.

정답 ③

수출입계약이 사전에 체결되지 않은 상태에서 먼저 외국으로 물품을 선적하여 현지국의 보세창고에 입고시킨 다음 현지에서 매수인을 확정하여 수출입계약을 체결하고 인도하는 방식의 거래를 무엇이라고 하는가?

① 연계무역
② BWT 방식 수출입
③ 위탁판매수출
④ 무환수출입

출제포인트
BWT 방식 수출입이라고 한다.

정답 ②

수출과 수입이 상호 연계되어 이루어지는 방식의 무역거래를 말하며, 물물교환(Barter Trade), 구상무역(Compensation Trade), 대응구매(Counter Purchase), 제품 환매(Buy Back) 등에 이용되는 방식을 무엇이라고 하는가?

① 연계무역
② BWT 방식 수출입
③ 위탁판매수출
④ 외국인도수출

출제포인트
연계무역이라고 한다.

정답 ①

21 수출할 것을 목적으로 물품 등을 수입하여, 이를 보세구역 또는 자유무역지역 등 이외의 국내로 반입하지 않고, 가공하지 않은 원형 그대로 다시 수출하는 방식의 거래를 무엇이라고 하는가?

① 중계무역
② 임대계약
③ 연계무역
④ BWT 방식 수출입

출제포인트
중계무역이라고 한다.

정답 ❶

06장 출제예상 문제

01 해외직접투자에 대한 설명이다. 가장 바르지 못한 것은?

① 거주자가 장래의 수익을 목적으로 외국에 자본을 투여하는 국가 간의 장기 자본이동의 한 형태를 해외직접투자라고 한다.
② 외국법령에 의하여 설립된 법인의 경우 외국법인의 발행주식 총수 또는 출자총액의 10% 이상 투자하는 경우 해외직접투자에 포함된다.
③ 이미 투자한 외국법인의 주식 또는 출자지분을 추가로 취득하는 경우 해외직접투자에 포함된다.
④ 거래 및 행위에 따른 해외직접투자와 자금의 지급에 따른 해외직접투자는 외국환거래법 시행령에서 정한 해외직접투자이다.

02 해외직접투자에 대한 설명이다. 가장 바르지 못한 것은?

① 투자금 10만불 이하인 경우 현지법인 투자현황표
② 투자금이 3백만불 초과 시 연간 사업 실적보고서를 작성해야 한다.
③ 연간사업실적보고서를 회계종료 후 5개월 이내 제출해야 한다.
④ 투자회사를 청산하는 경우 청산손익계산서 등 재무제표와 채권회수 시 외환매입 및 예치증명서를 제출해야 한다.

정답 및 해설

01 ④ 거래 및 행위에 따른 해외직접투자와 자금의 지급에 따른 해외직접투자는 외국환거래법에서 정한 해외직접투자이다(시행령에서 정한 것이 아님).
02 ① 투자금 200만불 초과 ~ 300만불 이하 현지법인 투자현황표를 징구한다.

03 해외직접투자와 해외지사를 비교 설명한 내용이다. 가장 바르지 못한 것은?

① 해외지사의 경우 투자비율 10% 이상 여부, 신용불량거래자, 조세체납자 여부 등을 확인해야 한다.
② 해외지사의 경우 해외지점 과거 1년간 1백만불 이상 외화획득자 또는 주무부장관 또는 무역협회장 추천 여부로 자격을 확인해야 한다.
③ 해외지사의 지정항목은 14이다.
④ 해외직접투자의 거래형태는 자본거래 지급항목으로 55201, 55202, 55301 등으로 처리한다.

04 금융정보분석의 혐의거래보고에 대한 설명으로 바르지 못한 것은?

① 미화 5만불의 소지목적 매각의 경우는 보고 제외이다.
② 의심되는 거래는 모두 보고 한다.
③ 보고된 내용은 5년간 자료를 보존해야 한다.
④ 혐의 거래 보고 제도의 불법재산이라 함은 마약, 중대범죄, 윤락, 뇌물, 특가법 관련 등 범죄수익 등을 말한다.

05 외국인 직접투자 제도에 대한 설명이다. 가장 바르지 못한 것은?

① 해외모기업의 지분을 10% 이상 소유하고 있는 기업은 5년 이상 장기차관 방식으로 투자해야 한다.
② 외국인 직접투자 제도의 투자목적물에는 외국환거래법에 의한 대외지급수단 또는 이의 교환으로 생기는 내국지급수단 등이 포함된다.
③ 외국인 투자지원은 조세감면 및 입지지원 및 내국민 동등대우 등이 있다.
④ 외국인 직접투자 제도의 외국인투자자란 외국국적의 개인 등을 말한다.

06 외국인 직접투자 제도의 출자목적물이 아닌 경우는?

① 외국환거래법에 의한 대외지급수단 또는 이의 교환으로 생기는 내국지급수단
② 기계, 설비, 기자재, 가축, 종자, 수목 등의 자본재
③ 외국기업 국내지사 폐쇄 또는 청산에 따른 잔여재산
④ 외국인 소유 외국 부동산

정답 및 해설

03 ① 해외직접투자의 경우 투자비율 10% 이상 여부, 신용불량거래자, 조세체납자 여부 등을 확인해야 한다.
04 ① 금액에 상관없이 의심되는 거래는 모두 보고해야 한다.
05 ① 해외모기업의 지분을 50% 이상 소유하고 있는 기업은 5년 이상 장기차관 방식으로 투자해야 한다.
06 ④ 외국인 소유 국내 부동산이 투자목적물이며 외국 부동산은 제외된다.

이패스코리아 외환전문역 I 종

제2과목

외국환거래실무

제1장 은행 및 본지점 간 외환실무
제2장 대고객 외환실무
제3장 특수한 외환상품
제4장 외국환회계
제5장 외국환업무와 관련된 컴플라이언스 업무
제6장 각종 위규사례

 은행 및 본지점 간 외환실무

▶ 접근전략 및 기출트렌드

환거래계약(Correspondent Arrangement)의 정의 및 예치환거래, 무예치환 거래은행, 외화자금관리의 유동성 비율을 정확히 이해해야 합니다. 또한 동태적갭, 정태적갭의 특징 및 차이점에 대해 알아야 합니다.

외국환대사(Reconcilement)의 절차 및 4가지 방향이 주로 출제되며, 외신관리의 경우 SWIFT 및 MT의 형태의 출제 빈도가 높습니다.

▶ 출제빈도

단원	주제	학습중요도	출제비율
1절	환거래계약(Correspondent Arrangement)	★★★	30%
2절	외화자금관리	★★★	30%
3절	외신관리	★	10%
4절	외국환대사(Reconcilement)	★★	20%
5절	외화계산	★	10%

▶ 체크리스트

체크리스트	기본서 상세페이지
환거래계약(Correspondent Arrangement)의 정의 및 예치환 거래를 알아야 한다.	P.2 ~ P.8
외화자금관리의 유동성 비율을 알아야 한다.	P.14 ~ P.18
외국환대사(Reconcilement)의 절차 및 미달환 원인 4가지를 알아야 한다.	P.30 ~ P.34

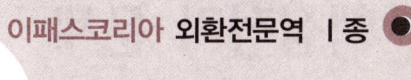

외국환거래실무 　제2과목

제1장

은행 및 본지점 간 외환실무

핵심정리 문제

01 자기명의 예금계좌를 개설하지 않고 단순히 계약만을 체결한 환거래은행을 무엇이라고 하는가?
① 무예치환거래은행
② 예치환거래은행
③ 당방계정
④ 선방계정

출제포인트
무예치환거래은행이라고 한다.

정답 ❶

02 다음 중 환거래계약에 대한 설명으로 가장 옳지 않은 것은 어느 것인가?
① 우리나라 은행이 외국에 있는 은행과 외환업무(송금, 신용장 개설, 무역결제 등)를 수행하기 위해 사전에 계약관계를 수립하는 것을 환거래계약이라고 한다.
② 외국환은행이 상대은행에 개설한 자기명의의 예금계좌를 선방계정이라고 한다.
③ 환거래계약 시 고려사항으로는 서명감, 전신암호문, 거래조건 및 수수료율 등의 문서교환과 상대은행의 신용상태가 양호한 경우에만 환거래계약 체결해야 한다.
④ 대금결제를 원활하게 수행하기 위해 상대은행에 자기명의의 예금계좌(당방계정)를 개설한 환거래은행을 예치환거래은행이라고 한다.

출제포인트
당방계정이라고 한다.

정답 ❷

환거래계약 체결 시 유의사항이 아닌 것은?

① 신용등급 기준에 부합하지 않으면 계약체결을 거절해야 한다.
② 중복계좌를 이용한 제3의 금융기관이 익명으로 거래할 가능성이 상존하고 있다.
③ 환거래계약 요청은행에 대한 요주의리스트 필터링을 실시하고 Test Key 또는 SWIFT Key 교환(RMA 방식)만으로 계약을 체결한다.
④ 환거래계약 요청은행이 간소화 대상인 경우 자금세탁방지(AML) 및 고객알기제도(KYC)질의서 등의 요청서를 생략할 수 있다.

> **출제포인트**
> 환거래계약 요청은행이 간소화 대상인 경우 자금세탁방지(AML) 및 고객알기제도(KYC)질의서 등의 요청해야 한다.
>
> 정답 ④

 다음 중 환거래계약 체결에 대한 설명으로 가장 옳지 않은 것은 어느 것인가?

① 대리지불계좌를 통한 금융서비스 활용하는 경우 자금세탁 위험에 노출될 가능성이 크기 때문에 계약 체결을 거절해야 한다.
② 신용등급이 적정하고 체결은행 국가가 FATF(국제자금세탁방지기구[Financial Action Task Force]) 회원국인 경우 계약체결이 가능하다.
③ 중복계좌를 이용한 제3의 금융기관이 익명으로 거래할 가능성이 상존함을 인지해야 한다.
④ 환거래계약 요청은행이 간소화 대상이 아닌 경우 질의서와 추가 확인항목(주요주주, 경영진 등)을 요청해야 한다.

> **출제포인트**
> 대리지불계좌를 통한 금융서비스 활용은 가능하나 자금세탁 위험에 노출될 가능성이 크다.
>
> 정답 ①

05 다음은 외화자금관리에 대한 설명이다. 가장 바르지 못한 것은?

① 일정 시점에서 은행의 모든 외화부채를 상환할 수 있는 재무상태를 유지하는 것을 안정성 원칙이라고 한다.
② 외국채 / 유로채 등은 외화단기자금 조달 방식의 하나이다.
③ 외화 Call money는 외화단기자금 조달 방식이다.
④ 한국은행 외화수탁금이란 한국은행이 외국환은행에 예탁한 외화자금을 말한다.

출제포인트
외국채 / 유로채 등은 외화중장기자금 조달 방식의 하나이다.

정답 ❷

06 다음 중 외화자금관리에 대한 설명으로 가장 옳지 않은 것은 어느 것인가?

① 수익성은 유동성, 안정성과 상충(trade-off)관계에 있다는 것을 알고 있어야 한다.
② 파생상품(원 / 달러 스왑 등)을 이용한 조달은 불가능 하다.
③ 일정 시점에서 은행의 모든 외화부채를 상환할 수 있는 재무상태를 유지하는 것은 안정성을 고려한 정책이다.
④ 한국은행 외화수탁금은 수탁한 자금의 용도가 지정되어 있기 때문에 일반 외화예금과 구분하여 관리가 필요하다.

출제포인트
파생상품(원 / 달러 스왑 등)을 이용한 조달이 가능하다.

정답 ❷

다음 설명 중 가장 바르지 못한 것은?

① 은행 본점과 지점이 보유하고 있는 외화현찰을 외국통화라고 한다.
② 외국환은행은 외국통화 매매에 따른 발생수익과 보유비용을 비교한 후 적정규모를 보유하여야 한다.
③ 해외 예치 환거래은행, 한국은행, 국내 타외국환은행 등에 대외결제나 이자수익을 목적으로 외화자금을 예치하는 것을 외화예치금이라고 한다.
④ 한국은행 수탁금을 재원으로 한 외화대출을 일반외화대출이라고 한다.

출제포인트

한국은행 수탁금을 재원으로 한 외화대출을 특별외화대출이라고 한다.

정답 ④

 다음 중 외화자금의 운용에 대한 설명으로 가장 옳지 않은 것은 어느 것인가?

① 외화대출은 매입외환과 함께 은행의 대표적인 외화자산 운용수단이다.
② 한국은행 수탁금을 재원으로 한 외화대출을 특별외화대출이라고 한다.
③ 초단기자금을 운용하는 방식으로는 은행간 외화대여금방식이 있다.
④ 주로 수출기업이 발행한 수출환어음을 매입하는 형태를 매입외환이라고 한다.

출제포인트

외화 콜론이라고 한다.

정답 ③

09 외화 유동성리스크 관리에 대한 설명이다. 가장 바르지 못한 것은?

① 유동성 관리기간은 외화자산과 부채의 잔존만기를 기준으로 관리한다.
② 외화유동성 비율은 단기 외화유동성을 평가하는 지표이다.
③ 외화자산 만기와 외화부채 만기의 불일치 비율을 만기불일치 비율이라고 한다.
④ 상환기간이 1년 이상인 외화대출 재원은 상환기간이 1년 초과인 외화자금으로 관리하는 지표를 단기 외화자금조달비율이라고 한다.

출제포인트
중장기 외화자금조달비율이라고 한다.

정답 ❹

10 다음 중 유동성리스크 관리에 대한 설명으로 가장 옳지 않은 것은 어느 것인가?

① 은행의 국내 본·지점, 해외지점, 해외현지법인의 모든 자산과 부채가 유동성 관리 대상이다.
② 이때 역외계정과 유동성에 영향을 미치는 부외거래는 제외한다.
③ 단기 외화유동성을 평가하는 지표에는 외화유동성 비율이 있다.
④ 유동성리스크 측정에서 만기불일치 비율은 1개월 이내에 도래하는 부채가 자산을 초과하는 비율이 10%를 넘지 않도록(만기불일치 비율 : -10%) 관리하는 것을 말한다.

출제포인트
부외거래를 포함한다.

정답 ❷

다음 중 유동성갭에 대한 설명으로 가장 옳지 않은 것은 어느 것인가?

① 자산·부채의 약정만기에 따라 만기사다리의 만기구간에 약정 원금의 현금흐름을 배분하고 유동성갭과 유동성갭비율을 산출하는 방식을 정태적 유동성갭 방식이라고 한다.
② 정태적 유동성갭에 고객행동 시나리오를 반영하여 산출하는 방식을 동태적 유동성갭 방식이라고 한다.
③ 유동성갭은 자산에서 부채를 차감후 자산으로 다시 나눈 지표를 말한다.
④ 정상적인 시장상황, 당해 금융기관의 위기상황, 전체 시장의 위기상황 등의 시나리오를 상정하여 유동성갭을 산출하는 방식을 유동성 시나리오별 유동성갭 방식이라고 한다.

출제포인트
유동성갭은 자산에서 부채를 차감한 것을 말한다.

정답 ③

 SWIFT에 대한 설명이다. 가장 바르지 못한 것은?

① 해외은행과 자금결제, 메시지 교환을 처리하기 위한 국제적인 은행 간 통신정보망을 SWIFT라고 한다.
② SWIFT는 Society for Worldwide Interbank Financial Telecommunication의 약자이다.
③ SWIFT로부터 받은 LOG – IN KEY 및 SELECT KEY를 입력하여야만 SWIFT에 접속이 가능하다.
④ TELEX를 통한 전문 송·수신보다 통신비용이 비싸다는 단점이 있다.

출제포인트
TELEX를 통한 전문 송·수신보다 통신비용이 싸다는(저렴하다는) 장점이 있다.

정답 ④

13. 다음 중 외신관리에 대한 설명으로 가장 옳지 않은 것은 어느 것인가?

① 국내은행과 해외은행 간에 전문을 송·수신을 통하여 외국환 업무를 정확하고 신속하게 처리하는 업무관리를 외신관리라고 한다.
② 은행업무 관련 주요 전신문으로는 고객송금 및 은행 간 자금이체, 추심 및 신용장 관련 업무, Credit / Debit Confirmation 및 Statements 통보 등이 있다.
③ SWIFT의 장점으로는 전문내용이 표준화되어 있어 전문내용 파악이 용이할 뿐만 아니라 전문분류 등이 시스템에 의해 자동으로 처리된다는 장점이 있다.
④ 송금은행이 지급은행 앞으로 송금 사실을 통지하는 경우에 사용하는 전신문을 해외 송금이라고 하며, 추심거래에 따른 대금 지급지시 전신문으로도 사용가능하다.

출제포인트
추심거래에 따른 대금 지급지시 전신문으로 사용 못함

정답 ④

14. 다음 중 외국환대사에 관한 설명으로 옳지 않은 것은?

① 은행에서 외국환업무와 관련하여 상대방 예치환거래은행과의 외국환거래에 따른 대차를 확인하는 과정을 외국환대사라고 한다.
② 외국환대사 절차 시 예치환은행에서 Statements를 받아 Actual 계정을 생성한 후 전일자의 거래내역 원장을 생성해야 한다.
③ 외국환대사(Reconcilement) 시 예치환거래은행별·외국통화 종류별로 확인해야 한다.
④ 외국환대사를 종료한 후에도 정리가 되지 않고 남아있는 미정리 환을 미달환이라고 한다.

출제포인트
전일자 거래내역 원장을 생성한 후 예치환은행에서 Statements를 받아 Actual 계정을 생성해야 한다.

정답 ②

다음 중 외국환대사 (Reconcilement)에 대한 설명으로 가장 옳지 않은 것은 어느 것인가?

① 미달환 발생원인 중 They debited but we didn't credit는 선방은행 차기, 당방은행 미대기 상태에서 발생한다.
② 미달환 사후관리 절차는 계정잔액 불일치 확인(Differ 관리) 선방은행 차기(They debited)거래 관리 금액 상이에 의한 미달환 관리 순으로 진행된다.
③ 미달환 발생원인 중 We credited but they didn't debit는 선방은행 대기, 당방은행 미차기 상태에서 발생한다.
④ 미달환보고서를 일정기간별로 작성·보고해야 한다.

출제포인트
당방은행 대기, 선방은행 미차기 상태이다.

정답 ③

 당방은행이 고객의 해외송금 요청으로 당방은행에 차기하였으나, 선방은행에서 예치환 거래은행이 대기를 하지 않는 경우의 미달환 시에는?

① They Debited But We Didn't Credit
② They Credited But We Didn't Debit
③ We Debited But They Didn't Credit
④ We Credited But They Didn't Debit

출제포인트
We Debited But They Didn't Credit이라고 부른다.

정답 ③

다음은 환포지션에 대한 설명이다. 가장 바르지 못한 것은?

① 환포지션이란 원화를 대가로 매매한 외국환 매도액과 매입액의 차액을 의미한다.
② Over Sold Position의 경우 환율 하락 시 환차손이 발생한다.
③ 은행 영업점에서 매입초과 포지션을 보유한 경우 본부로부터 원화를 받고 외화를 전금 보내는 방법으로 환포지션을 정리한다.
④ Over Bought Position은 외국환 매입이 외국환 매도 포지션을 초과하는 것을 말한다.

출제포인트
Over Sold Position의 경우 환율 하락 시 환차익이 발생한다.

정답 ②

  다음 중 외화계산에 대한 설명으로 가장 옳지 않은 것은 어느 것인가?

① Over Sold Position(매도초과 포지션)의 경우 환율 하락 시 환차익이 발생한다.
② 종합포지션에서 선물매매분을 제외한 포지션을 Cash 포지션이라고 한다.
③ 현물매매와 선물매매를 포함한 은행의 전체 포지션을 종합포지션이라고 한다.
④ 매월 최종영업일에 평가당일의 매매기준율(또는 재정된 매매기준율)을 적용하여 보유한 외화자산과 부채의 변동내역을 외환평가손익으로 기록·관리해야 한다.

출제포인트
Actual 포지션 : 종합포지션에서 선물매매분을 제외한 포지션
Cash 포지션 : Actual 포지션 중에서 추심이 완료되지 않은 환 포지션을 제외한 포지션(언제든지 외화자금으로 활용할 수 있는 포지션만을 의미)

정답 ②

출제예상 문제

01 다음은 환거래계약에 대한 설명이다. 가장 바르지 못한 것은?

① 대금결제를 원활하게 수행하기 위해 상대은행에 자기명의의 예금계좌(당방계정)를 개설한 환거래은행을 예치환거래은행이라고 한다.
② 외국환은행이 상대은행에 개설한 자기명의의 예금계좌를 선방계정이라고 한다.
③ 보통 상대은행의 신용상태가 양호한 경우에만 환거래계약이 체결된다.
④ 우리나라 은행이 외국에 있는 은행과 외환업무(송금, 신용장 개설, 무역결제 등)를 수행하기 위해 사전에 계약관계를 수립하는 것을 환거래 계약이라고 한다.

02 다음 중 외화자금의 조달방법에 관한 설명으로 가장 바르지 않은 것은?

① 중장기 자금은 조달시기와 필요시기의 불일치로 인한 금리 Risk가 발생되지 않도록 조달시점에 대해 충분히 검토하여야 한다.
② 단기 영업자금 지원을 받기 위해 한국은행이 외국환은행에 예탁한 외화수탁금을 받기도 한다.
③ 장기 프로젝트에 필요한 자금은 차입금리가 상대적으로 낮은 단기자금을 반복적으로 차입하는 방식으로 조달하는 것이 바람직하다.
④ 국제채는 외국채와 유로채로 구분되는데, 외국채는 표시 통화국 이외의 지역에서 발행되는 채권을 말한다.

정답 및 해설

01 ② 외국환은행이 상대은행에 개설한 자기명의의 예금계좌를 당방계정이라고 한다.
02 ④ 국제채는 외국채와 유로채로 구분되는데, 외국채는 발행국가의 법률 규제 하에 동 국가의 법정통화로 발행되며, 유로채는 표시 통화국 이외의 지역에서 발행되는 채권을 말한다.

03 다음 중 외화자금 조달에 관한 설명으로 가장 바르지 않은 것은?
① 은행은 수출환어음을 매입, 해외투자, 파생상품 거래 등을 위해 외화자금을 조달한다.
② 외화자금은 자금이 필요한 기간을 고려하여 단기자금과 중장기자금으로 구분하여 조달하는 것이 적절하다.
③ 자금조달은 자금운용과 시점보다 앞당겨서 조달하는 것이 안정적이다.
④ 단기자금은 주로 외화예금, call money, 코레스은행으로부터의 단기차입 등으로 조달한다.

04 다음 설명 중 가장 바르지 못한 것은?
① 수출기업이 발행한 수출환어음을 매입하는 형태를 매입외환이라고 한다.
② 은행 간 외화대출금 중 초단기자금을 운용하는 방식은 은행 간 외화대여금 방식이다.
③ 기한부 수출환어음의 대부분은 한국은행 수탁금, 단기차입금이나 외화예금으로 조달하여 운용한다.
④ 매입외환과 함께 은행의 대표적인 외화자산 운용수단은 외화대출이다.

05 다음 중 은행 영업점의 외국통화 보유에 관한 설명으로 옳은 것은?
① 외국통화는 외화자금의 조달수단이므로 매매실적 등을 감안하여 적정규모를 유지하여야 한다.
② 고객의 매입수요가 많은 외국 통화나 강세 외국통화는 단기간 내 자금화 할 수 있도록 관리한다.
③ 본지점 간에는 현수수수료가 발생하지 않으므로 외국통화 매매에 따른 수익만을 감안한다.
④ 보유하고 있는 외국통화 규모만큼 은행 내부금리에 따른 이자를 부담하므로, 수익과 비용을 감안하여 적정규모의 외국통화를 보유하여야 한다.

06 다음은 외화자금의 운용에 대한 설명이다. 가장 바르지 못한 것은?

① 외국통화 매매에 따른 발생수익과 보유비용을 비교한 후 적정규모를 보유하여야 한다.
② 은행이 자체적으로 조달한 자금으로 대출을 일반외화대출이라고 한다.
③ 외화콜머니나 단기차입금으로 조달하여 운용하는 것을 기한부 수출환어음이라고 한다.
④ 단기자금 조달에는 외화 CD, 외화 Call Money, Money Market 차입 등이 있다.

07 다음 중 외화 유동성리스크 측정에 관한 내용으로 가장 바르지 않은 것은?

① 외화자산의 경우 유동성비율을 구하기 위해 자산 유형별 유동화 가중치를 적용하는데, 신용평가기관의 AAA등급의 회사채인 경우 가중치를 100(%)로 한다.
② 외화유동성 비율은 잔존만기 3개월 이하 외화부채에 대한 외화자산의 비율로서, 단기 외화유동성을 평가하는 지표이다.
③ 정태적 유동성갭에 고객행동 시나리오를 반영하여 산출하는 방식을 동태적 유동성갭 방식이라고 한다.
④ 만기불일치비율은 외화자산 만기와 외화부채 만기의 불일치비율을 나타내는 지표이다.

정답 및 해설

03 ③ 자금조달은 자금운용과 시점을 일치시켜 조달하는 것이 안정적이다. 즉 중장기 소요자금을 단기차입금으로 조달하는 경우 roll-over 리스크가 크기 때문에 장기자금은 장기차입 방식으로 조달하는 것이 바람직하다.
04 ② 은행 간 외화대출금 중 초단기자금을 운용하는 방식은 외화 콜론 방식이다.
05 ④ ① 외국통화는 외화자금의 운용수단이다.
② 매입수요가 적거나 약세 외국통화의 경우 단기간 내 자금화 할 수 있도록 관리한다.
③ 외국통화를 본 지점에서 가지고 왔다면 현수수수료가 발생한다.
06 ③ 외화콜머니나 단기차입금으로 조달하여 운용하는 것을 일람급 수출환어음이라고 한다.
07 ① 어느 경우이든 회사채는 유동화 가중치를 100(%)로 할 수 없다. 즉 가중치가 100(%) 미만이 된다.

08 잔존만기 3개월 이하의 외화부채에 대해 외화자산의 비율, 즉 외화유동성비율은 감독기관이 몇 % 이상을 유지하도록 지도하고 있는가?

① 55% 이상　　　　　　　　② 65% 이상
③ 85% 이상　　　　　　　　④ 90% 이상

09 다음 설명 중 가장 바르지 못한 것은?

① 외화 유동성 관리대상으로는 은행의 국내 본·지점, 해외지점, 해외현지법인의 모든 자산과 부채를 대상으로 한다.
② 외화유동성 비율의 감독기관 지도비율은 95% 이상이다.
③ 중장기 외화자금조달 비율의 감독기관의 지도비율은 100% 이상이다.
④ 정태적 유동성갭에 고객행동 시나리오를 반영하여 산출하는 방식을 동태적 유동성갭 방식이라고 한다.

10 다음 중 SWIFT의 장점에 관한 설명으로 가장 바르지 않은 것은?

① 저렴한 비용 – Telex를 통한 전문 송·수신보다 통신비용이 저렴하다.
② 업무의 표준화 – 전문내용이 표준화되어 있어 내용 파악이 용이하며, 전문분류 등이 시스템에 의해 자동으로 처리된다.
③ 신속성 – 전문발송 후 수신자에게 신속하게 전달이 가능하다.
④ 범용성 – 은행, 기업, 개인 등 모든 관계당사자가 쉽게 이용할 수 있는 개방형 네트워크이다.

11 다음 중 SWIFT에 관한 설명으로 옳지 않은 것은?

① 전신문의 형태는 MT(Message Type)의 형태로 3자리 수로 구성되어 있다.
② 송금은행이 지급은행 앞으로 송금 사실을 통지하는 경우에 사용하는 전신문은 해외송금(MT103)이다.
③ 국내은행과 해외은행 간에 전문을 송·수신을 통하여 외국환 업무를 정확하고 신속하게 처리하는 업무관리를 해외송금관리라고 한다.
④ SWIFT로부터 받은 LOG – IN KEY 및 SELECT KEY를 입력하여야만 SWIFT에 접속 가능하다.

12 다음 중 SWITF를 통한 외신관리에 대한 설명으로 가장 바르지 않은 것은?

① SWITF의 장점은 보안성이 우수하고, 신속한 전송이 가능하며, Telex에 비해 비용이 저렴하고, 업무의 표준화가 가능하다는 점이다.
② 전신문의 형태는 MT(Message Type)의 형태로 3자리 수로 구성되어 있다.
③ SWIFT로부터 받은 LOG-IN KEY 및 SELECT KEY를 입력하여야만 SWIFT에 접속 가능하다.
④ 송금은행이 지급은행으로 송금사실을 통지하는 경우에는 전신문 MT202를 사용한다.

13 외국환 마감순서로 바른 것은 어느 것인가?

㉠ 당일 중 미처리업무 확인
㉡ 외국통화 시재 확인
㉢ 통화별 대체금액 확인
㉣ 환 포지션 정리
㉤ 외화 계정 잔액 확인

① ㉠ - ㉣ - ㉢ - ㉡ - ㉤
② ㉠ - ㉣ - ㉡ - ㉢ - ㉤
③ ㉠ - ㉡ - ㉢ - ㉣ - ㉤
④ ㉡ - ㉣ - ㉠ - ㉢ - ㉤

정답 및 해설

08 ③ 감독기관의 외화유동성비율에 대한 지도비율은 85% 이상이다.
09 ② 외화유동성 비율의 감독기관 지도비율은 85% 이상이다.
10 ④ SWIFT는 보안성이 중요하며 국제적인 은행 간 정보통신정보망이기 때문에 개인이나 일반기업은 쉽게 접근할 수 없다.
11 ③ 국내은행과 해외은행 간에 전문을 송·수신을 통하여 외국환 업무를 정확하고 신속하게 처리하는 업무관리를 외신관리라고 한다.
12 ④ 송금은행이 지급은행으로 송금사실을 통지하는 경우에는 전신문 MT103을 사용한다. MT202는 금융기관들 사이에 자금의 이체를 요청하는 전문이다.
13 ③ ㉠-㉡-㉢-㉣-㉤ 순서로 진행이 된다.

14 다음 중 외국환대사 업무에 관한 설명으로 가장 바르지 않은 것은 어느 것인가?

① 매일 상대은행으로부터 수신하는 Statement(MT950)는 항상 정확하므로 Balance가 맞는지를 확인할 필요가 없다.
② 선방은행의 과실로 인해 당방은행에 자금손실이 발생한 경우에는 자금을 되돌려 받을 때 Back Value를 요청하는 등 적절한 보상도 요구하도록 한다.
③ 당방은행이 선방은행 계좌로 자금을 입금하였으나(We credited) 선방은행이 관련 지급지시서를 확인하지 못해 예치금계좌에서 차기하지 못한 경우(they didn't debit) 미달환이 발생한다.
④ 미달환은 착오나 누락에 의해서도 발생되므로 지속적인 사후관리가 필요한데, 선방은행 차기(They debited)는 특별히 관리하여야 한다.

15 다음 중 환포지션에 관한 설명으로 옳지 않은 것은?

① 은행 영업점에서 매입초과 포지션을 보유한 경우 본부로부터 원화를 받고 외화를 전금 보내는 방법으로 환포지션을 정리한다.
② 환포지션은 동일한 통화 간 거래에서는 발생되지 않는다.
③ 고객이 해외여행 목적으로 원화를 대가로 미화현찰 환전을 요청하면 환포지션이 발생하지 않고, 외화예금에서 미화를 인출하여 해외로 미화를 송금하는 경우에는 환포지션이 발생한다.
④ 환포지션이란 원화를 대가로 매매한 외국환 매도액과 매입액의 차액을 의미한다.

16 당방은행에서 일람출급 수출환어음이나 외화수표를 매입하여 그 대금을 고객에게 지급하고 예정 대체일에 외화타점예치금계정에서 차기하였으나, 선방은행으로부터 대금이 입금되지 않는 경우에 발생하는 미달환은?

① They debited, but we didn't credit
② They credited, but we didn't debit
③ We credited, but they didn't debit
④ We debited, but they didn't credit

17 다음 설명 중 가장 바르지 못한 것은?

① 현물매매와 선물매매를 포함한 은행의 전체 포지션을 종합포지션이라고 한다.
② 언제든지 외화자금으로 활용할 수 있는 포지션은 Actual 포지션이다.
③ Over Bought Position은 외국환 매입이 외국환 매도 포지션을 초과하는 것을 말한다.
④ Actual 포지션 중에서 추심이 완료되지 않은 환 포지션을 제외한 포지션을 Cash 포지션이라고 한다.

18 다음 중 환포지션에 관한 설명으로 가장 바르지 않은 것은?

① Over Bought(매입초과) Position은 외국환매입이 외국환매도보다 많은 경우이다.
② Over Bought(매입초과) Position인 경우 환율하락 시 환차손이 발생한다.
③ Square Position은 외국환 매매차익은 없으나 환리스크에 노출된다.
④ Over Sold(매도초과) Position인 경우 원화가치가 하락하면 환차손이 발생한다.

19 은행이 현물환에서 USD/KRW Long position 1백만불, 선물환에서 Short position 2백만불인 경우 다음 중 옳은 내용은?

① 종합포지션은 Square Position이다.
② Actual 포지션은 Square Position이다.
③ 은행은 환율이 하락해야 유리하다.
④ 환율이 상승하는 경우 은행은 환차익이 발생한다.

정답 및 해설

14 ① 매일 상대은행으로부터 수신하는 Statement(MT950)상의 Balance가 맞는지를 반드시 확인해야 한다.
15 ③ 고객이 해외여행 목적으로 원화를 대가로 미화현찰 환전을 요청하면 환포지션이 발생하고, 외화예금에서 미화를 인출하여 해외로 미화를 송금하는 경우에는 환포지션이 발생하지 않는다.
16 ④ 당방은행에서 인출하려 하였으나 선방은행에서 입금하지 않은 경우를 말하는 것으로 당방은행 차기, 선방은행 미대기 상태이다.
17 ② 언제든지 외화자금으로 활용할 수 있는 포지션은 Cash 포지션이다.
18 ③ Square Position은 외국환매입과 외국환매도가 일치하는 경우로 환리스크가 없는 형태이다. 따라서 은행은 환리스크를 제거하기 위해 종합포지션을 Square Position으로 관리해야 한다.
19 ③ 종합포지션이 1백만불 Short position이므로 환율하락 시 환차익이 생긴다.

02 대고객 외환실무

▶ 접근전략 및 기출트렌드

외화예금의 종류는 1과목(외환관리실무)과 중복되는 내용으로 계정을 정리해야 합니다. 당발송금, 타발송금, 외국통화의 매매 또한 1과목과 중복되는 내용으로 매매의 종류 및 매매 대상을 검토해야 합니다.

여행자수표의 종류 및 발행 절차 및 다양한 외화수표 정의 및 종류를 이해해야 합니다. 특히 수표의 종류에 따른 유효기간과 발행 시 주의해야 할 점이 주로 출제됩니다.

▶ 출제빈도

단원	주제	학습중요도	출제비율
1절	외화예금	★	10%
2절	당발송금	★★	20%
3절	타발송금	★★★	30%
4절	외국통화의 매매	★	10%
5절	외화수표	★★★	30%

▶ 체크리스트

체크리스트	기본서 상세페이지
외화예금의 종류는 1과목과 중복되는 내용을 정리한다.	P.44 ~ P.62
당발송금, 타발송금, 외국통화의 매매 등 1과목과 중복되는 내용을 정리한다.	P.63 ~ P.94
다양한 외화수표 정의 및 종류를 이해한다.	P.99 ~ P.109

이패스코리아 외환전문역 Ⅰ종

외국환거래실무 제2과목

제2장

대고객 외환실무

핵심정리 문제

 다음 설명 중 가장 바르지 못한 것은?

① 외국환거래법령 등에서 정한 바에 따라 원화가 아닌 외화로 거래하는 예금을 외화예금이라고 하고, 비거주자만이 가입 가능하다.
② 외화예금 종류는 외화보통예금, 외화정기예금, 외화통지예금, 외화별단예금 등이 있다.
③ 외화예금의 경우 환율의 수준에 따라 환차손익이 발생가능하다.
④ 만기가 동일하더라도 통화의 종류에 따라 금리가 달리 적용된다.

출제포인트
거주자 또는 비거주자가 가입가능하다.

정답 ❶

 다음 중 외화예금 거래의 특징에 대한 설명으로 가장 옳지 않은 것은 어느 것인가?

① 원화대가 거래 시 환율이 개입됨을 항상 숙지하고 있어야 한다.
② 만기가 동일하더라도 통화의 종류에 따라 금리가 달리 적용됨을 알아야 한다.
③ 거주자계정은 개인사업자가 아닌 외국인 거주자나 비거주자도 개설이 가능하다.
④ 환율변동에 따른 헤지 수단을 제공해야 한다.

출제포인트
외국인 거주자나 비거주자도 개설이 불가능하다.

정답 ❸

다음 중 외화예금에 대한 설명으로 옳지 않은 것은?

① 대외계정은 외국으로부터 송금되어 온 대외지급수단만 예수가 가능하다.
② 대외계정에 미화 2만불을 초과하는 외국통화를 예치하고자 하는 경우에는 외국환 신고(확인)필증을 제출하여야 한다.
③ 해외이주자계정으로 개설이 가능한 외화예금은 외화당좌예금, 외화보통예금, 외화정기예금에 한한다.
④ 해외이주자계정의 예수 가능 대상은 해외이주자 본인 명의의 재산, 재외동포의 본인의 부동산매각대금과 본인 명의 국내예금, 신탁계정 관련 원리금이다.

출제포인트
외국에서 소지했던 자금 등 외국환신고필증 범위 등 입금이 가능하다.

정답 ①

 다음 중 외화예금 계정 구분 및 가입자격에 관한 설명으로 옳은 것은?

① 대한민국정부의 재외공관 근무자와 그 동거가족은 거주자계정을 개설해야 한다.
② 개인인 외국인거주자가 개설할 수 있는 계정은 대외계정이다.
③ 재외동포 또는 해외이주자가 개설할 수 있는 계정은 대외계정이다.
④ 비거주자가 개설할 수 있는 계정은 해외이주자계정이다.

출제포인트
① 대한민국 정부의 재외공관 근무자와 그 동거가족은 대외계정을 개설해야 한다.
③ 재외동포 또는 해외이주자가 개설할 수 있는 계정은 해외이주자계정이다.
④ 비거주자가 개설할 수 있는 계정은 대외계정이다.

정답 ②

05 다음 중 외화예금의 계정 구분 및 가입자격에 대한 설명으로 가장 옳지 않은 것은 어느 것인가?

① 거주자계정의 경우 국민인거주자와 개인사업자인 외국인거주자가 가입이 가능하다.
② 외국인거주자가 순수 개인자격으로 예금을 개설하고자 하는 경우 거주자 계정으로 개설이 가능하다.
③ 거주자계정은 처분에는 제한이 없으나 대외지급을 하고자 하는 경우에는 외국환거래규정에서 인정된 지급만 가능하다.
④ 거주자계정시 외국환신고(확인)필증, 계약서 등 취득경위를 입증할 수 있는 서류 또는 영수확인서를 제출받아야 한다.

출제포인트
대외계정으로 개설해야 한다.

정답 ❷

06 계정 구분 및 가입자격에 대한 설명이다. 가장 바르지 못한 것은?

① 비거주자, 순수 개인자격의 외국인거주자는 대외계정을 개설할 수 있다.
② 외국으로부터 송금되어 온 대외지급수단 등은 대외계정에 예수 가능하다.
③ 해외이주자계정의 경우 해외이주자의 본인 명의뿐만 아니라 타인 명의의 재산도 예수가 가능하다.
④ 세대별 해외이주비 예수금 합계가 미화 10만불을 초과하는 경우 예수금액 전체금액에 대해 이주(예정자)의 관할세무서장이 발행하는 자금출처확인서를 제출해야 한다.

출제포인트
해외이주자계정의 경우 해외이주자의 본인 명의만 예수 가능하다.

정답 ❸

다음 중 외화예금의 계정 구분 및 가입자격에 대한 설명으로 가장 옳지 않은 것은 어느 것인가?

① 대외계정은 대한민국 정부의 재외공관 근무자와 그 동거가족 및 비거주자, 순수 개인 자격의 외국인거주자 등이 가입이 가능하다.
② 대외계정으로 개설이 가능한 외화예금은 외화당좌예금, 외화보통예금, 외화통지예금, 외화정기예금, 외화정기적금 등이다.
③ 대외계정의 예수 가능 대상으로는 해외이주자의 본인 명의의 재산 등이다.
④ 대외계정으로 미화 2만불을 초과하는 외국통화 또는 외화표시 여행자수표를 예치하고자 하는 경우에는 외국환신고(확인)필증을 받아야 한다.

출제포인트
외국으로부터 송금되어 온 대외지급수단 - 취득 또는 보유가 인정된 대외지급수단 등이 예수가 가능하다. 해외이주자의 본인 명의의 재산은 해외이주자계정 등으로 처리해야 한다.

정답 ❸

 외화예금 업무처리 기준에 대한 설명으로 바르지 못한 것은?

① 외화예금 개설 시 신청인으로부터 외화예금 거래신청서, 인감 또는 서명 신고를 받는다.
② 요구불 외화예금(외화보통예금 등)은 기한을 정할 필요가 없으나 외화정기예금 등은 기한을 정하여야 한다.
③ 이자 계산기간은 예입일로부터 지급일 전일까지이다.
④ 1년은 365일(영국 파운드화, 호주 달러화, 홍콩 달러와 등은 360일)로 계산한다.

출제포인트
1년은 360일(영국 파운드화, 호주 달러화, 홍콩 달러와 등은 365일)로 계산한다.

정답 ❹

다음은 외화예금의 종류별 특징에 대한 설명이다. 가장 바르지 못한 것은?
① 외화보통예금은 요구불예금으로 수시입출금이 가능하다.
② 외화정기예금의 경우 약정이율을 적용하며, 일정기준의 스프레드와 지급준비율 감안하여 지급한다.
③ 업무상 필요로 일시적으로 예치하는 외화예금은 외화별단예금이다.
④ 외화보통예금은 하나의 통장에 한 개의 통화를 거래해야 한다.

출제포인트
하나의 통장에 여러 가지 통화의 거래가 가능하다.

정답 ④

 다음 설명 중 가장 바르지 못한 것은?
① 우리나라는 송금 등의 지급사유가 23가지 항목에 해당하는 경우 하나의 은행을 송금은행으로 지정하고 향후 송금은 지정은행에서만 가능하다.
② 당발송금 중 전신송금을 T/T 즉 Telegraphic Transfer라고 한다.
③ 미화 1,000불 이하의 소액송금, 용역대가, 수입대금 송금 등은 거래은행 지정 없이 송금 가능하다.
④ 송금수표 방식은 현재 거의 사용되지 않고 있다.

출제포인트
송금수표 방식은 아직도 사용되고 있고, 현재 거의 사용되지 않고 있는 것은 우편송금 방식이다.

정답 ④

당발송금에 대한 설명이다. 가장 바르지 못한 것은?

① 수취인의 수취불능에 따른 퇴결이 가능한 경우는 송금대금이 수취인에게 지급되기 전에 송금의뢰인이 송금 취소를 요청하거나 수취인의 수취불능 등의 이유로 퇴결요청을 하는 경우이다.
② 퇴결대금은 외화금액에 전신환매입률을 곱한 금액에서 퇴결수수료를 차감한 잔액이다.
③ 중계은행과 지급은행 앞으로 퇴결요청 전문을 발송하여 퇴결처리 승인 전문을 받고 퇴결해야 한다.
④ 수취인이 해외은행에 수취계좌가 없는 경우나 소액을 송금하는 경우에 주로 이용되는 송금방식은 T/T이다.

출제포인트
수취인이 해외은행에 수취계좌가 없는 경우나 소액을 송금하는 경우에 주로 이용되는 송금방식은 송금수표(D/D) Demand Draft이다.

정답 ❹

 다음 중 당발송금에 대한 설명으로 옳지 않은 것은?

① 송금의뢰인이 송금 취소를 요청하는 경우 중계은행과 지급은행 앞으로 퇴결 요청 전문을 발송하고 즉시 취소하여야 한다.
② 해외송금이 자금세탁을 위한 거래인지 등에 대해 주의를 기울이고 거래가 의심스럽다고 판단되는 경우에는 의심스러운거래(STR) 보고의무를 수행하여야 한다.
③ 송금수표는 대부분 수취인의 거래은행을 통하여 추심되며 불완전한 수표는 수취인의 거래은행에서 거절되는 사례가 있으므로 수표발행시 수표인자 내용 확인에 유의하여야 한다.
④ 지급은행으로부터 송금정보 변경요청 전문을 받은 경우에는 신속히 송금의뢰인에게 연락하여 정확한 송금정보를 받고 즉시 조건변경 전문을 발송한다.

출제포인트
퇴결요청 전문을 발송하여 퇴결처리 승인 전문을 받고 퇴결해야 한다.

정답 ❶

13 다음 중 당발송금의 종류에 대한 설명으로 가장 옳지 않은 것은 어느 것인가?

① 전신송금(T/T) – Telegraphic Transfer는 지급지시서(P/O, Payment Order)를 전신으로 발송하는 방법을 말한다.
② 송금처리에 소요되는 기간이 짧아 현재 가장 일반적으로 사용하는 송금방법은 우편송금이다.
③ 송금의뢰인이 송금은행으로부터 교부받은 송금수표를 직접 수취인에게 발송하는 방법을 송금수표(D/D) Demand Draft 방식이라고 한다.
④ 지급지시서(P/O)를 우편으로 송부하는 방법을 우편송금(M/T) Mail Transfer라고 한다.

출제포인트
전신송금(T/T)에 대한 설명이며, 우편송금의 경우 현재는 거의 이용되지 않는다.

정답 ❷

14 타발송금에 대한 내용이다. 가장 바르지 못한 설명은?

① 외국에 있는 은행 또는 국내의 다른 외국환은행으로부터 송금되어 온 외화자금을 국내의 수취인에게 지급하는 것이다.
② 타발송금 도착 여부를 수시로 확인하여 수취인에게 타발송금 도착 사실을 통지해야 한다.
③ 수취인 계좌번호가 일치하더라도 수취인명이 상이한 경우에는 지급할 수 없다.
④ 미화 10만불 이하의 대외지급수단을 영수하는 경우에 취득경위 입증서류를 제출해야 한다.

출제포인트
미화 10만불 이하의 대외지급수단을 영수하는 경우에 영수확인서 제출이 면제된다.

정답 ❹

다음 중 타발송금 업무처리에 대한 설명으로 옳지 않은 것은?

① 타발송금 도착 여부를 수시로 확인하여 수취인에게 타발송금 도착 사실을 통지한다.
② 타발송금 지급지시서상에 기재된 수취인명과 수취계좌의 예금주명이 일치하는지를 확인한다.
③ 거주자 또는 비거주자로부터 미화 5만불 이하의 대외지급수단을 영수하는 경우에는 취득경위 입증서류를 제출하여야 한다.
④ 수취계좌가 일치하더라도 수취인명이 상이한 경우에는 지급할 수 없으므로 반드시 송금은행에 조건변경 요청 후 정당한 수취인명을 받고 처리한다.

출제포인트
비거주자는 취득경위 입증서류를 받지 않는다.

정답 ❸

 외국통화의 매매 시 매입 제한 통화가 아닌 것은?

① 환리스크가 높은 통화
② 유럽경제통화연맹(EMU) 소속국가가 EURO 통화 발행 전 사용하던 통화
③ 유통이 정지된 화폐
④ 손상 화폐 또는 위·변조 통화

출제포인트
환리스크가 높은 통화는 매입 제한이 되지 않는다.

정답 ❶

다음 중 외국통화의 매매에 대한 설명으로 가장 옳지 않은 것은 어느 것인가?

① 외국통화 매매거래는 실명확인 대상이다. 단, 100만원 이하는 생략가능하다.
② 외국통화의 매매시 위조지폐 여부를 위폐감별기나 외국통화견양집, 육안으로 감별 확인해야 한다.
③ 외국통화 매입대금을 원화로 지급하는 경우에는 대고객 현찰매입율을 적용하여 지급한다.
④ 외국통화를 매입한 후에는 영수증, 계산서, 외국환매입증서 중 하나를 고객에게 교부해야 하며, 외국환매입증명서를 발행·교부하는 경우에도 계산서를 교부해야 한다.

출제포인트
외국환매입증명서를 발행·교부하는 경우에는 계산서를 교부하지 말아야 한다.

정답 ④

 인천에서 대학을 다니는 국민인 거주자 A가 해외 배낭여행하고 남은 외화현찰 USD1,000을 원화로 환전(외국통화 매입) 요청 시 외국환은행에서의 업무처리 방법으로 옳지 않은 것은? (단, 적용 환율은 1,200원으로 가정함)

① 1회에 한하여 반드시 외국환매입증명서를 발급하여야 한다.
② 환율이 고시된 매입이 가능한 통화인지 확인한다.
③ 주민등록증 등에 의한 실명확인을 하여야 한다.
④ 취득경위 입증서류 확인 없이 매입이 가능하다.

출제포인트
거주자이므로 외국환 매입증명서를 발급하지 않는다.

정답 ①

외국통화의 매도 시 징구서류가 아닌 것은?

① 외국환지정(변경)신청서
② 여권(외국인, 비거주자, 재외동포, 해외이주자인 경우)
③ 대외지급수단 매매신고서
④ 외국환매매신청서

출제포인트
외국환지정(변경)신청서는 매도 시 징구하지 않는다.

정답 ❶

 다음 중 외국통화의 매도에 대한 설명으로 가장 옳지 않은 것은 어느 것인가?

① 비거주자가 매각이 가능한 경우는 비거주자의 최근 입국일 이후 1만불 범위 내의 재환전등을 말한다.
② 비거주자의 외국통화 매각이 거래외국환은행 지정거래 대상인 경우에는 증빙서류를 받고 거래외국환은행 지정등록을 선행하여야 한다.
③ 해외체재자나 해외유학생 경비 목적으로 5만불을 초과하여 외국 통화나 여행자수표를 매각한 경우에는 외국환신고(확인)필증을 발행·교부해야 한다.
④ 외국통화 매도대금을 원화로 받을 경우에는 대고객 현찰매도율을 적용하여 수취한다.

출제포인트
1만불 초과시 발행 교부한다.

정답 ❸

21 영국인 A는 국내 영어학원 원어민 강사로 재직 중이다. 2XX1년 3월 15일 일본 여행 후 국내로 입국한 A는 6월 20일 미국 여행을 가기 위해 출국 전 은행에서 원화를 대가로 미달러(USD) 외화현찰 환전을 요청하여, A의 여권을 보니 2XX1년 3월 10일 국내 C은행을 통해 USD 5,000을 매각한 표시가 있었다. A에게 환전(외국통화 매도) 해 줄 수 있는 최고한도금액으로 옳은 것은? (단, A는 실수요증빙서류가 없는 것으로 가정함)

① USD 5,000
② USD 10,000
③ USD 15,000
④ USD 20,000

출제포인트
3월 15일 재입국했기 때문에 1만불 환전이 가능하다.

정답 ❷

22 환전영업자의 외국환업무에 대한 설명이다. 가장 바르지 못한 것은?

① 관세청에 등록된 자로서 외국통화의 매입 및 매도, 여행자수표의 매입업무만을 수행하는 업자를 환전영업자라고 한다.
② 환전영업자는 외국환거래의 신고 및 사후관리를 위해 거래외국환은행을 지정하여야 한다.
③ 일정한 영업장을 가지고 있는 국내거주자인 개인이나 법인은 누구나 환전영업자가 될 수 있다.
④ 원칙적으로 외국통화 또는 여행자수표 매입 매각이 가능하다. 특히 거주자는 외국통화의 매입 매도에 제한이 없다.

출제포인트
거주자의 경우 2천불 초과의 외국환 매도는 불가능하다.

정답 ❹

다음 중 환전영업자의 외국환업무에 대한 설명으로 가장 옳지 않은 것은 어느 것인가?

① 환전영업자는 원칙적으로 외국통화 또는 여행자수표만 매입 가능하다.
② 비거주자에게는 최근입국일 이후 매각한 범위 내에서 외국통화 매도가 가능하다.
③ 거주자의 경우 2천불 초과의 외국환 매도도 가능하다.
④ 동일자에 동일인으로부터 미화 2만불을 초과하여 외국통화 등을 매입하는 경우에는 취득경위를 확인해야 하고 국세청에 통보된다는 사실을 알려야 한다.

출제포인트
거주자의 경우 2천불 초과의 외국환 매도는 불가능하다.

정답 ❸

 다음 중 외화수표에 관한 설명으로 가장 바르지 않은 것은?

① Money Order는 은행에 예금을 가지고 있는 예금주가 은행을 지급인으로 발행한 수표이다.
② 은행수표(Banker'Check)는 환거래은행이 발행한 수표로서 서명권자가 은행인 수표이다.
③ 추심 후 지급(BC)은 외화수표 대금을 해외의 지급은행에 청구하여 수표대금을 회수한 후 추심의뢰인에게 지급하는 방식이다.
④ 추심 전 매입(BP)은 외화수표의 대금을 먼저 매입의뢰인에게 지급하는 일종의 여신행위이다.

출제포인트
은행에 예금을 가지고 있는 예금주가 은행을 지급인으로 발행한 수표는 개인수표(Personal Check)이다. Money Order는 수표발행 신청인이 수표금액에 해당하는 금액과 수수료를 은행에 지불하면 발행해 주는 수표를 말한다.

정답 ❶

다음 중 외화수표에 대한 설명으로 가장 옳지 않은 것은 어느 것인가?
① 지급지가 외국이고 통화가 외화로 표시된 수표를 외화수표라고 한다.
② 은행이 외화수표 지급은행에 수표의 실물과 함께 수표대금을 청구하여 대금을 회수하는 것을 매입이라고 한다.
③ 추심 전 매입(BP, Bills Purchased)은 일종의 여신행위로 고객의 신용이 확실한 경우에만 가능하다.
④ 개인수표 (Personal Check)는 은행에 예금을 가지고 있는 예금주가 은행을 지급인으로 발행한 수표(당좌수표와 유사)를 말하며, 추심 후 지급을 원칙으로 한다.

출제포인트
추심이라고 한다.

정답 ②

 다음 외화수표에 대한 설명 중 옳은 것은?
① 여행자 수표의 유효기간은 5년이다.
② 미국 상법상 수표발행인은 앞면 위·변조의 경우 지급일로부터 3년 이내에는 언제든지 지급은행에 이의를 제기하여 부도처리할 수 있다.
③ 수표상에 통화가 $로만 표시되어 있는 수표는 지급은행 소재지 국가통화로 본다.
④ 캐나다에서 발행된 Postal Money Order 중 USD통화는 추심 후 지급이 가능하다.

출제포인트
① 여행자 수표의 유효기간은 무기한이다.
② 미국 상법상 수표발행인은 앞면 위·변조의 경우 지급일로부터 1년 이내에는 언제든지 지급은행에 이의를 제기하여 부도처리할 수 있다.
③ 캐나다에서 발행된 Postal Money Order 중 USD통화는 추심 전 매입만 가능하다.

정답 ③

27 외화수표 매입 업무처리절차에 대한 설명으로 바르지 못한 것은?

① 캐나다 국고수표, Postal Money Order, 미재무성 국고수표는 추심 전 매입만 가능하다.
② 채권(Bond)은 추심 후 매입만 가능하다.
③ 수표 상에 통화가 $로만 표시되어 있는 수표는 지급은행 소재지 국가 통화로 본다.
④ 외화수표 대금을 원화로 지급하는 경우에는 전신환매입률을 적용한다.

출제포인트
채권(Bond)은 매입이나 추심이 불가능하다.

정답 ❷

 28 다음 중 외화수표 매입 업무처리절차에 대한 설명으로 가장 옳지 않은 것은 어느 것인가?

① 추심 전 매입한 외화수표가 대외 발송일로부터 90일까지 입금되지 않는 경우 부도 등록을 해야 한다.
② 외화수표 실물은 외화수표 송달장과 함께 취급일 또는 익영업일에 본부부서로 발송해야 한다.
③ 부도 이자는 환가료를 징구한 다음날부터 부도대금 회수일 전날까지의 기간에 대해 연체이율 적용한다.
④ 일본 소절수는 매입이나 추심이 불가능하며, 미국 상법상 수표발행인은 위변조의 경우 지급일로부터 1년 이내, 뒷면 배서 위조의 경우 3년 이내에는 언제든지 지급은행에 이의를 제기하여 부도처리가 가능하므로 취급시 주의해야 한다.

출제포인트
60일까지 입금되지 않는 경우 부도 등록을 해야 한다.

정답 ❶

출제예상 문제

01 다음 중 외화예금에 관한 설명으로 가장 바르지 않은 것은?
① 국민인거주자는 외화를 보유할 목적으로 원화를 대가로 외화를 매입하여 외화예금에 예치할 수 있다.
② 거주자계정의 처분에는 제한이 없으나, 대외지급을 하고자 하는 경우에는 외국환거래규정에서 전하는 인정된 지급에 한한다.
③ 계정별로 가입주체가 지정되어 있고, 예치나 처분도 제한되어 있다.
④ 해외이주자계정은 해외이주자의 본인명의 재산뿐만 아니라 제3자의 재산도 예수 가능하다.

02 외화예금 업무처리 기준에 대한 설명으로 바르지 못한 것은?
① 원화입금 시에는 대고객 전신환매도율, 원화지급 시에는 대고객 전신환매입율을 적용한다.
② 지급단위는 예수통화의 보조단위까지로 하며, 보조단위 미만은 반올림하여 지급한다.
③ 최종거래일 또는 만기일로부터 5년이 경과하여 시효가 완성된 외화예금은 이익금계정 기타 영업외수익 항목으로 처리한다.
④ 외화예금 개설 시 예금주가 국제금융기구인 경우 전신 또는 서신으로 신고가 가능하다.

03 외화예금 거래의 특징이 아닌 것은?
① 원화대가 거래 시 환율이 개입된다.
② 외화예금의 만기일을 일 단위로 기간을 정한 때에는 예입일부터 헤아려서 그 일수에 해당하는 날의 다음 날을 만기일로 한다.
③ 대한민국 정부의 재외공관 근무자와 그 동거가족을 제외한 국민인 거주자도 대외계정이 개설 가능하다.
④ 환율변동에 따른 헤지 수단을 제공한다.

04 외화예금에 대한 설명으로 바르지 못한 것은?

① 세대별 해외이주비 예수금 합계가 미화 50만불을 초과하는 경우 예수금액 전체금액에 대해 이주(예정자)의 관할세무서장이 발행하는 자금출처확인서가 필요하다.
② 거주자계정의 경우 취득 또는 보유가 인정된 모든 대외지급수단이 예수 가능하다.
③ 대외계정의 경우 외국에서 발행한 외화표시(여행자)수표를 휴대 반입한 경우로서 동일자·동일인·동일 점포기준 미화 2만불을 초과하여 매입하는 경우에는 관할 세관의 장이 발행하는 외국환신고(확인)필증을 받아야 한다.
④ 대외계정으로 개설이 가능한 외화예금은 외화당좌예금, 외화보통예금, 외화통지예금, 외화정기예금, 외화정기적금이다.

05 다음 중 외화예금의 종류별 특징에 관한 설명으로 옳지 않은 것은?

① 외화보통예금의 경우 이자율 산정의 기준은 은행이 정하는 기준금리에 일정수준의 스프레드와 지급준비율을 감안하여 결정한다.
② 외화당좌예금은 원화당좌예금과 마찬가지로 수표나 어음을 지급한다.
③ 외화별단예금은 업무상 일시적으로 예치가 필요한 외화자금을 보관하는 예금으로서 원칙적으로 이자를 지급하지 않는다.
④ 외화통지예금은 거치식 외화예금으로 예치기간이 7일 미만인 경우에는 이자지급을 하지 않는다.

정답 및 해설

01 ④ 해외이주자계정은 해외이주자의 본인명의 재산, 재외동포의 본인명의 부동산 매각대금과 본인명의 국내예금, 신탁계정관련 원리금을 예수할 수 있다.
02 ② 지급단위는 예수통화의 보조단위까지로 하며, 보조단위 미만은 절사한다.
03 ③ 대외계정 개설이 불가능하다.
04 ① 10만불을 초과하는 경우 필요하다.
05 ② 외화당좌예금의 경우 원화당좌예금과는 달리 수표나 어음을 지급하지 않는다.

06 외국으로의 외화송금은 국내의 원화송금과는 차이가 있는데, 다음 설명 중 가장 바르지 않은 것은?

① 송금방식에 있어서 계좌로 입금하는 방식 외 송금수표를 발행하여 지급할 수 있다.
② 자금이 실시간으로 입금되지 않는다. 일부 특급송금상품이 판매되고 있으나, 수취인계좌로 즉시 입금되지 않는다.
③ 원화대가로 송금하는 경우 환율의 변동에 따라 환차손(익)이 발생할 수 있다.
④ 외국환거래법에서 정하는 인정된 거래에 대해서만 송금이 가능하며, 모든 송금은 반드시 하나의 은행을 거래외국환은행으로 지정하고 송금한다.

07 당발송금에 대한 설명이다. 가장 바르지 못한 것은?

① 국내의 송금인으로부터 원화 또는 외화를 송금대금으로 받고 외국의 수취인에게 외화자금을 송금하는 것을 당발송금이라고 한다.
② 당발송금의 법적 성격은 소비임치계약이다.
③ 송금방식에 있어서 계좌로 입금하는 방식 외 송금수표를 발행하여 지급할 수 있다.
④ 외국환거래법령에서 정하는 인정된 거래에 대해서만 송금이 가능하다.

08 다음 중 외화예금의 종류별 특징에 관한 설명으로 옳지 않은 것은?

① 외화정기예금을 중간해지 할 경우 중도해지이율은 약정이율의 10~50% 정도가 대부분이다.
② 외화통지예금은 거치식 외화예금으로 가입 시 7일 이상의 거치기간을 설정해야 한다.
③ 외화당좌예금은 원화당좌예금과는 달리 수표나 어음을 지급하지 않는다.
④ 외화통지예금의 경우 예금지급은 예금주로부터 요청통지를 받은 날부터 5영업일 이후이다.

09 다음 중 당발송금의 업무처리에 관한 설명으로 옳지 않은 것은?

① 미국지역으로 송금 시 송금신청서에 ABA NO.를 기재하여야 한다.
② 해외송금 시 송금의뢰인에 대해 실명확인을 하여야 한다.
③ 송금의뢰인에게 퇴결대금을 원화로 지급할 때에 적용되는 환율은 지급 당시의 대고객 전신환매도율이다.
④ 외국환은행은 해외송금이 자금세탁을 위한 거래인지 등에 대해 세심한 주의를 기울여야 한다.

10 다음 중 타발송금 업무처리 방법으로 가장 바르지 않은 것은?

① 외국인거주자를 제외한 거주자가 미화 10만불 초과 대외지급수단을 영수하는 경우로서 취득경위 입증이 어려운 경우 영수확인서를 받고 이전거래로 간주하여 매입한다.
② 국민인 거주자가 동일자, 동일인, 동일점포 미화 10만불 이내의 타발송금을 영수한 경우에는 동 영수의 사유와 금액을 입증하는 서류를 받지 않고 지급할 수 있다.
③ 영수행위가 신고대상인 자본거래의 경우 반드시 신고를 하고 지정거래외국환은행에서 지급할 수 있다.
④ 외국인 또는 비거주자가 외국으로부터 영수한 대외지급수단을 내국지급수단을 대가로 매입하는 경우로서 처분 목적을 알 수 없는 경우 해외재산반입으로 간주하여 매입이 가능하다.

정답 및 해설

06 ④ 미화 5천불 이하의 소액송금, 용역대가·수입대금 송금 등은 거래은행 지정 없이 가능하다.
07 ② 당발송금의 법적 성격은 위임계약이다.
08 ④ 외화통지예금의 경우 예금지급은 예금주로부터 요청통지를 받은 날부터 2영업일 이후이다.
09 ③ 송금의뢰인에게 퇴결대금을 원화로 지급할 때에 적용되는 환율은 지급 당시의 대고객 전신환매입률이다.
10 ③ 영수행위가 신고대상인 자본거래의 경우에도 거래 건당 영수금액이 미화 5천불 초과 10만불 이내이고, 연간 영수누계금액이 10만불을 초과하지 않는 경우에는 신고 절차를 생략하고 지정거래외국환은행에서 지급할 수 있다. 다만, 취득경위 입증서류를 제출하는 경우에는 신고절차를 거쳐야 한다.

11 다음 중 타발송금 업무처리 방법으로 옳지 않은 것은?

① 타발송금 지급 시 취득사유를 확인하고, 필요시 증빙서류를 받아야 한다.
② 타발송금 지급지시서 상에 기재된 수취계좌의 예금주명과 수취인명과의 일치 여부를 확인한다.
③ 수취인 계좌번호가 일치하더라도 수취인명이 상이한 경우에는 원칙적으로 지급할 수 없다.
④ 지급지시서에 명시된 수취계좌번호가 은행에 존재한다면 예금주 이름이 상이하더라도 조건 변경이나 확인절차 없이 지급할 수 있다.

12 다음 중 은행에서 매입이 가능한 외국통화를 고르시오.

① 환리스크가 높은 통화
② 손상화폐 또는 위·변조통화
③ 통화 발행국에서 유통이 정지된 통화
④ 유럽경제통화연맹(EMU) 소속국가가 EURO 통화 발행 전에 사용하던 통화

13 외국통화 매입 시 확인사항에 대한 내용이다. 가장 바르지 못한 설명은 어느 것인가?

① 외국인거주자는 미화 2만불 초과 시 외국환신고(확인)필증을 징구해야 한다.
② 거주자계정 또는 거주자외화신탁계정에 예치된 외국환을 매입하는 경우는 취득경위 입증서류가 생략가능하다.
③ 국민인거주자 미화 2만불 초과 시 취득경위 입증서류를 제출하지 못하는 경우 매입처리할 수 없다.
④ 2만불 이하의 대외지급수단을 매입하는 경우는 취득경위 입증서류가 생략가능하다.

14 다음 설명 중 가장 바르지 못한 것은?

① 외국통화 매입 시 위조지폐 여부 확인을 해야 한다.
② 외국통화 매입대금을 원화로 지급하는 경우에는 대고객 현찰매입율을 적용하여 지급한다.
③ 외국통화를 매입한 후에는 영수증, 계산서, 외국환매입증서 중 하나를 고객에게 교부해야 한다.
④ 외국환매입증명서를 발행·교부하는 경우에도 고객이 요청하는 경우 계산서를 교부하여야 한다.

15 외국통화의 매도 시 징구서류가 아닌 것은?

① 대외지급수단 매매신고서
② 여권(외국인, 비거주자, 재외동포, 해외이주자인 경우)
③ 비거주자 판정표
④ 외국환매매신청서

정답 및 해설

11 ④ 수취인 계좌번호가 일치하더라도 수취인명이 상이한 경우에는 원칙적으로 지급할 수 없다. 따라서 반드시 송금은행에 조건변경 요청 후 정당한 수취인명을 받아 처리하여야 한다.
12 ① 환리스크가 높은 통화라고 해서 매입이 제한되지는 않는다.
13 ③ 제출 못할 시 이전거래로 간주하여 매입이 가능하다.
14 ④ 외국환매입증명서를 발행·교부하는 경우에도 고객이 요청하는 경우 계산서를 발행하면 안된다.
15 ③ 비거주자 판정표는 징구서류가 아니다.

16 다음 중 외화수표별 유효기간에 대한 설명으로 가장 바르지 않은 것은?

① Banker's Check 등 별도의 표시가 없는 경우에는 6개월로 본다.
② 여행자수표는 무기한이다.
③ 유효기간은 지급은행에 제시되는 일자를 기준으로 하지 않고 은행에서 매입하는 날을 기준으로 한다.
④ 미 재무성 수표는 발행일로부터 1년이다.

17 외국통화의 매도에 대한 내용이다. 가장 바르지 못한 설명은 어느 것인가?

① 비거주자의 최근 입국일 이후 1만불 범위 내의 재환전은 가능하다.
② 외국통화 매도대금을 원화로 받을 경우에는 대고객 현찰매입율을 적용하여 수취한다.
③ 외국인거주자나 비거주자에게 재환전증빙서류 없이 1만불 초과하여 매각하는 경우 대외지급수단 매매신고서를 제출해야 한다.
④ 해외여행자에게 1만불을 초과하여 외국 통화나 여행자수표를 매각한 경우 외국환신고(확인)필증을 발행·교부해야 한다.

18 외화수표 매입 업무처리절차에 대한 설명으로 바르지 못한 것은?

① 외화수표 부도 시 회계처리 방법은 매입외환계정으로 보유하여야 한다.
② 추심 전 매입한 외화수표가 대외 발송일로부터 60일까지 입금되지 않는 경우 부도 등록을 하여야 한다.
③ 미국 상법상 수표발행인은 위변조의 경우 이의가 불가능하므로 취급 시 주의를 기울여야 한다.
④ 외화수표 실물은 외화수표 송달장과 함께 취급일 또는 익영업일에 본부부서로 발송하여야 한다.

19 다음 중 추심 전 매입만 가능한 외화수표에 해당되지 않는 것은?

① 미 재무성 국고수표
② Postal Money Order
③ Canada 국고수표
④ 개인수표(Personal Check)

20 다음 중 외화수표 취급 시 유의사항에 대한 설명으로 가장 바르지 않은 것은?

① 외화수표의 배서는 수표상의 수취인과 관계없이 소지인이 수표의 뒷면에 하여야 한다.
② 여행자수표는 제시기간에 대한 제한이 없이 취급이 가능하다.
③ 미국 상법상 수표발행인은 뒷면 배서의 위조를 사유로 지급일로부터 3년 이내에는 언제든 부도처리가 가능하다.
④ 추심 전 매입한 외화수표가 대외 발송일로부터 60일 내에 입금되지 않는 경우에는 부도등록을 하여야 한다.

정답 및 해설

16 ③ 유효기간은 은행의 매입일자 기준이 아니라 지급은행에 제시되는 일자를 기준으로 한다.
17 ② 외국통화 매도대금을 원화로 받을 경우에는 대고객 현찰매도율을 적용하여 수취한다.
18 ③ 미국 상법상 수표발행인은 위변조의 경우 지급일로부터 1년 이내, 뒷면 배서 위조의 경우 3년 이내에는 언제든지 지급은행에 이의를 제기하여 부도처리가 가능하다.
19 ④ 개인수표(Personal Check)는 추심 후 지급을 원칙으로 한다.
20 ① 외화수표의 배서는 수표 앞면의 수취인(Pay to the order of)이 수표 뒷면에 배서를 하여야 한다.

21 외화수표에 대한 설명이다. 가장 바르지 못한 것은?

① 은행이 외화수표를 고객으로부터 매입하는 것을 외화수표의 매입이라고 한다.
② 일종의 여신행위이며, 고객의 신용이 확실한 경우 사용하는 추심 방법은 추심 후 지급이라고 한다.
③ 재무성이 발행하는 수표이며, 유효기간은 1년, 추심이 불가하고 매입거래만 가능한 수표를 국고수표(Treasury Check)이라고 한다.
④ 은행에 예금을 가지고 있는 예금주가 은행을 지급인으로 발행한 수표를 Personal Check이라고 한다.

22 수표발행 신청인이 수표금액에 해당하는 금액과 수수료를 은행 또는 발행회사에 지불하면 발행해주는 수표를 무엇이라고 하는가?

① Money Order
② Treasury Check
③ Banker's Check
④ Traveler's Check

23 다음 설명 중 가장 바르지 못한 것은?

① 일본 소절수는 매입이나 추심이 불가능하다.
② 외국수표의 경우 국내와 마찬가지로 선일자수표의 발행이 인정된다.
③ 유효기간은 은행의 매입일자 기준이 아니라 지급은행에 제시되는 일자를 기준으로 한다.
④ 미 재무성 수표의 경우 유효기간이 1년, 여행자수표는 무기한, 별도표시가 없으면 6개월이다.

24 다음 중 외화수표 업무처리에 관한 설명으로 옳지 않은 것은?

① 외화수표는 양도가 불가하므로 반드시 지정수취인으로부터 매입 또는 추심신청을 받아야 한다.
② 외화수표 금액이 미화 1만불을 초과하는 경우 취득경위 입증서류, 외국환신고필증, 대외지급수단매매 신고필증 등을 징구하여야 한다.
③ 외국의 경우, 우리나라와 달리 선일자수표의 발행이 인정되지 않는다.
④ 일본 국내에서만 통용되는 수표인 일본 소절수 및 채권(Bond)은 매입이나 추심 모두 불가능하다.

정답 및 해설

21 ② 2번과 같은 설명을 추심 전 매입이라고 한다.
22 ① Money Order라고 한다.
23 ② 외국의 경우 선일자수표의 발행이 인정되지 않는다.
24 ② 외화수표 금액이 미화 2만불을 초과할 때는 취득경위 입증서류, 외국환신고필증, 대외지급수단매매 신고필증 등을 징구하여야 한다.

특수한 외환상품

▶ **접근전략 및 기출트렌드**

국제금융과 국제금융시장의 4가지 종류를 이해하며, 역외, 역내, 직접, 간접 발행을 구분하는 문제가 출제됩니다. 환율연동상품의 종류 5가지를 기억하고 3과목과 중복되는 내용을 체크해야 합니다.

해외펀드상품 중 해외펀드와 해외투자펀드의 출제빈도가 높으며, 채권 및 해외펀드 용어의 경우 ELS의 종류와 내재가치, 스프레드 등 4가지 이상의 용어가 정의되어 있는 문제가 출제됩니다.

▶ **출제빈도**

단원	주제	학습중요도	출제비율
1절	국제금융과 국제금융시장의 개요	★	10%
2절	환율연동상품	★★★★	40%
3절	외화보험상품	★★	20%
4절	해외펀드상품	★★★	30%

▶ **체크리스트**

체크리스트	기본서 상세페이지
국제금융과 국제금융시장의 4가지 종류를 이해한다.	P.114 ~ P.120
환율연동상품의 종류를 기억하고 3과목과 중복되는 내용을 체크한다.	P.121 ~ P.137
해외펀드상품의 종류를 이해한다.	P.140 ~ P.161
채권 및 해외펀드 용어를 정확하게 이해한다.	P.175 ~ P.188

이패스코리아 외환전문역 Ⅰ종

외국환거래실무　제2과목

제3장

특수한 외환상품

03장 핵심정리 문제

국제금융시장에 대한 설명이다. 가장 바르지 못한 것은?
① 국제금융시장에서는 국제대차 및 국제유동성 과부족 조정을 한다.
② 환율결정 및 국가 간의 구매력 이전으로 국제투자를 원활하게 한다.
③ 만기가 1년 이내의 금융상품이 거래되는 시장을 중기금융시장이라고 한다.
④ 국제무역 및 투자신용을 가능하게 해준다.

출제포인트
만기가 1년 이내의 금융상품이 거래되는 시장을 단기금융시장이라고 한다.

정답 ❸

다음 중 국제금융시장에 대한 설명으로 가장 옳지 않은 것은 어느 것인가?
① 국제금융시장 중 단기금융시장은 자금 효율적 배분 및 금융의 자동조절 기능을 한다.
② 국제금융의 기능으로는 국제대차 결제, 국제무역금융 지원, 국제대차 및 국제유동성 과부족 조정, 국제자금 관리 경로 제공 등이 있다.
③ 단기금융시장과 외환시장은 국제무역, 국제투자 등에서 이종 통화 간의 거래가 빈번하여 불가분의 밀접한 관계를 가지고 있다.
④ 재정증권, 콜자금, CD, 기업어음, 은행인수어음, 환매조건부채권 등 중기금융상품이다.

출제포인트
대표적인 단기금융상품이다.

정답 ❹

국제금융시장에 대한 설명이다. 가장 바르지 못한 것은?

① 만기가 1년 이내의 금융상품이 거래되는 시장을 단기금융시장(Money Market)이라고 한다.
② 국내 금융시장에 비거주자가 참여하여 소재지 통화로 금융거래가 이루어지는 전통적인 국제금융시장이 역내시장이다.
③ 장기 고정자산 투자자금 조달 등의 금융거래 목적을 가지고 있는 시장이 중장기 자본시장이다.
④ 금융정책의 수립·운용 기준이 되는 시장은 중장기 금융시장이다.

> **출제포인트**
> 단기금융시장(Money Market)에서 금융정책의 수립·운용 기준이 된다.
>
> 정답 ④

 직접금융시장 중 자본시장으로서 역내에서 거래되는 국제금융시장을 무엇이라고 하는가?

① 유로본드시장 ② 외국채시장
③ 유로커런시시장 ④ 국제여신시장

> **출제포인트**
> 외국채시장이라고 한다.
>
> 정답 ②

 환율연동상품에 대한 설명이다. 가장 바르지 못한 것은?

① 환율이 일정 범위 내에 있을 때 일정수익 획득을 내는 상품의 종류가 범위형이다.
② 콜옵션은 만기시점 환율이 행사환율보다 낮을 경우 행사된다.
③ 옵션매입자가 매도자에게 지불하는 것이 프리미엄의 수수료이다.
④ 환율 상승 시 수익이 나는 것은 USD Call KRW Put이다.

> **출제포인트**
> 콜옵션은 만기시점 환율이 행사환율보다 높을 경우 행사된다.
>
> 정답 ②

06 다음 중 환율연동상품에 대한 설명으로 가장 옳지 않은 것은 어느 것인가?

① 달러를 팔고 원화를 산다는 의미로 환율 하락 시 수익이 나는 통화옵션은 USD Put KRW Call이다.
② 상승형은 이자를 콜옵션에 투자하여 환율이 오를 때 초과수익을 획득한다.
③ 레인지 포워드(Range Forward)는 서로 다른 행사환율에서 같은 수량으로 Call을 팔고(사고) Put을 사서(팔아서) 구성하는 포지션으로 일정 범위에서는 손실도 이익도 없는 구조를 말한다.
④ Call과 Put의 매수 대 매도의 비율을 다르게 하여 구성하는 포지션을 시걸 옵션(Seagull Option)이라고 한다.

출제포인트
타겟 포워드 (Target Forward)라고 하며 시걸 옵션 (Seagull Option)은 3개의 행사가격을 갖고 4개의 서로 다른 손익구조 구간으로 구성하는 것을 말한다.

정답 ④

07 환율이 미리 정한 환율을 건드리면 옵션이 소멸되는 형태의 베리어 옵션(Barrier Option)을 무엇이라고 하는가?

① European Reverse Knock-in Option
② 키코(KIKO)
③ European Reverse Knock-out Option
④ 피봇(PIVOT)

출제포인트
European Reverse Knock-out Option이라고 한다.

정답 ③

다음 중 맞춤형 환율연계상품에 대한 설명으로 가장 옳지 않은 것은 어느 것인가?

① 계약 시 환율 변동구간을 설정한 뒤 이후 환율이 구간 안에서 움직이면 시장환율 보다 높은 가격에 달러를 팔 수 있는 상품을 피봇이라고 한다.
② 원-달러 환율이 오를수록 손해를 보는 통화옵션 상품을 스노볼(Snowball)이라고 한다.
③ 환율이 미리 정한 환율을 건드리지 않으면 옵션이 소멸되는 형태를 European Reverse Knock-out Option라고 한다.
④ 달러연금보험은 외화예금보다 높은 장기간 확정고금리를 제시하는 확정형 금리상품으로서 중도해지 원금손실 발생하며, 외화가치 하락 시 환차손이 발생한다.

출제포인트
European Reverse Knock-in Option이라고 한다.

정답 ❸

 다음은 해외펀드와 해외투자펀드를 비교한 내용이다. 가장 바르지 않은 것은?

	구분	해외펀드	해외투자펀드
①	펀드설립 주체	국내운용사	외국의 투자회사
②	투자대상 지역	해외	해외
③	펀드등록 지역	해외	국내
④	투자자 모집대상	전 세계	국내투자자

출제포인트
해외펀드의 설립주체는 외국의 투자회사이며 해외펀드의 설립주체는 국내운용사이다.

정답 ❶

룩셈부르크에 상장된 개방형 뮤추얼 펀드인 특수한 형태의 펀드 이름을 무엇이라고 하는가?

① Single Country Fund
② 엄브렐러(Umbrella) 펀드
③ SICAV펀드
④ 펀드 오브 펀드

출제포인트
SICAV펀드는 룩셈부르크에 상장된 개방형 뮤추얼 펀드이다.

정답 ③

 기존 은행상품의 수익률이 만족스럽지 못한 고수익 지향적인 A고객은 해외펀드에 투자하고자 한다. 다음 중 해외펀드를 투자목적에 따라 분류할 때 자산가치의 성장과 소득을 동시에 추구하는 유형으로 옳은 것은?

① 성장형(Growth Fund)
② 배당형(Dividend Fund)
③ 균형형(Balanced Fund)
④ 소득형(Income Fund)

출제포인트
성장형 펀드라고 한다.

정답 ①

12. 수익증권과 뮤추얼 펀드의 내용을 비교한 표이다. 다음 중 구분에 따른 내용으로 옳지 않은 것은?

구분	수익증권	뮤추얼 펀드
가. 형태	신탁계약에 의한 신탁관계	펀드 자체가 법인성격을 가진 주식회사
나. 투자자 지위	수익자	주주
다. 설립규제	설립요건이 엄격	계약형에 비해 용이
라. 통제제도	감독기관의 자율규제	주주에 의한 엄격규제

① 가 ② 나
③ 다 ④ 라

출제포인트
감독기관의 자율규체가 아니고 감독을 한다.

정답 ④

 13. 다음 중 해외펀드상품에 대한 설명으로 가장 옳지 않은 것은 어느 것인가?

① 룩셈부르크에 상장된 개방형 뮤추얼 펀드 SICAV펀드라고 한다.
② 국내법에 의해 설립된 운용사가 운용하는 펀드로서 국내투자자로부터 자금을 모아 해외에 투자하는 펀드를 해외펀드라고 한다.
③ 일명 모자형 펀드로서 개별 하위 펀드 간 수수료 없이 전환이 자유로운 펀드를 엄브렐러(Umbrella) 펀드라고 한다.
④ 선박가격의 80%를 해운사와 금융기관이 맡고 나머지 자금을 일반투자자들이 공급, 선박을 소유하는 개념의 금융투자상품을 선박펀드라고 한다.

출제포인트
해외투자펀드라고 한다. 해외펀드는 외국의 투자기관에 의해 외국에 설립되어 전 세계를 투자대상으로 투자·운용되는 펀드를 말한다.

정답 ②

14 해외펀드 투자 시 고려사항이 아닌 것은?

① 환율이 급등하면 환차손을 볼 수 있다.
② 해외펀드 투자는 환율 차익을 목적으로 하는 투자가 아니다.
③ 해외펀드 투자는 장기투자이어야 한다.
④ 시장상황에 따라 펀드의 전환을 적극 활용할 수 있어야 한다.

> **출제포인트**
> 환율이 급등하면 환차익을 볼 수 있다.
>
> 정답 ❶

 15 다음 중 해외펀드 투자시 고려사항에 대한 설명으로 가장 옳지 않은 것은 어느 것인가?

① 개별증권 또는 포트폴리오의 수익이 증권시장 전체의 움직임에 얼마나 민감하게 변동하는가를 나타내는 상대적 위험지표를 베타계수라고 한다.
② 펀드수익률의 변동성, 즉 절대적 위험을 나타내는 지표를 표준편차라고 한다.
③ 현재가치 1원이 상환되는 데 소요되는 평균기간으로서 채권가격의 민감도를 측정하는 수단을 채권 듀레이션이라고 한다.
④ 해외펀드 투자 시 분산하여 투자하고, 장기로 투자하며, 정기적으로 투자하고, 거액의 투자를 하라고 권한다.

> **출제포인트**
> 거액의 투자는 피하는 것이 좋다.
>
> 정답 ❹

만기 때 주가지수가 설정일보다 높거나 같으면 미리 설정된 수익률을 지급하는 ELS 펀드 상품별 결정방식은 무엇인가?

① 넉아웃형
② 디지털형
③ 리버스컨버터블형
④ 불스프레드형

출제포인트
디지털형 구조라고 한다.

정답 ②

 다음 중 채권 및 해외펀드에 대한 설명으로 가장 옳지 않은 것은 어느 것인가?

① ELS 펀드(ELB 포함)는 투자자산의 대부분을 채권 등에 투자하여 원금보존을 추구하고 일부분을 ELS(ELB 포함)에 투자하여 수익을 추구하는 상품을 말한다.
② 주가가 미리 정해놓은 이하일 경우가 아니라면 일정비율 하락해도 미리 제시한 수익률을 지급하는 것을 리버스컨버터블형이라고 한다.
③ 자산의 내재가치란 자산의 잠재적 가치이며, 자산을 보유함으로써 발생할 미래의 현금흐름을 고려하여 평가한 기대현가를 말하고, 기업의 자산상태나 수익성 등에 의해 평가된 주식의 가치를 말한다.
④ 외국의 차입자가 특정 국가에서 그 나라의 통화로 발행하는 채권(양키본드, 사무라이본드, 불독본드 등)을 유로채라고 한다.

출제포인트
외국채라고 한다. 유로채는 특정 국가에서 다른 나라의 통화로 발행된 채권을 말한다.

정답 ④

03장 출제예상 문제

01 국제금융의 기능이 아닌 것은?
① 국제대차 결제
② 국제무역금융 지원
③ 국제대차 및 국제유동성 과부족 조정
④ 국제투기 거래 활성화 지원

02 다음 중 직접금융시장의 종류가 아닌 것은?
① 자본시장
② 외국채시장
③ 유로본드시장
④ 유로커런시시장

03 다음 중 중장기 자본시장에 관한 설명으로 옳은 것은?
① 1년 이하의 무역금융 또는 운전자금 조달을 위한 금융거래가 목적이다.
② 장기자금시장을 Capital Market이라고 한다.
③ 금융당국의 경우 단기금융시장보다는 장기금융시장을 통해 통화정책을 시행하고 있다.
④ 중장기 자본시장에서는 일반은행(Commercial Bank)이 주도하는 간접금융 형태의 운전자금 조달이 주로 이루어진다.

04 다음 중 국제금융의 기능에 관한 설명으로 옳지 않은 것은?
① 국가 간 재화 및 용역거래와 자본거래의 결과에 따른 국제간 채권·채무의 결제를 원활하게 한다.
② 상품의 원료 구입에서 생산, 판매를 거쳐 대금을 회수할 때까지 소요되는 장기적인 국제 무역금융을 지원한다.
③ 국제수지 적자 보전, 경제개발 소요자금 금융 지원 등 국제 대차 및 국제 유동성 과부족을 조정한다.
④ 국제은행 및 다국적기업의 국제자금관리상 필요한 각종 금융수단과 기법을 제공한다.

05 다음 중 단기금융시장에 해당하는 것을 모두 고른 것은?

A. 공개시장조작 등 금융정책의 수립·집행이 용이하게 이루어지는 시장
B. 고정자산 투자자금 조달 목적의 시장
C. 금융상품 만기 1년 이내의 금융시장
D. 금융중개 기능이 강화된 시장

① A, B, D
② A, C, D
③ B, C, D
④ A, B, C, D

06 중장기 자본시장의 특징이 아닌 것은?
① 장기 고정자산 투자자금 조달 목적
② 직접금융 서비스의 금융형태
③ 참여 금융기관에 이자율 등 직접규제를 함
④ 만기가 1년을 초과하는 금융상품이 거래되는 금융시장

정답 및 해설

01 ④ 국제투기거래를 활성화하지는 않는다.
02 ④ 유로커런시시장은 간접금융시장이다.
03 ② ① 1년 이하의 무역금융 또는 운전자금 조달을 위한 금융거래가 목적인 것은 단기금융시장이다.
③ 금융당국의 경우 장기금융시장보다는 단기금융시장을 통해 통화정책을 시행하고 있다.
④ 중장기 자본시장에서는 일반은행의 기능이 감축되는 대신 투자은행이 주축 기능을 수행하며, 직접금융 서비스에 중점을 둔다.
04 ② 상품의 원료 구입에서 생산, 판매를 거쳐 대금을 회수할 때까지 소요되는 1회전 기간 동안의 단기금융을 지원한다.
05 ② 단기금융시장은 단기 상업 내지 무역금융 또는 운전자금 조달 목적의 시장이다.
06 ③ 직접규제 하지 않는다.

07 투자 펀드의 특성을 알 수 있는 지표에 대한 설명이다. 가장 바르지 못한 것은 무엇인가?
① 상관관계의 정도를 수량적으로 표시하는 지표를 상관계수라고 한다.
② 개별증권 또는 포트폴리오의 수익이 증권시장 전체의 움직임에 얼마나 민감하게 변동하는가를 나타내는 상대적 위험지표를 베타라고 한다.
③ 펀드수익률의 변동성, 즉 절대적 위험을 나타내는 지표를 공분산이라고 한다.
④ 현재가치 1원이 상환되는 데 소요되는 평균기간으로서 채권가격의 민감도를 측정하는 수단을 채권듀레이션이라고 한다.

08 다음 중 환율연동 정기예금 상품에 관한 설명으로 옳지 않은 것은?
① 정기예금과 환율파생상품이 연계된 것으로, 정기예금의 일정 이자를 환율 관련 파생상품에 투자한다.
② 환율이 변동할 경우 원금 손실의 우려가 있다.
③ 환율변동에 따라 수익을 금리형태로 지급한다.
④ 환율연동상품은 수익구조에 따라 상승형, 하락형, 범위형 등이 있는데, 이 중에 범위형은 환율이 정해진 범위 내에 있을 때 수익을 얻을 수 있다.

09 환율연동상품에 대한 설명이다. 가장 바르지 못한 것은?
① Call과 Put의 매수 대 매도의 비율을 다르게 하여 구성하는 포지션이 타겟 포워드이다.
② 서로 다른 행사환율에서 같은 수량으로 Call 팔고(사고) Put 사서(팔아서) 구성하는 포지션을 구축하는 것을 레인지 포워드라고 한다.
③ 콜옵션은 만기시점 환율이 행사환율보다 높을 경우 행사된다.
④ 3개의 행사가격을 갖고 4개의 서로 다른 손익구조 구간으로 구성하는 것을 인헨스드 포워드라고 한다.

10 다음 중 통화옵션에서 옵션가격(프리미엄)에 영향을 미치는 주요 요소(변수)가 아닌 것은?

① 현물환율
② 변동성
③ 행사환율
④ 유동성

11 Call과 Put의 매수 대 매도의 비율을 다르게 하여 구성하는 포지션을 무엇이라고 하는가?

① 레인지 포워드
② 타겟 포워드
③ 시걸 옵션
④ 인헨스드 포워드

12 선도환에 옵션을 합성하여 선도환율을 업체에게 유리하도록 만든 통화옵션 합성상품은 무엇이라고 하는가?

① 인핸스드 포워드(Enhanced Forward)
② 레인지 포워드(Range Forward)
③ 타겟 포워드(Target Forward)
④ 시걸 옵션(Seagul Option)

정답 및 해설

07 ③ 펀드수익률의 변동성, 즉 절대적 위험을 나타내는 지표를 표준편차라고 한다.
08 ② 파생상품에는 정기예금의 이자부분만 투자하므로 원금은 보장된다.
09 ④ 시걸 옵션에 대한 설명이다.
10 ④ 옵션가격에 영향을 주는 요소는 기초자산가격, 만기, 변동성, 행사가격, 이자율(할인율) 등이다.
11 ② 타겟 포워드(Target Forward)이다.
12 ① 통화옵션 합성상품 중 인핸스드 포워드(Enhanced Forward)는 환율이 대폭 하락할 때 일반 선도환 매도거래에서 얻는 이익의 일부를 환율이 상승할 경우 선도환 매도에서 생기는 손실에 충당하는 것으로 옵션이 내재된 상품이다.

13 원-달러 환율이 오를수록 손해를 보는 통화옵션 상품을 무엇이라고 하는가?
① 시걸 옵션
② 스노볼(Snowball)
③ 외화연금보험
④ Euoropean Reverse Knock-in Option

14 국제채 중 외국의 차입자가 특정 국가의 자본시장에서 그 나라의 통화를 표시통화로 하여 발행하는 채권으로 양키본드, 사무라이본드, 불독본드 등이 있다. 이런 채권을 적정한 용어는 무엇인가?
① 외국채
② 유로채
③ 전환사채
④ 변동금리채

15 다음 중 펀드에 관한 설명으로 가장 바르지 않은 것은?
① MMF는 투자신탁회사가 고객의 돈을 모아 장기금융시장에 투자하여 수익을 얻는 장기 금융상품이다.
② 주식형 펀드는 펀드재산의 60% 이상을 주식으로 운용하는 상품이다.
③ 혼합형 펀드는 주식편입비율에 따라 탄력적으로 운용되는 상품이다.
④ 채권형 펀드는 펀드재산의 60% 이상을 채권으로 운용하는 상품이다.

16 다음은 해외펀드와 해외투자펀드에 대한 설명이다. 가장 바르지 못한 것은?
① 폐쇄형 펀드의 경우 추가모집이 불가능하다.
② 자산증대 목적을 위하여 여러 투자자들이 자금을 모아서 만든 대규모의 기금을 펀드라고 한다.
③ 자산총액의 60% 이상을 주식에 편입된 것이 주식형 펀드라고 한다.
④ 뮤추얼 펀드의 발행증권은 수익증권 형태이다.

17 다음 중 ELS에 관한 설명으로 가장 바르지 않은 것은?

① 원금을 보장하는 형태로 만들 수 없다.
② 수익에 대해서는 배당소득으로 과세한다.
③ 주가 및 주가지수 등에 연동하여 사전에 제시한 수익률을 제공한다.
④ 발행회사는 투자매매업자(증권회사)이다.

18 다음 중 해외펀드상품에 관한 설명으로 가장 바르지 않은 것은?

① 뮤추얼펀드는 고객의 재산으로 형성된 기금을 증권 등에 투자하여 그 수익을 주주에게 배분하는 실적배당상품이다.
② SICAV 펀드는 룩셈부르크에 상장된 펀드로 서유럽 등에서 주로 판매되고 있는 개방형 뮤추얼 펀드를 말한다.
③ 펀드재산의 50% 이상을 채권으로 운용하는 상품은 채권형 펀드로 분류한다.
④ 현재 국내에 판매되고 있는 해외펀드는 엄브렐러 펀드(일명 모자형 펀드)의 구조를 가지고 있다.

정답 및 해설

13 ② 스노볼(Snowball)이라고 한다.
14 ① 외국채에 관한 설명이다. 참고로, 유로채는 채권의 표시통화국 이외의 지역에서 국제적인 인수단의 인수를 통하여 발행되어 국제적으로 판매되는 채권이다.
15 ① MMF는 투자신탁회사가 고객의 돈을 모아 단기금융시장에 투자하여 수익을 얻는 초단기 금융상품이다.
16 ④ 뮤추얼 펀드의 발행증권은 주식의 형태이다.
17 ① ELS는 원금을 보장하는 형태 또는 비보장형으로 설계가 가능하다. ELS의 투자방법은 파생결합증권 매입이며 원금보장 여부는 판매 전에 제시하고, 예금자보호 대상은 아니다.
18 ③ 펀드재산의 60% 이상을 채권으로 운용하는 상품은 채권형 펀드로 분류한다.

19 다음 중 주가지수연동예금(ELD), ELS 및 ELF에 관한 설명으로 가장 바르지 않은 것은?

① ELD는 투신운용사의 ELF와 마찬가지로 상장도 가능하며, 유가증권의 형태로도 발행이 가능하다.
② 은행의 ELD는 예금자보호법의 적용대상이며, 5천만원 한도까지 안전하게 보장된다. 그러나 ELF는 원금보장을 하지 않는다.
③ 은행의 ELD는 정기예금의 형태로서 주가나 주가지수에 의해 예금 금리가 결정된다.
④ 은행의 ELD는 만기 시 원금이 보장되지만 증권사의 ELS나 투신운용사의 ELF에 비해 다소 낮은 수익구조를 가진다.

20 해외펀드 상담전략으로 바르지 않은 것은?

① 분산하여 투자한다.
② 장기로 투자한다.
③ 정기적으로 투자한다.
④ 거액을 투자한다.

21 다음 중 선박펀드에 관한 설명으로 가장 바르지 않은 것은?

① 주식형 펀드나 부동산 펀드에 비해 수익률은 높으나 불안정적이다.
② 만기가 길고 중도환매가 불가능하지만 주권이 증시에 상장되어 있기 때문에 언제든지 매매를 통해 현금화가 가능하다.
③ 선박가격의 80% 정도를 해운사와 금융기관이 맡고 나머지 자금을 일반투자자들이 공급, 선박을 소유하는 개념의 금융상품이다.
④ 선박을 선박운항사에 임대한 뒤 운항사로부터 용선료를 받아 수익을 남기는 구조이다.

22 다음 중 해외펀드 유형에 관한 설명으로 가장 바르지 않은 것은?

① 부동산 펀드는 투자자금을 자산운용사나 부동산 전문관리회사가 부동산 개발 시행사에게 대출해 주거나 관련 유가증권 등에 투자한 뒤 수익금을 배분하는 펀드이다.
② 선박펀드는 주식형 펀드나 부동산 펀드에 비해 수익률은 떨어질 수 있으나 안정적인 장점이 있다.
③ 펀드오브펀드는 적은 비용으로 다양한 펀드에 투자할 수 있고 여러 개의 펀드에 분산투자함으로써 집중투자 때 생길 수 있는 Country risk를 분산시킬 수 있는 장점이 있다.
④ 채권형 펀드 중 하이일드채권펀드는 국제기준 투자등급 B 이하의 미국 하이일드 채권에 집중 투자하는 펀드이다.

23 ELS 펀드에의 내재가치에 대한 설명이다. 가장 바르지 못한 것은?

① 기업의 자산상태나 수익성 등에 의해 평가된 주식의 가치를 말한다.
② 자산의 잠재적 가치를 말한다.
③ 자산을 보유함으로써 발생할 미래현금흐름을 고려하여 평가한 자산의 미래가치이다.
④ 옵션에서 행사가격과 기초자산의 시장가격과의 차이를 말한다.

정답 및 해설

19 ① 주가지수연계상품 중 ELF만이 상장이 가능하다. ELD는 정기예금의 형태로 은행에서 판매되는 상품으로 펀드(수익증권)의 형태로는 발행이 불가능하다.
20 ④ 거액의 투자는 피한다.
21 ① 선박펀드가 주식형 펀드나 부동산 펀드에 비해 수익률은 떨어질 수 있으나 훨씬 안정적이다.
22 ④ 채권형 펀드 중 하이일드채권펀드는 국제기준 투자등급 BB이하의 미국 하이일드 채권에 집중 투자하는 펀드이다.
23 ③ 자산을 보유함으로써 발생할 미래현금흐름을 고려하여 평가한 자산의 현재가치이다.

24 다음 중 주가지수가 만기 전에 한 번이라도 목표지수에 도달하거나 초과하면 확정된 수익을 지급하고, 그렇지 않은 경우에는 만기시점의 주가지수 상승률의 일정 비율을 지급하는 ELS의 워런트 유형은 무엇인가?

① 불스프레드형
② 넉아웃형
③ 리버스컨버터블형
④ 디지털형

25 다음 중 해외펀드 투자의 특성에 관한 설명으로 가장 바르지 않은 것은?

① 거액의 투자는 피하고 한 펀드에도 시장상황에 따라 소액으로 나누어 분산투자해야 한다.
② 해외펀드 투자는 장기투자이어야 한다.
③ 시장상황에 따라 펀드의 전환을 적극 활용할 수 있어야 한다.
④ 해외펀드 투자는 환율 차익을 목적으로 하는 투자이다.

26 해외펀드 투자 시 고려사항에 대한 설명이다. 가장 바르지 못한 것은?

① 개별증권 또는 포트폴리오의 수익이 증권시장 전체의 움직임에 얼마나 민감하게 변동하는가를 나타내는 상대적 위험지표를 베타계수라고 한다.
② 현재가치 1원이 상환되는 데 소요되는 평균기간으로서 채권가격의 민감도를 측정하는 수단을 채권 듀레이션이라고 한다.
③ 해외펀드 투자는 환율 차익을 목적으로 하는 투자가 아니라는 것을 알고 투자해야 한다.
④ 펀드수익률의 변동성, 즉 절대적 위험을 나타내는 지표를 공분산이라고 한다.

27 다음 중 펀드투자 시 주의점에 관한 설명으로 가장 바르지 않은 것은?

① 주식형 펀드에서 상승장에서는 베타계수가 1보다 큰 종목에 투자하는 것이 좋다.
② 똑같은 수익률을 기록한 경우 표준편차가 낮을수록 펀드수익률이 안정적이다.
③ 안정적인 투자수익을 원하는 경우 펀드 회전율(Turn-over)이 높아서 거래비용이 낮은 것이 좋다.
④ 채권형 펀드의 경우 금리가 하락할 것으로 판단될 때에는 듀레이션이 큰 채권에 투자하는 것이 좋다.

28 일명 모자형 펀드로서 개별 하위 펀드 간 수수료 없이 전환이 자유로운 펀드를 무엇이라고 하는가?

① 펀드 오브 펀드　　　　　　② 선박펀드
③ 엄브렐러(Umbrella) 펀드　　④ 종류형 펀드

29 다음 중 내재가치에 대한 설명으로 가장 바르지 않은 것은?

① 옵션에서는 만기일이 다른 옵션계약 간의 가격차이
② 어떤 자산을 보유함으로써 발생할 미래의 현금흐름을 고려하여 평가한 기대현가
③ 기업의 자산상태나 수익성 등에 의해 평가된 주식의 가치
④ 어떤 자산의 잠재적 가치

정답 및 해설

24 ② 넉아웃형은 주가지수의 등락이 크지 않은 박스권 장세를 예상하는 고객에게 적합한 상품으로 주가가 만기 전에 목표에 도달하면 확정수익을 지급한다.
25 ④ 해외펀드 투자는 환율 차익을 목적으로 하는 투자가 아니다.
26 ④ 펀드수익률의 변동성, 즉 절대적 위험을 나타내는 지표를 표준편차라고 한다.
27 ③ 안정적인 투자수익을 원하는 경우 펀드 회전율(Turn-over)이 낮아서 거래비용이 낮은 것이 좋다.
28 ③ 엄브렐러(umbrella) 펀드라고 한다.
29 ① 옵션에서는 행사가격과 기초자산의 시장가격과의 차이를 내재가치라 한다.

30 ELS 펀드에 대한 설명이다. 가장 바르지 못한 것은?

① 주가지수가 만기 전에 한번이라도 목표지수에 도달하면 확정수익을 지급하고 그렇지 않으면 주가지수 상승률의 일정비율을 지급하는 것을 넉아웃형이라고 한다.
② 자산을 보유함으로써 발생할 미래의 현금흐름을 고려하여 평가한 기대현가를 내재가치라고 한다.
③ 기초상품은 동일하지만 행사가격이나 만기가 다른 콜 또는 풋옵션의 가격 차이를 스프레드라고 한다.
④ 특정 국가에서 다른 나라의 통화로 발행된 채권을 외국채라고 한다.

31 투자목적에 따른 펀드분류가 아닌 것은?

① 소득형 펀드
② 균형형 펀드
③ 성장형 펀드
④ 지역형 펀드

32 다음 중 Spread(스프레드)에 대한 설명으로 가장 바르지 않은 것은?

① 만기일 등 조건이 다른 선물계약 간의 가격 차이
② 전환사채를 보통주로 전환했을 때의 가치
③ 기초상품은 동일하지만 행사가격이나 만기가 다른 콜 또는 풋옵션의 가격차이
④ 특정 증권의 매수호가와 매도호가의 차이

33. ELS 펀드에의 스프레드에 대한 설명이다. 가장 바르지 못한 것은?
   ① 변동수익증권 간의 수익률 차이를 말한다.
   ② 특정 증권의 매수호가와 매도호가의 차이를 말한다.
   ③ 만기일 등 조건이 다른 선물계약 간의 가격차이
   ④ 완전히 동일한 상품에 대한 두 시장 간의 가격 차이를 말한다.

정답 및 해설

30 ④ 특정 국가에서 다른 나라의 통화로 발행된 채권을 유로채라고 한다.
31 ④ 지역형 펀드는 투자대상 지역에 따른 분류이다.
32 ② 전환사채를 보통주로 전환했을 때의 가치는 전환가치라고 한다.
33 ① 고정수익증권 간의 수익률 차이를 말한다.

 # 외국환회계

▶ 접근전략 및 기출트렌드

외국환회계의 특징과 원화회계와의 차이점이 주로 출제됩니다.

계정과목에서는 자산, 부채 항목을 정리합니다. 분개는 출제빈도가 낮으며, 난외계정의 종류와 미확정외화지급보증과, 확정외화지급보증, 내국수입유산스가 변하는 과정이 주로 시험에 출제됩니다. 또한 수출입관련된 용어 및 환포지션 3가지와 자산의 증가와 부채의 증가에 따른 손익의 변화도 출제되는 파트입니다.

▶ 출제빈도

단원	주제	학습중요도	출제비율
1절	개요	★★	20%
2절	계정과목 해설	★	10%
3절	난외계정	★★★	30%
4절	손익계정	★★	20%
5절	환포지션	★★	20%

▶ 체크리스트

체크리스트	기본서 상세페이지
개요에서 외국환회계의 특징을 이해한다.	P.194 ~ P.201
계정과목 - 자산, 부채 항목을 정리한다.	P.202 ~ P.241
난외계정의 종류를 이해한다.	P.242 ~ P.257
환포지션의 의의, 발생 거래유형, 포지션 조정거래 등을 이해한다.	P.262 ~ P.264

| 저 | 자 | 소 | 개 |

박 성 현

▶ **학력**
- 국민대학교 경영학과 졸업

▶ **이력**
- 현) 이패스코리아 AFPK, CFP, 외환전문역 Ⅰ,Ⅱ종 전임강사
- 전) 신한은행 여의도 PB센터
- 전) 이즈메이커 감사 / 전략기획팀
- 전) 에듀스탁, FP칼리지 AFPK, CFP 강사

▶ **자격사항**
- 펀드투자권유자문인력
- 증권투자권유자문인력
- 파생상품투자권유자문인력
- 투자자산운용사
- AFPK / CFP
- 외환전문역 Ⅰ,Ⅱ종

2025 외환전문역 Ⅰ종 3주 완성 문제집

개정판 1쇄 인쇄 | 2025년 6월 25일
개정판 1쇄 발행 | 2025년 7월 9일

지 은 이 박 성 현
발 행 인 이 재 남
발 행 처 이패스코리아
　　　　　서울시 영등포구 경인로 775 에이스하이테크시티 2동 10층
　　　　　전　　화 1600 - 0522
　　　　　팩　　스 02 - 6345 - 6701
　　　　　홈페이지 www.epasskorea.com
　　　　　이 메 일 edu@epasskorea.com
등 록 번 호 제318 - 2003 - 000119호(2003년 10월 15일)

※잘못된 책은 교환해드립니다.

www.epasskorea.com

78 ④ ②의 설명은 offer rate에 대한 설명이다.

79 ③ 고정금리 차가 1%, 변동금리 차가 0.4%이므로 스왑거래를 통해 절약할 수 있는 총 금리는 1% − 0.4% = 0.6%이다. 그런데 SWAP BANK의 마진이 0.1%이므로 두 기업이 절약하게 될 총 금리는 0.5%이다.

80 ① 표준형 스왑의 경우 거래일로부터 2영업일 후 이자계산이 시작되지만, Forward-start swap은 미래의 특정시점부터 이자계산이 시작되기 때문에 자산이나 부채의 금리리스크를 일정기간 동안 노출시키고 향후 특정시점부터 헤지가 가능하다.

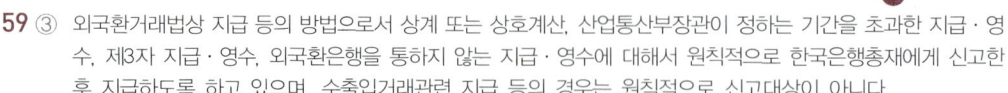

59 ③ 외국환거래법상 지급 등의 방법으로서 상계 또는 상호계산, 산업통상부장관이 정하는 기간을 초과한 지급·영수, 제3자 지급·영수, 외국환은행을 통하지 않는 지급·영수에 대해서 원칙적으로 한국은행총재에게 신고한 후 지급하도록 하고 있으며, 수출입거래관련 지급 등의 경우는 원칙적으로 신고대상이 아니다.

60 ④ 남궁민은 외국환거래 관련 신고를 한 경우 신고내용대로 이행하지 않았다.

61 ③ 만기가 12개월 이상인 양키본드 등과 같은 채권이나 예탁증서 등과 같은 주식과 관련되는 금융상품이 거래되는 시장이다.

62 ② 내가 이익을 보았다면 누군가는 손실을 제로섬 시장(Zero Sum Market)

63 ① USD/KRW에서 환율이 상승했다는 것은 원화의 가치가 하락한 것이다.

64 ④ 매수율과 매도율을 동시에 고시하는 것을 Two-way Quotation라고 한다.

65 ① 달러약세 시 유리한 포지션은 외환 초과 매도포지션(over sold position)이다.

66 ④ 외환 익스포저가 클수록 기업이 부담하는 환리스크는 커진다.

67 ③ 내부적 관리기법으로는 매칭, 상계, 리딩 & 래깅이 있다.

68 ④ 관리규정 제정이 가장 먼저 수립이 되어야 한다.

69 ② VaR는 환율변동성, 신뢰구간, 환리스크 측정기간 및 환노출 규모에 의해 결정된다. VaR = 1,000만원 × 1.65 × 0.07 = 115.5만

70 ④ 결제금액 = $\dfrac{(지정환율 - 계약시\ 선물환율) \times 계약금액}{지정환율}$ = (1,170 − 1,100) / 1,170 × \$1,000,000 ≒ \$59,829
지정환율이 계약환율보다 상승하였으므로 매도인 시카고은행이 매수인 이패스뱅크에 결제금액을 지급한다.

71 ③ 1,100원/\$ × (1 + 0.05) / (1 + 0.03) ≒ 1,121.35원/\$

72 ④ 순이자 수익이 발생하므로 Calling Party에게 이익이 되고 이를 어닝(earning)이라 부른다.

73 ② ②의 경우 단순 현물환 매도거래이다.

74 ① 선물거래의 경우 거래소를 통한 일일정산과 증거금 제도 등으로 신용상의 위험이 없다. 선도거래는 매매쌍방에 의존하므로 신용상의 위험이 상존한다.

75 ④ 가격제한폭이란 직전일의 결제가격을 기준으로 해당일 거래 중 등락할 수 있는 상하 최대한의 가격변동 범위를 사전에 정한 것이다.

76 ① 환율변동성이 증가하면 콜옵션, 풋옵션 모두 프리미엄이 증가한다.

77 ① 일반 합성 선물환거래에 옵션을 추가로 매도하여 가격 조건을 개선한 상품을 인핸스드 포워드 전략이라고 한다.

41 ④ 외국환대사의 절차는,
Shadow계정 생성(A) → Actual계정 생성(B) → Shadow계정과 Actual계정 대사(C) → 미달환명세표 작성(D) 순서로 한다.

42 ④ 선방은행이 당방은행 계좌에 수출대금, 타발송금대금 등을 이미 대기(credited, 송금)하였으나 당방은행이 차기를 하지 않은(didn't debit, 인출) 상태이다.

43 ③ 외국인거주자가 순수 개인자격으로 예금을 개설하고자 하는 경우 대외계정으로 개설해야 한다.

44 ③ 외국인거주자의 개인사업자 자격은 거주자계정을 만들어야 한다.

45 ② 영국은 SORT CODE 이다.
IBAN(International Bank Account Number)은 유럽 EU국가 내 통일된 계좌번호 체계이다.

46 ① 국민인거주자를 대상으로 해외여행경비 목적 환전금액이 미화 1만불을 초과하는 경우 관세청에 신고하여야 한다. 외국환신고(확인)필증은 외국인거주자로부터 미화 2만불을 초과하여 은행이 매입하는 경우 발행하는 것이다.

47 ④ 비거주자에 대한 재환전 시 재환전 증빙서류는 반드시 최근 입국일 이후 발행된 것이어야 한다. 다만, 외국인 거주자의 재환전 증빙서류는 발행일자나 기간에 제한이 없다.

48 ③ 비거주자에게는 최근 입국일 이후의 체류기간 중 외국환은행이나 환전영업자에게 외국통화 등을 매각한 실적 범위 내에서 외국통화를 매도할 수 있다.

49 ③ Banker's Check라고 한다.

50 ④ 통화발행국의 영토나 규제범위 밖에서 해당 통화의 금융거래가 이루어지는 유로시장이 역외시장이다.

51 ④ 뮤추얼펀드의 투자자는 회사의 주주로서의 지위를, 수익증권의 투자자는 수익자로서의 지위를 가진다.

52 ④ 무위험자산은 이론상 미래 현금흐름이 변동할 위험이 전혀 없는 자산을 의미하지만 실제로는 위험이 전혀 없다는 것은 있을 수 없으며, 이론상의 전개를 위해 정부가 발행한 국공채 등을 대용치로 사용한다.

53 ① 외화예수금은 외화부채계정이다.

54 ③ ③은 Bought Position이 발생한다.

55 ③ 기획재정부장관이 정하는 교육을 이수한 자를 영업점별로 2명 이상 확보하여야 한다.

56 ④ 매입은행이 신용장상 지정은행이 아닌 경우에라도 추심 후 지급은 가능하다. 참고로 매입은행이 신용장상의 지정은행으로 되어 있지 않고 타 은행에서만 사용이 가능하다고 명시되어 있는 경우에는, 매입은행을 지정은행으로 조건변경 또는 자유매입신용장으로 조건변경 후 취급한다.

57 ② 중계무역방식 수출환어음 매입 또는 수출대금의 영수(추심대전 입금)가 수입대금의 지급보다 선행하는 경우에는 동 수출대금을 반드시 관련 수입대금 결제자금(수입보증금)으로 충당하는 등 채권보전에 유의해야 한다.

58 ④ 취득경위를 입증하지 못할 경우 증여로 간주하여 매입하여야 한다.

20 ④ ① 상계라고 한다.
② 상호계산이라고 한다.
③ 외국환은행의 장 신고사항이다.

21 ④ 외국환신고(확인)필증을 발행, 교부한 세관의 장은 매월별로 익월 10일 이내에 통보해야 한다.

22 ④ 외국환은행을 통하지 아니하고 대금을 지급, 영수하고자 하는 경우에는 한국은행총재에게 신고하여야 한다.

23 ① 신고수리 한도 금액 매매대금의 10% 이내에서 우선 송금 가능하다(송금 한도가 폐지되었다.).

24 ③ 해외이주자계정은 정기적금은 만들 수 없다.

25 ① 별단예금으로 처리한다.

26 ④ 미화 10만불 초과 시 전체금액에 대한 관할 세무서장의 자금출처확인서를 제출해야 한다.

27 ④ 기관투자가 / 외국항로에 취항하고 있는 국내의 항공 또는 선박회사 / 원양어업자 등은 예치한도 제한 없이 해외예금의 예치가 가능하다.

28 ① 직접자금차입이 가능하다는 큰 장점이 있다.

29 ① 원칙적으로 거주자가 국내에서 외화증권을 발행 또는 모집하고자 하는 경우 신고를 요하지 않는다.

30 ③ 거주자의 외국 부동산 취득 시 송금한도는 제한이 없다.

31 ④ 거주자와 비거주자 기타자본거래 시 부동산 이외의 물품을 무상으로 임차하는 경우는 신고예외사항이다.

32 ① 해외지사의 지정항목은 14이다.

33 ④ 해당지정은행 신고 후 1년 이내에 투자완료하여야 한다.

34 ② 고발조치는 해당이 되지 않는다.

35 ① 외국인 직접투자 제도의 외국인투자자란 외국국적의 개인 등을 말한다.

36 ④ 신용등급 검토 결과 적정하나 체결은행 국가가 FATF(자금세탁방지 국제기구) 회원국이 아니고 OFAC SDN(국제테러 등 위험국가 리스크)에 해당되지 않는 경우엔 AML(자금세탁방지) 질의서를 통해 심사 후 적정하다고 판단되면 계약을 체결할 수 있다.

37 ④ 수익성은 유동성, 안정성과 상충(trde-off)관계에 있다. 즉 수익성을 추구하기 위해서는 유동성과 안정성을 일부 희생하여야 한다.

38 ④ 일람급 수출환어음은 외화콜머니나 단기차입금으로 조달하여 운용하고, 기한부 수출환어음은 한국은행 수탁금, 단기차입금이나 외화예금으로 조달하여 운용한다.

39 ④ 잔존만기 1개월 이내 만기불일치 비율이 10%가 넘지 않도록 관리하여야 한다.

40 ③ SWIFT 메시지 타입은 3자리 수로 구성되어 있다. (예 MT 302)

정답 및 해설 제2회

01 ③ 무기명양도성예금증서는 외화증권에 해당된다.

02 ② 급격한 환율변동 등에 따른 외환시장의 안정과 외국환 거래를 원활하게 하기 위하여 국가재정법으로 만든 기금을 외국환평형기금이라고 하고, 긴급사태에 따른 외국환거래정지로 부과된 의무 예치금 등으로 사용되는 것이 아니고 자금조달 재원으로 사용할 수 있다.

03 ④ 비거주자에 대한 원화대출, 해외자금차입, 파생금융거래 등에 대한 허가제 폐지는 2006년도 시행되었다.

04 ④ [참고] 환전영업자의 경우 한국은행에 등록하고 외국통화의 매입 및 매도와 여행자수표의 매입업무를 할 수 있으며, 한국은행으로부터 신설·폐지신고 및 업무의 관리감독을 받고 있다.

05 ③ 국내 입국 후 6개월 이상 국내에 체재하고 있는 외국인은 거주자로 본다.

06 ④ 국내부동산취득, 비상장주식취득은 외국환은행 신고사항이다.

07 ③ 관할세관에 한다.

08 ③ 기존 신고서 원본 회수 후 새로 신고서 제출받는다.

09 ② 외국환거래는 '금융실명거래 및 비밀보장에 관한 법률' 제4조에서 정하는 경우를 제외하고는 비밀보장을 해야 한다.

10 ① 영수확인서를 말한다.

11 ② 소지목적 매각은 지정거래은행을 지정할 필요가 없다.

12 ① ①의 경우 신고예외사항이 아닌 한국은행총재 신고대상이다.

13 ④ 원화로 환전하여 사용할 목적으로 제공하는 자금 또는 기타 해외에서 사용함을 목적으로 하지 않는 자금은 원칙적으로 대출이 불가능하다.

14 ④ 역외계정과 일반계정 간의 자금이체는 기획재정부장관의 허가를 받아야 한다.

15 ③ 2천불 초과 외국환 매각은 비거주자에 한한다.

16 ② 해외여행경비, 해외이주비 및 재외동포의 국내재산 반출은 지급 증빙서류를 제출해야 한다.

17 ① 일반해외여행자 비용으로 처리해야 한다.

18 ④ 10만불 초과 시 관할 세무서 발행 자금출처확인서를 징구해야 한다.

19 ④ 금융감독원장 앞 통보대상이다.

77 ③ 경로종속형 옵션에는 평균, 경계, 룩백 옵션 등이 있다.

78 ② 이패스기업이 2%(5% 수취, 7% 지불) 지급해야 하며, 지급액은 1억원의 2%인 200만원. 그런데 결제주기가 3개월이니 200만원×3/12 = 50만원

79 ③ 스왑션(swaption)이라고 한다.

80 ① 시중 스왑금리가 6%인데 권리행사 시 5% 받을 수 있으므로 OTM 상황이다.

59 ④ 외국환은행의 환전용 내국통화 수출은 신고 예외사항이다.

60 ① 외국환거래법에 따른 지급 등의 방법에 대한 신고를 하지 않은 경우로서 위반금액이 25억원을 초과하거나, 자본거래관련 신고를 하지 않은 경우로서 위반금액이 10억원을 초과하는 경우에는 벌칙대상이 된다.

61 ④ 자금시장에서 1개의 자금이 거래대상이라면, 외환시장에서는 2개 이상의 통화가 교환행위의 대상이 된다.

62 ① 차익을 얻기 위한 거래를 투기목적 외환거래라고 한다.

63 ④ 미국 달러가 약세가 되었다는 의미이다.

64 ④ 순서대로 당일물거래, 익일물거래 및 현물환거래이다.

65 ② 외화예금이 줘야 할 결제대금보다 적으므로 숏포지션 상태이며 차액은 2백만 달러이다.

66 ② 거래환리스크에 대한 설명이다.

67 ③ 총외환 손실한도 > VaR 경우 환리스크 관리가 잘 되고 있다는 뜻이다.

68 ③ 크게 두 가지로 역월 만기일 선물환거래(Regular Forward)와 비역월 만기일 선물환거래(Irregular Forward)가 있다.

69 ③ ① 현물환가격보다 선물환가격이 높으면 선물환 할증이라고 한다.
② 선물환 거래라는 것은 하나의 선물환에 대해 매입 혹은 매도 포지션을 취하는 것이다.
④ 선물환 매도자는 만기에 가서 매수자에게 달러를 지급 + 원화를 수취한다.

70 ③ 선물환 포인트의 매도율이 매수율보다 크다면 현물환율에 선물환 포인트를 더해서 계산한다.
그리고 은행은 매입해야 하므로 bid rate 적용된다.
따라서 1,042.00 + 170pips = 1,043.70

71 ① 달러/원의 경우 FC인 달러의 이자율이 VC인 원화에 비해 이자율이 낮은 경우를 프리미엄이라고 한다.

72 ④ 통화선물거래는 일반적으로 만기 전 반대매매에 의한 포지션 청산에 의해 이루어진다.

73 ④ ④ 일일정산 후 잔액이 유지증거금 수준을 하회할 경우 익일 12:00까지 개시(주문)증거금 수준까지 납부한다.
• 개시(주문)증거금 : 선물거래를 시작할 때 매수자 및 매도자 모두 납부의무가 있는 증거금
• 유지증거금 : 주문체결 후 포지션을 청산할 때까지 일일정산 시 유지되어야 하는 최소 수준의 증거금
• 추가증거금 : 일일 가격변동에 따라 일일정산 시 유지증거금 수준을 하회할 경우 익일 12:00까지 개시증거금 수준까지 추가로 예치하는 증거금

74 ④ Deep-OTM 상태에서는 시간가치만 존재한다.

75 ① 낮은 행사가격의 콜옵션 매도하고 높은 행사가격의 콜옵션 매수하는 것을 수직 약세 콜 스프레드라고 한다.

76 ① 만약 환율이 하락하여 1,150원이라면 (1,190 - 1,150) - 20 = 20원 이익. 따라서 1$당 1,170원에 매도한 것과 같은 효과가 있다. 즉, 행사가격 - 풋옵션 프리미엄 이 이패스기업의 최저매도가격으로 아무리 환율이 하락하더라도 해당환율을 보장받을 수 있다.

41 ③ 당방은행이 송금(credited)을 하였으나 선방은행(상대방은행)이 인출하지 못했다(didn't debit)고 하는 상황이다.

42 ③ Over Bought Position이나 Long Position은 환율상승 시 환차익이 발생하고, Over Sold Position이나 Short Position은 환율상승 시 환차손이 발생한다.
Square Position은 환차익이나 환차손이 발생하지 않는다.

43 ④ 대외계정의 처분 시 미화 1만불을 초과하는 경우 외국인이나 비거주자에 대해서는 외국환신고(확인)필증을 받아야 한다. 단, 외국정부의 공관, 국제기구에 근무하는 비거주자가 인출하는 경우에는 해당되지 않는다.

44 ④ 퇴결 시 퇴결대금은 퇴결수수료를 공제한 금액을 해외 중개은행으로부터 받고, 이 금액을 송금의뢰인에게 지급 당시의 대고객 전신환매입률을 적용하여 원화금액을 지급한다.

45 ③ 외화표시 타발송금을 원화로 지급할 때에는 지급 시점의 대고객 전신환매입률로 환산한 원화를 지급한다.

46 ④ 수표 양단에 모두 서명하였거나 상단에 서명하지 않고 백지상태로 분실이나 도난을 당한 경우에는 재발행이 안 된다.

47 ② 해외지급은행에서 부도 사실을 통지받거나, 추심 전 매입한 외화수표가 대외 발송일로부터 60일까지 입금되지 않은 경우 부도로 등록한다.

48 ① 환전영업자는 환전업무 현황을 매 분기별로 제출한다.

49 ④ 레인지 포워드는 콜옵션과 풋옵션을 반대방향으로 거래하여 거래업체 입장의 소요비용을 최소화하면서 보유자산에 대한 환율 하락·상승 시 일정 부분의 손실을 방어할 수 있는 가장 기초적인 통화옵션이다.

50 ④ 비과세 대상이다.

51 ② 입출금이 자유로운 개방형 뮤추얼펀드이다.

52 ① 외화재무상태표는 통화별로 작성하나 손익계산서는 원화로만 작성된다.

53 ① 외화예치금이 아니라 미지급외환이다. 미지급외환은 외국으로부터 내도하는 타발송금의 경우 송금대전은 이미 외국환은행의 외화타점예치금계정에 입금되었으나 국내의 송금수취인에게 지급이 아직 일어나지 않는 경우에 발생한다.

54 ④ 송금인 정보 중 고객번호와 실명번호는 수정이 불가능하다.

55 ③ 유효기일은 물품의 인도기일에 최장 10일을 가산한 기일 이내여야 한다.

56 ③ ③번의 경우 사후신고가 가능하다.

57 ③ 선일자 수표는 통상 부도처리 되므로 수표 발행일자를 반드시 확인하고, 창구제시일이 제시기간 이내인지 확인해야 한다.

58 ① 신고 등을 하지 않아 외국환거래법규를 위반한 경우 당해 위반사실을 제재기관의 장에게 보고하고 필요한 신고절차를 사후적으로 완료한 후 지급을 할 수 있다.

20 ④ 단체 명의로 지급해야 한다(여행자별 개별 환전 안 됨).

21 ④ 사후보완도 가능하다. 다.

22 ② 거주자는 외국인을 제외한 모든 거주자가 적용된다.

23 ③ 신고예외사항이다.

24 ① 1만불 이하 지급수단(자기앞수표포함) 및 은행의 확인필증 소지한 휴대수출이 신고예외대상이다.

25 ④ 비거주자 자유원계정은 해외송금시 제한이 없다.

26 ③ 외화를 거주자계정으로 이체하는 경우 원칙적으로 거래 / 금액에 제한이 없다.

27 ④ 대외계정에 대한 설명이다(대내계정이라는 말은 존재하지 않는다).

28 ① 1만불 초과 휴대출국 시 외국환신고(확인)필증을 발행·교부한다.

29 ④ 모두 맞는 말이다.

30 ① ② 투자금액이 1억원 이상이어야 한다.
　　　 ③ 투자금액이 1억원 이상으로서 의결권이 있는 주식 총수 또는 출자총액의 10% 미만을 소유하면서 기술의 제공, 도입, 또는 공동연구개발 계약 조항이 삭제되었다.
　　　 ④ 투자금액이 1억원 이상으로서 의결권이 있는 주식 총수 또는 출자총액의 10% 미만을 소유하면서 5년 이상의 기간 동안 원자재 또는 제품을 납품하거나 구매하는 계약 조항이 삭제되었다.

31 ③ 송금처가 본사가 아닌 경우 영업기금 불인정 사유이다.

32 ① 현지금융이란 외국에서 사용하기 위해 외국에서 외화자금을 차입하거나 지급보증을 받는 것을 말한다.

33 ③ 해외직접투자는 월보, 증권취득 보고, 연간사업실적보고, 해외직접투자관리대장 비치 등을 해야 한다.

34 ④ 비거주자 간 거래에서 거주자가 외국환은행에 보증 또는 담보를 제공하는 경우는 신고사항이다.

35 ① 5천만원 이하 과태료 대상이다.

36 ④ 수익성은 유동성과 상충(Trade Off)관계에 있으므로 적정한 유동성을 확보하면 수익성은 나빠질 수 있다.

37 ② 대리지불계좌란 환거래계좌를 보유한 환거래 요청은행이 종속계좌 소유자로 불리는 자신의 고객에게 환거래계좌에 직접 접속하여 거래할 수 있도록 허용하는 것으로, 이 경우 계좌 개설은행은 하위 예금주에 대한 정보가 없기 때문에 동 환거래계좌가 자금세탁 위험에 노출될 가능성이 높다.

38 ③ 역외계정과 유동성에 영향을 미치는 부외거래도 외화유동성 관리대상에 포함된다.

39 ④ TELEX를 통한 전문 송·수신보다 통신비용이 싸다는 장점이 있다.

40 ① 외국환대사는 예치환거래은행별, 통화별로 각각 수행한다.

제1회 정답 및 해설

01 ④ 국제간 대금결제는 직접 이동이 아닌 은행을 통해 거래된다.

02 ③ 제2단계 자유화조치는 2001년에 이루어졌고, 안전장치 safeguard조치, 조기경보체계 등을 구축하여 사후관리 등을 시행하였다.

03 ④ 내국통화로 표시되거나 지급되는 비거주자와의 증권·채권의 매매는 외국환은행에서 처리한다.

04 ④ 미합중국 군대의 그 구성원·군속 등은 외국인 비거주자이다.

05 ② 금융위원회가 정하는 재무건전성 기준에 비추어 자본규모와 재무구조가 적정해야 한다.

06 ① 여행, 운수, 보험, 통신은 서비스 / 용역의 경상거래이다.

07 ③ 신고사항에 대한 설명이다.

08 ③ ① 해외이주신고확인서 발급일로부터 3년까지 지급이 가능하다.
② 휴대 반출이 가능하며, 해외여행경비로 별도 지급이 불가능하다.
④ 해외이주신고확인서를 발급받고 1년 이내에 이주하지 않는 경우 동 신고서는 무효가 된다.

09 ④ 신고일로부터(유효기일이 있는 경우 유효기일로부터) 2년간 보고한다.

10 ③ 현물환거래에 대한 내용이다.

11 ④ 동일자 2만불 초과이면서 재원확인 입증서류가 없는 경우 매입이 불가하다.

12 ④ 매각실적 없는 경우 미화 1만불 이내 매각이 가능하다.

13 ④ 비거주자 자유원계정은 정기적금을 가입할 수 없다.

14 ④ 지정관리 기간은 취소가 불가능하며 다른 외국환은행으로 변경만 가능하다.

15 ④ 개인인 외국인거주자, 대한민국정부의 재외공관 근무자 및 그 동거가족은 거주자계정 및 거주자외화신탁계정을 개설할 수 없다.

16 ③ 외국환업무의 원활한 수행과 안정성 확보를 위해 소액해외송금업자는 3억원 이상의 이행 보증금을 예탁하고 등록기간까지 이를 유지하여야 한다.

17 ④ 다음의 서류를 모두 제출해야 한다.

18 ④ 비거주자가 외국에서 외국으로 발생하는 지급은 본 규정에서 제외된다.

19 ③ 5만불까지 지급이 가능하다.

78 이자율스왑의 두 가지 스왑금리(swap rate) 중 Bid rate를 설명한 것은 무엇인가?

① 이자율 swap rate와 통화 swap rate의 차이
② 딜러가 변동금리를 주는 대신에 수취하고자 하는 고정금리
③ 변동금리 간의 스프레드
④ 딜러가 변동금리를 받는 대신에 지불하고자 하는 고정금리

79 현재 이패스기업과 Sung Trust 기업은 설비투자를 위해 자금을 빌리려고 한다. 두 회사가 비교우위가 있는 방식으로 자금을 조달하고 SWAP BANK을 통한 스왑거래를 체결할 경우 두 기업이 절약하게 될 금리는 총 얼마인가? (단, 현재 SWAP BANK의 스왑금리는 6.70/60이다)

- 이패스기업 : 고정금리 차입 시 6.4%, 변동금리 차입 시 CD
- Sung Trust 기업 : 고정금리 차입 시 7.4%, 변동금리 차입 시 CD + 0.4%

① 0%
② 0.2%
③ 0.5%
④ 0.6%

80 현재 보유하고 있는 자산이나 부채의 금리리스크를 일정기간 동안 노출시키고 향후 특정시점부터 헤지하고자 할 때 이용되는 스왑거래는?

① Forward-start swap
② Basis swap
③ Accreting swap
④ swaption

75 통화선물의 주요 계약조건과 관련된 용어 설명 중 바르지 않은 것은?
① 결제월이란 선물계약이 만기가 되어 실물의 인수도가 이루어지는 달을 말한다.
② 계약단위란 선물거래에서 거래되는 상품의 기본 거래단위로써 선물계약 1건의 크기를 나타낸다.
③ 최소 호가 단위(tick)는 선물계약의 매입 또는 매도 주문 시 제시가격의 최소 가격변동 단위이다.
④ 가격제한폭이란 당일의 시가를 기준으로 해당일 거래 중 등락할 수 있는 상하 최소한의 가격변동 범위를 사전에 정한 것이다.

76 통화옵션 프리미엄 결정요소에 대한 다음 설명 중 바르지 않은 것은?
① 환율변동성이 증가하면 콜옵션의 프리미엄은 증가하나 풋옵션의 프리미엄은 감소한다.
② 행사가격이 상승할수록 콜옵션의 프리미엄은 낮아진다.
③ 만기가 길어질수록 콜옵션의 프리미엄은 높아진다.
④ 환율이 상승하면 풋옵션의 프리미엄은 낮아진다.

77 장외 통화옵션 전략에 대한 다음 설명 중 바르지 않은 것은?
① 일반 합성 선물환거래에 옵션을 추가로 매도하여 가격 조건을 개선한 상품을 프로핏 테이킹 포워드(Profit Taking Forward)라고 한다.
② 환율상승에 따른 최대 손실을 일정수준으로 고정시키면서 선물환율보다 유리하게 거래할 수 있는 여지 확보 가능한 전략을 범위 선물환 (Range forward)이라고 한다.
③ 일반 합성 선물환 대비 가격 개선효과도 큰 편이지만, 환율이 큰 폭으로 상승할 경우 시장환율에 비해 낮은 가격으로 두 배에 해당하는 거래를 이행해야 하는 위험 부담을 지는 상품을 목표 선물환(Target forward)라고 한다.
④ 범위 선물환(Range forward)을 Zero Cost 전략이라고 한다.

72 다음 보기의 괄호 안에 알맞은 단어를 순서대로 넣으면?

> 프리미엄 통화의 경우 Bid 스왑포인트를 산출하기 위해 달러 차입, 원화 예치거래를 통하여 순이자 수익이 발생하는데, 이것을 환율로 환산한 것이 바로 스왑포인트이며, Calling Party에게 (　) 이 되므로 (　) 이라 부른다.

① 비용 – Earning
② 이익 – Cost
③ 비용 – Cost
④ 이익 – Earning

73 외환스왑을 이용한 환리스크의 사례로 바르지 않은 것은?

① 환리스크 관리를 위한 기존 선물환거래의 만기일 연장
② 만기가 도래한 외화예금을 현물환거래로 매도
③ 수입이나 수출과 관련되는 헤지를 위한 선물환거래
④ 외화 현금 흐름의 만기 불일치로 인한 환리스크 관리

74 선물거래와 선도거래를 비교한 다음 설명 중 바르지 않은 것은?

① 선물거래는 신용상의 위험에 노출되는 반면, 선도거래는 신용상의 위험이 거의 없다.
② 선물거래는 모든 거래자가 계약당 주문증거금 및 유지증거금을 적립해야 하는 반면, 선도거래는 일정 신용도가 되지 않을 경우 필요에 따라 증거금이 요구될 수 있다.
③ 선물거래는 대부분 만기 이전에 반대매매로 중도 정산되고, 선도거래는 대부분이 만기일에 실물인수도로 정산된다.
④ 선물거래는 거래소에 상장되어 있는 상품으로 기초자산, 거래단위 등이 표준화되어 있는 반면, 선도거래는 제한 없이 매매당사자 간의 협상으로 거래조건이 결정된다.

68 환리스크의 관리 절차에서 가장 먼저 고려되어야 할 사항은?

① 대책수립 시행
② 환리스크 측정
③ 환리스크 정보 입력
④ 관리규정 제정

69 A자산의 가치가 1,000만원이고 일별 변동성이 7%이다. 95% 신뢰수준에서 A자산의 VaR는 얼마인가? (신뢰수준 95%의 경우 1.65 사용)

① 110.5만원
② 115.5만원
③ 120만원
④ 125.5만원

70 이패스뱅크 시카고은행에서 8월 1일에 NDF를 100만 달러 매입하였다. 매입 시 선물환율은 1,100원/$였다. 만기 시 지정환율이 1,170원/$일 때 손익의 결과는?

① 이패스뱅크가 시카고은행에 70,000,000원을 지급
② 시카고은행이 이패스뱅크에 70,000,000원을 지급
③ 이패스뱅크가 시카고은행에 $59,829 지급
④ 시카고은행이 이패스뱅크에 $59,829 지급

71 이자율평형이론에 따라 다음 상황의 선물환율을 계산하면?

현물환율 ₩1,100/$, 원화이자 5%, 달러이자 3%

① 1,179원/$ ② 1,221원/$
③ 1,121원/$ ④ 1,230원/$

65 외환포지션 설명 중 가장 바르지 못한 것은?
① 달러약세 시 유리한 포지션은 외환 초과 매수포지션(over bought position)이다.
② 외화자산 = 외화부채인 포지션을 Square Position이라고 한다.
③ 선물환거래로 생기는 매입금액과 매도금액의 차이가 선물환 포지션(Forward Position)이다.
④ 외환포지션이 환리스크에 노출된 금액이다.

66 환리스크에 대한 설명이다. 가장 바르지 못한 것은?
① 환율변동성은 표준편차 등으로 측정 가능하다.
② 일정시점에 기업이 보유하고 있는 외환포지션으로 환위험 노출금액을 외환 익스포져(Exchange Exposure)라고 한다.
③ 보유기간이 길수록 기업이 부담하는 환리스크는 커진다.
④ 외환 익스포져가 클수록 기업이 부담하는 환리스크는 작아진다.

67 환리스크 관리기법 중 해당 기업이 자체적으로 해결하는 내부적 관리기법은 다음 보기에서 모두 몇 개인가?

| ㉠ 매칭(Matching) | ㉡ 상계(Netting) |
| ㉢ 통화스왑 | ㉣ 리딩 & 래깅 |

① 1개　　② 2개
③ 3개　　④ 4개

62 외환시장의 특징이 아닌 것은?

① 24시간 모든 환율 시장을 거래할 수 있다.
② 외환시장은 모두가 이익을 보는 WIN-WIN 시장이다.
③ 외환규제 완화와 정보통신 기술의 발달로 하나의 시장처럼 동조화되고 있다.
④ 모든 시장은 달러를 중심으로 거래되며, 교차환율, 재정환율의 경우도 달러 환율을 기준으로 계산을 한다.

63 환율에 대한 다음 설명 중 바르지 않은 것은?

① USD/KRW에서 환율이 상승했다는 것은 원화의 가치가 상승한 것이다.
② USD/JPY 환율이 103.11/29에서 105.51/83으로 상승하면 이는 미국달러화의 가치가 상승한 것이다.
③ GBP/USD 환율이 1.8832/37에서 1.8812/17이 되면 이는 미국달러화의 가치가 상승한 것이다.
④ GBP/USD에서 환율이 상승했다는 것은 파운드와의 가치가 상승한 것이다.

64 외환거래 설명 중 가장 바르지 못한 것은?

① Quoting Party에게 스프레드는 수익이다.
② 딜러인 은행은 실제 외환거래에 있어서 항상 매수율(bid rate)와 매도율(offer rate)에 차이를 두어 제시한다.
③ Calling Party에게 스프레드는 비용이다.
④ 매수율과 매도율을 동시에 고시하는 것을 변동통화(Variable Currency) 고시방법이라고 한다.

59 다음 중 원칙적으로 신고대상이 아닌 지급·영수의 방법을 고르시오.
① 제3자 지급·영수
② 외국환은행을 통하지 않는 지급·영수
③ 수출입대금의 지급·영수
④ 상계 또는 상호계산

60 다음 사례에 대해 설명한 내용으로 가장 바르지 않은 것은?

〈사례〉 김○○은 20XX년 3월 해외직접투자 신고를 하고 외화를 송금하였으나 현지에서 법인을 설립하는 과정에서 처남이 지분을 취득함

① 신고 없이 지분을 취득한 제 3자는 해외직접투자 신고 누락으로 관련규정을 위반하였다.
② 외국환은행은 사후보고서를 받았을 때 최초 신고한 대로 지분이 취득되었는지에 대한 확인의무를 소홀히 했다.
③ 제 3자 명의로 지분이 취득되었을 경우 최초 신고한 투자자는 해외직접투자 신고 미이행으로 관련규정을 위반하였다.
④ 김○○은 외국환거래 관련 신고를 한 경우 신고내용대로 이행하였다.

61 국제금융시장 시장에 대한 설명 중 바르지 않은 것은?
① 외환시장 : 가장 많은 시장 참가자들에 의해 거래가 이루어지며 거래 규모가 매우 방대하다.
② 국제단기금융시장 : 만기가 12개월 이하인 은행인수어음(BA), 단기재정증권(T-Bill) 등 국제적 단기금융상품이 거래되는 시장이다.
③ 국제자본시장 : 만기가 6개월 이하인 T-note, T-Bond 등 국제적 단기금융상품이 거래되는 시장이다.
④ 파생금융상품시장 : 국제금융시장에서 금융거래의 기초가 되는 외환, 자금, 채권이나 주식 등의 기초자산으로부터 파생되어서 기초자산으로부터 기인하는 각종 위험을 관리하거나 투기적인 목적으로 애용되는 시장이다.

56 다음 중 신용장 방식 수출환어음 매입 및 추심에 관한 설명으로 가장 바르지 않은 것은?

① Back to Back L/C, 취소가능신용장, 비은행 발행 신용장 등 특수조건부 신용장은 신용장상의 조건일치 여부에 관계없이 가급적 추심 후 지급을 원칙으로 한다.
② 신용장에서 선하증권 원본 제시를 요구하는 경우, 선하증권은 반드시 원본을 받아 확인 후 업무를 처리해야 한다.
③ 환어음, B/L 및 보험서류는 필요한 경우에 배서를 해야 하나, 신용장에서 특별히 요구하지 않는 한 보험서류에는 매입은행의 배서가 불필요하다.
④ 매입은행이 신용장상 지정은행이 아닌 경우에는 추심 후 지급도 취급할 수 없다.

57 다음 중 중계무역방식의 수출입업무에 관한 설명으로 가장 바르지 않은 것은?

① 수입신용장은 관련 수출신용장의 매입이 전제될 경우 원칙적으로 일람불신용장으로 개설한다.
② 수출대금의 영수(추심대전 입금)가 수입대금의 지급보다 선행하는 경우에는 동 수출대금을 고객에게 선지급한다.
③ 중계무역 업무취급 시에는 관련 계약서 등으로 거래내용을 정확히 파악하여 정상거래 여부를 확인하고, 실제 대금의 결제흐름도 함께 확인한다.
④ 중계무역이란 다른 나라로부터 수입해온 물자를 그대로 제3국에 수출하여 매매차익을 취득하는 형태의 무역을 말한다.

58 외국통화 매입 시 점검사항에 대한 설명으로 바르지 않은 것은?

① 거주자의 외국통화 매입 시 2만불 초과 시 취득경위를 입증할 수 있는 서류를 징구해야 한다.
② 비거주자의 외국통화 매입 시 2만불 초과 시 외국환신고(확인)필증을 징구해야 한다.
③ 비거주자의 외국통화 매입 시 외국환매입증명서·영수증·계산서 중 하나를 매입 입증서류로 1회에 한하여 발급한다.
④ 거주자의 외국통화 매입 시 2만불 초과 시 취득경위를 입증할 수 없는 경우 매입이 불가능하다.

52 다음 중 무위험자산에 대한 설명으로 가장 바르지 않은 것은?
① 이론상 미래의 현금흐름이 변동할 위험이 전혀 없는 자산을 의미한다.
② 이론상 무위험자산의 수익률을 무위험수익률이라고 한다.
③ 정부가 발행한 국공채나 정부가 지급보증한 채권 등을 무위험자산의 대용치로 사용된다.
④ 실제로 위험이 전혀 없는 미국 국공채는 가장 이상적인 무위험자산이다.

53 다음 계정과목 중 외화자산계정이 아닌 것은?
① 외화예수금
② 외화예치금
③ 외국통화
④ 매입외환

54 Sold Position이 발생하는 거래로 옳지 않은 것은?
① 수입어음결제
② 매입외환부도대전자기자금결제
③ 부도후 입금대전지급
④ Less Charge 징수

55 외국환업무의 등록 등에 설명으로 가장 바르지 못한 것은 어느 것인가?
① 외국환업무의 등록을 위해서는 금융위원회가 정하는 재무건전성 기준에 비추어 자본 규모와 재무구조가 적정한가를 판단해야 한다.
② 외환정보 집중기관과 전산망이 연결되어 있어야 한다.
③ 외국환업무에 2년 이상 종사한 경력이 있는 자 또는 기획재정부장관이 정하는 교육을 이수한 자를 은행별로 2명 이상 확보하여야 한다.
④ 외국환업무 및 그 사후관리를 수행할 수 있는 전산설비를 갖추어야 한다.

49 환거래은행이 발행한 수표로 서명권자가 은행인 수표를 무엇이라고 하는가?
① Money Order
② Treasury Check
③ Banker's Check
④ Traveler's Check

50 국제금융시장에 대한 설명이다. 가장 바르지 못한 것은?
① 단기금융시장과 외환시장은 국제무역, 국제투자 등에서 이종 통화 간의 거래가 빈번하여 불가분의 밀접한 관계에 있다.
② 재정증권, 콜자금, CD, 기업어음, 은행인수어음, 환매조건부채권 등이 거래되는 시장이 단기금융시장(Money Market)이다.
③ 국제금융시장 중 역외시장을 유로커런시시장이라고 한다.
④ 통화발행국의 영토나 규제범위 밖에서 해당 통화의 금융거래가 이루어지는 유로시장이 역내시장이다.

51 다음 중 뮤츄얼펀드(Mutual Fund)와 수익증권을 비교한 내용으로 가장 바르지 않은 것은?
① 뮤추얼펀드의 발행 유가증권은 주식이고, 수익증권의 발행 유가증권은 수익증권이다.
② 뮤추얼펀드의 판매가격은 주당 순자산가치(NAV)이고, 수익증권의 판매가격은 기준가격이다.
③ 뮤추얼펀드의 설립형태는 법인(주식회사)이고, 수익증권은 신탁관계(계약형)이다.
④ 뮤추얼펀드에 대한 투자자는 수익자로서의 지위를 가지고, 수익증권의 투자자는 주주로서의 지위를 가진다.

46 다음 중 외국통화 매입 시 유의해야 할 사항으로 가장 바르지 않은 것은?

① 국민인거주자에게 해외여행경비 목적으로 미화 1만불 상당액을 초과하는 외국통화를 매각한 경우에는 외국환신고(확인)필증을 발행하여 교부하여야 한다.
② 외국통화를 매입할 경우 반드시 지폐의 손상 및 위·변조 여부를 확인하여야 한다.
③ 은행에서 매입이 가능한 통화는 매입은행이 환율을 고시하는 외국통화로 한다.
④ 외국인거주자로부터 미화 2만불 이하의 외화를 매입할 경우에는 외국환신고(확인)필증의 징구를 생략할 수 있다.

47 다음 중 외국통화 매도에 관한 설명으로 옳지 않은 것은?

① 외국인거주자에게 실수요 증빙서류 없이 미화 1만불 범위 내에서 해외여행 경비조로 매각하는 경우에는 최근 입국일 이후 해외여행경비의 환전사실이 있는지 여부를 확인하여야 한다.
② 외국인거주자에게 1백만원 이하에 상당하는 외국통화를 매각하는 경우에는 여권에 매각사실 기재를 생략한다.
③ 재환전 증빙서류에 의한 재환전의 경우에는 반드시 재환전 증빙서류를 회수하여야 하나, 일부금액의 재환전인 경우에는 증빙서류 여백에 환전사실을 표기한 후 고객에게 다시 교부한다.
④ 외국인거주자에 대한 재환전 시 재환전 증빙서류는 반드시 최근 입국일 이후 발행된 것이어야 한다.

48 다음 중 환전영업자의 외국환업무에 관한 설명으로 옳지 않은 것은?

① 거주자나 비거주자로부터 원화를 대가로 외국통화 또는 외국에서 발행된 여행자수표만을 매입할 수 있다.
② 거주자에게는 2천불을 초과하는 외국환을 매도할 수 없다.
③ 비거주자에게는 원화를 대가로 외국통화를 매도할 수 없다.
④ 환전영업자는 환전업무 현황을 매분기별로 익월 10일까지 지정거래외국환은행의 장에게 제출하여야 한다.

42. 선방은행이 수출환어음매입 결제대금으로 당방은행 계좌로 입금하였으나, 관련 참조번호나 금액이 상이하여 당방은행이 외화타점예치계정에서 차기하지 못한 경우에 발생하는 미달환은?
   ① They debited, but we didn't credit
   ② We credited, but they didn't debit
   ③ We debited, but they didn't credit
   ④ They credited, but we didn't debit

43. 외화예금에 대한 설명으로 바르지 못한 것은?
   ① 거주자계정의 가입대상은 국민인거주자나 개인사업자인 외국인거주자가 가입 가능하다.
   ② 거주자계정 처분에는 제한이 없다.
   ③ 외국인거주자가 순수 개인자격으로 예금을 개설하고자 하는 경우 거주자계정으로 개설해야 한다.
   ④ 거주자계정으로 개설이 가능한 외화예금은 외화당좌예금, 외화보통예금, 외화통지예금, 외화정기예금, 외화정기적금 등이다.

44. 대외계정의 가입대상이 아닌 것은?
   ① 대한민국 정부의 재외공관 근무자와 그 동거가족
   ② 비거주자, 순수 개인자격의 외국인거주자
   ③ 외국인거주자의 개인사업자 자격
   ④ 외국에 있는 금융기관과 국제금융기관을 제외한 비거주자

45. 다음 중 해외송금과 관련한 주요 국가별 은행코드가 가장 바르지 않은 것은?
   ① 미국 : ABA NO. ROUTING NO.
   ② 영국 : IBAN CODE
   ③ 캐나다 : TRANSIT NO.
   ④ 호주 : BSB NO.

39 다음 중 외화 유동성리스크 관리에 대한 설명으로 가장 바르지 않은 것은?

① 유동성 관리 대상은 은행의 국내 본·지점, 해외현지법인의 모든 자산과 부채를 대상으로 하고, 유동성에 영향을 미치는 부외거래도 포함된다.
② 유동성 리스크 관리방법은 유동성 관련 비율 또는 유동성갭을 지표로 사용한다.
③ 현재 감독기관의 외화유동성 지도비율은 85% 이상이다.
④ 잔존만기 1개월 이내 만기불일치 비율이 5%가 넘지 않도록 관리하여야 한다.

40 다음 중 SWIFT에 관한 설명으로 옳지 않은 것은?

① SWIFT로부터 받은 LOG-IN KEY 및 SELECT KEY를 입력해야만 SWIFT에 접속이 가능하다.
② 환거래은행 간 교환된 AUTHENTICATION KEY에 의거 전문내용의 진위 여부가 자동으로 확인되므로 보안성이 뛰어나다.
③ SWIFT로 송·수신 되는 메시지 타입(Message Type)은 5자리수로 구성되어 있다.
④ 전문분류 등이 시스템에 의해 자동으로 처리되지만 관련 참고번호 등이 없는 경우에는 전신문이 자동으로 분류되지 않으므로 별도로 관리하여야 한다.

41 다음 중 외국환대사의 절차를 순서대로 나타낸 것은?

A. 외화타점예치계좌의 거래내역을 전산으로 파악 후 Shadow계정 생성
B. 예치환은행으로부터 Statement(M/T950)를 받아 Actual계정 생성
C. Shadow계정과 Actual계정 대사
D. 미달환명세표를 작성

① A → B → D → C
② D → B → C → A
③ B → A → D → C
④ A → B → C → D

36 다음 중 환거래계약에 관한 설명으로 옳지 않은 것은?
① 상대은행에 자기명의의 예금계좌를 개설한 은행을 예치환거래은행이라고 하며, 자기명의로 계좌를 개설하지 않고 환거래계약만 체결한 은행을 무예치환거래은행이라고 한다.
② 일반적으로 상대은행의 신용도나 자금세탁 방지업무 수준을 고려하여 환거래계약을 체결한다.
③ 신용등급 검토 결과 투자부적격 등급 등 은행에서 정한 신용등급 기준에 적합하지 않으면 계약체결을 거절한다.
④ 신용등급 검토 결과 적정하나 FATF 회원국이 아니면 계약을 체결할 수 없다.

37 외화자금관리에 관한 설명으로 옳지 않은 것은?
① 외화자금은 안정성, 유동성, 수익성 등 세 가지를 고려하여 관리하여야 한다.
② 안정성의 원칙은 일정 시점에서 은행의 모든 외화부채를 상환할 수 있는 재무상태를 유지하는 것이다.
③ 자금예치 시에도 안정성을 우선적으로 고려하여야 한다.
④ 유동성과 안정성을 고려하면 적정한 수익성은 확보된다.

38 다음 중 외화자금관리에 관한 설명으로 가장 바르지 않은 것은?
① 외화대출은 한국은행 수탁금을 재원으로 한 특별외화대출과 은행이 자체 조달한 자금으로 대출하는 일반외화대출로 구분하여 운용한다.
② 은행 간 외화자금을 대여할 때에도 은행이 정한 Total Exposure를 고려하여야 한다.
③ 은행은 단기소요자금의 재원조달에 차질이 생기지 않도록 사전에 적정한 Credit Line을 확보하고 그 사용현황을 정기적으로 파악하여야 한다.
④ 기한부 수출환어음은 외화콜머니나 단기차입금으로 조달하여 운용하고, 일람급 수출환어음은 한국은행 수탁금, 단기차입금이나 외화예금으로 조달하여 운용한다.

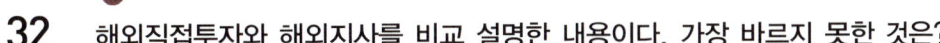

32 해외직접투자와 해외지사를 비교 설명한 내용이다. 가장 바르지 못한 것은?
① 해외직접투자의 지정항목은 14이다.
② 해외지사의 경우 해외지점 과거 1년간 1백만불 이상 외화획득자 또는 주무부장관 또는 무역협회장 추천 여부로 자격을 확인해야 한다.
③ 해외직접투자의 경우 투자비율 10% 이상 여부, 신용불량거래자, 조세체납자 여부 등을 확인해야 한다.
④ 해외직접투자의 거래형태는 자본거래 지급항목으로 55201, 55202, 55301 등으로 처리한다.

33 해외직접투자에 대한 설명이다. 가장 바르지 못한 것은?
① 해외투자상담 시 투자주체가 법인인지 개인인지 등 투자조건을 확인해야 한다.
② 거래외국환을 지정해야 한다.
③ 해외직접투자신고서, 사업계획서, 사업자등록증, 납세증명서 등을 징구해야 한다.
④ 해당지정은행 신고 후 2년 이내에 투자완료하여야 한다.

34 금융감독원의 행정처분이 아닌 것은?
① 경고
② 고발조치
③ 과태료
④ 과징금

35 외국인 직접투자 제도에 대한 설명이다. 가장 바르지 못한 것은?
① 외국인 직접투자 제도의 외국인투자자란 외국국적의 법인 등을 말한다.
② 해외모기업의 지분을 50% 이상 소유하고 있는 기업은 5년 이상 장기차관 방식으로 투자해야 한다.
③ 외국인 투자지원은 조세감면 및 입지지원 및 내국민 동등대우 등이 있다.
④ 외국인 직접투자 제도의 투자목적물에는 외국환거래법에 의한 대외지급수단 또는 이의 교환으로 생기는 내국지급수단 등이 포함된다.

29 다음 설명 중 가장 바르지 못한 것은?

① 원칙적으로 거주자가 국내에서 외화증권을 발행 또는 모집하고자 하는 경우 외국환은행 신고사항이다.
② 영리법인 미화 5천만불 이하까지 해외에서 증권 발행하는 경우 외국환 은행 신고사항이다.
③ 비거주자가 국내에서 원화연계증권을 발행하는 경우 기획재정부장관 신고사항이다.
④ 거주자가 외국에서 원화증권을 발행하는 경우 기획재정부장관 신고사항이다.

30 다음 설명 중 가장 바르지 못한 것은?

① 거주자의 외국 부동산 취득 시 부동산에 관한 물권, 임차권 등의 권리취득은 한국은행총재의 신고수리사항이다.
② 거주자의 외국 부동산 취득 시 단순보유 또는 투자목적 부동산의 경우 외국환은행의 신고수리 및 사후관리 대상이다.
③ 거주자의 외국 부동산 취득 시 송금한도는 10만불까지이다.
④ 거주자의 외국 부동산 취득 후 처분 또는 명의 변경 후 3월 이내에 해외부동산 처분(변경)보고서를 제출해야 한다.

31 기타 자본거래에 대한 설명으로 바르지 못한 것은?

① 거주자와 다른 거주자 기타자본거래 시 거래에 있어서 원칙적으로 신고를 요하지 않는다.
② 계약건당 5천만불 이하인 경우로서 부동산 이외의 물품임대차계약을 체결한 경우에는 외국환은행장 신고대상이다.
③ 거주자가 원화증권 및 원화연계외화증권을 비거주자에게 동일인당 500억원을 초과하여 대여하는 경우에는 차입하고자 하는 비거주자가 한국은행총재에게 신고하여야 한다.
④ 거주자와 비거주자 기타자본거래 시 부동산 이외의 물품을 무상으로 임차하는 경우는 외국환은행장 신고사항이다.

26 해외이주자계정에 대한 설명이다. 가장 바르지 못한 것은?
① 인정된 해외이주비, 부동산처분대금 및 예금 등 국내재산의 송금만 가능하다.
② 해외이주자계정은 해외이주비나 재외동포 재산반출의 모든 지급절차와 지정거래등록을 거친 후 대외송금은 나중에 하기로 하고 우선 외화로 예치해 둘 목적으로 개설한 계정이다.
③ 해외이주자 및 해외이주예정자의 자기명의재산, 재외동포의 자기명의 국내재산 처분 후 취득한 내국지급수단을 대가로 매입한 대외지급수단 등은 예치 가능하다.
④ 해외이주비의 경우 세대별 해외이주비 예치금액 합계가 미화 10만불 초과 시 초과하는 금액에 대해서 관할 세무서장의 자금출처확인서를 제출해야 한다.

27 다음은 거주자의 해외예금거래의 신고에 대한 설명이다. 가장 바르지 못한 것은?
① 거주자가 건당(동일자, 동일인 기준) 미화 5만불을 초과하여 국내에서 송금한 자금으로 예치하고자 하는 경우. 한국은행총재에게 예금거래 신고를 해야 한다.
② 국내에서 송금한 자금으로 예치하고자 하는 경우에는 지정거래외국환은행을 통하여 송금하여야 한다.
③ 신고예외거래를 제외하고 거주자가 해외에서 비거주자와 외화예금거래를 하고자 하는 경우에는 지정거래외국환은행의 장에게 신고하여야 한다.
④ 기관투자가 / 외국항로에 취항하고 있는 국내의 항공 또는 선박회사 / 원양어업자 등은 미화 5백만불까지 예치 가능하다.

28 현지금융의 혜택이 아닌 경우는 어느 것인가?
① 간접자금차입 가능
② 거주자의 증권발행 방식에 의한 현지금융수혜
③ 역외금융대출
④ 지급보증의 수혜

23 거주자와 비거주자의 부동산거래에 대한 설명이다. 다음 설명 중 가장 바르지 못한 것은?

① 신고수리 한도 금액 매매대금의 10% 이내로서 최대 미화 5만불까지 우선 송금 가능
② 신용관리대상자, 조세체납자, 해외이주수속 중인 개인 또는 개인사업자는 송금이 불가능하다.
③ 신고수리일 기준 매2년마다 1회 부동산 계속 보유사실 입증서류를 제출해야 한다.
④ 거주자 본인 또는 거주자의 배우자가 해외에서 2년 이상 체제할 목적의 주거용 주택은 외국환은행의 신고수리 및 사후관리 대상이다.

24 다음은 계정과 개설 가능한 예금을 연결한 것이다. 틀린 내용은 어느 것인가?

① 거주자계정 - 당좌예금, 보통예금, 통지예금, 정기예금, 정기적금
② 대외계정 - 당좌예금, 보통예금, 통지예금, 정기예금, 정기적금
③ 해외이주자계정 - 당좌예금, 보통예금, 통지예금, 정기예금, 정기적금
④ 비거주자 외화신탁계정 - 금전신탁 모두 가능

25 외화예금 등의 거래 시 주의 사항이 아닌 것은 무엇인가?

① 계정 구분이 명확하지 않으면 은행가수금으로 처리한다.
② 예금개설 시 계정구분을 명확히 해야 한다.
③ 외국인거주자의 개인사업자 계정은 개인명과 회사명을 부기하여 거주자계정으로 개설한다.
④ 비거주자는 원화적금이 허용되지 않는다.

20 상계 및 상호계산에 의한 지급 및 영수에 대한 설명으로 바른 것은?
① 거주자와 비거주자 간 이미 발생한 채권·채무를 총액계산하지 않고 차액만 지급·영수하는 것을 상호계산이라고 한다.
② 거주자와 비거주자 간의 거래가 지속적으로 이루어지는 경우 향후 발생할 채권·채무를 정기적으로 차액 정산하는 지급·영수하는 것을 상계라고 한다.
③ 거주자가 수출입 용역거래, 자본거래 등 대외거래 시 비거주자에 대한 채권 또는 채무를 비거주자에 대한 채무 또는 채권으로 상계하고자 하는 경우 한국은행총재 신고사항이다.
④ 다국적기업의 상계센터를 통하여 상계하거나 다수의 당사자의 채권 또는 채무를 상계하고자 하는 경우 한국은행총재 신고사항이다.

21 다음 설명 중 가장 바르지 못한 것은?
① 비거주자 또는 외국인거주자가 미화 1만불을 초과하는 대외지급수단을 국내에서 취득하는 경우 당해 취득사실에 대하여 외국환은행의 장의 확인을 받아야 한다.
② 대외계정 및 비거주자외화신탁계정의 1만불 초과 인출 시 외국환신고(확인)필증을 발행·교부해야 한다.
③ 거주자 또는 비거주자가 미화 1만불을 초과하는 지급수단(대외지급수단과 내국통화, 원화표시여행자수표 및 원화표시자기앞수표를 말한다)을 휴대수입하는 경우에는 관할세관의 장에게 신고해야 한다.
④ 외국환신고(확인)필증을 발행, 교부한 세관의 장은 매분기별로 익월 10일 이내에 동 신고사실을 국세청장에게 통보하여야 한다.

22 자본거래 지급절차에 대한 설명으로 바르지 못한 것은?
① 거주자 간 자본거래 또는 행위에 따른 대금의 지급 등은 외국환은행을 통하여 지급, 영수하여야 한다.
② 건당 지급, 영수금액이 미화 5천불 이하이고 외국에 체재하고 있는 거주자 간 금전대차거래의 경우에는 외국환은행을 통하지 아니해도 된다.
③ 특정보험사업자가 국내의 거주자와 외국통화표시 보험계약을 체결하는 경우로서 미화 5천불 이하의 거래인 경우 외국환은행을 통하지 아니해도 된다.
④ 외국환은행을 통하지 아니하고 대금을 지급, 영수하고자 하는 경우에는 기획재정부장관에게 신고하여야 한다.

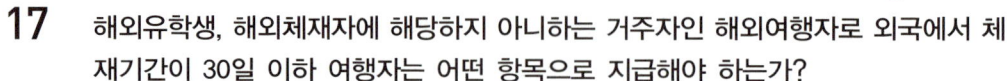

17 해외유학생, 해외체재자에 해당하지 아니하는 거주자인 해외여행자로 외국에서 체재기간이 30일 이하 여행자는 어떤 항목으로 지급해야 하는가?

① 일반해외여행자 비용
② 해외체재자비용
③ 해외유학생비용
④ 해외이주비용

18 다음은 해외이주비의 지급절차(규정4-6조)에 대한 설명이다. 가장 바르지 못한 것은?

① 생업에 종사하기 위해 외국에 이주하는 자와 그 가족 또는 외국인과의 혼인 및 연고관계로 인하여 이주하는 자를 해외이주자라고 한다.
② 해외이주의 종류로는 연고이주, 무연고이주, 현지이주가 있다.
③ 해외이주신고서와 첨부서류를 외교부장관에게 제출한 후 수리되면 해외이주신고확인서를 교부받아 처리한다.
④ 세대별 지급누계총액이 5만불 초과 시 관할 세무서 발행 자금출처확인서를 징구해야 한다.

19 다음 설명 중 가장 바르지 못한 것은?

① 건당 5천불 초과 증빙서류 미제출 송금 및 해외예금 송금액이 연간누계 1만불 초과 시, 신고예외사항의 영수금액이 연간누계 1만불 초과 시 국세청장 앞 통보대상이다.
② 모든 수출입대금의 지급 또는 영수는 관세청장 앞 통보대상이다.
③ 각종 용역대가 지급 및 영수는 관세청장 앞 통보대상이다.
④ 건당 1만불 초과의 이주비, 재산반출, 현지금융상환, 지사경비, 용역대가 등 모든 대외지급(송금수표 포함) 및 영수 시 국세청장 앞 통보대상이다.

14 역외계정에 대한 설명으로 가장 바르지 못한 것은?

① 비거주자로부터 자금을 조달하여 비거주자를 상대로 운용하는 경우 이를 일반 외화계정과 구분하여 계리할 수 있도록 설치된 계정을 역외계정이라고 한다.
② 일반계정과 분리하여 구분계리하는 것이 원칙이다.
③ 외국환은행이 역외계정에의 예치목적으로 미화 5천만불을 초과하는 외화증권을 상환기간 1년 초과의 조건으로 발행하고자 하는 경우에는 기획재정부장관에게 신고해야 한다.
④ 역외계정과 일반계정 간의 자금이체는 한국은행총재의 허가를 받아야 한다.

15 다음은 환전영업자의 업무에 대한 설명이다. 가장 바르지 못한 것은?

① 거주자, 비거주자 모두로부터 원화를 대가로 외국통화 및 여행자수표를 매입이 가능하다.
② 1회에 한하여 외국환매입증명서를 발행 및 교부할 수 있다.
③ 외국환 매각은 거주자 비거주자 모두 가능하고, 비거주자의 경우 당초 매각한 실적 범위 내에서 재환전만 가능
④ 동일자 동일인 미화 1만불 초과의 외국통화 매입 시 국세청장 및 관세청장에게 통보해야 한다.

16 다음은 거주자의 지급과 영수에서 지급증빙서류 면제 대상이 아닌 항목은 무엇인가?

① 건당 5천불 초과 10만불 이내의 소액 자본거래의 영수
② 해외여행경비, 해외이주비 및 재외동포의 국내재산 반출
③ 동일자·동일인 기준 미화 10만불을 초과하는 경우에는 영수확인서는 제출해야 한다.
④ 지급한도 연간 누계금액이 미화 5만불

11 거주자에 대한 외국환 매각에 대한 설명으로 가장 바르지 못한 것은?

① 인정된 거래 또는 지급을 위한 매각 원칙은 외국인 제외이고 거주자만 대상이다.
② 국민인 거주자, 국내소재 법인 및 단체 포함하여 소지목적 매각은 지정거래은행을 지정한 경우 한도에는 제한이 없다.
③ 대고객 적용환율은 현찰매도율, 전신환매도율, 여행자수표매도율이다
④ 거주자가 다른 외국환은행으로 이체하기 위한 매각인 경우 자기명의 또는 타인 명의를 불문하고 증빙서류가 필요 없다.

12 거주자의 증권 취득신고 예외사항이 아닌 경우는?

① 거주자가 국내 유가증권 상장된 주식을 대가로 하여 비거주자로부터 해외적격 거래소에 상장 또는 등록된 주식을 취득하는 경우
② 거주자가 규정에 따라 외화증권을 취득한 경우
③ 비거주자로부터 상속, 유증, 증여로 인하여 취득한 경우
④ 외국인투자촉진법에 의한 외국인투자기업, 외국기업 국내지사, 외국은행 국내 지점 또는 사무소에 근무하는 자가 본사의 주식 또는 지분을 취득하는 경우

13 다음은 외국환은행의 대출과 보증에 대한 설명이다. 가장 바르지 못한 것은?

① 거주자의 경우 외국환거래규정상 신고예외 대상으로 원칙상 금액 또는 용도에 제한이 없다.
② 외국환은행은 대출취급 시 용도 증빙서류 확인 및 사후관리 의무가 있다.
③ 비거주자의 경우도 원칙은 제한이 없다(단, 다른 거주자의 담보제공 또는 보증이 있는 경우 대출을 받고자 하는 비거주자가 한국은행총재에게 신고하여야 한다).
④ 원화로 환전하여 사용할 목적으로 제공하는 자금 또는 기타 해외에서 사용함을 목적으로 하지 않는 자금은 원칙적으로 대출이 가능하다.

08. 거래당사자 신고와 외국환은행의 업무처리 중 '유효기간'에 대한 설명으로 바르지 못한 것은?

① 유효기간이란 신고인이 신고(수리)내용에 따라 당해 지급 또는 영수를 완료하여야 하는 기간이라고 한다.
② 신고대상 외국환거래는 6개월 이내에서 유효기간을 설정 가능하다.
③ 당초 유효기간 이내에 부득이하다고 인정되는 사유로 신청 시 유효기간의 연장이 가능하고 원본서류를 제출할 필요 없다.
④ 신고(수리)를 받은 자가 유효기간 이내에 그 신고(수리)를 받은 행위나 거래를 하지 아니한 경우에는 그 신고(수리)는 무효이다.

09. 외국환은행의 업무상 제한 또는 금지사항이 아닌 것은?

① 외국환은행은 외국환거래당사자가 외국환관리규정에 의한 신고 등을 회피하고자 하는 거래를 중개·알선해서는 안 된다.
② 외국환거래는 '금융실명거래 및 비밀보장에 관한 법률' 제4조에서 정하는 경우에는 비밀보장을 해야 한다.
③ 외국환은행은 그 고객과 외국환법의 적용을 받는 거래를 함에 있어 고객의 거래 또는 지급 등이 이 법에 의한 허가를 받았거나 신고를 하였는지의 여부를 확인해야 한다.
④ 금융기관직원은 외환 및 파생상품거래 등에서 고객의 불법 또는 변칙적인 거래행위를 지원하거나 관여하는 행위를 해서는 안 된다.

10. 거주자(외국인 제외)로부터 매입하는 경우 외국으로부터 송금된 미화 10만불 초과의 대외지급수단을 매입(예치)하는 경우로서 취득경위를 입증하는 서류 미제출 시 징구해야 하는 서류를 무엇이라고 하는가?

① 영수확인서
② 외국환업무 등록증
③ 외국환지정거래신청서
④ 외국환신고(확인)필증

04 외국환업무취급기관으로 바른 것을 모두 고르면?

> ㉠ 일반은행, 농협은행, 수산업협동조합중앙회의 신용사업부문, 한국산업은행, 한국수출입은행, 중소기업은행
> ㉡ 종합금융회사, 체신관서, 금융투자업자, 외국환중개회사, 집합투자업자, 투자일임업자, 신탁업자, 보험사업자, 상호저축은행, 신용협동조합, 여신전문금융업자
> ㉢ 환전영업자
> ㉣ 외국환중개회사

① 1개
② 2개
③ 3개
④ 4개

05 다음 중 비거주자에 해당하지 않는 경우는?

① 국내에 있는 외국정부의 공관과 국제기구 및 미합중국 군대
② 거주자였던 외국인으로서 출국하여 외국에서 3개월 이상 체재 중인 자
③ 국내 입국 후 6개월 이상 국내에 체재하고 있는 외국인
④ 한국에서 해외로 투자하여 설치한 영업소, 해외현지법인, 해외지사

06 외국환거래 사전적 관리의 확인사항이 아닌 것은?

① 무역거래 : 수출입 관련 결제대금의 수수거래
② 무역외거래 : 각종 용역 서비스 대금의 수수거래
③ 소지목적환전, 증빙미제출송금(연간 10만불), 여행경비, 유학생, 이주비, 재산반출 등
④ 국내부동산취득, 비상장주식취득

07 여행경비 등 지급수단 등의 수출입 관련 휴대출입국 등의 신고는 어느 기관에 해야 하는가?

① 한국은행
② 외국환은행
③ 관할세관
④ 금융감독원

실전모의고사 제2회

01 대외지급수단에 해당하지 않는 것은?
① 정부지폐
② 은행권·주화(cash)·수표(check·T/C·D/D(demand draft)
③ 무기명양도성예금증서
④ 신용장과 환어음·약속어음·여행자카드·상품권 등

02 외국환평형기금에 대한 설명으로 가장 바르지 못한 것은?
① 기금의 조달재원은 정부출연금이 주를 이룬다.
② 긴급사태에 따른 외국환거래정지로 부과된 의무 예치금 등으로 사용된다.
③ 외국환평형기금채권의 발행에 의하여 조성된 자금도 조달재원으로 활용이 가능하다.
④ 외국환 매매 및 한국은행, 국내외 금융기관의 예치 등의 자금으로 사용한다.

03 외환거래제도 변천사로 가장 바르지 못한 것은?
① 1988년 11월 IMF 8조 이행국으로 경상거래 규제 완화하였다.
② 1996년대 경상거래 지급 및 영수에 대한 외국환은행 신고제 도입, 외국환은행의 설치 및 외환업무 자유화가 되었다.
③ 제2단계 자유화조치는 2001년에 이루어졌고, 안전장치 safeguard조치, 조기경보체계 등을 구축하여 사후관리 등을 시행하였다.
④ 비거주자에 대한 원화대출, 해외자금차입, 파생금융거래 등에 대한 허가제 폐지는 2010년도 시행되었다.

79 스왑을 거래할 수 있는 권리가 내재된 비표준형(Non-generic) 이자율스왑을 무엇이라고 하는가?

① 롤러코스터형(rollercoaster) 스왑
② 베이시스 스왑(basis swap)
③ 스왑션(swaption)
④ 선도 스왑(forward start swap)

80 5% 2×5 Receiver's swaption의 스왑션 거래에서 2년 시점에서 3년짜리 스왑금리가 6%가 된다면 다음 설명 중 옳은 것은?

① OTM 옵션이므로 행사하지 않는다.
② 옵션을 행사하여 스왑션 매수자는 5% Receiver swap을 한다.
③ 옵션을 행사하여 스왑션 매수자는 6% Receiver swap을 한다.
④ 옵션을 행사하여 스왑션 매수자는 5% Payer swap을 한다.

77 다음 중 경로종속옵션은 모두 몇 개인가?

> ㉠ 룩백 옵션
> ㉡ 복합(compound) 옵션
> ㉢ 녹아웃(knock-out) 옵션
> ㉣ 평균(average) 옵션

① 1개
② 2개
③ 3개
④ 4개

78 다음 이자율스왑에서 3개월이 지난 시점에 지급자와 결제액수는 얼마인가?

이패스기업	← 5% 변동금리 →	SWAP BANK
원금 = 1억원 기간 : 5년		결제주기 : 3개월 변동금리 = 7%

① 이패스기업 100만원
② 이패스기업 50만원
③ SWAP BANK 100만원
④ SWAP BANK 50만원

74 옵션의 가격결정에 대한 다음 설명 중 바르지 않은 것은?
① 옵션의 가격은 내재(행사)가치와 시간가치로 구성되어 있다.
② 시간가치는 등가격일 때 최대, 등가격에서 멀어질수록 감소한다.
③ 기초자산가격의 변화로 미래에 보다 유리하게 진행될 가능성에 대한 대가를 시간가치라고 한다.
④ Deep-OTM 상태에서는 내재가치만 존재한다.

75 옵션의 투자전략에 대한 다음 설명 중 바르지 않은 것은?
① 낮은 행사가격의 콜옵션 매도하고 높은 행사가격의 콜옵션 매수하는 것을 수직강세 콜 스프레드라고 한다.
② 낮은 행사가격의 콜옵션 매수하고 높은 행사가격의 콜옵션 매도하는 것을 수직강세 콜 스프레드라고 한다.
③ 콜옵션 매수의 경우 기초자산의 가격이 상당히 상승할 것을 기대하면서도 혹시 발생할 수 있는 가격하락의 위험에 대비하는 전략이다.
④ 풋옵션 매수의 경우 기초자산의 가격이 하락할 것으로 예상되고 가격변동성은 증가할 것이라는 예상에 근거한 전략

76 현재 달러/원 환율은 1,200원/$이다. 이패스기업은 1개월 후 수출대금의 영수가 예정되어 있어 통화옵션을 이용하여 환율하락위험을 헤지하였다. 풋옵션의 행사가격은 1,190원/$이고 프리미엄은 20원/$이다. 최저매도금액은 얼마인가?
① 1,170원/$
② 1,180원/$
③ 1,190원/$
④ 1,200원/$

71 선물환율에 대한 다음 설명 중 바르지 않은 것은?

① 달러/원의 경우 FC인 달러의 이자율이 VC인 원화에 비해 이자율이 높은 경우를 프리미엄이라고 한다.
② 프리미엄 통화의 경우 Bid rate 산출 시 달러 차입금리 및 원화 예금금리가 사용된다.
③ 디스카운트 통화의 경우 Offer rate 산출 시 엔화 차입금리 및 달러 예금금리가 사용된다.
④ FC이자율과 VC이자율이 같더라도 시간적 비용과 수수료 등으로 인하여 이론적으로 현물환율과 선물환율은 같다.

72 선물환거래과 통화선물거래의 특징에 대한 설명이다. 가장 바르지 못한 것은?

① 선물환거래는 거래조건이 대부분 협의에 의해 이루어진다.
② 통화선물거래는 공개호가방식으로 거래가 이루어진다.
③ 선물환거래 신용위험이 높지만 합의에 의하여 사전에 담보·증거금 징수가 가능하다.
④ 선물환거래는 일반적으로 만기 전 반대매매에 의한 포지션 청산에 의해 이루어진다.

73 다음의 경우 추가증거금을 계산하면 얼마인가?

- 개시증거금 : 2,500만원
- 유지증거금 : 2,000만원
- 일일정산 후 잔액 : 1,500만원

① 300만원
② 500만원
③ 800만원
④ 1,000만원

68 선물환거래에 대한 다음 설명 중 바르지 않은 것은?

① 선물환거래를 통해 환리스크를 헤지할 수 있는데 이를 통해 기업은 안정적인 영업활동을 할 수 있으나 그만큼 기회이익도 없어진다.
② 선물환거래를 투기목적으로도 사용할 수 있다.
③ 선물환거래 시 만기일은 스팟일로부터 정해지는데 역월 만기일 선물환거래만이 존재한다.
④ 역월 만기일 선물환거래는 스팟일로부터 1주일물, 1개월물, 3개월물 등과 같이 달력에서 해당 기간만큼씩 늘어나는 방식으로 만기일이 정해지므로 calendar week 또는 calendar month라고도 한다.

69 통화 선물환 시장에 대한 설명 중 옳은 것은?

① 현물환가격보다 선물환가격이 높으면 선물환 할인이라 한다.
② 단순 선물환거래(Outright Forward)는 선물을 매도하고 현물을 매수하는 반대매매를 말한다.
③ 은행 간 시장에서 선물환율의 고시방법은 선물환율과 현물환율의 차이인 선물환 포인트(forward points)표시법을 사용한다.
④ 달러선물환 매도자는 만기에 가서 매수자에게 달러를 수취하고 원화를 지급한다.

70 현물환시장과 스왑시장이 다음과 같이 고시되고 있을 경우 기업이 3개월 후 $1,000,000를 매각할 때 선물환율은 얼마인가?

- USD/KRW 현물환율 : 1,042.00/36
- USD/KRW 만기 3개월 스왑 포인트 : 170/210

① 1,042.70원/$ ② 1,046.70원/$
③ 1,043.70원/$ ④ 1,045.70원/$

65 이패스기업의 경우 현재 외화예금의 잔고가 7백만 달러이고 15일 뒤에 결제대금으로 주어야 할 돈이 9백만 달러이다. 이패스기업이 관리해야 할 환리스크 포지션은?

① 5백만 달러 롱 포지션
② 2백만 달러 숏 포지션
③ 3백만 달러 롱 포지션
④ 3백만 달러 숏 포지션

66 이패스기업은 3억 달러의 바지선 수주계약을 체결하였다. 그런데 통상 선박 인도시점에 자금의 인수도가 이루어진다. 따라서 계약 후 달러-원 환율이 하락할 경우 손실을 입을 수 있다. 이 경우 이패스기업은 어떠한 환리스크에 노출되어 있는가?

① 환산환리스크
② 거래환리스크
③ 영업환리스크
④ 경제적환리스크

67 환리스크 관리의 실행방안에 대한 설명이다. 가장 바르지 못한 것은?

① 정상적인 시장에서 주어진 신뢰수준으로 목표기간 동안에 발생할 수 있는 최대 손실금액을 VaR(Value at Risk)라고 한다.
② VaR는 환위험 노출금액 × 신뢰구간(1.65 or 2.33) × 환율변동성(σ)로 계산한다.
③ 총외환손실한도 > VaR 경우 해지가 필요하다.
④ 기업은 최소한 1년에 1번 정도는 관리체계의 전반사항의 환리스크 관리시스템을 점검해야 한다.

62 외환거래 목적에 대한 설명이다. 바르지 않은 것은?

① 자신의 향후 환율에 대한 예측이 적중할 경우 외환매매 차익을 얻기 위한 거래를 헤지목적외환거래라고 하며, 이러한 목적의 외환거래는 외환시장에 상당한 유동성을 제공하는 구실을 한다.
② 오늘날 외환시장에서 무역이나 자본거래를 위한 외환거래는 지극히 미미한 실정이며, 전체 외환거래의 95% 이상은 투기 목적의 거래로 추정된다.
③ 주로 외국과의 무역거래나 외화자금 차입이나 해외투자 등과 관련되는 자본거래 등에 따르는 외환거래는 실수요 목적으로 분류할 수 있다.
④ 수출입을 영위하는 기업들은 수출입의 대가로 받는 외화에 대한 환율변동에 따른 위험을 관리하기 위해 외환거래를 하게 된다.

63 파운드/달러(GBP/USD)가 1.9832/37에서 2.0843/49로 변경되었다. 다음의 설명 중 틀린 것은 어느 것인가?

① 환율을 고시한 은행입장에서는 1파운드를 2.0849에 팔겠다는 의미이다.
② 환율을 고시한 은행입장에서는 1파운드를 2.0843에 사겠다는 의미이다.
③ 파운드화 강세가 되었다는 의미이다.
④ 미국 달러가 강세가 되었다는 의미이다.

64 다음에서 설명하는 외환거래 결제일과 관련된 용어는?

> 외환거래의 대부분은 거래일(Trade Date)로부터 두 통화 해당국이 모두 2영업일 후인 날짜를 결제일(Value Date)로 한다. 그러므로 은행 간 현물환거래의 결제일은 2영업일 후가 된다.

① Value Today
② Value Tomorrow
③ Value Forward
④ Value Spot

60 다음 중 외국환거래법 위반거래에 대한 제재내용으로 옳지 않은 것은?

① 외국환거래법에 따른 지급 등의 방법에 대한 신고를 하지 않은 경우로서 위반금액이 25억원을 초과하거나, 자본거래관련 신고를 하지 않은 경우로서 위반금액이 50억원을 초과하는 경우에는 과태료 대상이 된다.
② 외국환거래법 위반자에 대한 제재로는 행정처분, 과태료, 벌칙 등을 부과한다.
③ 벌칙에 대한 처분은 법원에서, 외국환업무 취급기관에 대한 제재는 한국은행, 관세청장, 금융위원회에서 행한다.
④ 외국환거래법상 기획재정부장관은 외국환거래에 대한 검사를 금융감독원장, 한국은행총재, 관세청장에게 위탁을 하고 있다.

61 자금시장과 외환시장에 대한 설명이다. 가장 바르지 않은 것은?

① 자금시장에서는 거래결과 한 나라 자금을 차입한 경우는 이자비용이 발생하고, 예치한 경우는 이자수익이 발생하며, 외환시장에서 외환딜러의 외환거래 결과는 외환차익 또는 외환차손이 발생한다.
② 자금시장은 한 나라의 자금을 빌리거나 빌려주는 형태를 취하는 형태이고, 외환시장에서는 한 나라 통화를 대가로 다른 나라 통화를 사거나 파는 형태이다.
③ 자금시장의 가격은 이자율이고, 외환시장의 가격은 환율이다.
④ 자금시장에서 두 가지 자금이 거래대상이라면, 외환시장에서는 한 가지 통화가 교환행위의 대상이 된다.

57 다음 중 외국수표 매입 시 유의해야 할 사항에 관한 설명으로 옳지 않은 것은?

① 외화수표는 국제법상 발행지법이 적용되므로 매입대전 입금 후 1~3년 후에도 부도처리하는 사례가 있다.
② 제시기간은 Bank Check는 발행일로부터 6개월이다.
③ 선일자 수표는 창구제시일이 제시기간 이내인지 확인 후 매입(추심)한다.
④ 은행에서 발행한 CRS 송금수표를 발행의뢰인이 후일 취소 요청하는 경우 동 수표를 매입(추심)처리하지 않도록 하여야 한다.

58 다음 중 지급·영수절차와 관련된 외국환거래법규 내용으로 옳지 않은 것은?

① 조약 및 일반적으로 승인된 국제법규와 국내법령에 반하는 행위와 관련한 지급 등을 하여서는 안 된다.
② 건당 미화 5천불을 초과하는 지급 등을 하고자 하는 경우 외국환은행장에게 지급 등의 사유와 금액을 입증하는 서류를 제출하여야 한다.
③ 지급 등을 하고자 하는 경우 지급 또는 그 원인이 되는 거래 또는 행위가 법에 따라 신고 등을 하여야 하는 경우에는 그 신고 등을 먼저 하여야 한다.
④ 신고 등을 하지 않아 외국환거래법규를 위반한 경우 절대로 지급 등을 할 수 없다.

59 한국은행총재에게 신고해야 하는 거래가 아닌 것은?

① 상계 및 상호계산
② 기획재정부장관이 정하는 기간을 초과하는 지급 등
③ 외국환은행을 통하지 않는 지급 등
④ 외국환은행의 환전용 내국통화 수출

54 다음 중 외국환업무에 관한 설명으로 가장 바르지 않은 것은?

① 외국통화 환전 시에는 실명확인증표에 의해 본인확인을 철저히 하여야 한다.
② 당발송금 전문발신 완료 후에는 취소거래가 불가하므로 송금거래 완료 즉시 Remittance Detail을 출력하여 반드시 송금신청서상의 내용과 대조하여야 한다.
③ 타발송금이 도착할 경우 수취인에게 즉시 통지하여 환율변동에 따른 고객의 손실 등으로 민원이 발생하지 않도록 해야 한다.
④ 송금인 정보 중 고객번호는 수정이 가능하나 실명번호는 수정이 불가능하다.

55 내국신용장에 관한 설명으로 옳지 않은 것은?

① 수출용 완제품 - 원자재의 국내 공급업체에게 대금결제의 확실성을 보장해 주기 위하여 물품구매자를 개설의뢰인으로 하고, 공급자를 수혜자로 하여 외국환은행이 발행하는 국내업자 간 지급보증제도를 내국신용장 제도라고 한다.
② 내국신용장 조건으로 양도가 불가능한 취소불능 신용장이어야 한다.
③ 유효기일은 물품의 인도기일에 최장 30일을 가산한 기일 이내여야 한다.
④ 내국신용장 매입 시 공급자발행 물품매도확약서, 당해 내국신용장의 개설근거가 되는 원수출신용장 등을 징구해야 한다.

56 해외직접투자 신고 시 주요 점검사항이 아닌 것은?

① 특정 사업(해외자원개발, 건설업)인 경우 관계부서 앞 사전신고를 이행하여야 한다.
② 해외직접투자는 원칙적으로 사전신고이다.
③ 당해 계약(취득)이 성립한 날로부터 1년 이내로 미화 1만불 범위 내에서 휴대 또는 송금한 경우에는 사전신고를 하여야 한다.
④ 대리인이 신고할 경우에는 공증 받은 외국인 투자가의 위임장을 첨부해야 한다.

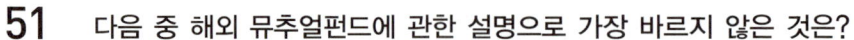

51 다음 중 해외 뮤추얼펀드에 관한 설명으로 가장 바르지 않은 것은?

① 펀드의 존속기간에 제한이 없으며, 장기투자를 하는 경우 좀 더 안정적인 수익을 얻을 수 있다.
② 입출금이 제한된 폐쇄형 뮤추얼펀드이다.
③ 여러 국가에 분산투자를 통하여 위험을 낮출 수 있다.
④ 투자지역별, 투자대상별, 투자목적별로 다양한 투자상품을 제공한다.

52 다음 중 외국환회계의 특성에 관한 설명으로 가장 바르지 않은 것은?

① 외화재무상태표와 손익계산서는 통화별로 작성된다.
② 당방계정과 선방계정의 잔액은 이론상으로는 항상 일치하여야 하나, 우편기간의 시차 등으로 양 계정의 잔액은 일치하지 않으므로 환대사를 통해 그 차이를 규명하여야 한다.
③ 매입외환이나 매도외환은 국내에서 외국환 매매거래가 먼저 일어나는 경과계정이다.
④ 외국환은행은 회계처리 절차상 어떤 거래의 결제가 이루어질 때까지 과도기적으로 처리할 수 있는 경과계정과 결제를 위한 외국환거래가 최종적으로 귀착되는 결제계정을 갖는다.

53 다음 중 외국환거래의 경과계정에 대한 내용으로 가장 바르지 않은 것은?

	구분	거래내용	환종류	계정과목
①	타발송금	거래 타발송금환의 지급	지급환	외화예치금
②	당발송금	T/T, 외화수표 발행, T/C판매	매도환	매도외환
③	수입거래	수입선적서류 접수	추심환	미결제외환
④	수출거래	수출환어음 매입	매입환	매입외환

48 다음 설명 중 가장 바르지 못한 것은?

① 환전영업자는 환전업무 현황을 매월별로 익월 10일까지 지정거래외국환은행의 장에게 제출해야 한다.
② 환전영업자는 거주자에게 2천불 초과의 외국환 매도를 할 수 없다.
③ 환전영업자는 기타 외국환(송금수표 등)은 매입할 수 없다.
④ 비거주자에게는 최근입국일 이후 매각한 범위 내에서 외국통화를 매도할 수 있다.

49 다음 중 서로 다른 행사환율에서 Call 옵션을 매각하고, Put 옵션을 매입하여 비용을 최소화하면서 보유자산에 대한 환율 손실을 일정 부분 방어할 수 있는 통화옵션 합성상품을 무엇이라 하는가?

① 인핸스드 포워드(Enhanced Forward)
② 시걸 옵션(Seagul Option)
③ 타겟 포워드(Target Forward)
④ 레인지 포워드(Range Forward)

50 환율연동상품에 대한 설명이다. 가장 바르지 못한 것은?

① 계약 시 환율 변동구간을 설정한 뒤 이후 환율이 구간 안에서 움직이면 시장환율보다 높은 가격에 달러를 팔 수 있는 상품을 피봇이라고 한다.
② 달러연금보험은 외화예금보다 높은 장기간 확정고금리를 제시하는 확정형 금리 상품이다.
③ 키코(KIKO)는 Knock-in, Knock-out Option 거래를 의미한다.
④ 외화연금보험은 주로 장기계약 형태로 원화저축보험과는 다르게 비과세 대상이 아니다.

45 다음 중 타발송금에 관한 설명으로 가장 바르지 않은 것은?

① 타발송금이 외국환거래법령 등에 의한 신고대상인지 여부를 확인한다.
② 정부, 지방자치단체, 외국환업무취급기관 및 환전영업자가 타발송금을 영수하는 경우에는 취득경위 입증서류 제출을 생략할 수 있다.
③ 외화표시 타발송금을 원화로 지급할 때에는 지급 시점의 대고객 전신환매도율로 환산한 원화를 지급한다.
④ 타발송금은 실시간으로 계속 접수가 되므로 수시로 타발송금 접수 여부를 확인하여 지급이 지연되지 않도록 하여야 한다.

46 여행자수표에 대한 설명으로 바르지 못한 것은?

① 여행자수표는 발행회사가 발행한 정액권 외화수표를 말한다.
② 도난 및 분실 시에도 T/C구매신청서 사본을 제출하면 재발행이나 환금이 가능하다.
③ 분실 신고는 고객이 직접 판매회사 앞으로 신고하는 것이 원칙
④ 수표 양단에 모두 서명하였거나 상단에 서명하지 않고 백지상태로 분실이나 도난을 당한 경우에도 재발이 가능하다.

47 다음 중 외화수표 부도 관리업무에 관한 설명으로 가장 바르지 않은 것은?

① 외화수표의 경우 수표 앞면 위·변조의 경우 지급은행의 결제일로부터 1년, 뒷면 배서 위조는 3년까지 부도로 인한 수표대금 반환청구가 가능하다.
② 해외지급은행에서 부도 사실을 통지받거나, 추심 전 매입한 외화수표가 대외발송일로부터 90일까지 입금되지 않은 경우 부도로 등록한다.
③ 추심 전 매입한 외화수표가 부도 처리된 경우 즉시 매입의뢰인으로부터 부도대금 원금과 부도이자를 회수하여야 한다.
④ 외화수표 부도대금 원금을 원화로 회수할 경우에는 회수 당시의 전신환매도율을 적용하며, 부도이자는 추심 전 매입거래 시 받았던 환가료 기일 다음날부터 부도대금 회수 전날까지의 기간에 대해 회수 당시 연체이자율을 적용하여 받는다.

42 다음 환포지션 중 환율이 상승하는 경우 가장 유리한 포지션은?

① Short Position
② Over Sold Position
③ Over Bought Position
④ Square Position

43 다음 중 외화예금 취급실무에 관한 설명으로 옳지 않은 것은?

① 거주자계정의 처분 시 대외지급을 하는 경우가 아니라면 금액에 제한이 없다.
② 외국에서 발행한 외화표시(여행자)수표(백지수표 포함)를 휴대반입한 경우로서 동일자·동일인·동일점포기준 미화 2만불을 초과하여 매입하는 경우에는 관할세관의 장이 발행하는 외국환신고(확인)필증을 받아야 한다.
③ 대한민국정부의 재외공관 근무자라도 미화 2만불을 초과하는 외국통화를 예치하고자 하는 경우에는 외국환신고(확인)필증을 받아야 한다.
④ 대외계정의 처분 시 외국인거주자 또는 비거주자에게 미화 2만불을 초과하는 대외지급수단으로의 인출하는 경우에는 외국환신고(확인)필증을 발행·교부하여야 한다.

44 송금대금이 수취인에게 지급되기 전에 송금의뢰인이 송금 취소를 요청하는 경우에는 퇴결처리를 하여야 하는데, 이 경우 송금의뢰인에게 퇴결대금을 원화로 지급하는 방법으로 가장 옳은 설명은?

① 송금 당시의 환율을 그대로 적용하며 퇴결수수료를 공제한 금액만큼 지급한다.
② 퇴결수수료를 공제한 금액에 지급 당시의 매매기준율을 적용한다.
③ 송금요청액 전액을 송금 취급 시 적용했던 환율을 적용한다.
④ 퇴결수수료를 공제한 금액에 지급 당시의 전신환매입률을 적용한다.

39 SWIFT에 대한 설명이다. 가장 바르지 못한 것은?
① 해외은행과 자금결제, 메시지 교환을 처리하기 위한 국제적인 은행 간 통신정보망을 SWIFT라고 한다.
② SWIFT는 Society for Worldwide Interbank Financial Telecommunication의 약자이다.
③ SWIFT로부터 받은 LOG-IN KEY 및 SELECT KEY를 입력하여야만 SWIFT에 접속이 가능하다.
④ TELEX를 통한 전문 송·수신보다 통신비용이 비싸다는 단점이 있다.

40 다음 중 외국환대사에 관한 설명으로 옳지 않은 것은?
① 외국환대사란 은행의 거래내역과 상대은행(예치환거래은행)의 거래내역을 일치시켜 나가는 과정으로, 예치환거래은행별로 수행하나 통화별로 수행하지는 않는다.
② 외국환대사를 종료한 후에도 정리가 되지 않고 남아있는 미정리환을 미달환이라고 한다.
③ 미달환이 장기간 존재하게 되면 예측하지 못한 손실이 발생할 수 있다.
④ 이론적으로는 당방은행과 상대은행의 거래내역은 일치하여야 하나, 거래금액 상이 등의 사유로 어느 한쪽에서 정리가 되지 않은 환이 존재하면 거래내역이 일치하지 않는다.

41 당방은행이 고객의 해외송금 요청에 따라 선방은행계좌로 자금을 입금하였다. 그런데 선방은행이 관련 지급지를 받지 못하여 발생하는 미달환 유형을 무엇이라고 하는가?
① They debited, but we didn't credit
② They credited, but we didn't debit
③ We credited, but they didn't debit
④ We debited, but they didn't credit

36 다음은 외화자금 관리에 대한 설명이다. 가장 바르지 않은 것은?
① 단기자금 조달에는 외화 CD, 외화 Call Money, Money Market 차입 등이 있다.
② 은행이 자체적으로 조달한 자금으로 대출을 일반외화대출이라고 한다.
③ Credit Line을 사용할 때 조달비용과 운용에 따른 수익성, 사용의 용이성을 고려한다.
④ 외화예금 인출에 대비해 적정 수준의 유동성을 보유하면 적정한 수익도 확보된다.

37 다음 중 환거래계약에 관한 설명으로 옳지 않은 것은?
① 환거래계약을 통해 제공되는 서비스는 중복계좌를 이용한 제3의 금융기관이 익명으로 거래할 가능성이 있다.
② 대리지불계좌를 통한 금융서비스 활용이 가능하므로 환거래계좌가 자금세탁 위험에 노출될 가능성은 낮다.
③ 환거래 계약체결 이전에 환거래 요청은행의 실체, 지배구조, 중복계좌 존재 여부 등을 확인하여야 한다.
④ 무예치환거래계약 시 요청은행에 대한 요주의리스트 필터링을 실시하고 Test Key 또는 SWIFT Key 교환(RMA 방식)만으로 계약이 이루어진다.

38 다음 중 외화유동성 리스크관리에 관한 설명으로 옳지 않은 것은?
① 유동성과 수익성은 서로 상충관계에 있으므로 적정 수준의 유동성을 유지하는 것이 중요하다.
② 은행의 국내 본·지점, 해외지점, 해외현지법인의 모든 외화자산과 부채를 유동성 관리대상으로 한다.
③ 역외계정과 부외거래는 유동성리스크 관리대상에 포함되지 않는다.
④ 외화예금의 지급, 신규대출 취급 등 은행의 외화자금 수요에 대처할 수 있는 적정 유동성을 유지해야 한다.

33 해외직접투자와 해외지사를 비교 설명한 내용이다. 가장 바르지 못한 것은?

① 해외직접투자는 비영리법인은 투자가 불가능
② 해외지사의 투자금액은 증빙서류만 있으면 제한이 없으나 1만불 초과 시 모두 국세청, 관세청 및 금융감독원에 통보된다.
③ 해외직접투자는 설치완료보고, 연간활동보고 등을 해야 한다.
④ 해외직접투자는 청산 시 청산보고서를 즉시 제출해야 한다.

34 다음은 외국환은행의 보증 업무 중 신고예외 거래 사항에 해당하지 않는 경우는?

① 거주자 간의 거래에서 채권자에 대한 보증
② 거주자(채무자)와 비거주자(채권자)의 인정된 거래에 관하여 채권자인 비거주자에 대하여 보증을 하는 경우
③ 비거주자 간 현지금융관련 보증
④ 비거주자 간 거래에서 거주자가 외국환은행에 보증 또는 담보를 제공하는 경우

35 금융감독원의 행정처분에서 1천만원 이하 과태료 대상이 아닌 경우는?

① 신고수리 거부 및 변경 권고 위반
② 검사불응 검사거부 검사방해 또는 기피행위
③ 외국환 중개회사 합병 해산 폐지, 양수도 위반
④ 외국환 업무 및 환전 업무 등록 폐지 신고 위반

30 외국인투자촉진법에서 정한 외국인투자에 해당하는 경우는 어느 경우인가?
① 투자금액이 1억원 이상으로서 의결권이 있는 주식 총수 또는 출자총액의 10% 이상을 소유한 경우
② 투자금액이 1억원 이하로서 의결권이 있는 주식 총수 또는 출자총액의 10% 미만을 소유하면서 임원의 파견 또는 임원을 선임할 수 있는 계약
③ 투자금액이 1억원 이상으로서 의결권이 있는 주식 총수 또는 출자총액의 10% 미만을 소유하면서 기술의 제공, 도입, 또는 공동연구개발 계약
④ 투자금액이 1억원 이상으로서 의결권이 있는 주식 총수 또는 출자총액의 10% 미만을 소유하면서 5년 이상의 기간 동안 원자재 또는 제품을 납품하거나 구매하는 계약

31 외국기업 국내지사의 영업기금 불인정 사유가 아닌 것은?
① 지정거래은행 이외의 은행을 통한 자금 영수
② 휴대수입한 경우
③ 송금처가 본사인 경우
④ 원화자금인 경우

32 다음은 현지금융에 대한 설명이다. 가장 바르지 못한 것은?
① 현지금융이란 외국에서 사용하기 위해 외국에서 원화자금을 차입하거나 지급보증을 받는 것을 말한다.
② STAND BY L/C 개설 시 보증, 담보제공을 요청할 수 있다.
③ 비독립채산제지점은 현지금융 비수혜대상자이다.
④ 현지금융으로 조달한 자금은 현지법인 등과 국내 거주자 간의 인정된 경상거래에 따른 결제자금의 유입의 경우를 제외하고는 국내에 예치하거나 유입할 수 없다.

28 다음은 재외동포의 국내재산 반출절차(규정4-7조)에 대한 설명이다. 가장 바르지 못한 것은?

① 2만불 초과 휴대출국 시 외국환신고(확인)필증을 발행·교부한다.
② 지정거래외국환은행을 통하여만 지급이 가능하다.
③ 송금방식 또는 외화현찰이나 여행자수표로도 지급이 가능하다.
④ 외국 국적을 취득한 자, 외국의 영주권 또는 이에 준하는 자격을 취득한 자가 반출 대상이다.

29 다음 보기 중 국내예금과 신탁 관련하여 규정7-10조의 기타 확인 및 통보사항으로 맞는 것은 모두 몇 개인가?

> ㉠ 거주자계정에 외화로 직접 예치 시 외국환은행의 확인은 외국환 매입규정을 준용하여 취득경위 등을 확인하여 미확인 시 이전거래로 간주하여 처리
> ㉡ 대외계정의 자금을 원화로 처분 시 동일자 2만불 초과의 경우에는 처분사유를 확인하여 신고 등의 절차를 거치도록 안내
> ㉢ 거주자계정에서 동일자, 동일인 기준으로 미화 1만불을 초과하여 대외지급수단인 외화현찰 등으로 인출하는 경우에는 국세청 및 관세청 통보사항
> ㉣ 대외계정에 외화현찰 등 휴대한 외국환으로 예치 시 동일자, 동일인 기준 미화 2만불 초과 시에는 외국환신고(확인)필증 또는 한국은행총재의 신고필증 등으로 자금출처를 확인하여야 함
> ㉤ 대외계정예치 시 자금원천이 확인되지 않은 원화나 동일자 미화 2만불 이하로서 신고필증이 없는 외국통화인 경우에는 지정거래은행을 통하여 연간누계 미화 5만불 이내까지 예치 가능
> ㉥ 거주자 계정 간의 국내이체 및 대외계정 간의 국내이체는 제한사항이 없다.
> ㉦ 대외계정으로부터 거주자계정으로 이체되는 경우 대외계정처분은 제한이 없으나 자금을 받는 거주자계정 쪽에서는 취득사유를 입증하여야 하는 등 타발송금 영수와 동일한 기준을 적용받음
> ㉧ 반대로 거주자계정에서 대외계정으로 국내 이체하는 경우 인정된 거래에 한하므로 대외지급에 대한 신고 등의 절차를 거친 후 이체하여야 함

① 5개　　　　　　　　② 6개
③ 7개　　　　　　　　④ 8개

25 다음은 계정의 종류에 대한 설명이다. 바르지 못한 것은?
① 거주자인 국내의 일반 국민들이나 국내소재회사가 개설하는 가장 흔한 외화예금계정을 거주자계정이라고 한다.
② 해외이주비 지급, 재외동포 재산반출용으로 필요시 개설하는 계정을 해외이주자계정이라고 한다.
③ 대외계정은 처분 시 제한은 없고 예치 시 제한이 크므로 취득경위를 잘 파악해야 한다.
④ 비거주자 자유원계정은 해외송금 시 제한이 많으므로 반드시 취득경로를 파악해야 한다.

26 거주자계정 및 거주자외화신탁계정에 대한 설명이다. 가장 바르지 못한 것은?
① 원칙적으로 취득 또는 보유가 인정된 대외지급수단 및 내국지급수단을 대가로 외국환은행으로부터 매입한 대외지급수단 등이다.
② 거주자외화신탁계정에 2만불 초과 입금 시 외국환신고(확인)필증 등 취득입증서류가 필요하다.
③ 본 계정에서 외화를 거주자계정으로 이체하는 경우 원칙적으로 인정된 거래만 가능하며, 일정금액 이상일 경우 확인서류를 징구해야 한다.
④ 처분용도에는 제한 없지만, 대외지급은 인정된 거래에 한해 처분 가능하다.

27 다음은 계정에 대한 설명이다. 가장 바르지 못한 것은?
① 비거주자가 국내에서 취득한 원화자금이면 모두 자유롭게 가능한 계정은 비거주자 원화계정이다.
② 비거주자 자유원계정(free Won account)은 대외계정과 동일한 성격을 가진다.
③ 인정된 해외이주비, 부동산처분대금 및 예금 등 국내재산의 송금을 위한 계정은 해외이주자계정이다.
④ 대외자산의 성격으로 자금의 원천을 반드시 확인 후 예치할 수 있도록 하고 처분은 완전 자유롭게 하는 독특한 성격의 계정을 외국인대내계정이라고 한다.

22 다음은 외국환의 매입(규정 2-2조 거주자에 대한 매입)에 대한 설명이다. 가장 바르지 못한 것은?

① 외국환은행이 거주자로부터 외국환을 매입하여 원화로 교환하여 주는 경우 외국환의 매입(규정2-2조)을 따른다.
② 거주자는 외국인을 포함한 모든 거주자가 적용된다.
③ 실무상 타발송금, 외화현찰, 여행자수표, 외화수표, 수출환어음 등 주로 대외지급수단이 매매대상으로 많이 이용된다.
④ 동일자 동일인 2만불 이하 대외지급수단의 매입의 경우 취득경위 확인 면제된다.

23 다음은 상호와 상호계산에 대한 설명이다. 가장 바르지 못한 것은?

① 상호계산계정을 통하여 대기(貸記) 또는 차기(借記)할 수 있는 항목은 상호계산상대방과의 채권 또는 채무로 한다.
② 다국적기업의 상계센터를 통하여 상계하거나 다수의 당사자의 채권 또는 채무를 상계하고자 하는 경우 한국은행총재 신고사항이다.
③ 연계무역, 위탁가공무역 및 수탁가공무역에 의하여 수출대금과 관련 수입대금을 상계하고자 하는 경우는 신고사항이다.
④ 지정거래외국환은행의 장은 상호계산을 실시하는 자가 규정을 위반하거나 그 거래실적 등에 비추어 상호계산계정의 존속이 필요 없다고 인정되는 경우에는 폐쇄할 수 있다.

24 지급수단 등의 수출입에서 신고예외대상이 아닌 것은?

① 1만불 초과 지급수단(자기앞수표포함) 및 은행의 확인필증 소지한 휴대수출
② 1만불 상당액 이하의 지급수단 수입
③ 은행을 통하지 않는 거래의 휴대수출
④ 외국환은행의 업무관련 외화수입

19 국내에서의 고용, 근무에 따라 취득한 국내보수 또는 자유업 영위에 따른 소득 및 국내로부터 지급받는 사회보험 및 보장급부 또는 연금 기타 이와 유사한 소득범위 이내에서 지정거래외국환은행을 통해 비거주자 또는 외국인거주자에게 지급이 가능하다 이때 증빙서류가 없는 경우 지급이 가능한 한도는 얼마인가?

① 2만불
② 3만불
③ 5만불
④ 10만불

20 다음은 해외여행경비 지급에 대한 설명이다. 가장 바르지 못한 것은?

① 국민인 거주자 일반 해외여행자 경비의 경우 신분증만 있으면 금액제한 없이 여행경비 환전 가능하다.
② 일반 해외여행자 경비 중 증빙서류 있는 경우 해당서류 확인 후 지급이 가능하며, 이 경우 휴대출국 외 송금까지 허용된다.
③ 해외체재비 및 해외유학경비의 경우 금액제한, 학력제한 및 연령에 따른 지급금액 제한이 없다.
④ 단체해외여행경비의 경우 각각 개인별로 지급한다.

21 해외이주비의 지급절차에 대한 설명으로 바르지 못한 것은?

① 지급신청서 및 거래외국환은행지정(변경)신청서를 징구한다.
② 세대별 지급누계총액이 10만불 초과시 관할 세무서 발행 자금출처 확인서를 징구한다.
③ 가족관계증명서와 주민등록등본(해외이주신고용)을 징구한다.
④ 여권, 비자 사본 또는 영주권 사본(사후보완은 불가능)

16. 소액해외송금업에서 외국환업무의 원활한 수행과 안정성 확보를 위해 소액해외송금업자는 얼마 이상의 이행 보증금을 예탁하고 등록기간까지 이를 유지하여야 하는가?

① 1억원 이상
② 2억원 이상
③ 3억원 이상
④ 4억원 이상

17. 환전업무를 폐지하는 경우 제출하는 서류를 모두 고른 것은?

㉠ 환전업무폐지신고서
㉡ 환전영업자 등록필증
㉢ 보유 외국환 잔액에 대한 지정거래외국환은행의 매각증명서
㉣ 미사용환전증명서 및 폐기환전증명서에 대한 지정거래외국환은행의 반납확인서

① ㉠
② ㉠, ㉡
③ ㉠, ㉡, ㉢
④ ㉠, ㉡, ㉢, ㉣

18. 다음 중 지급과 영수(규정4-1조)의 적용범위에 해당하지 않는 것은 무엇인가?

① 국내 거주자와 국내 비거주자 간 거래
② 국내 거주자와 해외 비거주자 간 거래
③ 국내 비거주자와 해외 비거주자 간 거래
④ 비거주자가 외국에서 외국으로 발생하는 지급

13 다음은 계정의 종류에 대한 설명이다. 바르지 못한 것은?

① 비거주자 원화계정은 비거주자(외국인거주자 제외)가 국내사용목적으로 원화로만 개설한 계정을 말한다.
② 비거주자 원화계정 중 투자전용계정은 당좌예금, 보통예금 등의 개설이 가능하다.
③ 비거주자 자유원계정은 대외계정과 동일한 성격을 가진다.
④ 비거주자 자유원계정은 당좌예금, 보통예금, 정기예금, 저축예금, 기업자유예금, 정기적금 등을 개설할 수 있다.

14 지정거래 외국환은행의 지정업무 처리 절차에 대한 설명으로 바르지 못한 것은?

① 거래외국환은행지정(변경) 신청서를 외국환은행에 제출해야 한다.
② 지정등록 실명번호 중 법인은 사업자등록번호를 이용한다.
③ 거래외국환은행지정의 관리기간은 거래외국환은행을 지정한 연도 말일까지 관리한다.
④ 지정관리 기간은 고객이 원하는 경우 언제든지 취소 및 변경이 가능하다.

15 외국환은행의 예금 및 신탁 중 개설 불가능한 예금계정 및 금전신탁계정은 어느 것인가?

① 비거주자의 외화자금 예치를 위한 대외계정 및 비거주자외화신탁계정
② 비거주자가 국내에서 사용하기 위한 목적의 원화자금을 예치하는 비거주자원화계정
③ 해외이주자, 재외동포 등이 국내재산 반출용 외화자금을 예치하는 해외이주자계정 등
④ 개인인 외국인거주자, 대한민국정부의 재외공관 근무자 및 그 동거가족의 외화자금 예치를 위한 거주자계정 및 거주자외화신탁계정

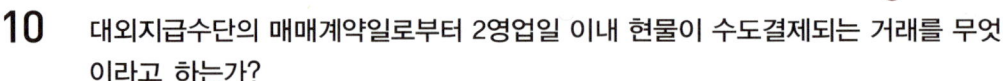

10 대외지급수단의 매매계약일로부터 2영업일 이내 현물이 수도결제되는 거래를 무엇이라고 하는가?

① 현찰매도율 거래
② 전신환매입율 거래
③ 현물환거래
④ 선물환거래

11 다음은 외국인거주자 및 비거주자로부터 매입에 대한 설명이다. 가장 바르지 못한 것은?

① 동일자 동일인 2만불 이하 대외지급수단의 매입인 경우 매입제한이 없다.
② 해외로부터 송금된 자금 또는 외화예금 내 자금을 원화로 매입요청 시, 동일자 동일인 기준 미화 2만불 초과 시에는 처분사유를 확인해야 한다.
③ 외화현찰, 수표(T/C)금액이 동일자 2만불 초과 시 외국환신고(확인)필증 등 취득경위 입증서류를 확인해야 한다.
④ 동일자 2만불 초과이면서 재원확인 입증서류가 없는 경우 외국환은행장 승인 후 매입해야 한다.

12 비거주자에 대한 매각의 설명으로 바르지 못한 것은?

① 최근 입국일 이후 당해 체류기간 중 매각한 실적 범위 내까지 매각이 가능하다.
② 비거주자가 국내소재 외국공관 및 공관원의 경우 매각제한 없으며, 신분확인으로만 가능하다.
③ 해외지점이 원화 T/C를 비거주자에게 매각하고 동 비거주자가 국내에 입국하여 매각실적 증빙서류를 제시한 경우 재매각이 가능하다.
④ 매각실적 없는 경우 미화 5만불 이내 매각이 가능하다.

07 다음 설명 중 가장 바르지 못한 것은?
① 허가사항은 현재 원칙적으로 해당 거래를 제한 또는 금지하는 사항으로 극히 일부분만 남아 있다.
② 금융기관의 해외지점 설치는 금융감독원 신고수리사항이다.
③ 외국환 거래당사자는 소정의 신고서와 증빙서류 제출, 신고 받은 기관은 신고 대상거래 여부 및 기재사항 확인 후 업무처리 가능한 사항을 신고수리사항이라고 한다.
④ 수출입 관련 결제대금의 수수거래는 확인사항이다.

08 해외이주비지급에 관한 설명 중 옳은 것은?
① 해외이주신고확인서 발급일로부터 2년까지 지급이 가능하다.
② 휴대반출이 불가능하며 그 외에 해외여행경비로 별도 지급이 가능하다.
③ 지급 한도는 세대별 지급누계 총액에 제한 없이 지급이 가능하다.
④ 해외이주신고확인서를 발급받고 3년 이내에 이주하지 않는 경우 동 신고서는 무효가 된다.

09 다음은 지정거래 외국환 은행의 사후관리에 대한 설명이다. 가장 바르지 못한 것은?
① 신고(수리)분에 대한 사후관리는 당해 취급점이 한다.
② 위규 발견 시 취급점은 본점에 본점은 금융감독원에 보고한다.
③ 당사자에게 필요 서류를 제출하도록 요구할 수 있다.
④ 신고일로부터(유효기일이 있는 경우 유효기일로부터) 1년간 보고한다.

04 국민인비거주자가 아닌 경우는?
① 외국에서 영업활동에 종사하고 있는 국민
② 2년 이상 외국에 체재하고 있는 국민. 이 경우 일시 귀국의 목적으로 귀국하여 3개월 이내의 기간 동안 체재한 경우 그 체재기간은 2년에 포함되는 것으로 본다.
③ 그 밖에 영업 양태, 주요 체재지 등을 고려하여 거주자로 판단할 필요성이 인정되는 자로서 기획재정부장관이 정하는 자
④ 미합중국 군대의 그 구성원·군속 등

05 외국환업무의 등록에서 등록요건으로 가장 잘못된 것은?
① 외국환업무 및 그에 따른 사후관리를 수행할 수 있는 전산설비를 갖출 것
② 한국은행총재가 정하는 재무건전성 기준에 비추어 자본규모와 재무구조가 적정할 것
③ 외환정보집중기관과 전산망이 연결되어 있을 것
④ 영업소별로 2년 이상 외국환업무에 종사한 경력자 또는 기획재정부장관이 정하는 교육을 이수한 자를 영업소별로 2인 이상 확보할 것

06 대외거래의 형태 중 투자/자본 거래가 아닌 것은 어느 것인가?
① 여행, 운수, 보험, 통신
② 예금(신탁), 금전대차
③ 해외직접투자
④ 증권, 채권, 파생상품, 부동산거래

제1회 실전모의고사

01 다음 설명 중 가장 바르지 못한 것은?
① 격지 간 거래가 국내에서 이루어지고 내국통화로 거래되는 것을 내국환(Domestic Exchange)이라 한다.
② 외국환거래법은 원칙적으로 Negative 체제를 도입하여 모든 거래를 자유롭게 하도록 하였으며, 예외적으로 규제 사항을 두고 있다.
③ 서로 다른 국가 간의 거래로 발생된 대금을 결제하기 위한 수단을 외국환(Foreign Exchange)이라 한다.
④ 국제 간 대금결제는 직접 이동 방식이 주로 이용된다.

02 외환거래제도 변천사로 가장 바르지 못한 것은?
① 1988년 11월 IMF 8조 이행국으로 경상거래 규제 완화하였다.
② 1996년대 경상거래 지급 및 영수에 대한 외국환은행 신고제 도입, 외국환은행의 설치 및 외환업무 자유화가 되었다.
③ 제2단계 자유화조치는 2002년이다.
④ 비거주자에 대한 원화대출, 해외자금차입, 파생금융거래 등에 대한 허가제 폐지는 2006년도 시행되었다.

03 외국환업무취급기관 중 체신관서의 업무가 아닌 것은?
① 외국통화 및 여행자수표의 매매
② 외국통화표시 우편환의 매입
③ 외국환거래규정에 규정된 지급을 하고자 하는 자에 대한 외국통화표시 우편환의 발행·매각 등
④ 내국통화로 표시되거나 지급되는 비거주자와의 증권·채권의 매매

이패스코리아 외환전문역 Ⅰ종

부 록

실전모의고사

제1회 실전모의고사
제2회 실전모의고사

38 ③ 스왑거래라고 한다.

39 ④ 이자는 물론 원금까지 교환되므로 만기원금에 대한 환율변동 리스크가 상대적으로 크다.

40 ① 선물거래를 위한 증거금에는 주문증거금, 유지증거금 및 추가증거금이 있다.

41 ② Trade Date

42 ③ 롤러코스터형(rollercoaster)이라고 한다.

43 ① 환산환리스크는 지난 결산시점(또는 보고시점) 이후 환율의 변화에 의해 외국통화표시 자산과 부채, 수입과 지출, 이익과 손실을 재무제표의 보고통화로 환산함에 있어 환산차익과 환산차손을 발생시킬 수 있는 불확실성을 말한다. 영업환리스크는 예를 들어 국내조선사의 경우 선박을 수주할 때와 선박을 건조하는 기성에 따라 매출을 인식할 때 사이의 환율의 변화에 따른 불확실을 말한다.

20 ① 통화스왑은 서로 다른 통화에 대한 이자를 교환하고 계약 초기 및 계약 당시에 합의한 환율로 원금들을 교환하기로 하는 계약이다. 초기원금교환, 이자교환, 만기원금교환의 순서로 이루어진다.

21 ② 현물환 매입 + 선물환 매도에 대한 내용이다.

22 ② 대부분의 외환매매는 특정 장소 안에서 특정 시간에 모든 참가자들이 직접 참여하여 거래하는 선물거래소가 아니라 일정한 거래장소나 시간에 구애되지 않고 전화나 딜링머신 등을 이용하여 거래하는 장외시장을 통해 거래된다.

23 ③ 외환거래에서 어떤 통화를 사거나 파는 기준은 FC이다. USD/JPY에서는 FC가 USD이다. 그러므로 quoting party인 B은행은 USD/JPY의 offered rate인 82.20에 달러를 팔 수 있다. 그런데 GBP/USD에서는 GBP가 FC이다. 그러므로 quoting party인 B은행이 달러를 판다는 것은 곧 GBP를 사는 것을 의미한다. 그러므로 quoting party인 B은행은 GBP/USD의 bid rate인 1.6105에 파운드를 산다.

24 ③ 통화선물은 공개호가방식이다.

25 ④ NDF거래에서는 만기에 선물환거래 원금을 교환하지 않는다.

26 ② 가격제한폭 전일 정산가격 ± 4.5%이다.

27 ② 통화가치가 하락할 경우 손실을 볼 위험이 있는 자는 통화선물 매도를 통해 위험을 헤지할 수 있다.

28 ① 유로선물의 결제월은 분기월 중 4개와 그 밖의 월 중 4개월이 상장된다. 2월물 만기일 이전 상장월은 3,6,9,12월물 및 2,4,5,7월의 8개월이 상장된다.

29 ③ A은행이 B은행과 외환거래에서 발생한 롱 포지션을 스퀘어하기 위해 calling party로서 다른 여러 은행에 USD/JPY two-way quotation을 요구한 뒤 여러 은행의 가격 중 bid rate가 가장 높은 은행과 거래하면 가장 유리하다. 왜냐하면 bid rate가 높을수록 A은행은 달러를 높게 팔 수 있어 유리하기 때문이다.

30 ③ 콜옵션 매도자라고 한다.

31 ④ 현물환거래의 활용 사례이다. 나머지는 외환스왑을 활용하는 경우다.

32 ④ 배당이 상승하면 콜옵션이 하락한다.

33 ① 최소가격변동금액은 1,000원이다.

34 ④ 수직 강세 콜 스프레드라고 한다.

35 ① A국내은행은 달러 변동금리를 지급하고 원화 고정금리를 수취하는 달러/원 통화스왑을 하면 된다. 즉, 보유한 달러 채권에서 받은 달러 변동금리를 스왑은행에 지급하고 그 대가로 스왑은행으로부터 원화 고정금리를 수취하면 원화 현금흐름도 고정시킬 수 있다.

36 ① 무지개 (rainbow) 옵션이라고 한다.

37 ① 대고객 거래에서는 고객의 편의를 위해 외환거래와 동시에 외환의 인수도가 이루어지기도 한다. 당일물거래(Value Today)와 익일물거래(Value Tomorrow)는 광의의 현물환거래에 포함된다.

정답 및 해설 3과목

01 ④ 가치보존의 목적은 해당하지 않는다. 환율 변화로 인하여 가치보존이 쉽지 않을 수 있다.

02 ② 만일 FC의 이자율이 VC의 이자율보다 낮으면 이론적인 스왑포인트의 부호는 양수(+)가 된다.

03 ③ 주로 장외(Over-the-counter Market)에서 거래가 이루어진다.

04 ① Yankee bond에 대한 설명이다.

05 ④ Two-way Quotation 환율표시방법이라고 한다.

06 ④ 현금 포지션이라고 한다.

07 ② 측정된 VaR는 외환손실 가능액을 의미하는데, 이것이 총외환손실한도를 초과하였기 때문에 환노출 규모를 축소하기 위한 헤지 행위가 필요하다.

08 ① 경기변동, 투자자금의 흐름, 정부정책 등의 거시적 요인에 의해 변동된다.

09 ② 이색옵션 중 옵션의 만기손익구조가 만기일의 기초자산가격의 수준에 따라 결정되는 것이 아니라 만기일까지의 가격변화에 따라 결정되는 이색옵션은 경로종속옵션이다.

10 ① 다양한 구조화상품이 도입되면서 헤지툴로서 원화관련 스왑시장은 성장세가 두드러지기 시작했다.

11 ③ 환리스크라고 한다.

12 ④ 영업환리스크라고 한다.

13 ② 옵션계약일로부터 만기일까지의 영업일이라면 언제라도 권리행사가 가능한 옵션을 아메리칸 타입(American Type)이라 한다.

14 ③ 통화옵션은 외부적 환리스크 기법이다.

15 ④ 통화스왑에서는 초기 원금교환은 선택사항이다. 만기에는 원금교환이 꼭 이루어진다.

16 ② VaR는 환율변동성, 신뢰구간, 환리스크 측정기간 및 환노출 규모에 의해 결정된다. VaR = 1,000만원 × 1.65 × 0.03 = 49.5만

17 ① 대부분 만기 전 반대매매이다.

18 ④ 통화선물에서는 선물환거래와 달리 증거금을 납입해야 하는 불편함이 있어 통화선물의 이용을 감소시키는 요인이 된다.

19 ② 원-달러 차액결제선물환거래

61 ④ 특수조건부 신용장 등의 추심 후 지급이 원칙이다.

62 ④ 외국통화는
(1) 외국환은행이 보유하고 있는 외화현찰을 처리하는 자산계정이다.
(2) 외국통화 현찰만이 동 계정에 표시된다.

63 ① 예수금은 대변항목으로 부채에 해당한다.

64 ① 외국환은행장에 제출해야 한다.

65 ④ 국민인 거주자의 1만불 초과 지급수단의 휴대 수출은 관세청장 신고사항이다.

66 ① 외화대체료, 외화현찰수수료 등은 정률수수료 항목이다.

67 ② 거주자가 해외직접투자를 하고자 하는 경우 외국환은행장에게 신고는 정당한 업무처리이다.

68 ③ 외국환은행장 신고기관이다.

69 ④ 대금을 외국환은행을 통해 수수하지 않는 경우 한국은행총재에게 신고한 경우이다.

70 ③ 한국은행총재에게 신고해야 한다.

71 ④ 관세청장이다.

41 듀레이션
　　　현가로 환산된 가중평균만기이다.

42 ④ 엄브렐러(Umbrella) 펀드라고 한다.

43 ② 채권 듀레이션이라고 한다.

44 ② 리버스컨버터블형이라고 한다.

45 ③ 결제계정이라고 한다.

46 ② 외화예수금은 부채계정이다.

47 ① ① 송금취결 시 회계처리이다.
　　　② 예정대체일(청구어음의 결제은행 도착예정일)의 회계처리
　　　③ 외국통화를 본부 앞 현송 시의 회계처리
　　　④ 외국통화를 본부로부터 현수 시의 회계처리

48 ① 개방형 투자신탁은 폐쇄형과 대비된다.

49 ① ② 취결은행과 지급은행 쌍방간에 외화타점계정이 없는 경우의 회계처리
　　　③ 송금액 지급 시의 회계처리
　　　④ 포지션 커버 시의 회계처리

50 ④ 원화유출이 발생

51 ② 이자에 해당된다.

52 ① 수입화물선취보증(L/G)은 난외 확정외화지급보증 계정과목이다.

53 ② 기획재정부에 등록해야 한다.

54 ① 해외 뮤추얼펀드는 펀드의 존속기간의 제한이 없어 장기투자 가능하다.

55 ④ 10% 이상일 때 관리한다.

56 ① NAV는 주당 순자산가치로 뮤추얼펀드에 해당된다.

57 ① 3영업일 이내에 보고해야 한다.

58 ① 장기로 투자하여야 한다.

59 ① 표시통화가 원화, 외화 모두 가능하다.

60 ④ 내국수입유산스는 외화재무상태표 자산 계정과목이다.

20 ① 배서어음에 대한 정의이다.

21 ② 미화 2만불 이하의 대외지급수단을 영수하는 경우가 생략이 된다.

22 ② 매입외환은 경과계정, 외화타점예치금은 결제계정이다.

23 경과계정, 결제계정
외국환회계의 특징 중 하나인 국제 간 거래에 따른 특이한 계정체계인 경과계정과 결제계정에 대한 설명이다.

24 ③ 비거주자(외국인거주자 포함)로부터 매입 시 2만불 이하의 대외지급수단을 매입하는 경우 취득경위 입증서류 생략대상이다.

25 ① 매입초과포지션인 경우 환율상승시 환차익이 발생된다.

26 ② 비거주자의 최근 입국일 이후 1만불 범위 내의 재환전은 취득경위 입증서류 생략대상이다.

27 일람불 상환방식(sight reimbursement)
미결제외환에 대한 일람불 상환방식에 대한 설명이다.

28 ② 지정거래외국환은행의 장에게 제출해야 한다.

29 ② 포괄금융은 용도제한 없이 총한도로 운용한다.

30 ④ Holder's Sign란에 고객이 직접 서명해야 한다.

31 ① 유학생경비로 과도하게 송금되는 경우 편법거래의 가능성에 주의해야하며, 특히 인터넷 거래의 경우 창구를 이용하지 않기에 사후관리가 소홀할 수 있으므로 주기적으로 모니터링하여 확인할 필요가 있다.

32 ② 머니 오더라고 한다.

33 ④ Stand-by L/C는 주로 금전대차 담보조로 사용한다.

34 ② 1년이다.

35 ② 외화정기예금(1년 만기) - 1년 이상은 중장기 금융시장으로 분류한다.

36 ③ 부당한 공동행위의 유형에 해당한다.

37 ④ 유로커런시시장이다.

38 ② 시걸 옵션이라고 한다.

39 ④ 전신문의 구조와 형태에서 99는 기타사항에 사용하며, n99는 정형화된 통신문이 없을 경우 사용한다.

40 ③ 피봇(PIVOT)이라고 한다.

정답 및 해설 2과목

01 ① 무예치환거래은행이라고 한다.

02 ④ 무예치환거래은행이라고 한다.

03 ① 대한민국 정부의 재외공관 근무자와 그 동거가족은 대외계정으로 개설하여야 한다.

04 ③ 유동성에 대한 설명이다.

05 ③ 외화콜머니(Call Money)만 단기자금이고 나머지는 중장기 자금조달 방법이다.

06 ② 외화타점예치금계정과 상대은행 계정의 차이점을 이해하기 위해서 외화타점예치금계정은 일시적인 경과계정으로 Actual 계정이 아니라 Shadow 계정이다.

07 ④ 3개월과 85% 이상이다.

08 ④ SWIFT(Society for Worldwide Interbank Financial Telecommunication)라고 한다.

09 ② 국제테러 등의 위험이 있는 단체나 개인에 대한 금융거래제한 기관인 OFAC SDN에 해당되면 환거래계약이 현실적으로 불가하다.

10 ③ They debited but we didn't credit 거래이다.

11 ① over bought position 이라고 한다.

12 ③ 거주자계정은 개인사업자가 아닌 외국인 거주자나 비거주자는 가입 불가능하다.

13 ③ 순수 외국인 개인자격만 대외계정을 만들 수 있다.

14 ④ 미화 2만불을 초과하는 외국통화 또는 외화표시 여행자수표를 예치하고자 하는 경우에는 외국환신고(확인)필증을 받아야 한다.

15 ② 적용환율은 원화입금 시 대고객 전신환매도율, 원화지급 시 대고객 전신환매입율을 적용한다.

16 ④ 해외직접투자는 사전신고를 원칙으로 한다.

17 ② 외화별단예금이라고 한다.

18 10일
내국신용장 개설조건에서 신용장의 유효기일이다.

19 ④ 외환송금은 해당되지 않는다.

61 ③ 6개월 이내에 확인서류를 제출해야 한다.

62 ③ 유효기간은 1년이 원칙이나 외국환은행장이 자율적으로 신고대상인 외국환거래는 6개월 이내로 정함

63 ① 2영업일 이내 처리해야 한다.

64 ① 거주자의 상계대상 채권 또는 채무 중 일방의 금액이 50만불 이하인 경우 외국환은행 신고사항이다.

65 ④ 자기자본 10억 이상이어야 한다.

66 ④ 재외국민이란 대한민국국적을 보유한 자가 외국국적을 취득한 자 또는 외국영주권을 취득한 자만 해당된다.

67 ④ 해외이주비는 거주자 여권제도가 삭제되어 여권 타입에 상관없다.

68 ① 외국기업국내지사신고는 외국환은행 신고사항이다.

69 ③ 외국환은행장 신고사항이다.

70 ③ 비거주자가 대외로부터 송금된 자금으로 국내부동산 취득 시 신고예외 사항이 아니다.

71 ③ 외국환은행장 신고사항이다.

72 ④ 기획재정부장관 신고이다.

73 ① 해외직접투자에서 대부투자란 기설립현지법인에 대한 1년이상 중장기 금전대여인 경우이다.

74 ④ 여권은 국내거소를 확인하는 서류가 아니다.

75 ① 5천만불 초과 증권발행방식 현지금융은 기획재정부장관 신고대상이다.

76 ④ 문화체육관광부장관, 대한체육회장은 발급할 수 있으며, 외국환은행은 발행할 수 있는 기관이 아니다.

77 ① 행정처분 경고 시 지급 수단 등의 수출입 위반금액은 미화 1만불 이하이다.

78 ② 10억원 이하시 과태료 부과, 초과시 형벌 적용한다.

39 ④ 외국에 대한 송금 및 다른 외화예금계정이체로만 처분이 가능하다.

40 ① 비거주자는 원화적금이 허용되어 있지 않다.

41 ④ 국내소재 기업은 국적과 관계없이 모두 거주자에 해당한다.

42 ④ 자본거래대금은 인정된 거래 아니면 처분에 제한을 두고 있다.

43 ④ 외국환은행신고이다.

44 ④ 기획재정부장관신고 사항이다.

45 ① 외국환이란 대외지급수단, 외화증권, 외화파생상품 및 외화채권으로 구분하므로 대외지급수단과 채권은 서로 다른 유형이다.

46 ② 영리법인 3천만불 초과의 경우 기획재정부장관 신고사항이다.

47 ① 내국지급수단을 대가로 외국환은행으로부터 매입한 대외지급수단은 투자전용대외계정 예치자격조건이 아니다.

48 ① 해외에 체재하는 배우자 명의로 주택을 취득하는 경우 거주자 본인이 지정외국환은행에 신고하여야 한다.

49 ② 송금 후 보고는 3개월 이내에 해야 한다.

50 ④ 휴대 수입한 자금과 송금처가 본사가 아닌 경우 영업자금으로 인정할 수 없다.

51 ③ 개인이나 개인사업자가 설치한 현지법인 또는 해외지점은 현지금융 수혜를 받을 수 없다.

52 ② 국내보증이나 담보제공 없이 현지법인이나 해외지점이 자기신용으로 현지에서 금융수혜를 받는 경우는 현지금융대상 아니다.

53 ④ 해외지사 설치자는 6개월 이내 신고해야 한다.

54 ④ 기투자한 외국법인에 대한 상환기간 1년 이상의 금전대여만 해외직접투자 대상이다.

55 ③ 1년 이내에 제출하여야 이주비를 계속 지급할 수 있다.

56 ① 기술제공, 도입 또는 공동연구개발계약 체결로 인한 투자는 해외직접투자 대상에서 제외되었다.

57 ③ 투자지분 증액은 신규절차에 의한다.

58 ① 현지금융차입자금은 제외한다.

59 ④ 펀드나 수익증권 담보대출은 제외한다.

60 ② 한국은행 신고 사항이다.

19 ③ "비거주자는 최근입국일 이후 외국으로부터 인정된 절차에 따라 영수 또는 휴대수입한 대외지급수단 이내에서 지급가능하다."

20 ① 비거주자 자유원계정 예치조건 중 거주자가 보증한 경우는 국내 자본 유출의 우발채무이므로 원칙상 예치가 불가하다

21 ④ 외국인거주자는 소지목적 환전 불가하다.

22 ① 환전영업자의 2천불 초과 외국환매각은 비거주자에게만 한한다.

23 ① 단체해외경비는 여행자별 신분증은 없어도 소요경비명세에 실명번호만 적혀있어도 가능하다.

24 ① 외국환매입시 처분사유 확인은 외국인거주자 및 비거주자와 관련된 업무이다.

25 ② 법인명의 환전은 사업자등록증으로 환전해야 하며 해외체제비 지급은 할 수 없다.

26 ③ 해외이주비 지급 시 외화현찰, 여행자수표도 가능하다.

27 ④ 현지국 사정에 따라 비자사본이 사후관리 가능하다.

28 ① 산업통상자원부는 외환전산망정보의 통보와 사용기관에 해당하지 않는다.

29 교포 등에 대한 여신
　　교포 등 여신에 대한 용어에 대한 설명이다.

30 ④ 소요경비명세는 제출 서류가 아니다.

31 ① 해외예금 연간누계 1만불 초과 시 국세청 통보대상이다.

32 외국환 중개회사
　　외국환중개회사는 거래시장이다.

33 ② 국내보수 08지정하고 보수, 소득, 보험금 등으로 연간누계 5만불까지 송금가능하다.

34 ② 미국 내 은행으로 해외송금 시 ABA NO.를 정확히 입력하여야 한다.

35 ① 외국인거주자가 증빙서류 없이 국내보수 지정하고 연간 5만불 이내로는 송금만 가능하다.

36 ④ 정부 또는 지방자치단체가 수입대금을 지급하는 경우에는 신고예외 거래이다.

37 ④ 대외계정은 외국인거주자 및 비거주자가 개설하며, 즉, 해외지사는 대외계정을, 국내 모든 회사는 거주자계정을 개설한다.

38 ① 일반여행경비는 관할세관에 신고한다.

정답 및 해설 1과목

01 ② 외화채권이다.

02 ① 비밀보장 법규 위반은 과태료가 아닌 형벌이 적용된다.

03 ④ 금 외국통화 및 대외지급수단에 포함되지 않는다.

04 ② 거주자였던 외국인으로 출국하여 외국에서 3개월 이상 체재 중인 자는 외국인 비거주자이다.

05 ① ① 외국인거주자이다.
    ② ③ ④ 비거주자이다.

06 ④ 보험은 무역외 경상거래이다.

07 ③ 기획재정부 신고사항이다.

08 ② 지정거래등록과 관련하여 외국환거래업무취급지침상 부득이한 경우를 제외하고, 원칙상 공장, 지점 등으로 지정등록 불가하며 한국은행에서 온라인으로 통제하고 있다.

09 ④ ④ 한국은행총재 신고사항이다.
    ① ② ③ 외국환은행장 신고사항이다.

10 ① 동일인 기준 10억원 초과 300억원 이하는 외국환은행 신고사항이다.

11 1만불, 1년 이내
   1만불 이내로서 1년 이내에 신고한 경우 사후적으로 인정하도록 한다.

12 ① 재외동포 재산반출시 관할세무서의 부동산매각자금확인서는 발행기한이 매각 후 5년 이내로 한시발급하고 있으며, 재산반출의 지급기한은 전혀 제한이 없다.

13 ① 북한지역 관광객은 2천불 이내에서 휴대 출국할 수 있다.

14 ④ 거주자 로열티 등 용역대가 지급은 외국환은행지정사항 대상이 아니다.

15 ④ 담보제공업무는 한국은행 신고수리와 무관한 업무이다.

16 ① 무역외거래에 포함된다.

17 ① 종교단체 선교자금 10만불 초과 시 지급확인서, 행위확인서류, 납세증명서 등을 첨부한다.

18 ① 상호계산계정은 신설할 때는 물론이고 폐쇄 시에도 신고하여야 한다.

40 다음 중 선물거래를 위한 증거금이 아닌 것은?
① 보증증거금
② 유지증거금
③ 추가증거금
④ 주문증거금

41 스왑 거래를 체결하는 날을 지칭하는 용어는?
① Effective Date
② Trade Date
③ Reset Date
④ Payment(Settlement) Date

42 기간에 따라서 증가하기도 하고 감소하기도 하는 비표준형(Non-generic) 이자율 스왑을 무엇이라고 하는가?
① 원금증가형(accreting)
② 선도 스왑(forward start swap)
③ 롤러코스터형(rollercoaster)
④ 원금감소형(amortizing)

43 예를 들어 국내조선사가 선박을 건조하는 기성에 따라 매출을 인식하는 회계적인 거래로 확정할 때 환율과 실제로 선박대금이 들어올 때 사이의 환율의 변화에 따른 환리스크 유형은 무엇인가?
① 거래환리스크
② 환산환리스크
③ 영업환리스크
④ 매출환리스크

36 둘 또는 그 이상의 자산 중 실적이 가장 좋은 것의 손익구조에 따라 가치가 결정되는 이색(장외)옵션의 종류는 무엇인가?

① 무지개(rainbow) 옵션
② 경계(Barrier) 옵션
③ 바스켓(basket) 옵션
④ 복합(compound) 옵션

37 외환거래에 대한 설명 중 사실과 가장 거리가 먼 것은?

① Value tomorrow 거래는 넓은 의미의 현물환거래가 아니다.
② 은행 창구에서 외환거래와 동시에 결제가 이루어지는 외환거래를 당일물거래(Value Today)라고 한다.
③ 외환거래에는 크게 두 외국환은행 사이에 거래하는 은행 간 외환거래와 은행이 주로 기업이나 개인들과 거래하는 대고객 외환거래로 구별할 수 있다.
④ 브로커를 통한 은행 간 외환거래는 거래일로부터 통상 2영업일을 결제일로 한다.

38 현물거래와 선도거래 혹은 일련의 선도거래가 여러 개 모여진 하나의 거래로서 일련의 현금흐름과 다른 현금흐름과의 교환을 무엇이라고 하는가?

① 선물
② 옵션
③ 스왑
④ 선도

39 통화스왑에 대한 설명 중 틀린 것은?

① 서로 다른 통화에 대한 원금과 이자를 교환한다.
② 초기와 만기에 원금 교환이 발생한다.
③ 만기 현금흐름과 이자 교환 현금흐름의 방향은 동일하다.
④ 환율변동 리스크가 상대적으로 작다.

32 콜옵션의 가격결정요인에 대한 설명 중 틀린 것은?
① 기초자산가격이 상승하면 콜옵션이 상승한다.
② 잔존만기가 증가하면 콜옵션이 상승한다.
③ 기초자산의 변동성 증가하면 콜옵션이 상승한다.
④ 배당이 상승하면 콜옵션이 상승한다.

33 한국거래소에서 거래되는 일본엔화선물의 계약명세 중 옳지 않은 것은?
① 최소가격변동금액은 1만원이다.
② 가격표시방법은 100엔당 원화이다.
③ 거래단위는 1백만엔이다.
④ 최종거래일은 결제월의 세 번째 월요일(공휴일인 경우 순차적으로 앞당김)이다.

34 낮은 행사가격의 콜옵션 매수하고 높은 행사가격의 콜옵션 매도하는 전략은 무엇인가?
① 스트래들(Straddle) 매수
② 수직 약세 콜 스프레드
③ 버터플라이(Butterfly) 매도
④ 수직 강세 콜 스프레드

35 변동금리를 지급하는 달러 채권에 투자하고 있는 A국내은행이 달러/원 환리스크 및 금리리스크를 모두 헤지하려고 하는 경우 적절한 달러/원 통화스왑의 금리 조건은 어느 것인가?
① 달러 변동금리 지급, 원화 고정금리 수취 통화스왑
② 달러 고정금리 수취, 원화 고정금리 지급 통화스왑
③ 달러 고정금리 지급, 원화 고정금리 수취 통화스왑
④ 달러 변동금리 수취, 원화 고정금리 지급 통화스왑

29 B은행이 A은행에게 USD/JPY 현물환거래를 위한 two-way quotation을 요구하였다. 이에 대해 A은행이 '82.40/45'라고 환율을 고시하였고, B은행은 bid rate에 거래하였다. 이때 다음 설명 중 사실과 가장 거리가 먼 것은 어는 것인가?

① 이런 경우에 B은행은 A은행에게 'sell'이라고 거래의사를 표시한다.
② 만일 A은행은 B은행과 거래한 후 USD/JPY 환율이 상승할 것으로 예상하면 방금 발생한 포지션을 유지하면 된다.
③ A은행은 B은행과 외환거래에 따라 발생한 포지션을 스퀘어하기 위해 Calling party로서 다른 여러 은행에 USD/JPY two-way quotation을 요구한 뒤 여러 은행의 환율고시 가운데 bid rate가 가장 낮은 은행과 거래하면 가장 유리하다.
④ Calling party인 B은행이 bid rate에 거래하면 A은행 입장에서는 over-bought position이 발생한다.

30 매수자 권리행사 시 행사가격으로 기초자산을 팔아야 하는 의무자를 무엇이라고 하는가?

① 콜옵션 매수자
② 풋옵션 매도자
③ 콜옵션 매도자
④ 풋옵션 매수자

31 다음 중 외환스왑을 활용하는 경우와 거리가 먼 것은?

① 2영업일의 수입결제에 필요한 달러 매입
② 기존 외환거래의 만기일을 하루 앞으로 단축
③ 중앙은행이 외화 유동성을 은행에게 공급하는 경우
④ 외화차입을 통한 자국통화를 환리스크 없이 조달하는 효과를 달성

25 선물환거래에 대한 다음 설명 중 옳지 않은 것은?

① 대고객 선물환거래 만기의 대부분은 비역월 만기일이다.
② 선물환거래는 헤지목적 및 투기적 목적으로 쓰일 수 있다.
③ 선물환율은 현물환율에 두 통화의 이자율 차이를 감안해서 산출한다.
④ 모든 선물환거래는 만기에 원금의 교환이 이루어진다.

26 미국달러선물에 대한 설명이다. 가장 바르지 못한 것은 어느 것인가?

① 기초자산은 미국달러화이다.
② 가격제한폭 전일 정산가격 ± 5.25%이다.
③ 최종결제일은 최종거래일의 3일째 거래일이다.
④ 호가단위(tick)는 0.1원이다.

27 수출업자, 외화채권 투자자 등이 해야 할 전략은 무엇인가?

① 매수헤지
② 매도헤지
③ 매수차익거래
④ 매도차익거래

28 한국거래소에 상장되어 거래되는 유로선물의 경우 2월물의 만기일 이전에 상장되어 있지 않은 월물은 어느 것인가?

① 1월물
② 5월물
③ 7월물
④ 9월물

21 USD buy & sell swap against KRW인 외환스왑의 형태는 무엇인가?

① 현물환 거래 + 현물환 거래
② 현물환 매입 + 선물환 매도
③ 선물환 거래 + 선물환 거래
④ 현물환 매도 + 선물환 매입

22 대부분의 외환매매는 특정 장소 안에서 특정 시간에 모든 참가자들이 직접 참여하여 거래하는 선물거래소에서 거래된다.

① ○
② ×

23 B은행이 고시한 현물환율이 아래와 같을 때 B은행이 달러를 팔 수 있는 현물환율을 바르게 연결한 것은 어느 것인가?

USD/JPY 82.10/20   GBP/USD 1.6105/15

① 82.10 - 1.6105
② 82.10 - 1.6115
③ 82.20 - 1.6105
④ 82.20 - 1.6115

24 통화선물거래와 선물환거래의 차이점에 대한 설명이다. 가장 바르지 못한 것은 어느 것인가?

① 통화선물거래는 지정된 거래소에서 이루어진다.
② 선물환거래는 거래조건이 대부분 협의로 이루어진다.
③ 선물환거래는 공개호가방식이다.
④ 통화선물거래는 일반적으로 만기 전 반대매매에 의한 포지션 청산된다.

17 선물시장에 대한 설명이다. 가장 바르지 못한 것은 어느 것인가?
① 대부분 만기거래이다.
② 장내시장(거래소)이다.
③ 거래소 보증제도가 있다
④ 거래조건이 표준화되어 있다.

18 통화선물에 대한 다음 설명 중 옳지 않은 것은?
① 통화를 기초자산으로 하여 선물거래를 말한다.
② 금융선물 가운데 가장 먼저 거래되기 시작했다.
③ 장외에서 거래되는 선물환거래가 선물거래소에서 거래금액 및 인수도 방법 등을 표준화하여 거래하는 것이라고 볼 수 있다.
④ 통화선물거래를 하기 위한 증거금의 적립이 통화선물거래를 활성화하는 계기가 된다.

19 만기시점에 계약통화의 교환 없이 계약 당시의 선물환율과 만기시점의 현물환율의 차이만큼을 특정 통화(통상 미 달러화)로 정산하는 계약을 무엇이라고 하는가?
① 일방적 선물환거래거래
② 원－달러 차액결제선물환거래
③ 비역월 만기일 선물환거래
④ 역월 만기일 선물환거래

20 통화스왑은 두 계약당사자가 정해진 일정 기간 동안 서로 다른 통화에 대한 이자와 원금을 교환하기로 합의하는 계약이다.
① ○
② ×

13 옵션계약일로부터 만기일까지의 영업일이라면 언제라도 권리행사가 가능한 옵션을 유로피안타입(European Type)이라 한다.
   ① ○
   ② ×

14 내부적 환리스크 관리기법이 아닌 것은?
   ① 상계(Netting)
   ② 매칭(Matching)
   ③ 통화옵션
   ④ 리딩(Leading)

15 통화스왑에 대한 설명 중 옳지 않은 것은?
   ① 통화스왑의 유래는 parallel loan과 back-to-back loan이다.
   ② Back-to-back loan은 현금흐름이 통화스왑과 거의 같다.
   ③ 통화스왑을 통해 외화차입 등과 관련한 환율 및 금리 리스크관리에 적절한 파생금융상품이다.
   ④ 통화스왑에서는 만기 원금교환은 선택사항이다.

16 A자산의 가치가 1,000만원이고 일별 변동성이 3%이다. 95% 신뢰수준에서 A자산의 VaR는 얼마인가? (신뢰수준 95%의 경우 1.65 사용)
   ① 40.5만원
   ② 49.5만원
   ③ 70만원
   ④ 80.5만원

09 이색옵션 중 옵션의 만기손익구조가 만기일의 기초자산가격의 수준에 따라 결정되는 것이 아니라 만기일까지의 가격변화에 따라 결정되는 이색옵션은 다중기초자산옵션이다.
① ○
② ×

10 국내 스왑시장에 대한 다음 설명 중 옳지 않은 것은?
① 다양한 구조화상품이 도입되면서 원화관련 스왑시장은 위축되기 시작했다.
② 원화 관련 통화스왑과 이자율스왑이 거래될 수 있었던 것은 1999년 당시 선물거래소의 장내 파생상품 도입과 관련이 깊다.
③ 원화 현물 채권시장의 제도와 인프라가 구축되기 시작하면서 원화관련 스왑거래의 활성화 기반이 마련되었다.
④ 1980년 말 처음 거래된 것은 주로 달러 이자율스왑과 외국통화 사이의 통화스왑이었으며, 거래 규모는 영세했다.

11 환율이 변동함에 따라 자국의 통화가 아닌 다른 통화를 보유하거나 결제에 사용할 때 발생하는 위험을 무엇이라고 하는가?
① 영업리스크
② 이자율리스크
③ 환리스크
④ 변동리스크

12 예상치 못한 환율변동으로 원가, 판매가격, 판매량 등이 영업에 영향을 미치는 환리스크를 무엇이라고 하는가?
① 개발환리스크
② 회계환리스크
③ 운영환리스크
④ 영업환리스크

05 딜러인 은행은 실제 외환거래에 있어서 항상 매수율(bid rate)와 매도율(offer rate)에 차이를 두어 제시하는 환율표시방법은?
  ① Swap point 환율표시방법
  ② 미국식 환율표시방법
  ③ 유럽식 환율표시방법
  ④ Two-way Quotation 환율표시방법

06 결제가 완료된 외환포지션으로 외화 당좌예금계정에 남아 있는 예치잔액에 해당하는 포지션을 무엇이라고 하는가?
  ① 종합 포지션
  ② 선물환 포지션
  ③ 현물환 포지션
  ④ 현금 포지션

07 만일 총 외환 손실한도가 VaR보다 적으면 환리스크는 목표대로 잘 관리되고 있다는 것을 의미한다.
  ① O
  ② ×

08 G7통화 환율 변동요인이 아닌 것은?
  ① 경기변동, 투자자금의 흐름, 정부정책 등의 미시적 요인
  ② 국내총생산, 무역수지, 물가변동, 고용관련 지표 등의 요인
  ③ 개인소비관련 지표 요인
  ④ 산업생산 지수, 공급관리자협회지수 등의 요인

3과목 시험 보기 전에 꼭 풀어야 할 **필수체크문제**

01 외환거래 발생원인 및 목적에 대한 설명이다. 가장 바르지 못한 것은 어느 것인가?
① 환투기 목적
② 실수요 목적
③ 환리스크 관리 목적
④ 가치보존의 목적

02 선물환거래에서 FC의 이자율이 VC의 이자율보다 낮으면 이론적인 스왑포인트의 부호는 음수(-)가 된다.
① ○
② ×

03 외환시장의 특징에 대한 설명이다. 가장 바르지 못한 것은 어느 것인가?
① 범세계적 시장
② 제로섬 시장
③ 장내시장
④ 달러 기준시장

04 미국에서 발행한 외국채의 애칭은 Yankee bond이다.
① ○
② ×

● 이패스코리아 외환전문역 Ⅰ종

3 과목

시험 보기 전에 꼭 풀어야 할
필수체크문제

※ 기초문제이지만 시험에 자주 출제되는 문제입니다.
　이 정도는 알고 가야 기본 점수를 받을 수 있습니다.

69 금전대차 관련 위규사례가 아닌 것은 어느 것인가?

① 신고 없이 수출입 명목으로 비거주자로부터 외화자금을 차입
② 신고 없이 거주자가 비거주자로부터 원화자금을 차입한 경우
③ 만기 등 금전대차 관련 변경신고 누락
④ 대금을 외국환은행을 통해 수수하지 않는 경우 기획재정부장관에게 신고한 경우

70 거주자가 신고예외대상을 제외하고 비거주자로부터 증권을 취득하고자 하는 경우 어느 기관에 신고해야 하는가?

① 기획재정부장관
② 외국환은행장
③ 한국은행총재
④ 관세청장

71 환전영업자의 외국환 거래심사는 어느 기관에서 진행하는가?

① 금융감독원장
② 한국은행총재
③ 외국환은행장
④ 관세청장

65 지급수단 등의 수출입 시 신고 예외 항목이 아닌 것은 어느 것인가?
① 1만불 이하 지급수단 등의 수출·수입
② 외국환은행을 통하지 않는 지급 등의 신고를 한 경우
③ 외국환은행의 환전용 내국통화 수출
④ 국민인거주자의 1만불 초과 지급수단의 휴대 수출

66 외국환거래 관련 발생수수료 항목 중 정액수수료가 아닌 것은?
① 외환현찰수수료
② 수출신용장 양도수수료
③ 수출신용장 통지수수료
④ 수입결제 하자수수료

67 위규사례에 해당하지 않는 것은 어느 것인가?
① 신고내용대로 이행하지 않은 거래
② 거주자가 해외직접투자를 하고자 하는 경우 외국환은행장에게 신고
③ 대부투자신고하고 신고내용과 다르게 조기회수하는 거래
④ 거주자 간 채권양수도 및 해외법인 지분취득거래

68 비거주자가 거주자와 인정된 거래에 따른 담보권을 취득하는 경우는 어느 기관에 신고해야 하는가?
① 한국은행총재
② 관세청장
③ 외국환은행장
④ 국세청장

62 외국환은행이 보유하고 있는 외국통화 현찰을 처리하는 외화재무상태표 자산 계정 과목은?

① 외화증권
② 외화수입보증금
③ 매도외환
④ 외국통화

63 외화재무상태표 부채 계정과목은?

① 외화예수금
② 매입외환
③ 외화대출
④ 미결제외환

64 지급 - 영수의 절차에 대한 기본원칙 중 건당 미화 5천불을 초과하는 지급 등을 하고자 하는 경우 어느 곳에 사유와 금액을 입증하는 서류를 제출해야 하는가?

① 외국환은행장
② 한국은행총재
③ 기획재정부장관
④ 관세청장

59 내국신용장 조건에 해당하지 않는 것은 어느 것인가?
  ① 표시통화가 반드시 원화일 것
  ② 양도가 불가능한 취소불능 신용장일 것
  ③ 유효기일은 물품의 인도기일에 최장 10일을 가산한 기일 이내일 것
  ④ 판매대금추심의뢰서 등의 형식은 개설의뢰인을 지급인으로 하고 개설은행을 지급장소로 하는 일람출급 환어음일 것

60 외화재무상태표 자산 계정과목은?
  ① 외화수입보증금
  ② 외화차입금
  ③ 외화예수금
  ④ 내국수입유산스

61 수출환어음 매입 및 추심 시 올바른 업무처리가 아닌 것은?
  ① 매입지정신용장은 매입지정 해제 후 거래
  ② 수출환어음의 부당한 선매입 금지
  ③ 동일한 고객에 같은 사유로 하자통보가 반복되지 않도록 유의
  ④ 특수조건부 신용장 등의 추심 전 지급

55 외화자산 및 부채의 만기 불일치비율을 없애기 위해서 잔존만기 1개월 이내의 경우 부채가 자산을 초과하는 비율이 몇 % 이상일 때 관리해야 하는가?

① 1%
② 3%
③ 5%
④ 10%

56 펀드의 유형인 뮤추얼펀드와 수익증권 중에서 다음 수익증권의 특징과 관련이 없는 내용을 고른다면?

① NAV
② 기준가격
③ 수익자
④ 투자신탁운용회사

57 외국환업무 취급기관은 외국환 매입초과액과 매각초과액의 한도(외국환포지션 한도) 준수 여부를 매 영업일 잔액을 기준으로 확인하여야 하는데 외국환포지션 한도를 위반한 경우에는 위반한 날로부터 몇 영업일 이내에 금융감독원장에게 이를 보고하여야 하는가?

① 3영업일
② 5영업일
③ 7영업일
④ 10영업일

58 해외펀드 투자에 대한 설명으로 틀린 것은?

① 단기로 투자하라.
② 분산하여 투자하라.
③ 정기적으로 투자하라.
④ 거액의 투자는 피하라.

51 외환매매손익 환가료는 구성요소 중 어디에 해당하는가?
① 매매마진
② 이자
③ 취급수수료
④ 영업비용

52 외화재무상태표 난외 미확정외화지급보증 계정과목이 아닌 것은?
① 수입화물선취보증(L/G)
② 차관외화보증
③ 수입신용장발행
④ 외화표시 내국신용장발행

53 외국환업무를 하기 위해서는 어디에 등록해야 하는가?
① 국세청
② 기획재정부
③ 관세청
④ 한국은행

54 해외뮤추얼펀드에 대한 다음 설명 중 적절하지 않은 내용은?
① 펀드의 존속기간을 제한하고 있으므로 적기에 위험도를 줄일 수 있다.
② 국내에서 접근이 어려운 유수의 세계기업에도 간접투자가 가능하다.
③ 안정된 선진시장은 물론 급성장하는 신흥시장에 투자할 수 있다.
④ 입출금이 자유로운 개방형 펀드이다.

47 전신송금(T/T)의 경우 송금취결 시 회계처리는 어느 것인가?
① 고객계정　×××　　매도외환　×××
② 매도외환　×××　　외화타점예치　×××
③ 외화본지점　×××　　외국통화　×××
④ 외국통화　×××　　외화본지점　×××

48 개방형 투자신탁이란, 투자자가 투자신탁회사에 대해 언제든지 수익증권의 환매를 청구할 수 있는 투자신탁의 형태를 말한다.
① ○
② ×

49 외화수표 매입 시 회계처리는 어느 것인가?
① 매입외환　×××　　고객계정　×××
　　　　　　　　　　　외환수입이자(환가료)　×××
　　　　　　　　　　　외환수입수수료(우편료 등)　×××
② 매입외환　×××　　고객계정　×××
③ 미지급외환　×××　　고객계정　×××
④ 원화본지점　×××　　외화본지점　×××

50 매입초과포지션에서 발생하는 상황이 아닌 것은 어느 것인가?
① 외화매입이 매도보다 크다.
② 외화자산이 부채보다 크다.
③ 환율상승 시 환차익이 발생한다.
④ 원화유입 발생한다.

43 현재가치 1원이 상환되는 데 소요되는 평균기간으로서 채권가격의 민감도를 측정하는 수단을 무엇이라고 하는가?

① 표준편차
② 채권 듀레이션
③ 베타계수
④ 상관계수

44 주가가 미리 정해놓은 이하일 경우가 아니라면 일정비율 하락해도 미리 제시한 수익률을 지급되는 ELS 펀드 상품별 결정방식은 어느 것인가?

① 불스프레드형
② 리버스컨버터블형
③ 디지털형
④ 넉아웃형

45 결제를 위해 외국환거래가 최종적으로 귀착되는 계정을 무엇이라고 하는가?

① 경과계정
② 당방계정
③ 결제계정
④ 선방계정

46 외화재무상태표의 자산계정이 아닌 것은 어느 것인가?

① 외화지급보증대지급금
② 외화예수금
③ 미결제외환
④ 외화가지급금

39 Swift 통신문의 Message Group 중에서 정형화되지 않은 메시지를 보낼 때에 사용하는 자유형식(Free Format) 메시지에 해당하는 그룹인 것은?

① n90
② n91
③ n96
④ n99

40 계약 시 환율 변동구간을 설정한 뒤 이후 환율이 구간 안에서 움직이면 시장환율보다 높은 가격에 달러를 팔 수 있는 기타 맞춤형 환율연계상품을 무엇이라고 하는가?

① 스노볼(Snowball)
② 베리어 옵션(Barrier Option)
③ 피봇(PIVOT)
④ 키코(KIKO)

41 ( )이란 채권투자에서 각 시점별 현금흐름의 현가가 이를 합산한 총현금흐름에서 점하는 비율을 가중치로 하여 채권의 현금흐름 시점에 곱한 것을 말한다.

42 일명 모자형 펀드로서 개별 하위 펀드 간 수수료 없이 전환이 자유로운 펀드를 무엇이라고 하는가?

① 뮤추얼 펀드
② Regional Fund
③ SICAV펀드
④ 엄브렐러(Umbrella) 펀드

35 단기금융시장(Money Market)에서 거래되는 금융상품이 아닌 것은 어느 것인가?
① 콜자금
② 외화정기예금(1년 만기)
③ 환매조건부채권
④ 은행인수어음

36 다음 중 불공정거래행위의 유형이 아닌 것은?
① 부당하게 경쟁자를 배제하는 행위
② 부당하게 거래를 거절하거나 거래의 상대방을 차별하여 취급하는 행위
③ 가격을 결정·유지 또는 변경하는 행위
④ 부당하게 경쟁자의 고객을 자기와 거래하도록 유인하거나 강제하는 행위

37 간접금융시장 중 국제금융시장의 역외 거래에 해당하는 것은 어느 것인가?
① 유로본드시장
② 외국채시장
③ 국제여신시장
④ 유로커런시시장

38 3개의 행사가격을 갖고 4개의 서로 다른 손익구조 구간으로 구성되는 통화옵션 합성상품을 무엇이라고 하는가?
① 레인지 포워드
② 시걸 옵션
③ 타겟 포워드
④ 인헨스드 포워드

31 국내지정은행에 유학생 등록을 하고 해외유학 중인 A는 인터넷 쇼핑몰을 운영하면서 자신의 유학생경비통장으로 물품대금을 입금 받아 현지에서 인터넷뱅킹을 통해 동 거래대금을 인출하였다. 이 경우 지급 등 절차위반, 거래당사자의 탈세혐의, 은행의 확인의무 소홀이 문제될 수 있다.

① ○
② ×

32 수표발행 신청인이 수표금액에 해당하는 금액과 수수료를 은행 또는 발행회사에 지불하면 발행해주는 수표를 무엇이라고 하는가?

① 국고수표
② 머니 오더
③ 개인수표
④ 은행수표

33 현지금융 담보조로 주로 사용하는 외화표시 지급보증서에 해당하는 것은?

① Warranty Guarantee
② Performance Bond
③ Advance Payment Guarantee
④ Stand-by L/C

34 미재무성수표의 유효기간은 어느 것인가?

① 6개월
② 1년
③ 2년
④ 무기한

27 신용장개설은행이 자기의 거래은행(환거래은행으로 개설은행의 계좌가 있는 은행, 예치환거래은행)을 상환은행으로 지정하고, 동 상환은행으로 하여금 수출상의 신용장에 근거한 대금청구 시 개설은행 계좌에서 해당자금을 차기하도록 수권하는 방식은 (　　) 이다.

28 환전영업자에 대한 설명이다. 가장 바르지 못한 것은 어느 것인가?
① 일정한 영업장(크기 제한 없음)을 가지고 있는 국내거주자인 개인이나 법인은 누구나 환전영업자가 될 수 있다.
② 환전업무 현황을 매 분기별로 익월 10일까지 한국은행총재에게 보고한다.
③ 거래외국환은행을 지정하여야 한다.
④ 거주자에게는 2천불 초과의 외국환 매도가 불가하다.

29 다음 무역금융의 융자금 구분 중에서 용도별 금융에 해당하지 않는 것은?
① 원자재자금
② 포괄금융
③ 완제품구매자금
④ 생산자금

30 여행자수표(T/C, Traveler's Check)에 대한 설명이다. 바르지 못한 것은 어느 것인가?
① 대고객 여행자수표 매도율을 적용한 원화를 받는다.
② 분실 신고는 고객이 직접 판매회사 앞으로 신고하는 것이 원칙이다.
③ 구매자용 구매신청서 사본은 여행자수표 분실 시 재발행의 근거서류가 된다.
④ Holder's Sign란에 은행원이 판매 시 직접 서명한다.

23 외국환회계는 지리적, 시간적 차이에 따라 해당 거래의 결재가 이루어질 때까지 과도기적으로 처리하는 (   ) 및 외국환거래가 최종적으로 귀착되는 (   ) 등의 계정과목이 존재한다. (각각 작성하시오)

24 외국통화 매입 시 확인사항에 대한 설명이다. 가장 바르지 못한 것은 어느 것인가?
① 국민인거주자로부터 매입 시 미화 2만불 초과 시 취득경위 입증서류를 징구해야 한다.
② 외국인거주자로부터 매입 시 미화 2만불 초과 시 외국환신고(확인)필증을 징구해야 한다.
③ 비거주자(외국인거주자 포함)로부터 매입 시 2만불 이하의 대외지급수단을 매입하는 경우 외국환신고(확인)필증을 징구해야 한다.
④ 1만불을 초과하여 매입한 경우 국세청장과 관세청장에게 통보해야 한다.

25 매입초과포지션(Position)에 대한 설명으로 틀린 것은?
① 환율상승시 환차손이 발생된다.
② 외화자산이 외화부채 금액보다 크다.
③ 원화자금의 유출이 발생된다.
④ 외화 매입금액이 매도금액보다 큰 경우에 발생된다.

26 외국통화의 매도 시 유의할 것에 대한 설명이다. 바르지 못한 것은 어느 것인가?
① 외국환매매신청서, 여권 등을 징구해야 한다.
② 비거주자의 최근 입국일 이후 1만불 범위 내의 재환전은 외국환신고(확인)필증을 받고 처리한다.
③ 해외체재자나 해외유학생 경비 목적으로 1만불을 초과하여 외국 통화나 여행자수표를 매각한 경우 외국환신고(확인)필증을 발행·교부해야 한다.
④ 거주자에 매각 시 거주자의 여행경비 매도 및 해외체재자 및 해외유학생 경비지급 등으로 처리한다.

18 내국신용장 개설조건에서 신용장의 유효기일은 공급물품의 인도기일에 최장 (   )을 가산한 기일 이내로 발행하여 물품공급자의 불공정한 거래가 없도록 하여야 한다.

19 당발송금의 종류가 아닌 것은 어느 것인가?
① 우편송금
② 송금수표
③ 전신송금
④ 외환송금

20 외국환은행이 외화어음을 양도하면서 동 어음에 배서함에 따른 소구권(상환청구권)으로 인한 우발채무를 처리하는 난외계정과목은?
① 배서어음
② 수입신용장발행
③ 인수
④ 기타외화지급보증

21 타발송금대금 지급 시 취득경위 입증서류 제출 생략대상이 아닌 것은 어느 것인가?
① 국내에 있는 외국정부의 공관과 국제기구, 미합중국 군대 및 국제연합군, 외국정부의 공관 및 국제기구 등에 근무하는 비거주자가 영수하는 경우
② 미화 3만불 이하의 대외지급수단을 영수하는 경우
③ 정부, 지방자치단체, 외국환업무취급기관 및 환전영업자가 영수하는 경우
④ 외국인이 대외계정을 통해 5만불의 송금을 받는 경우

22 외화타점예치금은 경과계정, 매입외환은 결제계정에 해당한다.
① ○
② ×

14. 대외계정에 대한 설명이다. 가장 바르지 못한 것은 어느 것인가?
   ① 대한민국 정부의 재외공관 근무자와 그 동거가족 및 비거주자, 순수 개인자격의 외국인거주자가 가입대상이다.
   ② 외국으로부터 송금되어 온 대외지급수단이 예수 가능 대상이다.
   ③ 거주자계정 처분에는 제한이 없으나 대외지급을 하고자 하는 경우에는 외국환거래규정에서 인정된 지급만 가능하다.
   ④ 미화 5만불을 초과하는 외국통화 또는 외화표시 여행자수표를 예치하고자 하는 경우에는 외국환신고(확인)필증을 받아야 한다.

15. 외화예금 업무처리 기준에 대한 설명이다. 가장 바르지 못한 것은 어느 것인가?
   ① 이자 계산기간은 예입일로부터 지급일 전일까지이다.
   ② 적용환율은 원화입금 시 대고객 전신환매입율, 원화지급 시 대고객 전신환매도율을 적용한다.
   ③ 신청인으로부터 외화예금 거래신청서, 인감 또는 서명 신고 받는다.
   ④ 요구불 외화예금(외화보통예금 등)은 기한을 정할 필요 없으나 외화정기예금 등은 기한을 정하여야 한다.

16. 직접투자에 대한 설명으로 적합하지 않은 것은?
   ① 해외직접투자의 경우 신용불량자, 조세체납자인지 여부를 확인하여야 한다.
   ② 외국인직접투자는 신고 시 투자신고인은 외국인 투자가이다.
   ③ 외국인직접투자는 기본적으로 사전신고가 원칙이다.
   ④ 해외직접투자는 사후신고를 원칙으로 한다.

17. 업무상 필요로 일시적으로 예치하는 외화예금으로 원칙적으로 이자지급 없는 예금은 어느 것인가?
   ① 외화정기예금
   ② 외화별단예금
   ③ 외화통지예금
   ④ 외화보통예금

09 OFAC SDN에 해당되더라도 FATF 회원국인 경우 계약을 체결한다.
　① O
　② ×

10 선방은행 차기, 당방은행 미대기를 의미하는 것은 어느 것인가?
　① They credited but we didn't debit
　② We debited but they didn't credit
　③ They debited but we didn't credit
　④ We credited but they didn't debit

11 외국환 매입이 외국환 매도를 초과하는 포지션은 어느 것인가?
　① Over Bought Position
　② Square Position
　③ Over Sold Position
　④ Actual Position

12 다음 설명 중 외화예금 거래의 특징에 대한 설명이다. 가장 바르지 못한 것은 어느 것인가?
　① 환율의 수준에 따라 환차손익이 발생가능
　② 원화대가 거래 시 환율이 개입됨
　③ 거주자계정은 개인사업자가 아닌 외국인 거주자나 비거주자도 가입가능
　④ 환율변동에 따른 헤지 수단을 제공함

13 외국인거주자가 예금을 개설하고자 하는 경우 대외계정으로만 개설해야 하는 자격은 어느 것인가?
　① 개인사업자 자격
　② 법인 자격
　③ 순수 개인 자격
　④ 외국법인의 한국근로자

05 외화자금의 운용 중 단기자금에 해당하는 것은 어느 것인가?
① 외화채권
② 외국채
③ 외화콜머니(Call Money)
④ 유로채

06 외화타점예치계좌의 원장은 Actual 계정이라고 한다.
① ○
② ×

07 외화유동성비율에 대한 설명이다. 다음 괄호안에 들어갈 숫자로 바른 것은 어느 것인가?

> 잔존만기 (   )개월 이하 외화부채에 대한 외화자산의 비율로 단기 외화유동성 평가 지표를 말하며, 감독기관 지도비율은 (   )% 이상이다.

① 3, 90
② 6, 85
③ 6, 90
④ 3, 85

08 해외은행과 자금결제, 메시지 교환을 처리하기 위한 국제적인 은행 간 통신정보망을 무엇이라고 하는가?
① 국제인터넷뱅킹
② 인터넷전자거래
③ T/T
④ SWIFT

2과목 시험 보기 전에 꼭 풀어야 할 **필수체크문제**

01 자기명의의 예금계좌를 개설하지 않고 단순히 계약만을 체결한 환거래은행을 무슨 은행이라고 하는가?
① 무예치환거래은행
② 예치환거래은행
③ 선방계정
④ 당방계정

02 환거래계약 요청은행에 대한 요주의리스트 필터링을 실시하고 Test Key 또는 SWIFT Key 교환(RMA 방식)만으로 계약 체결한 거래를 무엇이라고 하는가?
① 외환거래
② 당좌거래
③ 예치환거래
④ 무예치환거래

03 외화예금 대외계정은 비거주자, 개인인 외국인거주자 중 순수 개인자격의 외국인거주자, 대한민국 정부의 재외공관 근무자 및 그 동거가족이 개설할 수 있는 계정이다.
① ○
② ×

04 외화자금관리의 원칙 중 외화예금 인출에 대비해 적정수준의 자금을 보유해야 하는 원칙은 무엇인가?
① 수익성
② 변동성
③ 유동성
④ 안정성

이패스코리아 외환전문역 I종

2 과목

시험 보기 전에 꼭 풀어야 할
필수체크문제

※ 기초문제이지만 시험에 자주 출제되는 문제입니다.
　이 정도는 알고 가야 기본 점수를 받을 수 있습니다.

77 외국환법령 위반하여 행정처분 및 과태료 부과 시 가장 올바르지 못한 내용은 어느 것인가?

① 행정처분 경고 시 지급수단 등의 수출입 위반금액은 미화 2만불 이하이다.
② 행정처분 경고 시 자본거래 위반금액은 미화 2만불 이하이다.
③ 자본거래 신고를 위반하여 과태료 부과 시 대상 기준은 10억원 이하이다.
④ 지급 등의 방법 신고를 위반하여 과태료 부과 시 대상 기준은 25억원 이하이다.

78 외국환거래법령상 자본거래 신고의무를 위반한 경우 위반금액 이하 또는 초과를 기준으로 과태료 부과 또는 형벌 적용대상으로 구분하고 있다. 그 기준 금액인 것은?

① 위반금액 5억원
② 위반금액 10억원
③ 위반금액 50억원
④ 위반금액 100억원

74 출입국관리사무소로부터 국내거소 확인하는 거주성 여부를 확인할 수 있는 실명증표가 아닌 것은 어느 것인가?

① 외국국적동포 국내거소신고증
② 재외국민 주민등록증
③ 외국인등록증
④ 여권

75 기획재정부장관 신고대상이 아닌 것은 어느 것인가?

① 1천만불 초과 증권발행방식 현지금융
② 비거주자 원화증권발행
③ 해외원화차입
④ 5천만불 초과 해외차입

76 해외여행경비 지급제도에서 문화관련 해외체재자 증빙서류로서 해외여행확인서를 발행할 수 없는 기관은?

① 대한체육회장
② 소속 종단
③ 학교장
④ 외국환은행

71 거주자와 비거주자 간에 계약 건당 미화 5천만불 이하인 경우로서 부동산 이외의 물품임대계약을 체결하는 경우 신고해야 하는 대상기관은 어느 것인가?

① 한국은행 신고
② 신고예외
③ 외국환은행장 신고
④ 기획재정부장관 신고

72 거주자가 외국에서 원화증권을 발행할 경우 신고대상 기관은 어느 것인가?

① 한국은행 신고
② 신고예외
③ 외국환은행장 신고
④ 기획재정부장관 신고

73 해외직접투자의 정의에서 '대부투자'란 투자자와 기 설립 현지법인과의 어떤 거래관계를 의미하는가?

① 상환기간 1년 이상 금전대여
② 상환기간 2년 이상 금전대여
③ 상환기간 3년 이상 금전대여
④ 상환기간 5년 이상 금전대여

67 외국에 영주할 권리만 부여받아 체류하고 아직 외국국적이 없고 대한민국국적을 가지고 있는 자로 해외이주비 지급이 가능한 여권의 표시는 어느 것인가?

① P
② PS
③ PM
④ 거주자 여권제도가 삭제되어 여권 타입에 상관없다.

68 한국은행 신고사항이 아닌 것은 어느 것인가?

① 외국기업국내지사
② 3년 초과 D/A 수출
③ 개인의 해외차입
④ 대외지급수단매매

69 국민인비거주자 또는 외국영주권자가 국내부동산 취득할 때 신고대상기관은 어느 것인가?

① 신고예외
② 한국은행 신고
③ 외국환은행장 신고
④ 기획재정부장관 신고

70 비거주자가 국내부동산 취득할 때 신고예외대상자가 아닌 것은 어느 것인가?

① 국민인비거주자가 취득 시
② 주거용 임차취득 시
③ 비거주자가 대외로부터 송금된 자금으로 국내부동산 취득 시
④ 상속, 유증으로 받은 부동산

64 채권들을 동시에 상쇄하여 서로의 권리관계를 소멸시키는 상계의 경우 신고예외거래가 아닌 것은 어느 것인가?

① 거주자의 상계대상 채권 또는 채무 중 일방의 금액이 50만불 이하인 경우
② 외국항로에 취항하는 국내항공 또는 선박회사가 외국항로의 선박임과 경상운항경비 상계하는 경우
③ 물품의 수출입대금에 수반되는 중개 또는 대리점 수수료 등을 상계하고자 하는 경우
④ 연계무역, 위탁가공무역 및 수탁가공무역 의하여 수출대금과 관련 수입대금을 상계하고자 하는 경우

65 소액해외송금업 등록과 폐지에 대한 설명으로 바르지 못한 것은?

① 소액해외송금업을 하려는 자는 소액해외송금업무등록신청서와 등록요건을 첨부하여 금융감독원장의 경유 확인을 받은 후 기획재정부장관에게 등록신청하여야 한다.
② 명칭, 본점 및 영업소 소재지, 송금 대상국가 및 취급통화, 사용계좌 통장사본(은행계좌), 요건서류 등이 포함된 서류가 필요하다.
③ 소액해외송금업자는 고객용 약관을 제정하여야 하며 이를 사전에 금융감독원장에게 제출하여 점검을 받아야 한다.
④ 자기자본 20억 이상, 재무건전성, 한국은행 외환전산망 연결, 사후관리용 전산설비 및 전문인력, 외국환업무 2년 이상 경력자 2명 확보 등이 필요 요건이다.

66 외국영주권을 취득한 국민과 외국국적동포에게 발급하는 거소증은 어느 것인가?

① 여권
② 외국국적동포 국내거소신고증
③ 외국인등록증
④ 재외국민 주민등록증

61 해외지사 설치 신고자는 거래외국환은행에 해외지사 신고 후 몇 개월 이내로 현지법규에 의한 지사설치 확인 서류를 첨부해야 하는가?
① 3개월
② 5개월
③ 6개월
④ 1년

62 해외직접투자 신고서 및 해외부동산취득신고수리서 유효기간은 어느 것인가?
① 3개월
② 6개월
③ 1년
④ 2년

63 외국환은행장의 신고업무 처리기간은 어느 것인가?
① 2영업일 이내
② 7영업일 이내
③ 5영업일 이내
④ 14영업일 이내

57 해외직접투자 내용변경 신고사항이 아닌 것은 어느 것인가?
  ① 현지법인 자회사 손회사 설립 시
  ② 투자지분 양도
  ③ 투자지분 증액
  ④ 유효기간연장

58 국내에서 해외지점 영업기금으로 나갈 수 없는 자금은 어느 것인가?
  ① 현지금융차입
  ② 설치비
  ③ 유지운영비
  ④ 영업활동운전자금

59 재외동포 국내재산반출 업무에서 반출대상 재산에 포함할 수 없는 것은?
  ① 본인의 신탁원리금
  ② 본인소유 부동산의 임대보증금
  ③ 본인의 증권매각대금
  ④ 본인의 펀드 담보대출금

60 거주자가 증권, 채권 및 파생상품에 투자수익을 목적으로 외국법에 따라 설립만 되고 경영활동 위한 영업소 설치하지 않는 역외금융회사에 해외직접 투자하는 경우 신고해야 하는 기관은 어느 것인가?
  ① 신고예외
  ② 한국은행 신고
  ③ 외국환은행장 신고
  ④ 기획재정부장관 신고

54 다음 내용 중 옳지 않은 것은 어느 것인가?

① 해외지사 설치는 지정거래은행 신고사항이고 설치 후 해외직접투자 사후관리와 유사하게 관리해야 한다.
② 거주자가 비거주자에게 대출을 하고자 하는 경우는 한국은행총재에게 신고해야 한다.
③ 비거주자가 국내에서 증권발행으로 조달한 자금은 비거주자 자유원계정에 예치할 수 있다.
④ 신설된 외국법인에 대한 상환기간이 1년 이상의 금전대여 경우 해외직접투자대상이다.

55 해외이주예정자의 이주비 지급 후 비이민투자비자 등 사후관리 서류를 지정거래 외국환은행에 제출하여야 할 기한으로 맞는 것은?

① 6개월 이내
② 9개월 이내
③ 1년 이내
④ 2년 이내

56 거주자가 외국법령에 의하여 설립된 법인이 발행한 증권을 취득하거나 법인에 대한 금전대여 등을 통하거나 외국에서 영업소를 설치, 확장하거나 해외사업을 영위하기 위하여 자금 지급하는 해외직접투자 대상이 아닌 것은 어느 것인가?

① 기술제공, 도입 또는 공동연구개발계약 체결로 투자비율 10% 이상 취득하는 경우
② 외국법령에 의해 설립된 법인 경영에 참가하기 위해 취득한 주식 또는 출자지분이 외국법인의 출자총액에서 10% 이상인 투자인 경우
③ 임원파견 있는 경우 투자비율 10% 이하도 가능하다.
④ 기투자한 외국법인의 주식 또는 출자지분을 추가로 취득할 때(증액투자)

51 현지금융에 대한 설명 중 가장 올바르지 못한 것은 어느 것인가?
① 은행보증 시 본사가 지정거래은행에 신고한다.
② 현지법인 등이 현지금융을 받는 경우로 당해 현지법인 등을 설치한 거주자 또는 다른 거주자가 보증제공한 경우 보증계약신고서 제출할 수 있다.
③ 개인이나 개인사업자도 현지법인 대상이 될 수 있다.
④ 현지금융 수혜자가 현지법인인 경우 해외직접투자신고서 사본 및 영업활동 입증서류 첨부해야한다.

52 외국환은행 현지금융신고대상이 아닌 것은 어느 것인가?
① 다른 거주자가 해외대주은행 앞 직접 보증하거나 담보제공
② 국내보증이나 담보제공 없이 현지법인이나 해외지점이 자기신용으로 현지에서 금융수혜를 받는 경우
③ 외국환은행 보증 STANDBY L/C 개설
④ 본사 또는 계열사가 해외대주은행 앞으로 직접 보증하거나 담보제공

53 해외지사설치 내용 중 해당사항이 없는 것은 어느 것인가?
① 해외지사설치신고는 외국환은행 지정사항이다.
② 해외지점업무 중 부동산취득, 증권관련 거래 및 금전대여는 예외사항 제외하고 한국은행총재 신고수리사항이다.
③ 지점경비지급 시에는 신고사항이나 유지활동비 지급은 확인사항이므로 지급신청서에 의해 처리한다.
④ 해외지사 설치자는 신고 후 3개월 이내에 등록증 등 지사설치 확인할 수 있는 서류 첨부해야 한다.

48 거주자가 해외부동산 취득하려고 할 때 옳지 않은 것은 어느 것인가?

① 거주자가 해외에 체재하는 배우자 명의로 주택을 취득하는 경우 거주자 본인이 한국은행에 신고하여야 한다.
② 부동산소유권을 제외한 물권, 임차권 등 유사한 권리취득 경우 한국은행에 신고하여 수리받아야 한다.
③ 거주자의 해외부동산 취득목적이 개인 주거용, 개인 및 법인 단순보유 또는 투자목적 취득인 경우 지정거래 외국환은행 신고수리사항이다.
④ 거주자가 비거주자로부터 상속, 유증, 증여로 인하여 부동산에 관한 권리 취득하는 경우는 신고 예외사항이다.

49 거주자의 해외부동산 취득 시 가장 올바르지 못한 사항은 어느 것인가?

① 투자용 취득대상자는 거주자 개인 또는 법인 가능하다.
② 부동산 취득보고는 취득 후 6개월 이내이다.
③ 주거용 취득명의인은 신고인 또는 신고인의 배우자 가능하다.
④ 부동산 취득 후 처분보고는 처분 후 3개월 이내이다.

50 비거주자가 국내에 지점 또는 사무소를 설치하고자 할 때 외국기업 국내지사에 대한 설명으로 가장 바르지 못한 것은 어느 것인가?

① 외국환은행 지정사항이다.
② 유학알선업, 고용알선업 등은 국내지사 설치할 수 없는 업종이다.
③ 해외송금처가 본사이면 영업자금으로 인정할 수 있다.
④ 휴대 수입한 자금의 경우 영업자금으로 인정할 수 없다.

45 다음 중 외국환거래법상의 적용범위인 물적 대상에서 대외지급수단에 해당되지 않는 것은?

① 채권
② 신용장
③ 여행자카드
④ 약속어음

46 거주자 영리법인이 외국에서 미화 5천만불 증권 발행할 경우 신고기관은 어느 것인가?

① 외국환은행신고
② 기획재정부장관신고
③ 신고예외
④ 한국은행신고

47 외국인투자자는 국내 원화증권을 투자하거나 인정된 증권대차거래와 관련된 자금의 지급 등을 위해 외국환은행에 본인명의 투자전용 대외계정, 투자전용 비거주자계정을 통해 자금을 예치 및 처분할 수 있다. 투자전용 대외계정 예치자격조건이 아닌 것은 어느 것인가?

① 내국지급수단을 대가로 외국환은행으로부터 매입한 대외지급수단
② 본인명의 다른 대외계정, 비거주자 외화신탁계정에서 이체되어 온 외화자금
③ 외국인투자자가 외국으로부터 송금 또는 휴대반입한 외화자금
④ 취득증권의 매각대금, 배당금 및 인정된 증권대차거래와 관련된 자금 등의 자금을 대가로 매입한 외화자금

42 비거주자가 개설하는 원화계정인 자유원계정의 내용이 아닌 것은 어느 것인가?

① 처분은 해외송금 위해 매각하거나 본인명의 비거주자 자유원계정이체가 가능하다.
② 예치재원은 해외서 송금된 자원이거나 국내서 받은 내국통화표시 경상거래대금인 경우 가능하다.
③ 대외계정처럼 대외송금에 제약이 없다.
④ 내국통화표시 경상거래대금을 국내거주자에게 지급하는 경우는 처분이 가능하고 자본거래대금도 자유롭게 처분이 가능하다.

43 국내거주자 영리법인이 외국에서 해외차입금액이 5천만불 이하인 경우 신고기관은 어느 것인가?

① 기획재정부장관신고
② 한국은행신고
③ 신고예외
④ 외국환은행신고

44 영리법인이 외국에서 외화증권 발행 또는 모집하는 경우 5천만불 초과하는 경우 신고기관은 어느 것인가?

① 외국환은행신고
② 한국은행신고
③ 신고예외
④ 기획재정부장관신고

38 1만불 초과 환전하여 휴대출국 하는 경우 외국환은행의 외국환 신고필증 교부대상이 아닌 경우는 어느 것인가?

① 거주자가 일반여행경비로 원화 및 외화 합산하여 1만불 초과하여 휴대 출국 시
② 외국인거주자 경우 외국으로부터 영수하거나 휴대금액 범위 내에서 1만불 초과 재환전 시
③ 비거주자일 경우 대외계정에서 1만불 초과 외화인출 시
④ 해외이주비 및 재외동포 재산반출 1만불 초과하여 휴대 출국 시

39 다음 사항 중 외국인거주자 및 비거주자가 개설한 대외계정 처분용도로 가장 올바르지 못한 것은 어느 것인가?

① 다른 외화예금 계정에의 이체
② 외국에 대한 송금
③ 외국환은행 등에 내국지급수단을 대가로 한 매각
④ 제한 없음

40 비거주자 원화계정 예금과목에 해당하지 않는 것은 어느 것인가?

① 정기적금
② 정기예금
③ 당좌예금
④ 보통예금

41 다음 중 외국환거래법령상 거주성 구분이 가장 올바르게 설명된 것은?

① 국내기업이 100% 출자한 해외 현지법인은 거주자에 해당한다.
② 외국 영주권을 취득한 국민은 모두 비거주자이다.
③ 외국국적동포 국내거소신고증 소지자는 6개월 경과해야 거주자가 된다.
④ 국내에 소재한 외국계 기업은 모두 거주자에 해당한다.

35. 외국환 대외지급거래 중 송금만 가능하고 환전이 안되는 경우는 어느 것인가?
   ① 외국인거주자가 증빙서류 없이 국내보수 지정하고 연간 5만불 이내로 환전하는 경우
   ② 비거주자가 미화 1만불 이하 소액 지급하는 경우
   ③ 외국인비거주자가 최근 입국 후 매각실적범위 내 환전하는 경우
   ④ 외국인거주가자가 증빙서류 제출하고 연간 5만불 초과 환전하는 경우

36. 수출입거래에서 먼저 결제하고 물품통관하는 대응수출입이행의무 중 한국은행 신고사항이 아닌 것은 어느 것인가?
   ① 본지사 간 건당 5만불 D/A 수출만기일이 3년을 초과하는 경우 한국은행사전 신고후 가능하다.
   ② 계약건당 2만불 초과하는 수입대금을 선적서류 또는 물품영수 전 1년 초과하여 지급하고자 할 때
   ③ 계약건당 5만불 초과하는 미가공 재수출 목적으로 금을 수입하는 경우로서 수입대금을 물품영수일로부터 30일 초과하여 연지급수입한 금을 미가공 재수출하는 경우
   ④ 정부 또는 지방자치단체가 수입대금을 지급하는 경우

37. 다음 중 대외계정 개설 대상자가 아닌 자는?
   ① 국내기업의 해외지사
   ② 외국인거주자
   ③ 국민인비거주자
   ④ 국내소재 외국법인

31 국세청 통보대상이 아닌 것은 어느 것인가?
① 해외예금 송금액 연간 5천불 초과 시
② 동일자 1만불 초과 시 여행경비 환전
③ 신용카드 실적 연간 1만불 초과 시
④ 해외체재비 연간 10만불 초과 시

32 외국환의 매매, 교환, 대여의 중개, 파생상품거래의 중개 또는 이와 관련된 업무를 영위하고자 충분한 자본, 시설 및 전문인력을 갖추어 기획재정부장관의 인가를 받아 설립한 회사를 (   )라고 말한다.

33 외국인거주자나 비거주자 경우 증빙서류 없이 송금 가능한 연간 금액은 어느 것인가?
① 3만불
② 5만불
③ 10만불
④ 제한없음

34 미국 내 은행으로 해외송금 시 Sort Code를 정확히 입력하여야 한다.
① ○
② ×

27 해외이주비 지급 시 제출서류 중 사후보완이 가능한 서류는 어느 것인가?
① 여권사본
② 이주확인서(해외이주자일경우)
③ 거래외국환지정신청서
④ 비자사본

28 다음 중 외환정보의 집중 및 교환 시스템을 통하여 외환정보를 제공받아 이용하는 기관이 아닌 것은?
① 산업통상자원부
② 금융정보분석원
③ 국제금융센터
④ 예금보험공사

29 (   )이라 함은 국내에 본점을 둔 외국환은행의 해외지점 및 해외직접투자에 의한 현지법인금융기관등의 외국에 있는 거주자(일반해외여행자는 제외한다). 국민인비거주자가 또는 국민인비거주자가 전액 출자하여 현지에 설립한 법인에 대한 여신을 말한다.

30 해외이주비 지급 시 징구서류가 아닌 것은 어느 것인가?
① 현지이주일 경우 현지이주확인서 "환전용"
② 해외이주확인서
③ 여권사본
④ 소요경비명세

24 외국환은행이 외국인을 제외한 거주자로부터 외국환을 매입하는 업무와 관련성이 없는 사항인 어느 것인가?

① 처분사유
② 영수확인서
③ 타발송금환
④ 국세청통보

25 다음 중 일반해외여행경비 지급에 대한 절차 중 가장 잘못된 것은 어느 것인가?

① 국민인 거주자 일반해외여행자는 신분증만 있으면 금액제한 없이 여행경비환전 가능하며 1만불 초과 시 출국세관에 신고한다.
② 법인명의 여행경비 환전은 사업자등록증으로 환전해야 하며 해외체제비 지급으로도 가능하다.
③ 치료비로 나갈 경우 휴대수출 외에 송금까지 허용하고 있다.
④ 유치원생도 일반여행경비 환전가능하다.

26 해외이주비 지급방법 중 가장 올바르지 못한 것은 어느 것인가?

① 해외이주예정자의 경우 거래외국환은행을 지정한 날로부터 3년 이내까지 가능하다.
② 국내이주 시 해외이주신고확인서 발급일로부터 3년 이내까지 지급가능하다.
③ 해외이주비 지급방법은 송금을 하거나 송금수표 또는 외화현찰이 가능하지만 여행자수표 지급은 안 된다.
④ 해외이주자는 비자사본 또는 영주권 사본을 확인해야 한다.

21. 외국환은행의 외국환매매 대한 설명으로 가장 올바르지 못한 것은 어느 것인가?
   ① 외국환신고필증에 의한 매입 경우 외국환신고필증에 일자, 금액, 매입기관을 기재한 후 교부한다.
   ② 외국인거주자가 외화현찰 2만불 초과 매입의뢰하는 경우 외국환신고필증 제출하지 아니하면 한국은행 총재에 사전에 대외지급수단매매신고를 하여야 한다.
   ③ 거주자는 동일자 동일인 10만불 초과 타발송금 시 증빙서류미제출시 영수확인서 징구받아야 한다.
   ④ 외국인거주자와 국내소재법인은 소지목적 외국환매각 가능하다.

22. 다음 환전 영업자에 대한 설명 중 가장 올바르지 못한 것은 어느 것인가?
   ① 환전영업자는 거주자나 비거주자에게 제한없이 외국환을 매각할 수 있다.
   ② 비거주자에게 재환전 신청받은 환전영업자는 외국환매입증명서 및 여권을 제출받아 인적사항 및 재환전금액 확인 후 재환전하며 재환전증명서 교부해야 한다.
   ③ 환전영업자의 등록을 하고자 하는 자는 환전업무등록신청서에 의한 영업공간, 시설영업장에 관한 증빙서류와 인력사항에 관한 서류를 첨부하여 관세청장에게 제출하여 등록증 교부받아야 한다.
   ④ 환전영업자는 거주자나 비거주자에게 원화를 대가로 외국통화 및 여행자수표를 매입할 수 있다.

23. 해외여행경비 지급사항 중 가장 올바르지 못한 것은 어느 것인가?
   ① 단체해외경비는 여행자별 신분증이 있어야 하며 여행사 명의로 지급 가능하다.
   ② 단체해외연수경비지급은 교육기관 명의로 지급해야 한다.
   ③ 외국연수기관이 6월 이상 수학하는 자를 해외유학생이라 한다.
   ④ 일반해외경비는 원칙적으로 환전은 가능하나 송금은 할 수 없다.

17 거주자의 외국환지급 사항 중 가장 올바르지 않은 것은 어느 것인가?

① 종교단체 선교자금 10만불 초과 시 지급확인서 생략이 가능하다.
② 거주자 생활보조비, 경조사비, 소액경상대가의 건당 5천불 초과를 합산한 연간 10만불 송금은 증빙서류제출 면제가 가능하다.
③ 거주자가 개인이 금전대여로 5만불 송금은 증빙서류제출 면제가 가능하다.
④ 거주자 법인이 구두로 계약한 물품대금 5만불 송금은 증빙서류제출 면제가 가능하다.

18 다음 상호계산 업무절차에 대한 설명 중 옳지 못한 내용인 것은?

① 상호계산계정 폐쇄 시에는 신고할 필요가 없다.
② 상호계산계정 개설시 신고하여야 한다.
③ 지정거래은행을 통하여 취급하여야 한다.
④ 상호계산 실시한 건은 국세청과 관세청에 통보된다.

19 외국환은행의 외국환 매각업무 중 가장 올바르지 못한 것은 어느 것인가?

① 외국인이 5년 이상 국내거주한 경우 해외유학생경비 또는 해외체재비 지급 가능하다.
② 매각실적이 없는 비거주자에게는 1만불 범위 내에서 재환전 허용 가능하다.
③ 비거주자는 현재까지 영수 또는 휴대수입한 대외지급수단범위 내에서 지급 가능하다.
④ 외국인거주자는 증빙서류 없이 국내보수송금 등 08번 지정하고 연간 5만불 이내 송금 가능하다.

20 다음 중 비거주자 자유원계정에 예치가능 한 자금이 아닌 경우는?

① 거주자가 보증한 원화차입 자금
② 원화표시 경상거래대금
③ 국내 증권발행 조달자금
④ 외국으로부터 송금된 자금

13 해외여행경비 내용 중 가장 맞지 않는 것은 어느 것인가?
① 북한지역 관광객 및 방문자는 미화 1만불 이내에서 휴대출국 할 수 있다.
② 단체해외연수경비 해외지급 시는 외국환은행 지정사항이다.
③ 거래외국환은행은 해외체재자가 1만불 초과하여 휴대출국 하는 경우 외국환신고필증을 발행해야 한다.
④ 법인명의 여행경비송금은 불가능하다.

14 해외송금 시 외국환은행지정사항 대상이 아닌 것은 어느 것인가?
① 거주자의 증빙서류미제출 지급
② 거주자등 대북투자
③ 환전영업자
④ 거주자 로열티 등 용역대가 지급

15 해외지점의 영업활동에서 한국은행 신고수리 사항과 관련이 없는 업무인 것은?
① 부동산취득 업무
② 증권거래 업무
③ 금전대여 업무
④ 담보제공 업무

16 다음 외국환거래법상 거래구분의 연결 중 옳지 않는 것은 어느 것인가?
① 여행, 보험 – 자본거래
② 예금, 금전대차 – 자본거래
③ 해외지사경비 – 무역외거래
④ 급료 / 임금 – 무역외거래

09 경상거래와 자본거래는 신고사항이 많으며 당사자, 유형, 금액, 기간 등을 기준으로 중요도나 관리의 실효성 등을 감안하여 외국환신고대상, 한국은행신고대상, 기획재정부 신고대상으로 나눈다. 다음 사항 중 신고대상 주체가 다른 사항은 어느 것인가?

① 증빙미제출 송금 연간 5만불 이하 확인
② 현지금융
③ 외국기업 국내지사 신고
④ 개인의 해외차입

10 비거주자는 외화대출은 제한이 없으나 원화대출 경우 금액에 따라 제한이 많다. 비거주자중 금액제한 예외대상자가 아닌 것은 어느 것인가?

① 비거주자 동일인기준 20억원 이하인 원화대출
② 국민인비거주자에 대한 원화자금대출 - 비거주자 자유원계정(당좌예금에 한한다)을 개설한 비거주자에 대한 2영업일 이내 결제자금을 위한 당좌대출
③ 비거주자인 국내소재 외국공관 및 공관원에 대한 원화자금대출
④ 국민인비거주자에 대한 원화자금대출

11 해외지사를 설치하고자 하는 자가 신고 절차를 이행하기 전에 미화 (　)불 범위내에서 설치자금을 휴대하여 직접 지급한 경우 지사를 설치한 날로부터 (　) 이내에 사후신고 절차를 이행할 수 있다. (　)내에 각각 들어갈 내용은?

12 해외이주비 지급과 재외동포의 국내 재산반출 시 미화 1만불 초과 지급 시 모두 국세청에 통보된다.

① O
② ×

05 외국환거래법령상 거주성 구분에 대한 내용 중 거주성이 다른 경우는 어느 것인가?
① 국내 들어온 지 7개월 된 실업자 외국인
② 대한민국소재 외국국제기구에 종사한 지 1년 된 외국인
③ 거주자였던 외국인이 출국하여 미국에 4개월 이상 체재 중인자
④ 국내주둔 미합중국 외국군인의 동거가족

06 다음 대외거래형태 중 자본거래가 아닌 거래는 어느 것인가?
① 금전대차
② 임대차
③ 예금
④ 보험

07 외국환거래는 모두 신고 등의 절차에 의한다. 외국환은행 신고사항이 아닌 것은 어느 것인가?
① 상호계산
② 해외부동산취득
③ 5천만불 초과 영리법인 해외차입
④ 5천만불 이하 영리법인 해외차입

08 거래외국환은행 지정 등록 시 법인의 경우 공장, 지점 또는 사업부 단위로 편리하게 지정할 수 있다.
① ○
② ×

1과목 시험 보기 전에 꼭 풀어야 할 **필수체크문제**

01 대외지급수단이 아닌 것은 어느 것인가?
① 은행권
② 외화채권
③ 정부지폐
④ 수표

02 외국환거래의 비밀보장 법규 위반시 2년 이하 징역 또는 2억원 이하 벌금에 처해진다.
① ○
② ×

03 외국환의 종류가 아닌 것은 어느 것인가?
① 외국통화
② 외화증권
③ 외화채권
④ 금

04 다음 중 외국인거주자가 아닌 사람은 어느 것인가?
① 국내 들어와서 국내회사에 다닌 지 3개월 된 브래드피트씨
② 거주자였던 외국인으로 영국으로 출국한 지 4개월 이상 된 브래드피트씨
③ 국내에 설립된 외국인 투자회사에 다니는 브래드피트씨
④ 국내 들어온지 8개월 된 무직인 브래드피트씨

이패스코리아 외환전문역 I 종

1 과목

시험 보기 전에 꼭 풀어야 할
필수체크문제

※ 기초문제이지만 시험에 자주 출제되는 문제입니다.
  이 정도는 알고 가야 기본 점수를 받을 수 있습니다.

34 다음의 옵션 전략 중 환율의 방향은 불확실하나 변동 폭은 매우 클 것으로 예상되는 경우 지급 프리미엄이 높더라도 높은 수익을 목적으로 활용되는 전략은?

① Call 매도
② Put 매도
③ Strangle 매수
④ Straddle 매수

35 다음은 이색옵션에 대한 설명이다. 옳지 않은 것은?

① 환율이 특정 수준에 도달해야만 효력이 발생하는 옵션은 Knock-in Option이다.
② 환율이 특정 수준에 도달해야만 효력이 소멸되는 옵션은 Knock-out Option이다.
③ Knock-in Option과 Knock-out Option은 표준형 옵션에 비해 프리미엄이 비싸다.
④ Knock-in Option과 Knock-out Option의 프리미엄의 합은 Vanilla Call Option의 프리미엄과 동일하다.

36 다음의 Barrier Option 중 Barrier를 하향 돌파하면 Put Option 계약이 성립되는 것은?

① Up-and-In Put
② Up-and-Out Put
③ Down-and-In Put
④ Down-and-Out Put

정답 및 해설

31 ④ 달러 콜옵션 매수자의 이익과 달러 콜옵션 매도자의 손실은 같은 금액이다.
32 ③ 만기일에 USD/KRW 환율이 1,000원이 되면 옵션 매수자에게 9억원의 이익이 발생한다.
33 ② 실제 환율이 1,150원인 경우 시장에서 1,150원에 1,000만불을 매도한다. 달러당 옵션 프리미엄 10원의 손실을 감안하면 실제 매도환율은 1,140원이다. 실제 환율이 1,050원인 경우 풋옵션을 행사하여 1,000만불을 달러당 1,100원에 매도한다. 옵션 프리미엄이 달러당 10원이므로 실제 매도환율은 1,090원이다.
34 ④ Strangle 매수와 Straddle 매수는 모두 환율의 방향은 불확실하지만 그 변동 폭은 클 것으로 예상되는 경우 활용하는 전략으로 Straddle 매수전략이 더 높은 프리미엄을 지불하고 예상대로 변동성이 높아 질 경우 수익도 더 높다.
35 ③ 달성 조건이 더 안 좋기 때문에 프리미엄이 싸다.
36 ③ Down-and-In Put이라고 한다.

31 다음은 통화옵션에 대한 설명이다. 옳지 않은 것은?
① Call 매수를 통하여 환율 상승위험을 헤지할 수 있다.
② Put 매수를 통하여 환율 하락위험을 헤지할 수 있다.
③ USD/KRW 콜옵션 매수는 달러 콜옵션 매수 또는 원화 풋옵션 매수와 같다.
④ 달러 Call Option 매수자의 이익과 달러 Put Option 매수자의 손실 금액은 같다.

※ 다음의 거래 내용을 보고 물음에 답하시오(32~33).

- 통화 : USD/KRW
- 행사가격 : 1,100원
- 계약금액 : 1,000만불
- 만기 1개월
- 행사유형 : European Put
- 프리미엄 : 1억원

32 이 거래에 대한 설명으로 맞지 않은 것은?
① 옵션 매수자는 USD/KRW 환율이 하락할수록 유리하다.
② 이 옵션을 매수하여 환위험을 헤지하고자 하는 자는 수출업체이다.
③ 만기일에 USD/KRW 환율이 1,000원이 되면 옵션 매도자에게 9억원의 이익이 발생한다.
④ 만기일에 USD/KRW 환율이 1,200원이 되면 옵션 매수자에게 1억원의 손실이 발생한다.

33 옵션 만기일에 실제 환율이 1,150원인 경우와 1,050원인 경우 달러 실제 매도환율은?
① 1,150원, 1,100원
② 1,140원, 1,090원
③ 1,150원, 1,090원
④ 1,140원, 1,100원

※ 다음의 거래 내용을 보고 물음에 답하시오(29~30).

- 통화 : USD/KRW
- 행사가격 : 1,100원
- 계약금액 : 1,000만불
- 만기 1개월
- 행사유형 : European Call
- 프리미엄 : 1억원

29 이 거래에 대한 설명으로 맞지 않는 것은?

① 옵션 매수자는 USD/KRW 환율이 상승할수록 유리하다.
② 이 옵션을 매수하여 환위험을 헤지하고자 하는 자는 수출업체이다.
③ 만기일의 USD/KRW 환율이 1,200원일 경우 옵션 매수자에게 9억원의 이익이 발생한다.
④ 만기일의 USD/KRW 환율이 1,000원일 경우 옵션 매수자에게 1억원의 손실이 발생한다.

30 옵션 만기일에 실제 환율이 1,150원인 경우와 1,000원인 경우의 실제 매입환율은?

① 1,100원, 1,000원
② 1,110원, 1,000원
③ 1,110원, 1,010원
④ 1,100원, 1,010원

정답 및 해설

26 ③ 6월 30일+2영업일이 결제일이다.
27 ③ 옵션가격을 결정하는 가장 중요한 요인은 기초자산의 변동성이다.
28 ③ 기초자산의 변동성이 커질수록 콜옵션과 풋옵션의 가격이 상승한다.
29 ② 달러 콜옵션은 USD/KRW 환율이 상승하는 위험을 헤지하기 위해 매수하며, 매수자는 수입업체이다.
30 ③ 실제 환율이 1,150원인 경우 달러당 1,100원에 Call 옵션을 행사하여 1,000만불을 수령한다. 옵션 프리미엄이 달러당 10원이므로 실제 매입환율은 1,110원이다. 실제 환율이 1,000원인 경우 달러당 1,000원에 1,000만불을 매입하고 달러당 옵션 프리미엄 10원의 손실을 감안하면 실제 매입환율은 1,010원이다.

26 이패스 기업은 6월 30일을 만기로 지정하여 지정된 USD/KRW 환율로 달러를 살 수 있는 권리계약을 B은행과 체결하였다. 이 권리는 6월 30일에만 행사가 가능하다. 다음의 설명 중 옳지 않은 것은?

① 달러 콜옵션 매수포지션이다.
② 원화 풋옵션 매수포지션이다.
③ 유러피안 옵션이며 6월 30일이 결제일이다.
④ USD/KRW 환율이 상승할 때 이패스기업은 권리를 행사하여 이득을 보게 된다.

27 옵션의 가격을 결정하는 요인으로 가장 중요한 것은?

① 기초자산의 가격
② 행사가격
③ 변동성
④ 이자율

28 다음의 옵션가격 결정 변수 중 그 값이 커질수록 콜옵션과 풋옵션의 가격이 상승하는 변수는?

① 기초자산의 가격
② 행사가격
③ 변동성
④ 원화 이자율

24 3개월 후 달러로 수입대금 결제가 예정되어 있는 경우 환위험 헤지를 위한 적절한 방법이 아닌 것은?

① 3개월 만기 달러 선물환 매입
② 3개월 만기 원화차입 후 달러로 교환하여 3개월 투자
③ 3개월 만기 달러 풋옵션 매입
④ 3개월 만기 달러 콜옵션 매입

25 달러옵션에 대한 설명이다. 옳지 않은 것은?

① 환율이 상승하면 콜옵션 프리미엄도 상승한다.
② 만기에 가까워질수록 콜옵션과 풋옵션 프리미엄은 하락한다.
③ 행사가격이 높을수록 풋옵션 프리미엄이 높다.
④ 국내 이자율이 상승하면 콜옵션 프리미엄은 하락한다.

정답 및 해설

20 ② 국내 이자율의 상승은 콜옵션 가격의 상승, 풋옵션 가격의 하락을 초래한다.
21 ④ 수출업체는 환율하락 위험을 헤지 해야 하며 Call Option 매수는 환율상승 위험을 헤지하기 위한 수단이다.
22 ④ Barrier Option은 일반 옵션에 비해 싸다.
23 ④ 달러 가치하락 위험을 방어해야 한다.
24 ③ 달러 풋옵션 매입은 달러가격 하락을 방어하기 위한 전략이다.
25 ④ 국내 이자율이 상승하면 콜옵션 프리미엄은 상승하고, 풋옵션 프리미엄은 하락한다.

20 다음의 설명 중 옳지 않은 것은?

① 지정된 금액의 엔을 지불하고 달러를 살 수 있는 권리인 달러 콜옵션은 엔 풋옵션과 동일하다.
② 국내 이자율의 상승은 콜옵션의 가격을 하락시키고 풋옵션의 가격을 상승시킨다.
③ 환율 변동성이 커질수록 옵션의 가격도 높아진다.
④ 옵션 시장의 유동성이 낮을수록 American Option과 European Option의 가격 차이가 커진다.

21 1개월 후에 달러로 수출대금을 받을 예정인 수출업체가 환율변동 위험을 헤지하기 위해 거래할 수 있는 적절한 파생거래가 아닌 것은?

① 선물환 매도
② Put 매수
③ Knock-in Put 매수
④ Knock-out call 매수

22 다음 중 다른 조건이 동일할 경우 옵션프리미엄이 가장 싼 것은?

① American Option 매수
② European Option 매수
③ Straddle 매수
④ Barrier Option 매수

23 미국으로 제품을 수출하는 수출업체가 환 위험 헤지를 위해 사용할 수 있는 전략이 아닌 것은?

① USD put / KRW call 옵션 매수
② KRW Call / USD Put 옵션 매수
③ 달러 현물 매도 + Buy & Sell Swap
④ USD Put / KRW Call 매도

18 다음은 수입기업과 수출기업을 위한 레인지 포워드(Range Forward) 전략에 대한 설명이다. 바르지 않은 것은?

① 수입기업은 행사가격이 높은 외가격 달러 콜옵션 매도 + 행사가격이 낮은 외가격 달러 풋옵션 매수하여 구성
② 환율이 일정 범위 내에서 움직일 것으로 기대하는 수입기업이나 수출기업이 취할 수 있는 전략이다.
③ 환율상승에 따른 최대 손실을 일정수준으로 고정시키면서 선물환율보다 유리하게 거래할 수 있는 여지를 확보할 수 있다.
④ 제로 코스트(Zero Cost) 전략을 수립하고자 할 때 적당하다.

19 다음의 옵션 중 옵션의 가격이 가장 비싼 옵션은 어떤 옵션이겠는가?

① 복합(compound) 옵션
② 경계(Barrier) 옵션
③ 룩백(lookback) 옵션
④ 평균(average 혹은 asian) 옵션

정답 및 해설

15 ④ 콘도르 매수는 변동성 축소 예상 시 사용하는 전략이다.
16 ③ 디지털 옵션에 대한 설명이다.
17 ④ 타겟 포워드에 대한 설명이다.
18 ① 수입기업은 행사가격이 높은 외가격 달러 콜옵션 매입 + 행사가격이 낮은 외가격 달러 풋옵션 매도하여 구성
19 ③ 룩백(lookback) 옵션이다.

15. 다음 중 변동성 확대 예상이 아닌 것은?

① 스트랭글(Strangle) 매수
② 스트래들(Straddle) 매수
③ 버터플라이(Butterfly) 매도
④ 콘도르 매수

16. 옵션이 만기일에 내가격 상태이면 사전에 약정된 수익금액을 주고 그렇지 않으면 수익이 없는 옵션은 무엇인가?

① 경계(barrier) 옵션
② 룩백(lookback) 옵션
③ 디지털(digital) 옵션
④ 선택(chooser) 옵션

17. 다음에서 설명하는 거래는 무엇인가?

> ㉠ 일반 합성 선물환 거래에 옵션을 추가로 매도하여 가격 조건을 개선한 상품
> ㉡ 일반 합성 선물환 거래에 비해 개선효과도 크지만, 환율이 큰 폭으로 상승할 경우 시장환율에 비해 낮은 가격으로 두 배에 해당하는 거래를 이행해야 한다.
> ㉢ 수출업자의 경우 일반 합성 선물환 거래 + 콜옵션 매도 추가

① 프로핏 테이킹 포워드(Profit Taking Forward)
② 배리어 포워드(Barrier Forward)
③ 녹아웃 포워드(Knock-out Forward)
④ 타켓 포워드(Target Forward)

12 다음 보기 중 기초자산의 가격이 상당히 상승할 것을 기대하면서도 혹시 발생할 수 있는 가격하락 위험에 대비하는 전략은?

① 콜옵션 매수 ② 콜옵션 매도
③ 풋옵션 매수 ④ 풋옵션 매도

13 최초거래 시 현금이 유입되지 않는 전략은 무엇인가?

① 풋옵션 매도
② 수직 강세 콜 스프레드
③ 수직 강세 풋 스프레드
④ 콜옵션 매도

14 이패스기업은 1개월 후 수입대금을 지불해야 한다. 환위험을 헤지하기 위한 가장 적절한 전략은?

① 선물환 매수 + 콜옵션 매수
② 선물환 매수 + 풋옵션 매수
③ 선물환 매도 + 콜옵션 매수
④ 선물환 매도 + 풋옵션 매수

정답 및 해설

08 ④ 콜옵션 매수포지션의 손익분기점은 (행사가격 + 콜옵션 프리미엄)이다.
따라서 1,180원/$ + 30원 = 1,210원/$
09 ② 풋옵션 매도자의 경우 이익이 발생한다.
10 ③ 콜옵션 매수의 경우 순손익은 (기초자산 가격 – 행사가격) – 콜옵션 프리미엄이다.
따라서 (1,190 – 1,180) – 30 = –20원/$
11 ① 기초자산 가격과 행사가격의 차이가 행사가치를 결정한다.
12 ① 콜옵션 매수에 대한 설명이다.
13 ② 수직 강세 콜 스프레드의 경우 현금순유출이 발생한다.
14 ① 이패스기업은 환율상승위험에 노출되어 있다. 따라서 선물환 매수와 콜옵션 매수가 바람직하다.

08 현재 달러/원 환율은 1,160원/$이다. 투자자가 행사가격이 1,180원/$인 콜옵션을 프리미엄 30원을 주고 1계약 매입하였다. 이 옵션의 손익분기점을 계산하면?

① 1,215원/$
② 1,150원/$
③ 1,255원/$
④ 1,210원/$

09 향후 주가가 상승하여야 이익이 나는 구조는 무엇인가?

① 콜옵션 매도
② 풋옵션 매도
③ 수직 약세 콜 스프레드
④ 수직 약세 풋 스프레드

10 현재 달러/원 환율은 1,160원/$이다. 투자자가 행사가격이 1,180원/$인 콜옵션을 프리미엄 30원을 주고 1계약 매입하였다. 기초자산의 가격이 1,190원/$이 되었다. 반대매매 후 이 투자자의 순손익은 얼마인가?

① -10원/$
② 0원/$
③ -20원/$
④ 45원/$

11 통화옵션 프리미엄의 구성 중 행사(내재)가치를 결정하는 요인은?

① 기초자산 가격(환율)
② 만기
③ 환율변동성
④ 금리

05 현재 달러/원 환율은 1,175원/$이다. 투자자가 행사가격이 1,160원/$인 콜옵션을 프리미엄 30원을 주고 1계약 매입하였다. 이 옵션은 현재 어떤 상태인가?

① 내가격(ITM) 옵션
② 등가격(ATM) 옵션
③ 외가격(OTM) 옵션
④ 깊은 내가격 옵션

06 다음 중 풋옵션 매도자는 누구인가?

① 행사가격으로 기초자산을 살 수 있는 권리자
② 행사가격으로 기초자산을 팔 수 있는 권리자
③ 행사가격으로 기초자산을 팔아야 하는 의무자
④ 행사가격으로 기초자산을 사야 하는 의무자

07 현재 달러/원 환율은 1,175원/$이다. 투자자가 행사가격이 1,160원/$인 콜옵션을 프리미엄 30원을 주고 1계약 매입하였다. 이 옵션의 시간가치는 얼마인가?

① 0원　　　　　　　　　　　　② 5원
③ 10원　　　　　　　　　　　 ④ 15원

정답 및 해설

01 ③ ・미국형 : 만기 이전 어느 때라도 권리 행사
　　　 ・버뮤다형 : 만기 이전 특정일에 가능
02 ④ 미국형 옵션에 대한 설명이다.
03 ② 옵션 매수자의 경우 최대손실은 프리미엄이라는 제한된 손실위험과 큰 이익기회가 존재한다.
04 ① 깊은 외가격 옵션에도 시간가치는 존재한다.
05 ① 기초자산 가격보다 행사가격이 작으므로 내가격 콜옵션이다.
06 ④ 풋옵션 매도자는 풋옵션 매수자가 권리행사 시 행사가격으로 기초자산을 사주어야 하는 의무가 있는 자를 말한다.
07 ④ 이 옵션은 내가격 상태이므로 행사가치는 1,175 − 1,160 = 15원이다.
　　　 그러므로 프리미엄은 30원 중 시간가치는 30 − 15 = 15원이다.

06장 출제예상 문제

01 다음 중 만기 때에만 권리행사가 가능한 옵션은 무엇인가?
① 미국형 옵션
② 버뮤다형 옵션
③ 유럽형 옵션
④ 아시아형 옵션

02 옵션의 유형 중 만기일 이내 항상 권리행사가 가능한 옵션은?
① 아시안형 옵션
② 유럽형 옵션
③ 버뮤다형 옵션
④ 미국형 옵션

03 옵션의 특징에 대한 다음 설명 중 바르지 않은 것은?
① 옵션 매수자는 옵션 매도자에게 프리미엄을 지급한다.
② 옵션 매도자에게 손실위험을 제한적이면서 큰 이익기회를 제공한다.
③ 권리와 의무가 분리되어 있다.
④ 비대칭적인 손익구조를 갖고 있다.

04 다음은 옵션의 시간가치에 대한 설명이다. 바르지 않은 것은?
① 깊은 외가격 옵션에서는 시간가치가 존재하지 않는다.
② 만기에 가까울수록 시간가치는 크게 하락한다.
③ 등가격에서 옵션의 시간가치는 가장 크다.
④ 옵션의 시간가치는 프리미엄에서 행사가치를 차감한 값이다.

③ 수출업체
- 1,080원 down & out 풋옵션(유로피언 배리어 1,055)을 매입×1,060원 up & in (유로피언 배리어 1,095) 콜옵션을 매도하여 제로코스트를 만드는 전략
- 만기일 환율이 녹아웃 배리어 아래로 크게 하락하지 않으면 거래일 선물환율보다 유리하게 달러를 매도할 수 있는 여지를 조건부로 확보할 수 있는 전략

(6) 녹아웃포워드 전략
① 만기일 환율이 녹아웃 배리어(유로피언)에 도달하지 않으면 선물환율보다 유리한 계약환율로 거래할 수 있는 장외통화옵션
② 수입업체

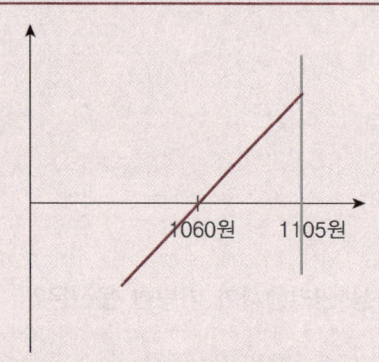

- 1,060원 up & out 콜옵션(유로피언 배리어 1,105)을 매입×행사가격과 녹아웃 배리어가 동일한 풋옵션을 매도하는 제로코스트 전략
- 만기일 환율이 녹아웃 배리어 위로 상승하지만 않으면 거래일 선물환율보다 유리하게 거래할 수 있는 조건부로 확보할 수 있는 전략

③ 수출업체
- 1,080원 down & out 풋옵션(유로피언 배리어 1,030) 매입×행사가격과 녹아웃 배리어가 동일한 콜옵션을 매도하는 제로코스트 전략
- 만기일 환율이 녹아웃 배리어 아래로 크게 하락하지 않으면 거래일 선물환율보다 유리하게 달러를 매도할 수 있는 여지를 조건부로 확보할 수 있는 전략

정답 ❷

 다음 중 USD/KRW 환율이 1,100원 이하로 크게 하락할 경우 가장 많은 손실이 발생하는 옵션 거래전략은 어떤 것인가? (환율표기에서 앞쪽의 통화가 기준통화)

① 행사가 1,100원 달러 콜옵션 매입
② 행사가 1,100원 달러 콜옵션 매입 × 행사가 1,200원 달러 콜옵션 매도
③ 행사가 1,200원 달러 콜옵션 매입 × 행사가 1,100원 달러 풋옵션 매도
④ 행사가 1,200원 달러 콜옵션 매입 × 행사가 1,100원 달러 풋옵션 매입

출제포인트
③번은 범위 선물환이다. 이때 환율이 풋옵션 행사가격 이하로 하락하면 그만큼 손실을 입는다.

정답 ❸

② 수입업체

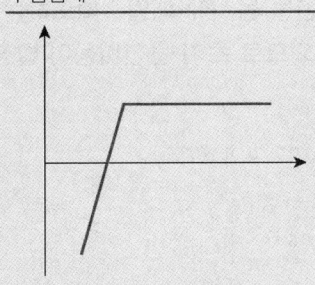

- 외가격 콜옵션 매도 × 외가격 풋옵션 매도 × 내가격 콜옵션 매입
- 매도한 콜옵션 행사가격 이하에서는 거래 당시의 선물환율보다 유리하게 거래할 수 있는 여지를 확보하면서 만기일 환율이 매도한 콜옵션 행사가격 위로 큰 폭으로 상승하지 않을 것으로 예상할 경우 적절함

③ 수출업체
- 외가격 풋옵션 매도 × 외가격 콜옵션 매도 × 내가격 풋옵션 매입
- 외가격 풋옵션 행사가격 이상에서는 거래일 당시의 선물환율보다 유리하게 거래할 수 있는 여지를 확보하면서 만기일 환율이 매도한 풋옵션 행사가격 위로 큰 폭으로 하락하지 않을 것으로 예상할 경우 적절함

(4) 시걸 전략
① 스프레드 전략 가운데 행사가격이 3개인 버터플라이전략처럼 행사가격이 3개인 장회 통화옵션 전략으로 3개의 행사가격을 갖게 되므로 만기일 환율에 따라 4개 구간의 만기손익구조를 가진다.
② 수입업체

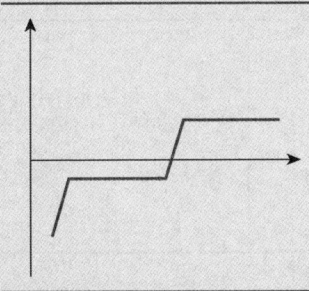

- 등가격 콜옵션 매입 × 외가격 풋옵션 매도 × 외가격 콜옵션 매도
- 만기일 환율이 외가격 풋옵션 행사가격과 외가격 콜옵션 행사가격 사이에 있을 가능성이 높다고 예상할 때 유용한 전략

③ 수출업체
- 등가격 풋옵션 매입 × 외가격 풋옵션 매도 × 외가격 콜옵션 매도
- 만기일 환율이 외가격 풋옵션 행사가격과 외가격 콜옵션 행사가격 사이에 있을 가능성이 높다고 예상할 때 유용한 전략

(5) 배리어 포워드 전략
① 만기일 환율이 옵션을 거래할 때 정한 배리어에 도달하지 않으면 선물환율보다 유리한 환율로 거래할 수 있지만, 배리어에 도달하면 녹아웃 또는 녹인 되면서 불확실성이 커지는 전략
② 수입업체

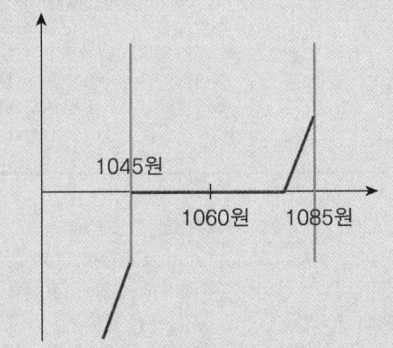

- 1,060원 up & out 콜옵션(유로피언 배리어 1,085)을 매입 × 1,060원 down & in (유로피언 배리어 1,045) 풋옵션을 매도하여 제로코스트를 만드는 전략
- 만기일 환율이 녹아웃 배리어 위로 상승하지만 않으면 거래일 선물환율보다 유리하게 거래할 수 있는 조건부로 확보할 수 있는 전략

15 서로 다른 행사가격의 콜옵션과 풋옵션을 동시에 매입·매도하는 전략으로 매입 옵션과 매도 옵션의 프리미엄이 같게 설계되므로 초기 옵션비용이 발생하지 않는 선물환을 무엇이라고 하는가?

① 프로핏 테이킹 포워드(Profit Taking Forward)
② 범위 선물환(Range Forward)
③ 녹아웃 포워드(Knock-out Forward)
④ 목표 선물환(Target Forward)

출제포인트

범위 선물환(Range Forward)이라고 한다.
장외 통화옵션 예시

(1) 범위 선물환(Range Forward)
   ① 서로 다른 행사가격의 콜옵션과 풋옵션을 동시에 매입·매도 → 매입 옵션과 매도 옵션의 프리미엄이 같게 설계되므로 초기 옵션비용이 발생하지 않음 (Zero Cost 전략)
   ② 수입업체

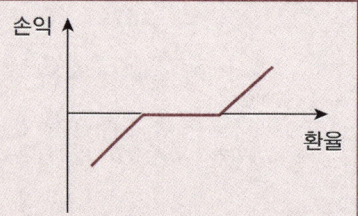

- 낮은 행사가격 풋옵션 매도 + 높은 행사가격 콜옵션 매입
- 결제환율이 일정범위에 머뭄 → 환율상승에 따른 최대 손실을 일정수준으로 고정시키면서 선물환율보다 유리하게 거래할 수 있는 여지 확보 가능

   ③ 수출업체
     ㉠ 낮은 행사가격 풋옵션 매입 + 높은 행사가격 콜옵션 매도
     ㉡ 결제환율이 일정범위에 머뭄 → 환율하락에 따른 최대 손실을 일정수준으로 고정시키면서 선물환율보다 유리하게 거래할 수 있는 여지 확보 가능

(2) 목표 선물환(Target Forward) : ① 선물환율보다 유리한 계약환율로 일정금액을 헤지할 수 있는 장점이 있다. 그러나 만기일 환율에 따라 추가로 특정금액을 같은 계약환율로 거래해야 하기 때문에 과대헤지 위험이 있다.
   ② 수입업자의 경우

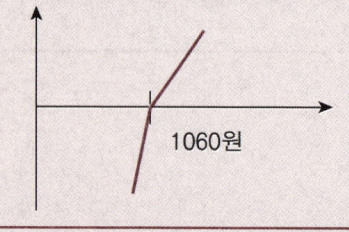

1060원

- 내가격 달러 콜옵션 1개 매입 × 외가격 달러 풋옵션 2개 매도
- 만기일 환율이 행사가격 아래로 하락하지 않을 것으로 예상하면서 행사가격보다 하락할 경우 발생할 수 있는 손실을 감당할 수 있는 경우에 활용하는 것이 적절함

   ③ 수출업체
   - 내가격 달러 풋옵션 1개 매입 × 외가격 달러 콜옵션 2개 매도
   - 만기일 환율이 행사가격 위로 상승하지 않을 것으로 예상하면서 행사가격보다 상승할 경우 발생할 수 있는 손실을 감당할 수 있는 경우에 활용하는 것이 적절함

(3) 프로핏 테이킹 포워드전략(Profit Taking Forward)
   ① 일정한 환율까지는 거래일 선물환율보다 유리한 환율로 거래할 수 있고, 일정한 환율 수준이 벗어나더라도 손실의 일정부분을 보전받을 수 있는 전략

 보유자는 옵션계약기간 동안 가장 유리한 기초자산가격을 행사가격으로 사용하는 옵션을 무슨 옵션이라고 하는가?

① 복합 (compound) 옵션　　② 룩백 (lookback) 옵션
③ 무지개 (rainbow) 옵션　　④ 경계 (Barrier) 옵션

출제포인트

룩백 (lookback) 옵션이라고 한다.
이색(장외)옵션의 종류 및 개념

옵션유형	설 명
평균 (average 혹은 asian)옵션	• 기초자산의 평균가격이 옵션의 수익구조를 결정 • 평균가격 옵션 ⇒ 콜 : Max[S_{AVG}-X, 0], 풋 : Max[X-S_{AVG}, 0] • 평균행사가격 옵션 ⇒ 콜 : Max[S_T-S_{AVG}, 0], 풋 : Max[S_{AVG}-S_T, 0]
경계 (Barrier) 옵션	• Knock-In Option : 촉발가격에 도달 시 옵션계약 유효 • Knock-Out Option : 촉발가격에 도달 시 옵션계약 무효 　예 녹아웃 콜옵션 : 계약기간 중 S_T > H 이면, Max[S_T-X, 0] 　　　　　　　　 한번이라도 S_T ≤ H 이면, 0 혹은 일부의 현금보상 • up & in / up & out • down & in / down & out
룩백 (lookback) 옵션	• 보유자는 옵션계약기간 동안 가장 유리한 기초자산가격을 행사가격으로 사용 ⇒ 콜 : Max[S_T-S_{low}, 0], 풋 : Max[S_{high}-S_T, 0] • 옵션 프리미엄이 비싸 현실적으로 사용하기 어려움
디지털(digital 혹은 binary) 옵션	• 옵션이 만기일에 내가격 상태이면 사전에 약정된 금액을 주고 그렇지 않으면 0 • 만기일에 얼마큼 내가격 상태에 있는가는 의미가 없고, 내가격 상태냐 아니냐만 중요
선택(chooser) 옵션	만기일 이전 미래 특정시점에 매입자가 이 옵션이 풋인지 콜인지 여부를 선택할 수 있는 권리가 내재되어 있어 스트래들과 비슷한 면이 많은데, 비용 면에서 유리
무지개(rainbow) 옵션	둘 또는 그 이상의 자산 중 실적이 가장 좋은 것의 손익구조에 따라 가치가 결정
바스켓(basket) 옵션	수익금이 옵션의 기초자산 가격들의 가중평균(비중)에 의해 결정
복합(compound) 옵션	• 옵션에 대한 옵션 • call on call, call on put, put on call, put on put • 위험 노출여부가 불확실한 상황에서 현실적으로 사용가능한 위험대비 수단, 기존옵션을 매입하는 것보다 비용면에서 유리

정답 ❷

12 스트랭글 매수전략의 위한 옵션포지션을 바르게 짝지은 것은?

① 행사가격이 동일한 콜옵션 매수 + 풋옵션 매수
② 행사가격이 동일한 콜옵션 매도 + 풋옵션 매도
③ 행사가격이 낮은 콜옵션 매수 + 행사가격이 높은 풋옵션 매수
④ 행사가격이 낮은 풋옵션 매수 + 행사가격이 높은 콜옵션 매수

출제포인트

스트랭글의 경우 낮은 행사가격의 풋옵션, 높은 행사가격의 콜옵션을 매매한다.
스프레드 전략 예시

수직 강세 스프레드	수직 강세 콜 스프레드	낮은 행사가격의 콜옵션 매수 + 높은 행사가격의 콜옵션 매도 : 현금 순유출 발생
	수직 강세 풋 스프레드	낮은 행사가격의 풋옵션 매수 + 높은 행사가격의 풋옵션 매도 : 현금 순유입 발생
수직 약세 스프레드	수직 약세 콜 스프레드	낮은 행사가격의 콜옵션 매도 + 높은 행사가격의 콜옵션 매수 : 현금 순유입 발생
	수직 약세 풋 스프레드	낮은 행사가격의 외가격 풋 매도 + 높은 행사가격의 내가격 풋 매수 : 현금의 순유출 발생

정답 ④

13 다음 달러 옵션을 투기적 목적으로 거래했을 경우, 만기 시 USD/KRW 현물환율이 1,050원일 때 프리미엄 비용 포함 가장 이익이 큰 거래는 어떤 것인가?

① 프리미엄이 1달러 당 10원이며, 행사환율 1,060원인 콜옵션 매입
② 프리미엄이 1달러 당 15원이며, 행사환율 1,060원인 풋옵션 매입
③ 프리미엄이 1달러 당 10원이며, 행사환율 1,040원인 콜옵션 매도
④ 프리미엄이 1달러 당 15원이며, 행사환율 1,040원인 풋옵션 매도

출제포인트

① 비용만 부담하므로 손실 10원
② 풋옵션 매입에서 행사환율이 현물환율보다 높으므로 행사 된다. 비용 15원이므로 손실이 5원 발생
③ 행사가 되고, 손익은 0원
④ 행사되지 않고, 수취 프리미엄은 15원이다.

정답 ④

10 (주)이패스는 수출대금으로 1백만 달러를 오늘 수령한다. 그런데 이 회사는 3개월 전에 환리스크 관리를 위하여 만기가 오늘이고 행사가격이 1,120.00원인 미국달러 풋옵션을 달러당 15원의 옵션 프리미엄을 지급하고 매입하였다. 옵션 만기일인 오늘의 USD/KRW 현물환율이 1,115.00원이라면 이 회사는 옵션을 행사하는가? 그리고 수출대금을 오늘 원화로 환전할 경우 옵션 프리미엄도 감안하여 (주)해동이 실제로 수취하게 되는 금액은 모두 얼마인가?

	옵션 행사여부	실제 수취하는 원화금액
①	옵션을 행사한다.	1,100,000,000원
②	옵션을 행사한다.	1,105,000,000원
③	옵션을 행사하지 않는다.	1,115,000,000원
④	옵션을 행사하지 않는다.	1,120,000,000원

출제포인트
현재 환율이 행사가격환율보다 낮으므로 행사한다. 따라서 풋옵션 행사가격 1,120 − 15(프리미엄) = 1,105원에 거래가 된다.

정답 ❷

11 다음 중 이익과 손실이 모두 제한되는 전략이 아닌 것은?
① 수직 강세 콜 스프레드 전략   ② 수직 약세 풋 스프레드 전략
③ 스트래들 매수 전략   ④ 버터플라이 매수 전략

출제포인트
스트래들 매수의 경우 변동성 증가 시 이론상 이익은 계속 커진다.
기본적인 방향성 전략
− 기초자산 강세 예상 시

콜옵션 매수	활용	기초자산의 가격이 상당히 상승할 것을 기대하면서도 혹시 발생할 수 있는 가격하락의 위험에 대비하는 전략
풋옵션 매도	활용	기초자산의 가격이 상승할 것을 기대하지만 그 폭이 크지 않을 거라는 예상에 근거한 전략

− 기초자산 약세 예상

콜옵션 매도	활용	기초자산의 가격이 횡보하거나 하락할 가능성이 높고 가격변동성은 하락할 것이라는 예상에 근거한 전략
풋옵션 매수	활용	기초자산의 가격이 하락할 것으로 예상되고 가격변동성은 증가할 것이라는 예상에 근거한 전략

정답 ❸

수출기업 P사는 옵션 프리미엄으로 달러당 20원을 지급하고 행사가격 1,050원인 달러화 풋옵션을 매입하였고 오늘이 옵션 만기일이다. 현재 USD/KRW현물 환율이 1,020원이라면 옵션 프리미엄을 감안하여 P사의 달러화 수출대금 매도 실효환율로 올바른 것은?

① 달러당 1,000원　　② 달러당 1,020원
③ 달러당 1,030원　　④ 달러당 1,050원

출제포인트
수출대금 환헤지를 위해서 달러화 풋옵션을 매입할 수 있다. 행사가격보다 현물환율이 1,020이므로 행사한다. 1,050에 매도하지만 프리미엄 20를 제외환 1,030에 매도하게 된다.

정답 ③

옵션프리미엄에 관한 설명 중 옳지 않은 것은?

① 옵션가치는 내재가치에서 시간가치를 차감하여 구한다.
② 내재가치가 있는 옵션을 내가격옵션이라고 한다.
③ 외가격옵션의 가치가 가장 낮다.
④ 옵션은 만기에 내재가치만 가진다.

출제포인트
옵션가치는 내재가치 + 시간가치이다.

정답 ①

옵션의 프리미엄에 영향을 미치는 요소에 대한 설명으로 가장 거리가 먼 것은? (단, 제시된 조건 이외의 다른 조건은 동일하다고 가정한다)

① 현물가격이 상승할수록 콜옵션 프리미엄은 증가한다.
② 행사가격이 하락할수록 풋옵션 프리미엄은 증가한다.
③ 만기가 길어질수록 콜옵션 프리미엄은 증가한다.
④ 변동성이 증가할수록 풋옵션 프리미엄은 증가한다.

출제포인트
풋옵션의 경우 행사가격이 하락하는 경우 프리미엄이 감소한다.

정답 ②

 국내 수출업체가 수출통화인 달러화 환율하락 위험에 대한 헤징목적으로 통화옵션거래를 활용하려고 한다. 이에 대한 설명으로 적절하지 않은 것은?

① 수출통화의 콜옵션을 매입해야 한다.
② 통화옵션을 매입하는 경우 옵션 프리미엄을 지급해야 한다.
③ 통화옵션을 매입하는 경우 환율하락으로 인한 최대 손실은 제한된다.
④ 수출업체 입장에서 옵션프리미엄 지급을 최소화하려면 수출통화의 풋옵션을 매입하고 콜옵션을 매도해야 한다.

출제포인트
수출통화의 풋옵션을 매입해야 한다.

정답 ①

 옵션의 가격결정요인에 대한 다음 설명 중 바르지 않은 것은

① 행사가격이 상승하면 콜옵션의 가치는 상승한다.
② 기초자산가격이 상승하면 콜옵션의 가치는 상승한다.
③ 기초자산의 변동성이 콜옵션의 가치는 상승한다.
④ 무위험이자율 상승하면 콜옵션의 가치는 상승한다.

출제포인트
행사가격이 상승하면 콜옵션의 가치는 하락한다.
옵션의 가격 결정 요인 정리

변수	변수의 방향	프리미엄의 방향	
		콜옵션	풋옵션
기초자산	기초자산가격 ↑	Call ↑	Put ↓
행사가격	행사가격 ↑	Call ↓	Put ↑
잔존만기	잔존기간 ↑	Call ↑	Put ↑
기초자산의 변동성	변동성 ↑	Call ↑	Put ↑
무위험이자율	무위험이자율 ↑	Call ↑	Put ↓
배당	배당 ↑	Call ↓	Put ↑

정답 ①

어느 원자재 수입업체가 행사가격이 1,020원인 미국식 달러화 콜옵션을 매입하여 보유하고 있다. 현재 USD/KRW 현물환율이 1,000원인 경우 이 콜옵션의 내재가치 상황을 나타낸 것으로 올바른 것은?

번호	내재가치 상태	내재가치 크기(1달러당)
①	외가격(Out of the money)	-20원
②	외가격(Out of the money)	0원
③	등가격(At the money)	0원
④	내가격(In the money)	+20원

출제포인트
행사시 오히려 손실을 보므로 옵션을 포기하는 외가격상태이다. 따라서 내재가치는 0이다.

정답 ❷

 다음 설명 중 가장 바르지 못한 것은?

① 기초자산가격과 행사가격의 차이를 내재가치라고 한다.
② 콜옵션의 경우 등가격일 경우 내재가치는 0이다.
③ 풋옵션의 경우 내가격일 때 내재가치의 값은 행사가격에서 기초자산가격을 차감한 것이다.
④ 기초자산가격의 변화로 미래에 보다 유리하게 진행될 가능성에 대한 대가를 내재가치라고 한다.

출제포인트
기초자산가격의 변화로 미래에 보다 유리하게 진행될 가능성에 대한 대가를 시간가치라고 한다.

정답 ❹

06장 핵심정리 문제

매수자 권리행사 시 행사가격으로 기초자산을 팔아야 하는 의무자를 무엇이라고 하는가?
① 콜옵션 매수자
② 풋옵션 매수자
③ 콜옵션 매도자
④ 풋옵션 매도자

출제포인트
콜옵션 매도자라고 한다.

정답 ❸

다음의 설명 중 옳지 않은 것은?
① 지정된 금액의 엔을 지불하고 달러를 살 수 있는 권리인 달러 콜옵션은 엔 풋옵션과 동일하다.
② 국내 이자율의 상승은 콜옵션의 가격을 하락시키고 풋옵션의 가격을 상승시킨다.
③ 환율 변동성이 커질수록 옵션의 가격도 높아진다.
④ 옵션 시장의 유동성이 낮을수록 American Option과 European Option의 가격 차이가 커진다.

출제포인트
국내 이자율의 상승은 콜옵션 가격의 상승, 풋옵션 가격의 하락을 초래한다.

정답 ❷

이패스코리아 외환전문역 Ⅰ종

제3과목 환리스크 관리

제6장

옵션

06 옵션

▶ 접근전략 및 기출트렌드

콜옵션, 풋옵션의 기초를 이해해야 합니다. 특히 내재가치, 시간가치, 옵션의 가치를 평가하는 것이 시험에 나오고, 옵션을 이용한 헷지가 자주 출제됩니다. 옵션전략 중 표준형 전략, 스프레드, 이색옵션이 모두 출제 빈도가 높습니다. 특히 이색옵션 중 베리어 옵션은 시험 출제 빈도가 가장 높습니다.

장외 통화옵션전략의 활용 배경 및 KIKO의 경우에는 레인지포워드, 타겟 포워드 등 다양한 전략과 낙아웃 포워드 전략과 KIKO 거래에 대한 내용이 출제됩니다.

▶ 출제빈도

단원	주제	학습중요도	출제비율
1절	옵션의 기초	★★★	30%
2절	옵션전략	★★★★	40%
3절	장외 통화옵션전략	★★★	30%

▶ 체크리스트

체크리스트	기본서 상세페이지
콜옵션, 풋옵션의 기초를 이해한다.	P.214 ~ P.225
옵션전략 중 표준형 전략, 스프레드, 이색옵션을 이해한다.	P.233 ~ P.260
장외 통화옵션전략의 활용 배경 및 KIKO를 이해한다.	P.261 ~ P.305

15 미국의 Epass company는 엔화의 낮은 금리에 이끌려 엔화표시 고정금리채권을 발행하였다. 이를 달러의 변동금리 차입으로 전환하기 위해서 필요한 통화스왑은 무엇인가?

① 달러 고정금리 지급, 엔화 변동금리 수취
② 달러 변동금리 지급, 엔화 변동금리 수취
③ 달러 변동금리 지급, 엔화 고정금리 수취
④ 달러 고정금리 지급, 엔화 고정금리 수취

16 달러 고정금리 수취 스왑 거래를 한 금융기관이 이 스왑포지션의 리스크를 관리하기 위한 헤지수단으로 적절하지 않은 것은?

① 유로달러 선물 매입
② 미 국채 선물 매도
③ 유로달러 선물 매도
④ 고정금리채권 발행

정답 및 해설

12 ④ 베이시스 스왑에 대한 설명이다.
13 ① 표준형 스왑의 경우 거래일로부터 2영업일 후 이자계산이 시작되지만, Forward-start swap은 미래의 특정시점부터 이자계산이 시작되기 때문에 자산이나 부채의 금리리스크를 일정기간 동안 노출시키고 향후 특정시점부터 헤지가 가능하다.
14 ③ 통화스왑의 경우 외환스왑과는 다르게 초기 교환환율과 만기 교환환율이 동일하다. 즉, 초기 교환환율로 만기 때에도 교환된다.
15 ③ 엔화 표시 채권에서 엔화의 고정금리 지급이 일어난다. 이것을 달러의 변동금리로 전환하기 위해서는 엔화의 고정금리 수취, 달러 변동금리 지급의 스왑을 한다.
16 ① 고정금리 수취 스왑포지션은 고정금리 채권 매수포지션과 동일한 리스크가 존재한다. 즉, 금리상승 시 손실이 발생함. 따라서 금리선물은 매도해야 한다.

12 거래 쌍방이 모두 변동금리 이자를 지급하며 단지 서로 다른 변동금리 지표를 사용하여 이자를 지급하는 이자율스왑은 무엇인가?

① Forward-start swap
② Swaption
③ Accreting swap
④ Basis swap

13 현재 보유하고 있는 자산이나 부채의 금리리스크를 일정기간 동안 노출시키고 향후 특정 시점부터 헤지하고자 할 때 이용되는 스왑거래는?

① Forward-start swap
② Basis swap
③ Accreting swap
④ swaption

14 통화스왑에 대한 설명 중 옳지 않은 것은?

① 통화스왑은 두 이종통화에 대하여 원금 및 이자를 교환하는 것이다.
② 교환하는 금리에 따라 고정금리-고정금리, 고정금리-변동금리, 변동금리-변동금리로 분류할 수 있다.
③ 만기원금의 교환되는 적용환율은 만기환율로 적용되는 것이 보편적이다.
④ 일반적인 통화스왑은 두 통화의 고정금리와 변동금리를 교환하는 스왑이다.

10 이패스기업은 프로젝트 진행을 위해 초기에는 필요자금이 지속적으로 증가하다가 중반 이후 점차 감소할 것으로 예상된다. 이 때 가장 적합한 스왑 형태는?

① Roller-coaster swap
② Amortizing swap
③ Accreting swap
④ Overnight Index swap

11 다음 중 고정금리 지불 + 변동금리 수취의 Payer swap이 필요한 상황은?

① 고정금리 차입 후 금리하락 예상 시
② 변동금리 차입 후 금리상승 예상 시
③ 고정금리 차입을 변동금리로 전환하고자 할 때
④ 변동금리채권 매입 후 고정금리로 전환하고자 할 때

정답 및 해설

06 ① 스왑 스프레드(swap spread)에 관한 설명이다.
07 ① 스왑션(swaption)이라고 한다.
08 ③ 보기순서대로 Trade date, Reset date, effective date, Settlement date 이다.
09 ④ Back-to-back Loan은 Parallel Loan이 갖는 신용위험 문제를 개선한 방법이다.
10 ① 명목원금이 기간에 따라 증가하기도 감소하기도 하는 스왑은 롤러코스터 스왑이다.
11 ② 금리상승을 예상하므로 변동금리를 수취하는 Long swap positon이 바람직하다. 변동금리 수취시 금리상승에 따른 이익이 된다. 나머지는 모두 receiver swap을 취해야 이익이 된다.

06 다음에서 설명하는 것은 무엇인가?

> 스왑금리 결정 시 미 국채 수익률 등 벤치마크 이자율에 부과되는 신용위험프리미엄을 말한다.

① swap spread ② swap rate
③ swap basis   ④ swap premium

07 비표준형(Non-generic) 이자율스왑에 대한 내용이다. 가장 바르지 못한 설명은 어느 것인가?

① 스왑을 거래할 수 있는 권리가 내재된 옵션을 over-night index swap라고 한다.
② 고정금리 조건은 만기까지 동일하게 적용되며, 해당 통화표시 장기 채권시장의 관행을 따르는 스왑을 표준형(Plain Vanilla) 이자율스왑이라고 한다.
③ 스왑계약의 원금(명목원금)은 계약 기간 내에 일정하게 고정된다.
④ 2가지 변동금리를 상호 교환하는 스왑을 베이시스스왑이라고 한다.

08 스왑거래에서 effective date가 의미하는 정확히 무엇인가?

① 스왑거래를 체결하는 날
② 변동금리 이자계산에 사용되는 변동금리를 선택하는 날
③ 스왑거래의 이자계산이 시작되는 날
④ 스왑결제일로서 이자지급일 또는 원금교환일

09 스왑거래에 대한 설명으로 옳지 않은 것은?

① 스왑거래는 두 개의 서로 다른 자금흐름을 일정기간 동안 서로 교환하기로 약정하는 계약이다.
② 스왑 가운데 이자율스왑이 가장 많이 거래되고 있다.
③ 통화스왑은 장기 자본시장 거래이다.
④ Parallel Loan은 Back-to-back Loan이 갖는 신용위험 문제를 개선한 방법이다.

04 이자율스왑(IRS)에 대한 설명이다. 가장 바르지 못한 것은?

① 중개기관(broker company)은 자체포지션(스왑 book)의 운용을 통해 스왑시장을 이끌어 가는 금융기관 역할을 한다.
② 최종 이용자(users)는 자체포지션의 관리를 목적으로 상호 직접적인 거래와 중개기관과의 중개거래를 통하여 시장에 참여하는 기관이다.
③ 이자율스왑 거래에서 원금은 상호 교환되는 것이 아니고 단지 이자계산에만 사용된다. 이것을 명목원금이라고 한다.
④ warehouse bank은 투자은행이나 대형 상업은행으로 스왑시장의 시장조성자 역할을 수행한다.

05 이자율스왑에 대한 다음 설명 중 바르지 않은 것은?

① 달러 스왑거래의 고정금리를 Swap 금리라고 한다.
② 이자의 교환은 일반적으로 차액결제방법을 따른다.
③ 변동금리를 수취하고 고정금리를 지급하는 이자율스왑 포지션을 Payer swap이라고 한다.
④ 일반적으로 변동금리 지표의 주기와 이자의 지급주기는 차이가 난다.

정답 및 해설

01 ② 통화스왑(Currency Swap)의 경우 이자와 원금이 교환된다.
02 ④ 초기와 만기 때 현금흐름은 반대이다.
03 ③ 원금과 이자교환을 통해 환율 위험뿐만 아니라 금리위험까지 관리 가능하다.
04 ① warehouse bank는 자체포지션(스왑 book)의 운용을 통해 스왑시장을 이끌어 가는 금융기관 역할을 한다.
05 ④ 일반적으로 변동금리 지표의 주기와 이자의 지급주기는 동일하다.

05장 출제예상 문제

01 스왑에 대한 설명이다. 가장 바르지 못한 것은?
① 비교적 단기에 이용하는 스왑이 이자율스왑이다.
② 통화스왑(Currency Swap)의 경우 이자 교환이 없다.
③ 현물거래와 선도거래 혹은 일련의 선도거래가 여러 개 모여진 하나의 거래로서 일련의 현금흐름과 다른 현금흐름과의 교환을 말한다.
④ 고정금리 수취(Receiver) 스왑을 Short swap position이라고 한다.

02 이자율스왑과 통화스왑에 대한 설명이다. 바르지 않은 것은?
① 이자율스왑거래에서는 실제 원금교환이 발생하지 않는다.
② 통화스왑거래에서 만기 현금흐름은 초기 환율과 같다.
③ 표준적인 통화스왑은 두 개의 다른 통화에 대한 주기적인 이자교환과 초기와 만기 때 원금교환이다.
④ 통화스왑거래에서 초기 현금흐름과 만기 때 현금흐름의 방향이 같다.

03 다음 설명 중 옳지 않은 것은?
① 통화스왑의 초기원금 교환방향과 이자교환방향은 반대방향이고, 만기원금 교환과 이자교환은 동일한 방향이다.
② 비교우위에 있는 통화를 차입하여 통화스왑을 통해 원하는 통화의 차입형태로 전환하면 차입비용을 절감하는 효과가 있다.
③ 금융기관이 보유하고 있는 자산, 부채에 대하여 통화스왑을 하는 경우 환율리스크는 회피할 수 있으나 금리리스크는 관리가 불가하다.
④ 통화스왑을 이용하면 장기선물환거래에 대한 헤지도 가능하다.

07 다음 중 통화스왑을 활용하는 거래동기로 옳지 않은 것은?

① 접근이 어려운 자본시장에서 차입하는 효과달성
② 원화 변동금리 차입금의 금리상승 위험관리
③ 달러/원 장기선물환 거래 커버
④ 외화차입금의 환율 및 금리리스크 관리

출제포인트
외화 변동금리 차입금의 금리상승 위험관리를 한다.

정답 ❷

2×5 3% payer's swaption의 의미는 무엇인가?

① 3년 뒤 고정금리 3% 지급의 5년짜리 스왑이 계약 가능한 스왑션
② 2년 뒤 고정금리 3% 지급의 3년짜리 스왑이 계약 가능한 스왑션
③ 5년 뒤 고정금리 3% 지급의 3년짜리 스왑이 계약 가능한 스왑션
④ 3년 뒤 고정금리 3% 지급의 2년짜리 스왑이 계약 가능한 스왑션

출제포인트
2년 뒤 고정금리 3% 지급의 3년짜리 스왑이 계약 가능한 스왑션이다.

정답 ②

 통화스왑(CRS)에 대한 설명이다. 가장 바르지 못한 것은?

① 일반적인 통화스왑은 두 통화의 고정금리와 변동금리를 교환하는 스왑이다.
② 고정금리와 변동금리 교환 시 offer-bid의 절대적인 금리를 고시한다.
③ 변동금리와 변동금리 교환 시 두 통화의 변동금리의 베이시스 형식으로 고시한다.
④ 통화스왑은 두 이종통화에 이자만 교환하는 것이다.

출제포인트
통화스왑은 두 이종통화에 대하여 원금 및 이자를 교환하는 것이다.

정답 ④

03 다음은 표준형 이자율스왑에 대한 설명이다. 옳게 설명한 것은 모두 몇 개인가?

> ㉠ 변동금리의 결정은 이자 계산 시작일에 결정되고, 이자 지급은 이자 종료일에 지급되는 후취조건이다(set in advance, paid in arrear).
> ㉡ 스왑계약의 원금(명목원금)은 계약 기간 내에 일정하게 고정된다.
> ㉢ 스왑계약의 효력은 spot date(거래 2영업일 후)부터 발생하며, 만기일에 종료된다.
> ㉣ 계약에 정한 금리 외에 별도의 지급(up front fee, back end fee 등)이 없다.

① 1개 ② 2개
③ 3개 ④ 4개

출제포인트
모두 표준형 이자율스왑에 대한 내용이다.

정답 ❹

04 이자율스왑에 대한 내용이다. 가장 바르지 못한 설명은 어느 것인가?

① 변동금리채권 발행과 고정금리 지불 스왑을 통해 고정금리채권을 발행하는 효과가 있다.
② 고정금리 차입을 변동금리로 전환하는 부채스왑은 금리상승위험 회피하는 효과가 있다.
③ 변동금리 차입을 고정금리로 전환하는 부채스왑은 금리상승위험 회피하는 효과가 있다.
④ 고정금리채권 발행과 고정금리 수취 스왑을 통해 변동금리채권 발행하는 효과가 있다.

출제포인트
고정금리 차입을 변동금리로 전환하는 부채스왑은 금리하락위험 회피하는 효과가 있다.

정답 ❷

05장 핵심정리 문제

 통화스왑에 대한 설명 중 옳지 않은 것은?

① 통화스왑은 두 종류 이상의 통화에 관하여 원금 및 이자를 교환하는 것이다.
② 교환하는 금리에 따라 고정금리 – 고정금리, 고정금리 – 변동금리, 변동금리 – 변동금리로 분류할 수 있다.
③ 만기원금의 교환되는 적용환율은 만기환율로 적용되는 것이 보편적이다.
④ 일반적인 통화스왑은 두 통화의 고정금리와 변동금리를 교환하는 스왑이다.

출제포인트
만기원금 교환에 적용되는 환율은 만기환율에 관계없이 거래시점의 환율을 적용한다.

정답 ❸

 이자율스왑과 통화스왑의 비교에 대한 설명이다. 가장 바르지 못한 것은?

① 통화스왑은 서로 다른 통화에 대한 원금과 이자를 교환한다.
② 통화스왑은 초기와 만기에 원금 교환이 발생한다.
③ 통화스왑은 이자는 물론 원금까지 교환되므로 만기원금에 대한 환율변동 리스크가 상대적으로 작다
④ 통화스왑의 만기 현금흐름과 이자 교환 현금흐름의 방향은 동일하다.

출제포인트
통화스왑은 이자는 물론 원금까지 교환되므로 만기원금에 대한 환율변동 리스크가 상대적으로 크다.

정답 ❸

이패스코리아 외환전문역 Ⅰ종

환리스크 관리 제3과목

제5장

스왑

05 스왑

▶ 접근전략 및 기출트렌드

스왑의 개요 및 현황 참가자를 정확히 이해해야 합니다. 금리스왑, 통화스왑, 외환스왑의 차이점이 출제 빈도가 높습니다.

또한 통화스왑의 의의 및 메커니즘을 이해하는데, 통화스왑의 방향과 손익 방향이 출제됩니다.

▶ 출제빈도

단원	주제	학습중요도	출제비율
1절	스왑의 개요	★★★★★	70%
2절	통화스왑	★★★	30%

▶ 체크리스트

체크리스트	기본서 상세페이지
스왑의 개요 및 현황 참가자를 이해한다.	P.178 ~ P.185
통화스왑의 의의 및 메커니즘을 이해한다.	P.186 ~ P.198

13 한국거래소에서 거래되는 달러선물 100계약을 1달러당 1,150원에 매도한 투자자가 3주일 후 1달러당 1,170원에 반대매매를 통해 포지션을 청산하였다. 이 투자자의 손익은 얼마인가? (단, 거래비용 등은 없다고 가정하자)

① 2천만원 이익　　　　② 2천만원 손실
③ 7천만원 이익　　　　④ 7천만원 손실

14 현재 1개월 만기 미국달러선물의 실제거래가격은 1,150원/$이다. 보유비용모형을 이용해 이론 선물가격을 계산한 결과 1,130원/$이다. 앞으로 환율은 상승을 예상하고 있다. 거래비용을 고려하지 않을 때 가능한 거래전략은 무엇인가?

① 매수차익거래　　　　② 매도차익거래
③ 매수헤지거래　　　　④ 매도헤지거래

15 다음 중 통화선물의 경제적 기능을 모두 고르면?

⊙ 위험전가기능
ⓒ 가격예시 기능
ⓒ 금융상품거래의 활성화 기능
ⓔ 금융시장의 효율적인 자원배분 기능
ⓜ 새로운 금융서비스 제공 기능

① ㄱ　　　　　　　　② ㄱ, ㄴ,
③ ㄱ, ㄴ, ㄷ, ㄹ　　　④ ㄱ, ㄴ, ㄷ, ㄹ, ㅁ

정답 및 해설

13 ② 매도포지션을 취했으나 환율이 상승하여 손실이 발생하였다.
(1,150 − 1,170) × $10,000 × 100계약 = −20,000,000원

14 ① 실제선물환율이 이론선물환율보다 비싸므로 선물환율은 고평가되었다. 그럼 고평가된 선물환율로 매도포지션을 취하고 동시에 현물환을 매수하는 매수차익거래로 이론환율과 실제환율의 차액을 얻을 수 있다.

15 ④ 보기의 모든 내용이 통화선물의 경제적 기능이다.

11 한국거래소(KRX)의 통화선물에 대한 상품 명세이다. 바르지 않은 것은?

① 미국달러선물, 엔선물, 유로선물, 위안화 선물이 상장되어 있다.
② 가격제한폭은 기준가격 대비 상하 5.25%이다.
③ 최종결제일은 최종거래일로부터 기산하여 3일째 거래일이다.
④ 결제방법은 실물인수도 결제이다.

12 다음은 20××년 5월 달력이다. 5월 만기 엔선물의 최종결제일은?

SUN	MON	TUE	WED	THU	FRI	SAT
		1	2	3	4	5
6	7	8	9	10	11	12
13	14	15	16	17	18	19
20	21	22	23	24	25	26
27	28	29	30	31		

① 10일
② 11일
③ 21일
④ 23일

정답 및 해설

07 ④ 일일정산 후 유지증거금에 미달하게 되면 주문증거금 수준까지 추가증거금을 납입한다.
따라서 5,000만 원 − 2,500만 원 = 2,500만 원
08 ① 이패스기업은 달러차입으로 인한 환율상승위험에 노출되므로 통화선물 매수거래를 통해 상승위험을 제거할 수 있다.
09 ② 차익거래 인한 손익은 차익거래 시 고정된다.
10 ④ 선물시장은 현물시장과의 차익거래(Arbitrage) 기회를 제공함으로써 현물시장의 거래를 촉진한다.
11 ② 미국달러선물의 경우 기준가격 대비 상하 4.5%이다.
12 ④ 결제월의 세 번째 월요일이 최종거래일이며, 최종거래일로부터 기산하여 3일째 거래일이 최종결제일이다. 따라서 최종거래일은 21일, 최종결제일은 23일이다.

07 다음 보기의 경우 추가증거금은 얼마인가?

- 주문증거금 : 5,000만 원
- 유지증거금 : 3,000만 원
- 일일정산 후 증거금 : 2,500만 원

① 0원 ② 200만 원
③ 1,200만 원 ④ 2,500만 원

08 이패스기업은 오늘 뉴욕은행으로부터 단기달러자금을 차입하고 3개월 후에 원리금으로 $2,000,000을 갚을 예정이다. 환율변동위험에 대비해 어떤 거래가 가능한가? (현재 현물환율은 1,200원/$이고 3개월물 선물환의 선물환율은 1,210원/$이다)

① 매수헤지거래 ② 매도차익거래
③ 매수차익거래 ④ 매도헤지거래

09 다음 설명 중 가장 바르지 못한 것은?

① 통화선물을 매도하고 통화현물을 매수하는 차익거래를 매수차익거래라고 한다.
② 차익거래 인한 손익은 선물시장 가격의 변동에 의해 변동된다.
③ 수입업자, 외화채무자 등이 해야 하는 헤지는 매수헤지이다.
④ 매도차익거래 시 추가거래로 달러차입 매각 후 원화를 예치해야 한다.

10 파생상품의 경제적 기능으로 바르지 않은 것은?

① 선물시장의 구조는 보다 높은 이익을 추구하려는 투기자(Speculator)로부터 가격변동 위험을 원하지 않는 헤저(Hedger)로의 위험이전을 가능하게 한다.
② 선물시장에서 결정되는 선물가격은 현재 시점에서 미래 현물가격에 대한 무수한 시장참가자들의 공통된 예측을 나타낸다.
③ 선물시장에서는 다수의 시장참가자가 경쟁함에 따라 독점력이 감소되어 금융시장의 자원배분 기능이 보다 효율적으로 이루어질 수 있다.
④ 선물시장은 현물시장과의 투기거래기회를 제공함으로써 현물시장의 거래를 촉진한다.

04 통화선물상품에 대한 내용이다. 설명으로 바르지 못한 것은?

① 유럽연합유로선물의 상장개월수는 1년 이내 8개 결제월이다.
② 일본엔선물 거래 단위는 JP¥1,000,000이다.
③ 미국달러선물의 최종결제일은 최종거래일의 3일째 거래일이다.
④ 일본엔선물의 호가단위(tick)는 1원이다.

05 통화선물의 중요한 특징으로 바르지 않은 것은?

① 표준화된 계약조건
② 대부분 결제일 실물 인수도로 거래
③ 증거금 제도
④ 일일정산제도

06 통화선물 투자전략에 대한 내용이다. 설명으로 바르지 못한 것은?

① 향후 미국달러 약세 예상 시 미국달러선물 매도포지션을 취해야 한다.
② 통화가치가 상승할 경우 손실을 볼 위험이 있는 자는 통화선물 매도를 통해 위험을 헤지할 수 있다.
③ 향후 미국달러 강세 예상 시 미국달러선물 매수포지션을 취해야 한다.
④ 헤지거래는 가격변동위험을 변동 크기가 상대적으로 작은 베이시스변동위험으로 전환하는 효과가 있다.

정답 및 해설

01 ④ 지문의 모든 내용이 통화선물의 특징이다.
02 ④ 선물거래는 거래소를 통한 거래로 거래상대방을 알 수 없는 반면, 선도거래는 사전에 상호 인지가 가능하다.
03 ① 거래단위는 US$10,000이다.
04 ④ 일본엔선물의 호가단위(tick)는 0.1원이다.
05 ② 선물거래의 경우 대부분 만기 전 반대매매를 통해 정산된다.
06 ② 통화가치가 상승할 경우 손실을 볼 위험이 있는 자는 통화선물 매입을 통해 위험을 헤지할 수 있다.

04장 출제예상 문제

01 다음 중 통화선물의 특징을 모두 고르면?

ㄱ. 조직화된 거래소　　ㄴ. 표준화된 계약조건
ㄷ. 일일정산제도　　　　ㄹ. 레버리지 효과
ㅁ. 증거금 제도

① ㄱ, ㄴ
② ㄱ, ㄴ, ㄷ
③ ㄱ, ㄴ, ㄷ, ㄹ
④ ㄱ, ㄴ, ㄷ, ㄹ, ㅁ

02 선물거래와 선도거래를 비교한 다음 설명 중 바르지 않은 것은?

① 선물거래는 거래소라는 물리적 장소를 통해 공개적으로 거래가 형성되고, 선도거래는 일정한 장소 없이 전화 등을 이용한 당사자 간의 직접거래가 이루어진다.
② 선물거래는 공개호가 또는 전산거래 방식이라면 선도거래는 거래 당사자 간 협상방식이다.
③ 시장조성자의 경우 선물거래는 거래소 회원 또는 중개인이고, 선도거래는 개인 또는 신용도가 떨어지는 중소기업들은 불가능하다.
④ 선물거래는 거래상대방을 알 수 있는 반면, 선도거래는 거래상대방을 알 수 없다.

03 한국거래소(KRX)의 미국달러선물 주요 계약조건에 대한 다음 내용 중 바르지 않은 것은?

① 거래단위 : US$1,000,000
② 최소가격변동폭 : 0.10원
③ 거래시간 : 09 : 00 ~ 15 : 45(최종거래일 09 : 00 ~ 11 : 30)
④ 최종거래일 : 결제월의 세 번째 월요일

한국거래소(KRX)의 외국통화선물에 대한 내용이다. 바르지 못한 설명은?

① 미국달러선물의 결제월은 분기월 중 12개와 그 밖의 월 중 8개이다.
② 미국달러선물의 호가단위는 0.1원이다.
③ 우리나라 외국통화선물은 달러, 엔화, 유로화 3종류뿐이다.
④ 일본엔선물의 가격제한폭은 5.25%이다.

출제포인트

우리나라 외국통화선물은 달러, 엔화, 유로화, 위안화 4종류이다.
우리나라 통화선물 상품 비교

	미국달러선물	일본엔선물	유럽연합유로선물	위안화선물
기초자산	미국달러화	일본엔화	유럽연합유로화	중국위안화(CNH)
거래단위	US$10,000	JP¥1,000,000	EU€10,000	100,000위안
결제월	분기월 중 12개와 그 밖의 월 중 8개	분기월 중 4개와 그 밖의 월 중 4개	분기월 중 4개와 그 밖의 월 중 4개	분기월 중 4개와 그 밖의 월 중 4개
상장개월수	총 20개	1년 이내 8개 결제월	1년 이내 8개 결제월	1년 이내 8개 결제월
가격표시방법	US$1당 원화	JP¥100당 원화	EU€1당 원화	1위안당 원화(위안/원)
호가단위(tick)	0.1원	0.1원	0.1원	0.01원
최종거래일	결제월 세 번째 월요일	결제월 세 번째 월요일	결제월 세 번째 월요일	결제월 세 번째 월요일
최종결제일	최종거래일의 3일째 거래일	최종거래일의 3일째 거래일	최종거래일의 3일째 거래일	최종거래일의 3일째 거래일
결제방법	인수도결제	인수도결제	인수도결제	인수도결제
가격제한폭	전일 정산가격 ± 4.5%	전일 정산가격 ± 5.25%	전일 정산가격 ± 5.25%	전일 정산가격 ± 4.5%

정답 ③

04장 핵심정리 문제

통화선물거래의 특징이 아닌 것은?
① 지정된 거래소에서 거래가 이루어지며, 주로 장내에서 거래가 이루어진다.
② 거래방법은 공개호가방식을 이용한다.
③ 신용위험이 높지만 합의에 의하여 사전에 담보·증거금 징수가 가능하다.
④ 일반적으로 만기 전 반대매매에 의한 포지션 청산이 이루어진다.

> **출제포인트**
> 청산소가 계약이행 보증을 수행한다.

정답 ❸

다음 설명 중 가장 바르지 못한 것은?
① 동일한 성격을 지닌 상품이 두 개의 시장에서 각각 다른 가격으로 거래되고 있을 때 상대적으로 비싼 것을 매도함과 동시에 싼 것을 매수함으로써 차익을 얻고자 하는 거래를 차익거래라고 한다.
② 미국달러선물 매도포지션의 경우 미국달러의 약세가 예상될 때 사용하는 전략이다.
③ 수출업자, 외화채권 투자자 등이 해야 하는 헤지는 매수 헤지이다.
④ 선물시장가격이 선물이론가격보다 큰 경우 매수차익거래를 실시한다.

> **출제포인트**
> 수출업자, 외화채권 투자자 등이 해야 하는 헤지는 매도 헤지이다.

정답 ❸

이패스코리아 외환전문역 Ⅰ종

환리스크 관리 제3과목

제4장

선물

선물

▶ 접근전략 및 기출트렌드

선도거래와 선물거래의 비교 및 선물거래의 특성이 시험에 출제됩니다.

특히 우리나라 통화선물과 통화옵션의 거래 형태 및 특징, 엔화, 달러, 위안화, 유로화 4가지 통화선물에 대해서 자주 출제됩니다.

▶ 출제빈도

단원	주제	학습중요도	출제비율
1절	선물거래의 개요	★★★★★	50%
2절	통화선물	★★★★★	50%

▶ 체크리스트

체크리스트	기본서 상세페이지
선도거래와 선물거래의 비교 및 선물거래의 특성을 이해한다.	P.154 ~ P.165
우리나라 통화선물의 현황을 이해한다.	P.166 ~ P.173

30 다음 중 Swap Point의 결정에 영향을 주는 요인으로 가장 거리가 먼 것은?
① 현물환율의 수준
② 선물환계약 기간
③ 양 통화의 금리
④ 현물환 시장의 수급

31 외환스왑과 통화스왑의 차이에 대한 설명으로 옳지 않은 것은?
① 두 스왑 모두 서로 다른 통화를 교환하고 일정 기간 후 원금을 재교환한다.
② 외환스왑은 환리스크 헤지용으로 사용되며 통화스왑은 중장기 금리리스크 및 환리스크 헤지용으로 사용된다.
③ 외환스왑은 이자의 교환이 없는 반면 통화스왑은 주기적으로 이자의 교환이 발생한다.
④ 외환스왑은 현물환 거래와 선물환거래를 동시에 교환하는 약정이고 통화스왑은 두 개의 단기금융을 교환하는 약정이다.

정답 및 해설

30 ④ 이론적 Swap Point의 계산에는 시장의 수급 요인이 영향을 미치지 않는다.
31 ④ 두 개의 단기금융을 교환하는 약정과 같은 효과는 외환스왑이다.

28 현물환율과 선물환율의 차이에 대한 설명이다. 옳지 않은 것은?

① 달러화는 원화에 비해 저금리 통화이므로 USD/KRW 환율 계산 시 현물환율에 Forward Point를 차감해 주어야 한다.
② 일반적으로 선물환 기간이 길어질수록 Forward Point의 절대값은 증가한다.
③ Forward Point는 통화간 금리 차이를 환율로 환산한 것이다.
④ 현물환의 매입가와 매도가의 스프레드보다 선물환의 스프레드가 항상 높다.

29 Swap Point의 계산과정에 대한 설명이다. 옳지 않은 것은?

① Swap Point는 두 통화의 이자율 차이를 환율로 환산한 것이다.
② 국내 금리보다 외국 금리가 낮을 경우 Swap Point는 양(+)의 값을 가진다.
③ 이론적 Swap Point 계산 시 장래의 환율 예측이 중요한 변수가 된다.
④ 외환 위기 또는 일시적 달러 유동성 부족 시에는 이론적 Swap Point보다는 시장의 수급이 더 중요한 요인이 된다.

정답 및 해설

24 ② USD 매도매입스왑이다.
25 ④ 만기일 선택거래는 선물환거래의 만기일을 특정일이 아닌 일정 기간으로 하는 거래로 고객에게 가장 불리한 Swap Point가 적용된다.
26 ① O/N은 금일 매도(또는 매수) 후 내일 매수(또는 매도)하는 Overnight Swap을 의미한다.
27 ④ Spot은 현물결제로 2영업일 후의 결제를 말한다.
28 ① 달러화는 원화에 비해 저금리 통화이므로 USD/KRW 환율 계산 시 현물환율에 Forward Point를 가산해 주어야 한다.
29 ③ 이론적 Swap Point 계산 시에는 장래의 환율 예측이 전혀 반영되지 않는다.

24 다음의 거래 중 USD를 차입하고 원화를 빌려주는 것과 같은 단기 외화자금 조달효과를 얻을 수 있는 거래는?

① USD 매입매도 스왑
② USD 매도매입 스왑
③ 차액결제 선물환 계약
④ 스왑선물환거래

25 다음 중 미래 외화 현금흐름이 확정되어 있지 않은 경우에 사용되며 선물환 가격이 고객에게 가장 불리한 Swap Point가 적용되는 거래는?

① 표준일물 거래(Even Date Maturity)
② 비 표준일물 거래(Odd Date Maturity)
③ 일반 선물환거래(Overnight Forward)
④ 만기일 선택거래(Time Option Forward)

26 스왑선물환거래의 Forward Point를 고시한 것 중 오늘 달러를 매입(또는 매도)하였다가 내일 매도(또는 매수)하는 스왑을 의미하는 것은?

① O/N   ② T/N
③ S/N   ④ Spot

27 다음의 Swap 중 예정된 외화자금의 취소나 갑작스런 지출로 인한 일시적 결제일 조정 목적으로 활용되는 Swap이 아닌 것은?

① O/N   ② T/N
③ S/N   ④ Spot

21 다음의 설명 중 맞지 않는 것은?

① 계약 이후 2영업일 내에 자금결제일이 도래하는 거래를 현물환거래라고 한다.
② 은행과 대고객 거래 시 별도로 선물환거래라고 밝히지 않는 경우 Value Today 거래로 간주된다.
③ 결제가 계약일 이후 2영업일째 이루어지는 거래는 Value Spot 거래이다.
④ 시장환율이라 하면 Value Spot 환율을 의미하며, 선물환거래나 외환스왑 거래는 Value Spot 환율을 근간으로 Swap Point에 의해 거래가 이루어진다.

22 차액결제 선물환(NDF)거래에 대한 설명으로 잘못된 것은?

① 명목원금의 교환이 없다.
② 정해진 선물환율과 결제시점 환율의 차이에 명목원금을 곱하여 원화로 결제한다.
③ 국제 외환시장에서 거래되지 않은 통화에 대해서도 NDF거래가 가능하다.
④ 계약불이행 위험이 매우 낮다.

23 다음의 파생거래 중 현물환 매도와 선물환 매입을 동시에 실행하는 거래는?

① 매입매도 스왑(Buy & Sell Swap)
② 선물환 매도계약
③ 매도매입 스왑(Sell & Buy Swap)
④ 차액결제 선물환 계약

정답 및 해설

18 ② 오늘 수령한 현물환을 매도하고 선물환을 매수하는 USD sell & buy against KRW 외환스왑을 체결한다. 그럼 3개월 뒤 선물환율로 달러 매수 후 수입결제하면 된다.
19 ③ USD/KRW 환율은 만기가 길수록 선물환율이 높아지지만, USD/JPY 환율은 만기가 길수록 선물환율이 낮아진다.
20 ① 환율하락 위험을 헤지하기 위해 선물환을 매도해야 하며, 3개월 후 수령금액은 $1,000,000 × (1,110.50 + 6.68) = ₩1,117,180,000
21 ② 은행과 대고객 거래시 별도로 선물환거래라고 밝히지 않을 경우 Value Spot 거래로 간주한다.
22 ② NDF 계약의 정산 통화는 미국 달러이다.
23 ③ 현물환을 매도하는 동시에 선물환을 매입하는 계약은 외환스왑 중 매도매입 스왑(Sell & Buy Swap)이다.

18 이패스기업은 오늘 달러 수출대금이 입금되고 3개월 후에 같은 금액의 달러 수입결제가 예정되어 있다. 이 때 환리스크 없이 3개월간 달러의 현금흐름을 관리하기 위한 외환스왑의 방법은 어떻게 하면 되는가?

① 현물환 매수 + 선물환 매도
② 현물환 매도 + 선물환 매수
③ 현물환 매수 + 선물환 매수
④ 현물환 매도 + 선물환 매도

※ 다음은 A은행의 환율고시표이다. 이 표를 이용하여 물음에 답하시오(19~21).

구 분	USD/KRW	USD/JPY
Spot	1,110.50/90	83.38/50
1Month	1.80/2.38	−1.74/−1.60
3Month	6.68/6.84	−6.48/−6.18

19 다음의 설명 중 옳지 않은 것은?

① 달러화는 원화 대비 저금리 통화, 엔화 대비 고금리 통화이다.
② A은행은 달러 매입 시 달러당 1,110.50원을 지불한다.
③ 두 통화 모두 US 달러가 기준통화이며, 만기가 길수록 선물환율이 높아진다.
④ Value spot은 계약일 이후 2영업일에 결제가 이루어지는 거래의 적용 환율이다.

20 이패스 무역회사는 3개월 후 수출대금 1백만 달러를 받기로 하고 환위험을 헤지하기 위해 선물환 계약을 체결하였다. 적절한 선물환 포지션과 3개월 후 원화 수령금액은?

① 선물환 매도, 1,117,180,000원 수령
② 선물환 매도, 1,117,740,000원 수령
③ 선물환 매수, 1,117,180,000원 수령
④ 선물환 매수, 1,117,740,000원 수령

15 외환스왑의 거래 목적이 아닌 것은?

① 주요 통화에 대한 외환스왑의 유동성은 풍부하지 못하여 거래가 원활치 않다.
② 외환의 수취와 지급시점 간의 불일치 해소
③ 외환거래의 결제일 조정
④ 수입 또는 수출 결제대금 헤지를 위한 거래

16 자금거래와 비교해 외환스왑이 갖는 장점을 모두 고르면?

　　ⓐ 신용위험의 최대화　　ⓑ 대고객 금리 적용　　ⓒ 풍부한 유동성

① ⓑ
② ⓐ, ⓑ
③ ⓒ
④ ⓐ, ⓑ, ⓒ

17 다음 설명 중 가장 바르지 못한 것은?

① 통화스왑은 이자교환이 없는 단기간의 스왑거래에 이용된다.
② 주요 통화에 대한 외환스왑의 유동성은 풍부하여 헤지가 쉽다.
③ 외환스왑은 near date와 far date에 거래 당사자 간 해당 통화의 실질적인 교환이 일어나기 때문에 신용위험이 최소화된다.
④ 신용도가 낮은 기업일지라도 외환스왑의 경우 은행 간 거래에 적용하는 금리에 차입하거나 예치하는 효과를 누릴 수 있다.

정답 및 해설

12 ③ 두 개의 거래가 서로 반대로 일어나 전체 포지션은 스퀘어가 되므로 환리스크는 없다.
13 ④ 모두 맞는 설명이다.
14 ③ 이패스기업은 현물환을 매도하고 1개월 후 선물환을 매수하는 외환스왑을 체결하였으므로, 1개월 동안 원화를 차입하고 달러를 대출한 것과 같은 효과를 갖는다.
15 ① 주요 통화에 대한 외환스왑의 유동성은 풍부하여 헤지의 도구로 많이 사용된다.
16 ③ 은행을 통해 외환스왑을 하면 기업임에도 불구하고 은행 간 거래에 적용하는 금리에 차입하거나 예치하는 것과 같은 효과를 누릴 수 있다. 또한 신용위험을 줄일 수 있다는 장점이 있다.
17 ① 통화스왑은 이자교환이 있는 중장기에 사용하는 스왑거래이다.

12 외환스왑에 대한 설명으로 바르지 못한 것은?

① 현물환과 선물환을 동시에 반대방향으로 매수 · 매도하는 외환거래의 형태를 외환스왑이라고 한다.
② 외환스왑에서 먼저 도래하는 결제일을 near date라고 한다.
③ 두 개의 거래가 서로 반대로 일어나 전체 포지션은 스퀘어가 되므로 환리스크가 존재하므로 선물이나 옵션을 통한 추가 환리스크 방안을 모색해야 한다.
④ 외환스왑에서 나중에 도래하는 결제일을 far date라고 한다.

13 외환스왑이 충족해야 하는 조건을 모두 고른 것은?

㉠ near date에는 기준통화 또는 가변통화를 매입 또는 매도한다.
㉡ far date에는 near date에 매입 또는 매도한 기준통화 또는 가변통화를 매도 또는 매입한다.
㉢ near date와 far date에 각각 반대방향으로 거래되는 기준통화(또는 가변통화를 기준으로 거래하였을 경우에는 가변통화)의 금액은 같다.
㉣ 거래상대방이 같다. 특별한 경우 near date의 매입 또는 매도와 far date의 매도 또는 매입의 상대방을 달리할 수도 있는데 이를 engineered swap이라고 한다.
㉤ near date와 far date의 거래가 동시에 체결된다.
㉥ 반드시 동시에 기표(Booking)되어야 한다.

① ㉠, ㉡, ㉢
② ㉠, ㉡, ㉢, ㉣
③ ㉠, ㉡, ㉢, ㉣, ㉤
④ ㉠, ㉡, ㉢, ㉣, ㉤, ㉥

14 이패스기업은 시카고은행으로부터 100만 달러 현물환을 매도함과 동시에 1개월 선물환을 매수하는 외환스왑(FX swap)을 체결하였다. 외환스왑을 원화와 달러화의 자금거래로 분석할 때 이패스기업의 적합한 포지션은?

① 원화 예금, 달러 차입
② 원화 대출, 달러 예금
③ 원화 예금, 달러 대출
④ 원화 예금, 달러 대출

10 다음 괄호 안에 알맞은 말을 순서대로 나열한 것은?

- 고금리통화를 운용하는 측에는 현물환율보다 ㉠ (   ) 선물환율, 저금리통화를 운용하는 측에는 현물환율보다 ㉡ (   ) 선물환율을 적용한다.
- 고금리통화의 선물환율이 현물환율보다 불리해진 교환조건을 ㉢ (   )라 하고 저금리통화의 선물환율이 현물환율보다 유리해진 교환조건을 ㉣ (   )이라 한다.

① ㉠ : 불리한   ㉡ : 유리한   ㉢ : 디스카운트   ㉣ : 프리미엄
② ㉠ : 불리한   ㉡ : 유리한   ㉢ : 프리미엄   ㉣ : 디스카운트
③ ㉠ : 유리한   ㉡ : 불리한   ㉢ : 디스카운트   ㉣ : 프리미엄
④ ㉠ : 유리한   ㉡ : 불리한   ㉢ : 프리미엄   ㉣ : 디스카운트

11 선물환에 대한 설명이다. 가장 바르지 못한 설명은 어느 것인가?

① 거래일로부터 2영업일 후인 현물일(spot date)을 결제일로 하는 외환거래는 현물환거래이다.
② 선물환 계약에 적용되는 환율을 지정환율이라고 한다.
③ 선물환거래(forward)는 현물일 이후를 결제일로 하는 외환거래이다.
④ 스팟일로부터 1주일물, 1개월물, 2개월물과 같이 달력에서 해당 기간만큼씩 늘어나는 방식을 역월 만기일 선물환거래라고 한다.

정답 및 해설

07 ②   ② USD/JPY의 경우 FC인 달러의 이자율이 VC인 엔화에 비해 이자율이 높은 경우에 선물환 포인트가 디스카운트 된다.
　　　① 선물환 포인트의 매도율이 매수율보다 크다면 선물환율 할증상태가 된다.
　　　③ 선물환 포인트의 매도율이 매수율보다 작다면 선물환율 할인상태가 된다.
　　　④ USD/KRW의 경우 FC인 달러의 이자율이 VC인 원화에 비해 이자율이 낮은 경우에 프리미엄 통화가 된다.
08 ④   차액만을 결제하므로 선물환거래보다 결제위험이 적다.
09 ③   near date와 far date의 거래가 동시에 체결된다.
10 ①   고금리통화는 선물환율이 불리하며 디스카운트되고 저금리통화는 선물환율이 유리하며 프리미엄이 된다.
11 ②   선물환 계약에 적용되는 환율을 선물환율이라고 한다.

07 선물환 포인트 산출에 대한 설명이다. 맞게 설명한 것은 어느 것인가?

① 선물환 포인트의 매도율이 매수율보다 크다면 선물환율 할인상태가 된다.
② USD/JPY의 경우 FC인 달러의 이자율이 VC인 엔화에 비해 이자율이 높은 경우에 디스카운트 통화가 된다.
③ 선물환 포인트의 매도율이 매수율보다 작다면 선물환율 할증상태가 된다.
④ USD/KRW의 경우 FC인 달러의 이자율이 VC인 원화에 비해 이자율이 낮은 경우에 디스카운트 통화가 된다.

08 NDF 거래에 대한 설명으로 잘못된 것은?

① 매수자의 경우 지정환율이 계약환율보다 낮다면 결제금액을 지급하게 된다.
② 주로 달러로 결제가 이루어진다.
③ 적은 금액만으로도 거래가 가능하므로 헤지뿐 아니라 투기적 거래에도 활용된다.
④ 차액만을 결제하므로 선물환거래보다 결제위험이 크다.

09 다음 중 외환스왑이 충족해야 하는 조건에 대한 설명으로 바르지 않은 것은?

① near date와 far date에 각각 반대방향으로 거래되는 기준통화의 금액은 같다.
② 거래상대방이 같다.
③ near date와 far date의 거래는 시차를 두고 체결된다.
④ 반드시 동시에 기표(Booking)되어야 한다.

04 선물환과 통화선물에 대한 비교설명 중 바르지 않은 것은?

① 선물환의 경우 거래 상대방 간에 거래조건을 협의하여 결정한다.
② 선물환의 경우 실수요자 위주로 거래되어 대부분 만기 시 실물인수도에 의해 결제된다.
③ 통화선물의 경우 다수의 거래자들 간에 공개입찰식으로 거래가 체결된다.
④ 통화선물의 경우 서로의 합의에 의하여 사전에 담보를 받는다.

05 만기에 결정되는 환율과 기존에 거래한 선물환율과의 차이를 주로 달러로 차액결제하는 선물환거래를 무엇이라 하는가?

① 차액정산 선물환 ② 통화선물
③ 외환스왑 ④ 통화스왑

06 캐나다 달러 현물환율이 2.2322 – 2.2338이고 3개월물 선물환의 스왑률이 11/13으로 고시되고 있다면 캐나다 달러의 아웃라이트 선물환율의 매입률(bid)은 얼마인가?

① 2.2333 ② 2.2351
③ 2.2335 ④ 2.2349

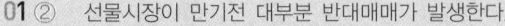

정답 및 해설

01 ② 선물시장이 만기전 대부분 반대매매가 발생한다.
02 ① 일반적으로 거래일로부터 2영업일 후인 현물일(spot date)을 결제일로 하는 외환거래는 현물거래이다.
03 ④ 차액결제선물환거래에서 결제는 주로 미 달러로 이루어진다.
04 ④ 선물환의 경우 신용위험이 높은 편이나 상대방 합의에 의하여 사전에 담보나 증거금을 징수할 수 있다.
05 ① 차액정산 선물환(Non–deliverable Forward)거래에 대한 설명이다.
06 ① 선물환 포인트의 매도율이 매수율보다 크다면 현물환율에 선물환 포인트를 더해서 계산한다.
   2.2322 + 0.0011 = 2.2333

출제예상 문제

01 선도와 선물 시장을 비교한 것이다. 틀린 것은?
① 선도시장은 주 거래시장이 장외이다.
② 선도시장은 만기전 대부분 반대매매가 발생한다.
③ 선물시장은 거래조건이 표준화되어 있다.
④ 선물시장은 거래소 보증제도가 존재한다.

02 선물환에 대한 설명이다. 가장 바르지 못한 것은?
① 일반적으로 거래일로부터 2영업일 후인 현물일(spot date)을 결제일로 하는 외환거래는 선도거래이다.
② 현물환거래는 외환의 즉각적 인도를 조건으로 하는 거래를 말한다.
③ '기초자산이나 기초자산의 가격·이자율·지표·단위 또는 이를 기초로 하는 지수 등에 의하여 산출된 금전 등'을 장래의 특정시점에 인도할 것을 약정하는 계약을 선도거래라고 한다.
④ 선물환거래(forward)는 현물일 이후를 결제일로 하는 외환거래

03 차액정산 선물환거래(NDF)에 대한 설명 중 옳지 않은 것은?
① 선도환율과 만기시점 현물환율과의 차이만 정산한다.
② 일반 선물환거래보다는 계약불이행 확률이 적다.
③ 해당국의 통화가 국제적으로 통용되지 않더라도 역외시장에서 거래가 가능하다.
④ 결제는 미국달러보다 해당국의 통화로 이루어진다.

통화선물과 통화선도거래를 비교한 설명 중 옳지 않은 것은?

① 선물환거래는 거래 금액이나 만기 등 거래조건을 거래당사자간 협상으로 정한다.
② 통화선물은 항상 만기일 실물인수도가 발생한다.
③ 선물환거래는 신용도가 낮은 개인이나 기업에게는 담보를 요구할 수 있다.
④ 통화선물은 공개호가방식으로 거래되므로 가격호가와 주문이 투명하다.

출제포인트
대부분 반대매매를 통해 정산한다.

정답 ❷

 오늘은 3월 6일이다. A기업은 한달 후 4월 5일에 받을 수출대금 354,000달러의 환리스크헤지를 위해 미달러 선물을 이용하기로 하였다. 다음 설명 중 옳은 것은?

① 거래금액은 354,000달러로 한다.
② 증거금은 거래실행 전에 1회만 납부하면 된다.
③ 만기일을 4월 5일로 맞추어 계약할 수 없다.
④ 만기일 전에 반대매매로 청산할 수 없다.

출제포인트
만기가 정해져 있어서 결제월의 세번째 월요일이므로 불가능하다.
① 거래금액은 10,000달러이므로 340,000달러나 350,000를 해야 한다.
② 증거금은 거래실행 전에 1회만 납부하는 것이 아니고 증거금 변동에 의해서 추가적인 납부를 해야 하는 경우도 존재한다.
④ 만기일 전에 반대매매로 청산할 수 있다.

정답 ❸

13 다음 중 외환스왑거래에 대한 설명으로 옳지 않은 것은?

① 거래기간 동안 보유한 자금을 대가로 다른 통화의 자금을 차입하는 효과를 달성할 수 있다.
② 기존 외환거래의 만기일을 연장할 목적으로 활용될 수 있다.
③ 외환스왑에서 두 통화가 이자율 차이를 주기적으로 정산해야 한다.
④ 외환매매의 당사자가 동일금액을 가까운 만기의 매매와 동시에 이에 대응하여 반대 방향으로 먼 만기(far date)의 매매를 하는 것을 말한다.

> **출제포인트**
> 이자율 차이를 주기적으로 정산하지 않아도 된다.
>
> **정답 ③**

14 은행 간 달러/원 환율과 3개월 스왑포인트가 다음과 같을 때 기업고객이 3개월 간 달러 Buy & Sell 방향의 외환스왑거래를 하는 경우 적용될 환율로 적절한 것은?

- 달러/원 현물환율: 1,205.00/1,206.00
- 3개월 스왑포인트: +250/+350

	Near date 환율	Far date 환율
①	1,205.00	1,208.50
②	1,205.50	1,208.50
③	1,206.00	1,208.50
④	1,206.00	1,209.00

> **출제포인트**
> 현재는 사야 하므로 1,206원 선물환율로 팔아야 하므로 1,206 near date 환율에 스왑포인트는 sell 환율을 적용하므로 +2.5 = 1,208.5
>
> **정답 ③**

다음 설명 중 가장 바르지 못한 것은?

① 가장 일반적인 외환스왑의 형태는 현물환 거래 + 선물환 거래이다.
② O/N(over-night) swap은 Value tomorrow 매수(매도) + Value spot 매도(매수) 형태이다.
③ USD buy & sell swap against KRW는 현물환 매입 + 선물환 매도 형태이다.
④ USD sell & buy swap against KRW는 현물환 매도 + 선물환 매입 형태이다.

출제포인트
O/N(over-night) swap은 Value today 매수(매도) + Value tomorrow 매도(매수) 형태이다.

정답 ❷

A기업은 2개월 뒤에 수출대금으로 받을 미화 1백만 달러에 대해 선물환으로 환헤지를 하려고 한다. 현재 은행에서 고시하는 현물환율과 스왑포인트가 다음과 같다면 A기업이 거래하게 될 선물환율은 얼마인가?

- 달러/원 현물환율 1,150.10/40
- 2개월 스왑포인트 -150/-100

① 1,148.60
② 1,148.90
③ 1,149.10
④ 1,149.40

출제포인트
선물환을 매도해야 하므로 파는 환율은 1,150.1 -1.50 = 1,148.60이 된다.

정답 ❶

09 향후 달러/원 환율의 상승을 예상하여 결제일이 확정되지 않은 수입거래의 환리스크를 헤지하려고 B기업은 3개월 만기로 매입하는 선물환거래를 실행하였다. 이 경우 다음 설명 가운데 옳지 않은 것은?

① 2개월이 지난 시점에서 B기업이 위의 선물환거래의 만기일을 1개월 앞으로 단축하려면 USD buy & sell against KRW 외환스왑을 거래하면 된다.
② 3개월이 지난 시점에서 B기업이 위의 선물환거래의 만기일을 1개월 뒤로 연장할 때 외환스왑 거래일의 현물환율을 적용하는 market rate roll-over를 해야 한다.
③ B기업은 위의 선물환거래 위의 선물환거래 만기일을 1개월 뒤로 연장하는 외환스왑을 할 때 현물환율이 처음 선물환거래 할 때의 현물환율과 다르면 환리스크에 노출된다.
④ 3개월이 지난 시점에서 B기업이 외환스왑을 활용하여 위의 선물환거래의 만기일을 1개월 뒤로 연장하는 경우 최초 거래일에 4개월 만기 선물환거래를 실행했을 경우와 비교할 때 스왑포인트의 변화에 따른 위험에는 노출된다.

> **출제포인트**
> 스왑포인트는 중요하지 않음
>
> 정답 ④

10 선물환율의 고시방법에 대한 설명이다. 가장 바르지 못한 설명은 어느 것인가?

① 선물환율의 호가를 현물환율처럼 매수율과 매도율로 표시하는 것을 아웃라이트율(outright rate)이라고 한다.
② 선물환 포인트(forward point) 표시법은 선물환율을 현물환율과의 차이로 표시하는 방법이다.
③ 선물환 포인트의 매도율이 매수율보다 작다면 선물환율 할증된 상태이다.
④ 은행 간 시장에서는 선물환거래의 대부분이 외환스왑 형태이기에 선물환 포인트로 표시하는 것이 관례화되어 있다.

> **출제포인트**
> 선물환 포인트의 매도율이 매수율보다 작다면 선물환율 할인된 상태이다.
>
> 정답 ③

아래는 USD/KRW 선물환시장의 스왑레이트다. 현물환시장의 Bid/Offer환율이 '1,060원 / 1,061원'인 경우 아래의 설명 중 가장 적절한 것은?

선물환 만기	Bid가격	Offer가격
1개월	200	260
3개월	550	650
6개월	900	1,100
12개월	1,550	1,850

① 미달러화는 선물환 프리미엄 상태이다.
② 수출업체가 3개월 선물환으로 미달러화를 매도할 수 있는 가격은 1,054.50이다(은행 거래 마진 제외).
③ 선물환 거래에서는 은행과 고객 사이에 매일 손익정산 금액이 수수된다.
④ 원화 금리보다 미 달러화 금리가 높다.

출제포인트
② 3개월만기 선물환매도가격은 1,060원 + 5.5원이므로 1065.5원이 된다.
③ 장외거래이므로 일일손익정산을 하지 않는다.
④ 스왑레이트가 (+)이므로 원화금리가 달러금리보다 높다.

정답 ①

서울 외환시장에서 USD/KRW 현물환율(환율표기에서 앞쪽의 통화가 기준통화)은 1달러 = 1,100.00원이며, 자금시장에서 한국 원화 금리는 연 2.50%, 미국 달러화 금리는 연 0.50%이다. 금융시장의 상황이 이럴 경우 이를 이용하여 6개월 만기 달러 선물환율을 구하시오. (단, 간편식을 이용하여 정답을 구하시오)

① 1,078.00원
② 1,089.00원
③ 1,111.00원
④ 1,115.25원

출제포인트
F = S × (1 × Ra⟨한국 금리⟩ × T/365) / (1 + Rb⟨미국 금리⟩ × T/360) = 1,111.00원이 됨
1,100 × (1 + 2.5%/2) / (1 + 0.5%/2) = 1,110.97원

정답 ③

05 USD/KRW 현물환율이 1,120이고 3개월 CD금리가 3%, 달러 3개월 예금금리가 2%인 경우 3개월 이론선물환율은?

① 1,130.98 ② 1,124.86
③ 1,122.79 ④ 1,121.42

출제포인트
이론선물환율 = 1,120 × (1+(0.03×0.25))/(1+(0.02×0.25)) = 1,122.79

정답 ③

06 현재 외환시장의 USD/KRW 환율은 1000원이며, 금융시장의 원화 금리는 연4.0%, 미국 달러화 금리는 연 1.0%이다. 금리평가이론에 의한 6개월 만기선물환율은 얼마인가? (가장 근사값을 택하시오)

① 970.0원 ② 985.0원
③ 1,015.0원 ④ 1,030.0원

출제포인트
F = S × (1 × Ra〈한국 금리〉× T/365) / (1 + Rb〈미국 금리〉× T/360) 1,015원이 된다.

정답 ③

NDF에 대한 설명이다. 가장 바르지 못한 설명은 어느 것인가?

① 만기시점에 계약통화의 교환 없이 계약 당시의 선물환율과 만기시점의 현물환율의 차이만큼을 특정 통화(통상 미 달러화)로 정산하는 계약을 원－달러 차액결제선물환(NDF : Non－Deliverable Forward)이라고 한다.
② NDF의 경우 레버리지 효과가 높아 환리스크 헤지뿐 아니라 투기적 거래에도 활용된다.
③ NDF의 경우 해당국의 통화가 국제적으로 통용되지 않더라도 역외시장에서 형성된다.
④ NDF의 경우 결제위험이 일반 선물환에 비해 크다.

출제포인트
NDF의 경우 결제위험이 일반 선물환에 비해 적다.

정답 ❹

다음의 경우 1년 만기 USD/KRW 선물환율의 bid rate를 계산하면 얼마인가?

- USD/KRW 현물환율 : 1,038.00 / 20
- KRW 금리 : 2.78 / 3.35
- USD 금리 : 2.47 / 2.57

① 1,040.10원/$ ② 1,047.20원/$
③ 1,038.00원/$ ④ 1,038.20원/$

출제포인트
- bid rate → USD 차입 + KRW 예치
  따라서 스왑포인트는
  $1,038.00 \times (1 + 0.0278)/(1 + 0.0257) - 1,038.00 = 2.1251 = 212.51$pips
  소수점 이하는 버리고 원화는 pip단위는 거래가 되지 않으므로 210pips를 더해 준다.
  따라서 1,040.10원/$
  본 문제에서 offer rate의 경우는 → KRW 차입 + USD 예치
  따라서 스왑포인트 = $1,038.20 \times (1 + 0.0335)/(1 + 0.0247) - 1,038.20 = 8.9159$
  = 891.59pips 소수점 이하는 올리고 원화는 pip단위로 거래되지 않으므로 900pips를 더해준다.
  따라서 1,047.20원/$
- 프리미엄 통화의 경우
  (1) Bid 스왑포인트 산출을 위해 달러 차입, 원화 예치거래를 통해 0.21%만큼의 순이자수익 발생 → 기업 입장에서는 이익이므로 이를 어닝(Earning)이라고 함
  (2) Offer 스왑포인트 산출을 위해 원화 차입, 달러 예치거래를 통해 0.88%만큼의 순이자비용 발생 → 기업 입장에서는 비용이므로 이를 코스트(Cost)라고 함

정답 ❶

03장 핵심정리 문제

 다음 설명 중 가장 바르지 못한 것은?

① 선도시장은 주 거래시장이 장외이다.
② 선도시장은 거래소 보증제도가 존재한다.
③ 선물시장은 만기전 대부분 반대매매가 발생한다.
④ 선물시장은 표준화되어 있다.

출제포인트
선물시장이 거래소 보증제도가 존재한다.

정답 ❷

 외환 파생상품에 대한 설명이다. 맞지 않는 것은?

① NDF는 명목원금의 교환 없이 만기 시점에 환율 차이에 해당하는 금액만을 원화로 결제한다.
② USD 매도매입 스왑은 USD를 빌려 주고 원화를 차입하는 것과 동일한 효과이다.
③ 선물환거래나 외환스왑거래는 모두 Value spot 환율을 기준으로 스왑포인트에 의해 거래가 이루어진다.
④ 스왑포인트는 두 통화의 이자율 차이를 환율로 전환한 것이다.

출제포인트
달러로 결제한다.

정답 ❶

이패스코리아 외환전문역 Ⅰ종

환리스크 관리　제3과목

제3장

선물환거래와 외환스왑

# 선물환거래와 외환스왑

▶ 접근전략 및 기출트렌드

선물과 선물환의 차이가 출제 빈도가 높고, 선물환거래의 정의 및 절차, 동기, 목적 등도 자주 출제됩니다.

외환스왑의 의의, 조건, 유형, 장점, 활용은 본 시험에서 가장 중요한 파트로 시험 출제 비중이 가장 높습니다. 특히 외환스왑을 통한 헷지는 꼭 알아야 하는 파트입니다.

▶ 출제빈도

단원	주제	학습중요도	출제비율
1절	파생금융상품 기초	★	10%
2절	선물환거래	★★	20%
3절	외환스왑	★★★	30%

▶ 체크리스트

체크리스트	기본서 상세페이지
선물환거래의 정의 및 절차 동기 목적을 이해한다.	P.100 ~ P.127
외환스왑의 의의, 조건, 유형, 장점, 활용을 이해한다.	P.128 ~ P.149

24 다음 중 주로 수출 거래 또는 수입 거래와 같이 환율변동 이전에 발생한 계약의무의 이행과 관련된 환위험은?

① 거래 위험
② 환산 위험
③ 경제적 위험
④ 거래 상대방 위험

25 다음의 환리스크 관리기법 중 외화 지출과 수입을 상쇄하여 순 포지션의 크기를 감소시키는 방법은?

① Matching
② Netting
③ Leading
④ Lagging

정답 및 해설

21 ④ 매입초과(Long) 포지션은 환율 하락 시 환차손이 발생한다.
22 ④ FX Forward는 대외적 기법이다.
23 ④ 현금포지션에 대한 설명이다.
24 ① 거래 위험이라고 한다.
25 ② 다음 설명은 Netting에 대한 내용이다.

21 외환 포지션에 대한 설명이다. 적절하지 않은 것은?
① 외환 매입액이 매도액을 초과하는 경우 매입초과(Long) 포지션이다.
② 현금 포지션, 현물환 포지션, 선물환 포지션을 모두 합하여 산출한 외환 매도액과 매입액의 차액을 종합 포지션이라 한다.
③ 중립 포지션은 환리스크를 부담하지 않는다.
④ 매도초과 포지션은 환율이 하락할 경우 환차손이 발생한다.

22 다음의 환리스크 관리기법 중 대내적 관리기법에 해당하지 않는 것은?
① Netting
② Matching
③ Leading과 Lagging
④ FX Forward

23 외환 포지션에 대한 다음의 설명 중 옳지 않은 것은?
① 매입초과 포지션은 환율 하락 시 손실이 발생하는 포지션이다.
② 외화 매도액이 외화 매입액을 초과하는 경우 매도초과 포지션이다.
③ 수입업체는 매도초과 포지션이다.
④ 외환거래에서 결제가 완료되어 언제든지 사용이 가능한 포지션은 현물환 포지션이다.

19 이패스회사는 다음과 같은 외화 자산 및 부채와 환거래 포지션을 가지고 있다. 환포지션과 Exposure 규모는?

- 외화자산 : $1,200,000
- 수출계약 : $400,000
- 외화부채 : $1,300,000
- 수입계약 : $150,000

① 매입초과(Long) 포지션, −$100,000
② 매도초과(Short) 포지션, $150,000
③ 매입초과(Long) 포지션, $150,000
④ 매도초과(Short) 포지션, −$100,000

20 환위험에 대한 다음의 설명 중 맞지 않는 것은?

① 거래위험, 환산위험, 경제적 위험으로 구분되며, 대내적 관리기법과 파생상품을 활용하는 대외적 관리기법이 있다.
② 원화 강세의 지속으로 수출이 감소하는 위험은 경제적 위험이며, 파생상품을 활용하여 적절히 위험을 헤지할 수 있다.
③ 거래위험은 계약시점과 결제시점의 환율 차이로 발생하는 위험이다.
④ 다국적 위험이 연결재무제표를 작성할 때 환율로 인한 이익 또는 손실이 발생할 수 있는 위험은 환산위험이다.

정답 및 해설

16 ① 왼쪽이 Bid rate, 오른쪽이 Offer rate이다.
17 ③ 환리스크 헤지거래가 적절하지 않을 경우 오히려 환율변동에 따른 손실을 입을 수 있다.
18 ③ 통화스왑에 대한 설명이다.
19 ③ 환 Exposure =(1,200,000−1,300,000)+(400,000−150,000)=$150,000 따라서 매입초과(Long) 포지션이다.
20 ② 경제적 위험은 파생상품으로 헤지하기 어려운 위험이다.

16 다음의 환율표시에 대한 설명으로 맞지 않는 것은?

> USD/KRW=1,100.50/70

① 왼쪽이 Offer rate, 오른쪽이 Bid rate이다.
② 고객이 은행에 1달러를 매도하면 은행으로부터 1,100.50원을 받는다.
③ US Dollar가 상품통화이다.
④ 은행의 스프레드는 0.20원이며 유동성이 풍부할수록 스프레드가 낮다.

17 외환거래에 대한 설명으로 옳지 않은 것은?

① 수출입 거래나 해외투자 등을 위한 거래는 실수요 거래이다.
② 환리스크 헤지를 위한 외환파생거래로 선물환거래, 외환 스왑거래, 외환 옵션거래 등이 있다.
③ 환 헤지거래를 통하여 환리스크를 완전히 제거할 수 있다.
④ 외환시장의 90% 이상은 투기목적의 거래이다.

18 다음의 설명 중 옳지 않은 것은?

① 수출입 거래로 인하여 약정된 거래금액이 환율 변동으로 인하여 원화 환산액이 달라지는 위험은 거래위험(Transaction Exposure)이다.
② Leading은 강세가 예상되는 통화는 조기 지급하고 약세가 예상되는 통화는 조기 수령하는 방법이다.
③ 외환스왑은 중장기 환리스크의 헤지와 자금조달 비용의 관리까지 가능한 파생거래이다.
④ 기업의 외화 순자산 또는 순부채가 환 Exposure이다.

14. A자산의 가치가 1,000만 원이고 일별 변동성이 5%이다. 95% 신뢰수준에서 A자산의 VaR는 얼마인가? (신뢰수준 95%의 경우 1.65 사용)

① 70.5만 원
② 82.5만 원
③ 90만 원
④ 100.5만 원

15. 목표기간 5일, 신뢰수준 95%에서 계산된 포트폴리오의 VaR가 10억 원이라면, 다음과 같은 표현이 의미하는 무엇인가?

① 리스크 요인의 변화에 의해 5일 동안 발생할 수 있는 손실이 10억 원보다 작을 확률이 5%이다.
② 리스크 요인의 변화에 의해 5일 동안 발생할 수 있는 손실이 10억 원보다 작을 확률이 95%이다.
③ 리스크 허용수준이 95%이다.
④ 리스크 요인의 변화에 의해 5일 동안 발생할 수 있는 손실이 10억 원보다 클 확률이 95%이다.

정답 및 해설

11 ① 해당 통화의 강세 시 수입대금은 선불하고 수입자금은 지연하면 이익이다.
12 ④ 장내 파생상품의 경우 불특정 다수의 경쟁매매방식이다.
13 ④ 계약이행관련 보증금, 담보제공 등 절차가 생략되며 보험료 이외 추가비용이 없다.
14 ② VaR는 환율변동성, 신뢰구간, 환리스크 측정기간 및 환노출 규모에 의해 결정된다.
   VaR = 1,000만 원 × 1.65 × 0.05 = 82.5만원
15 ② ① 리스크 요인의 변화에 의해 5일 동안 발생할 수 있는 손실이 10억 원보다 작을 확률이 95%이다.
   ③ 리스크 허용수준이 5%이다.
   ④ 리스크 요인의 변화에 의해 5일 동안 발생할 수 있는 손실이 10억 원보다 클 확률이 5%이다.

11 다음 괄호 안에 알맞은 말을 순서대로 나열한 것은?

- 앞으로 해당 통화의 강세를 예상하면 수입대금 등 지급자금을 ㉠ (   )
- 앞으로 해당 통화의 강세를 예상하면 수출대금 등 수취자금을 ㉡ (   )

① ㉠ : 선불(Leading)   ㉡ : 지연(Lagging)
② ㉠ : 지연(Lagging)   ㉡ : 지연(Lagging)
③ ㉠ : 선불(Leading)   ㉡ : 선불(Leading)
④ ㉠ : 지연(Lagging)   ㉡ : 선불(Leading)

12 장내 파생상품의 특징으로 바르지 않은 것은?

① 상품 구조 등이 표준화되어 있다.
② 보증금 제도와 일일정산 제도로 신용위험이 없다.
③ 대부분 만기 전 반대 매매한다.
④ 1 : 1 상대매매 방식이다.

13 환리스크의 외부적 관리기법 중 하나인 환변동 보험에 대한 다음 설명 중 바르지 않은 것은?

① 최장 3년까지 환리스크 헤지가 가능하다.
② 외화자금의 실제인도 없이 차액만 정산한다.
③ 자유로운 조기결제가 가능하다.
④ 계약이행관련 보증금 등 보험료 이외 추가비용이 있다.

08 환리스크 관리기법 중 외부적 관리기법이 아닌 것은?
① 통화선물환 또는 통화선물
② 통화 포트폴리오 전략
③ 외환스왑
④ 통화옵션

09 기업 간 거래에서 일정기간마다 지불금액과 수취금액을 상계차감한 후 잔액만을 결제하는 방법을 무엇이라고 하는가?
① 상계(Netting)
② 매칭(Matching)
③ 래깅(Lagging)
④ 리딩(Leading)

10 환리스크 관리기법에 대한 다음 설명 중 바르지 않은 것은?
① 네팅(Netting)의 경우 수출이나 수입 한쪽만 있는 기업들은 이 기법을 활용할 수 없다는 단점이 있다.
② 상계를 활용할 경우 상계되는 금액에 대한 외환거래 비용 및 자금이체 비용을 절감할 수 있다.
③ 리딩이나 래깅의 경우 현실적으로 대부분의 기업이 외화의 수급시기를 무한정 인위적으로 미루거나 당기는 데는 시간적으로 한계가 있다.
④ 통화 포트폴리오 전략을 이용하는 가장 쉬운 방법으로는 수출입 통화를 달러, 엔화 및 유로화 등으로 통화의 포트폴리오를 구성하는 것이다.

정답 및 해설

04 ② 상계(Netting)에 대한 설명이다.
05 ① 수출기업은 달러 수취로 롱포지션 발생, 따라서 환율하락 시 손실, 이에 대비하여 선물환 등 매도포지션을 취한다.
06 ③ 수출기업의 경우 통화선물 매도 헤지를 해야 한다.
07 ① 일반적으로 외환익스포저의 규모와 환율변동성의 크기가 클수록, 그리고 보유기간이 길수록 환리스크의 크기가 커진다.
08 ② 내부적 관리기법이다.
09 ① 상계(Netting)이다.
10 ① 매칭(Matching)의 경우 수출이나 수입 한쪽만 있는 기업들은 이 기법을 활용할 수 없다는 단점이 있다.

04 국제적 경영을 하는 기업의 본사와 지사 또는 지사 상호간 채권·채무를 개별적으로 결제하지 않고 일정기간 경과 후 상계차감한 후 잔액만을 결제하는 방법은 무엇인가?

① 매칭
② 상계
③ 리딩
④ 래깅

05 환리스크 헤지에 대한 보기이다. 괄호 안에 알맞은 말을 순서대로 나열한 것은?

> 반도체를 외국에 수출하는 기업은 달러 ㉠ (　　　) 포지션이 발생하므로 달러/원 환율이 ㉡ (　　　) 순자산가치가 감소하여 외환차손을 볼 수 있다. 이에 대응하여 선물환거래나 통화선물 등으로 ㉢ (　　　) 헤지를 통해 위험을 관리할 수 있다.

① ㉠ : 롱　㉡ : 떨어지면　㉢ : 매도
② ㉠ : 숏　㉡ : 떨어지면　㉢ : 매수
③ ㉠ : 롱　㉡ : 떨어지면　㉢ : 매수
④ ㉠ : 숏　㉡ : 떨어지면　㉢ : 매도

06 수출기업에게 발생하는 환거래와 환리스크 헤지 형태는?

① 달러/원 환율 하락 시 순자산가치 증가한다.
② 통화선물 매수헤지거래
③ 통화선물 매도헤지거래
④ 달러 숏 포지션 발생

07 다음 괄호 안에 알맞은 말을 순서대로 나열한 것은?

> 환리스크의 크기는 외환익스포저의 규모, 환율변동성과 보유기간에 의해 결정된다. 일반적으로 외환익스포저의 규모와 환율변동성의 크기가 ㉠ (　　　), 그리고 보유기간이 ㉡ (　　　) 환리스크의 크기가 커진다.

① ㉠ : 클수록　㉡ : 길수록
② ㉠ : 작을수록　㉡ : 길수록
③ ㉠ : 작을수록　㉡ : 짧을수록
④ ㉠ : 클수록　㉡ : 짧을수록

02장 출제예상 문제

01 다음 설명 중 가장 바르지 못한 것은?
① 고정환율제도에서는 환리스크가 존재하지 않는다.
② 환율변동성 증가요인들로 인하여 기업의 환리스크가 줄어들었다.
③ 변동환율제도에서는 시장의 수급에 따라 끊임없이 환율이 변하므로 불확실성이 늘 존재한다.
④ 외환거래 규모가 큰 폭으로 증가하면서 정부 개입의 여지도 줄어지고 있다.

02 환율이 1,000원일 때 개당 1달러에 100개 수입하기로 계약, 결제시점에 환율이 1,100원이 된다면 11만원을 지급해야 하는 환리스크는 무엇인가?
① 환산환리스크
② 영업환리스크
③ 거래환리스크
④ 경제적환리스크

03 환리스크 유형에 대한 다음 설명 중 바르지 않은 것은?
① 지난 결산시점 이후 환율의 변화에 의해 외국통화표시 자산과 부채, 수입과 지출, 이익과 손실을 재무제표의 보고통화로 환산함에 있어 환산차익과 환산차손을 발생시킬 수 있는 불확실성이 있는데 이를 환산환리스크라 한다.
② 환산손실은 외화자산이나 외화부채의 가치를 환율변동을 반영하여 장부상에 표시하기 위한 것이기 때문에 손실이 실제로 나타난 것은 아니다.
③ 예상하지 못한 급격한 환율변동으로 인해 판매량, 판매가격, 원가 등 영업에 실질적으로 영향을 주어 현금흐름 및 영업이익이 변동하게 될 가능성을 영업환리스크라 한다.
④ 실상 가장 큰 환리스크는 환산환리스크이다.

정답 및 해설

01 ② 환율변동성 증가요인들로 인하여 기업의 환리스크가 커졌다.
02 ③ 거래환리스크이다.
03 ④ 기업들이 환리스크를 관리할 때 영업환리스크를 제대로 관리하지 못하는 것이 현실인데 실상 가장 큰 환리스크는 영업환리스크이다.

30 엔화차입금을 보유한 A기업은 2XX1년에 아베노믹스 효과에 따른 엔화약세 추이를 이용하려고 엔화차입금 상환을 최대한 연기하였다. 이후 엔화/원화환율이 충분히 하락하였다고 판단하여 연말에 차입금을 상환하였다. 이 경우 A기업이 사용한 환위험관리 전략은 무엇인가?

① 매칭(Matching)
② 네팅(Netting)
③ 리딩(Leading)
④ 래깅(Lagging)

출제포인트
지급통화가 약세가 예상되기 때문에 최대한 시기를 늦추는 래깅전략을 써야 한다.

정답 ④

31 A기업이 어느 해 5월 중 USD/KRW 환율 1,100원일 때 미달러화를 차입하여 그해 말 환율 1,150원일 때 결산하였고, 다음 해 5월 환율 1,180원일 때 차입금을 상환하였다. 이 거래에서 발생한 거래 환위험의 크기는 얼마인가?

① 1달러당 30원
② 1달러당 50원
③ 1달러당 80원
④ 1달러당 100원

출제포인트
결산평가 당시의 환율이 1,150원이 되어 환산환위험이 50원이 되나, 실제 결제 시점에서는 환율이 1,180이므로 환위험의 크기는 1,180−1,100원인 80원이다.

정답 ③

다음 VaR에 관한 설명 중 옳은 것은?

① VaR는 극단적인 시장조건하에서 시장리스크를 측정하기 위한 지표이다.
② 해당 기간이 100일이고 신뢰수준이 95%에서 산출한 일별 VaR가 1억원이라면 시장위험요인의 변화로 인해 100일 동안에 발생할 수 있는 손실이 10억을 초과할 수 있는 확률이 95%가 될 수 있다는 뜻이다.
③ VaR는 몇 가지 통계적 가정을 통해 합리적인 수준의 최대손실예상액을 제시한다.
④ VaR는 환율변동성, 신뢰구간, 환리스크 측정기간 및 해당 기업의 신용도에 의해 결정된다.

출제포인트
① 합리적인 수준의 최대손실 예상액을 제시한다.
② 산출한 일별 VaR가 10억원일 때 손실이 10억을 초과할 수 있는 확률이 5%가 될 수 있다는 뜻이다.
④ 기업의 신용도와는 별개이다.

정답 ❸

 환리스크 관리의 실행방안에 대한 다음 설명 중 바르지 않은 것은?

① 환리스크 관리의 첫 번째 단계는 환리스크의 관리규정 제정이다.
② 환리스크 관리시스템 구축하는 방법에는 구체적 구축, 외주, ASP를 통한 방법 등
③ 기업은 최소한 1년에 1번 정도는 관리체계의 전반사항을 점검하여, 이를 수정, 보완하는 등 지속적으로 개선, 발전시켜야 한다.
④ 총외환손실한도가 VaR보다 작은 경우 환리스크 관리가 잘 되고 있다고 볼 수 있다.

출제포인트
총외환손실한도가 VaR보다 작은 경우 헤지가 필요하다.

정답 ❹

26. 다음의 지표 중 환율의 변동에 미치는 영향력이 가장 큰 것은?

① 도매물가지수
② 생산자 물가지수
③ 소비자 물가지수
④ GNP 디플레이터

출제포인트
소비자 물가지수이다.

정답 ③

27. VaR에 대한 다음 설명 중 바르지 않은 것은?

① VaR는 리스크를 구체적인 수치로 나타낸 것이다.
② 95% 신뢰수준에서 추정한 VaR가 8억 원이면 8억 원보다 더 큰 손실이 발생할 확률은 5%이다.
③ 기업들은 일반적으로 신뢰구간을 95% 또는 99% 수준으로 설정하여 운영하고 있다.
④ N일 동안의 VaR는 1일 동안의 VaR에 N을 곱한 값이다.

출제포인트
N일 동안의 VaR는 1일 동안의 VaR에 $\sqrt{N}$을 곱한 값이다.

정답 ④

다음 중 환리스크의 결정요인을 모두 고른 것은?

㉠ 외환익스포저   ㉡ 환율변동성   ㉢ 보유기간

① ㉠
② ㉠, ㉡, ㉢
③ ㉡, ㉢
④ ㉡

출제포인트
환리스크의 3대 결정요인이다.

정답 ②

다음 중 다른 조건이 일정할 경우 환율의 상승 요인이 아닌 것은?

① 실질경제성장률 통계가 예상보다 높게 나올 때
② 물가상승률이 높아지는 경우
③ 통화량의 증가
④ 금리의 하락

출제포인트
실질 경제성장률 통계가 예상보다 높게 나오면 통화긴축으로 인한 금리 상승이 예견되어 해당 국가의 통화가치가 상승하고 환율은 하락한다.

정답 ①

 국내 은행과 기업사이의 USD/KRW 선물환(Forward FX)거래에 관한 아래 설명 중 가장 적절하지 않은 것은?

① 고객의 신용등급이 낮은 경우 선물환보증금(담보) 제공이 요구되기도 한다.
② 국내 시장의 선물환거래 만기 결제는 NDF거래의 결제방식과 다르다.
③ 시장의 예상환율이 곧 선물환율이 된다.
④ 은행별로 선물환율에 차이가 있을 수 있다.

출제포인트
호가차이가 발생할 수 있으며, 만기결제는 차액결제방식의 NDF와는 다르다. 이론적 가격은 단순 금리차 이므로 예상환율과는 다르다.

정답 ③

 (주)이패스상사는 독일로 수출하고 유로화로 수출대금을 받는 거래를 연중 지속하고 있다. 이 회사가 수출 거래에 따른 환위험을 관리하기 위한 수단으로 잘못된 것은?

① 유로화 선물환 매도
② 유로화 콜옵션 매입/풋옵션 매도(행사환율 동일)
③ 수출용 원자재 구매선을 이탈리아로 변경하고 유로화로 지급계약 체결
④ 기존 차입금의 통화를 유로화로 전환

출제포인트
수출기업이므로 콜옵션을 매도하고 풋옵션을 매입해야 한다.

정답 ②

현재 환율과 금리가 아래와 같다. (주)이패스무역은 수출기업이다. 이 회사의 외환담당자는 향후 환율 상승을 예상하고 있으며, 이러한 상황에서 이익을 얻기 위해 1개월물 달러 선물환을 매입했다. 이 거래의 성격을 올바르게 설명한 것은?

- USD/KRW 현물환율 : 1,000
- USD/KRW 1개월 선물환율 : 1,005
- 원화 금리(연) : 5%
- 달러화 금리(연) : 2%

① 헤지거래(hedge)
② 투기거래(speculation)
③ 무위험차익거래(arbitrage)
④ 기초거래(underlying)

출제포인트
환율변동 방향을 예측하여 이익을 얻기 위해 하는 거래를 투기거래라고 한다.

정답 ❷

(주)이패스무역은 미국에서 원자재를 수입하고 달러로 결제한다. 이 수입 거래에 따른 환위험을 헤지하기 위한 헤지 수단으로 가장 적절한 것은?

① 달러 선물환 매도
② 달러 통화선물 매도
③ 달러 콜옵션 매입
④ 달러 풋옵션 매입

출제포인트
수입이므로 롱헤지가 필요하다. 즉 선물 매수나 콜옵션 매수를 해야 한다.

정답 ❸

18 다음 중 환리스크의 크기를 결정하는 요인이 아닌 것은?

① 기업의 신용도
② 오픈 포지션의 규모
③ 환율변동성
④ 오픈 포지션의 보유기간

출제포인트
기업의 신용도는 해당되지 않는다.

정답 ①

19 아래의 환리스크 관리절차 가운데 가장 마지막에 해야 할 업무는?

① VaR 등 산출
② 신뢰구간 등 기초 관리기준 결정
③ 관리규정 및 시스템 구축
④ 각 한도대비 측정치 비교분석

출제포인트
각 한도대비 측정치 비교분석이다.

정답 ④

다음 중 환리스크 관리기법에 대한 설명으로 옳지 않은 것은?

① 내부적 관리기법을 사용할 경우 헤지 목적을 달성함에 있어 한계가 있다.
② 무역거래를 할 때 통화의 종류 및 만기일을 일치시키는 내부적 관리기법은 상계(nettinng)이다.
③ 수입기업이 향후 달러/원 환율 상승을 예상할 때 결제시기를 인위적으로 앞당기는 것이 리딩이다.
④ 환율변동보험은 외부적 관리기법의 하나이다.

출제포인트
매칭이다.

정답 ②

 동일한 금액의 외화부채를 가지고 있더라도 작년 말 환율과 금년 말 환율이 변동하여 재무제표상 보고통화인 원화로 환산한 외화부채의 금액이 달라질 수 있는 환리스크는?

① 환산환리스크
② 영업환리스크
③ 거래환리스크
④ 결제환리스크

출제포인트
환산환리스크에 대한 설명이다.

정답 ①

USD/KRW환율의 변동성이 커지고 있다. 환율급변동에 따른 환위험을 헤지하기 위해 우리나라 기업이 취할 수 있는 방안으로 가장 적절한 것은?

① 달러 차입금을 사용하는 기업은 원화 차입금으로 변경한다.
② 국내 원자재 사용을 줄이고 수입원자재로 대체한다.
③ 달러화를 지급하는 수입기업은 수입 대금 결제시기를 최대한 늦추는 Lagging 전략을 사용한다.
④ 달러화를 수취하는 수출기업은 수출 대금 회수를 최대한 늦추는 Lagging 전략을 사용한다.

출제포인트
②③④의 경우 모두 환위험에 노출되기 만들어져 있다. ①의 경우는 헤지를 한 상태로 환변동위험이 줄어든다.

정답 ❶

 수출, 수입거래를 모두 하고 있는 (주)이패스는 최근 USD/KRW 환율의 등락이 심해 어려움을 느끼고 있다. 이에 (주)이패스는 환리스크 관리를 위해 수출대금 수령시점(외화유입)과 수입대금 결제시점(외화유출)을 일치시켜 환리스크를 관리하기로 했다. 이 경우 (주)이패스가 사용한 환위험관리 기법은 무엇인가?

① 리딩(Leading)
② 래깅(Lagging)
③ 매칭(Matching)
④ 네팅(Netting)

출제포인트
매칭에 대한 설명이다.

정답 ❸

다음 설명 중 가장 바르지 못한 것은?

① 수출입 통화를 달러, 엔화 및 유로화 등으로 통화의 포트폴리오를 구축하는 것을 통화 포트폴리오 전략이라고 한다.
② 환변동보험은 한국무역보험공사에서 제공하고 있다.
③ 환변동보험은 최장 3년까지 환리스크가 헤지 가능하다.
④ 외화수취 예정인 기업에서 달러 강세 예상 시 리딩 전략을 쓴다.

출제포인트
래깅전략을 써야 한다.

정답 ④

G사는 독일에 상품을 수출하고 3개월 후인 4월 29일에 유로화를 수취할 예정이다. 이 회사는 환위험을 헤지하기 위하여 다음과 같은 조건으로 1월 29일에 무역보험공사와 환변동보험 계약을 체결하였다. 만일 4월 29일에 유로/원의 결제환율이 1,250원으로 정해졌다면 환변동보험 계약에 따른 현금흐름은 어떻게 되는가?

- 보험종류 : 수출 환변동보험 일반형
- 유로/원 현물환율(1월 29일) : 1,100원
- 유로/원 보장환율(4월 29일 만기) : 1,200원
- 환변동보험 계약금액 : 10만 유로

① G사는 무역보험공사에게 500만원을 지급한다.
② G사는 무역보험공사로부터 500만원을 수취한다.
③ G사는 무역보험공사로부터 1,500만원을 수취한다.
④ G사는 무역보험공사에게 1,500만원을 지급한다.

출제포인트
유로/원의 결제환율이 1,250원으로 결정을 했고, 보장환율이 1,200원이므로 50원의 차익이 발생한다. 발생한 차익은 무역보험공사에 반납해야 한다.

정답 ①

10 통화선물거래와 선물환거래의 차이점에 대한 설명으로 가장 적절하지 않은 것은?

① 통화선물거래는 불특정 다수간의 호가에 의해서 거래가 이뤄지지만 선물환 거래는 두 당사자 간의 합의에 의해서 거래가 이뤄진다.
② 통화선물거래는 거래단위나 만기일 등이 규격화, 표준화되어 있지만, 선물환 거래는 두 당사자 간의 합의에 의하여 거래규모와 만기일을 자율적으로 정한다.
③ 통화선물거래는 만기일 이전에 반대매매에 의해서 청산되는 것이 대부분이지만 선물환거래는 만기일에 실물의 인수도가 대부분 이뤄진다.
④ 통화선물거래는 거래 상대방에 대한 신용위험이 상존하지만 선물환거래는 구조적으로 거래 상대방에 대한 신용위험이 없다.

출제포인트
선물환 거래에서는 만기에 실물인도로 인한 신용위험이 존재하지만, 통화선물거래는 일일정산 제도 등을 통한 신용위험이 상존하지 않는다.

정답 ④

11 아래 기업의 상황에 대한 설명 중 잘못된 것은? (환율표기에서 앞쪽의 통화가 기준통화)

제품 생산의 원자재 중 일부는 국내에서 원화로 구입하며, 일부 원자재는 일본에서 수입하고 엔화로 지급한다. 생산된 제품은 미국으로 수출하여 달러로 대금을 수취한다.

① 이 기업의 엔은 Short포지션, 달러는 Long포지션이다.
② 환위험을 헤지하기 위해서는 엔은 Long헤지, 달러는 Short헤지를 해야 한다.
③ USD/KRW 환율이 상승하면 달러 포지션에서는 이익이 발생한다.
④ JPY/KRW 환율이 하락하면 엔 포지션에서는 손실이 발생한다.

출제포인트
달러수출, 엔 수입이므로 달러는 long, 엔은 short 포지션이다. 따라서 JPY/KRW 환율이 하락하면 엔 포지션에서는 이익이 발생한다.

정답 ④

국내 외환시장에서 무역업체가 환위험관리를 위해 은행과 USD/KRW 선물환 (Forward FX)거래를 체결하였다. 이에 대한 설명 중 잘못된 것은?

① 거래 후 평가손익을 매일 정산하여 증거금계좌로 결제한다.
② 현재 달러의 선물환율이 현물환율보다 비싼 것은 원화의 금리가 달러에 비하여 더 높기 때문이다.
③ 국내 외환시장의 선물환거래 만기 결제방식과 역외 NDF거래의 만기 결제 방식은 서로 다르다.
④ 기업은 자신이 원하는 선물환 만기일을 임의로 정하여 거래할 수 있다.

출제포인트
선물환 거래는 매일 정산제도가 없이 만기 인수도가 일어나는 것이 보통이다.

정답 ❶

 다음 중 거래환위험에 대한 설명으로 올바른 것은?

① 환율변동으로 외국 통화로 표시된 자산, 부채를 자국통화로 환산하여 연결재무제표로 작성할 때 발생하는 환위험
② 환율변동으로 매출액, 매출원가 등이 변동하고 이에 따라 기업가치나 현금흐름의 변동이 발생하는 환위험
③ 환율변동으로 미래 제품의 판매량, 가격, 시장 점유율 등이 변동하는 환위험
④ 환율변동으로 상품의 수출이나 수입 또는 외화의 차입과 대출시 계약 시점과 결제 시점의 환율차이로 발생하는 환위험

출제포인트
④번에 대한 설명이 거래환위험이다.
① 환산환위험에 대한 설명이다.
② 영업환위험에 대한 설명이다.
③ 경제환위험에 대한 설명이다.

정답 ❹

05 (주)이패스무역은 우리나라에서 제품을 생산하여 해외에 수출하는 기업이다. 최근 환율이 큰 폭으로 하락하자 적정 이익을 확보하기 위해서 수출가격을 올렸으며, 이로 인한 가격경쟁력 약화로 수출액이 감소했다. 이러한 환위험을 무엇이라고 하는가?

① 환산환위험
② 거래환위험
③ 영업환위험
④ 선물환위험

출제포인트
환율의 변동으로 미래 제품의 판매량, 가격 시장점유율 등 기업의 가치에 영향을 주는 환위험을 의미한다.

정답 ❸

 06 다음의 외환시장 참가자 중 보유 포지션을 상쇄시키기 위한 목적으로 시장에 참여하며 은행 간 외환시장에서 시장 조성자의 역할을 하는 참가자는?

① 중앙은행
② 외국환 은행
③ 외환 중개회사
④ 수출입 기업

출제포인트
외국환 은행이다.

정답 ❷

 07 다음 중 우리나라 외환시장과 외환거래에 대한 설명으로 올바른 것은?

① 기업들은 외환중개회사를 통해서 은행과 외환거래를 할 수 있다.
② 은행들은 외환중개회사를 통해서 서로 거래해야 하며, 은행 간 직접거래는 할 수 없다.
③ 은행들은 기업이나 고객의 요청을 받은 외환거래만 할 수 있고, 투기적인 목적의 외환거래는 할 수 없다.
④ 정부당국은 외환중개회사에 직접 매매 주문을 할 수 없다.

출제포인트
우리나라 은행간 시장과 대고객시장으로 구분한다. 기업은 은행과 외환거래를 할 수 있고, 직접은행간 시장의 중개회사를 통한 거래는 불가능하다. 은행간 시장은 허가받은 외국환 은행이나 대형금융기관만 참여할 수 있다. 정부당국의 개입도 외국환은행을 통해서 할 수 있다.

정답 ❹

환리스크 유형에 대한 다음 설명 중 바르지 않은 것은?

① 결산시점에 외화자산이나 외화부채의 가치를 환율변동을 반영하여 장부에 표기하려 할 때 환산차익이나 환산차손을 발생시킬 수 있는 불확실성을 환산환리스크라고 한다.
② 환율변동 이전에 발생한 계약을 환율변동 이후에 실행함으로써 최종적으로 지급하거나 수취할 금액이 불리하게 실현될 가능성이 큰 위험은 거래환리스크이다.
③ 사전에 노출 정도를 알기 어려우며, 대부분 기업들이 제대로 관리하지 못하고 있으나 사실 가장 큰 환리스크는 경제적 환리스크이다.
④ 회계적 환리스크에는 거래환리스크와 영업환리스크가 있다.

출제포인트
영업환리스크는 경제적 환리스크이다.

정답 ❹

 2XX1년 12월 31일(결산환율 1,050원) 기준의 회계 장부에 나타나는 다음 수출입거래에서의 외환손익에 대한 설명으로 가장 적절한 것은?

A. 2XX1년 10월 5일 환율 1,020원 수출 계약, 2XX1년 11월 5일 환율 1,030원 수출 선적(회계기표), 2XX1년 12월 5일 환율 1,040원 수출대금 수취
B. 2XX1년 11월 5일 환율 1,030원 수출 계약, 2XX1년 12월 5일 환율 1,040원 수출 선적(회계기표), 2XX2년 1월 5일 환율 1,045원 수출대금 수취
C. 2XX1년 9월 5일 환율 1,010원 수입 계약, 2XX1년 10월 5일 환율 1,020원 수입 입고(회계기표), 2XX1년 11월 5일 환율 1,030원 대금 결제
D. 2XX1년 12월 5일 환율 1,040원 수입 계약, 2XX2년 1월 5일 환율 1,045원 수입 입고(회계기표), 2XX2년 2월 5일 환율 1,055원 수입대금 결제

① A거래에서는 외환차손이 발생한다.
② B거래에서는 외화환산이익이 발생한다.
③ C거래에서는 외환차익이 발생한다.
④ D거래에서는 외화환산손실이 발생한다.

출제포인트
① A거래에서는 외환차익이 발생한다.
③ C거래에서는 외환차손이 발생한다.
④ D거래에서는 아무것도 발생하지 않는다.

정답 ❷

핵심정리 문제

 환리스크의 개념에 대한 내용이다. 가장 바르지 못한 설명은 어느 것인가?

① 환율이 변동함에 따라 자국의 통화가 아닌 다른 통화를 보유하거나 결제에 사용할 때 발생하는 위험을 환리스크라고 한다.
② 환리스크란 장래의 예기치 못한 환율의 변동으로 인해 경제적 주체의 가치 변동가능성을 말한다.
③ 우리나라는 아직 달러/원 시장이 양적으로나 질적으로 발전하지 못하였다.
④ 변동환율제도에서는 시장의 수급에 따라 끊임없이 환율이 변하므로 불확실성이 늘 존재한다.

출제포인트
우리나라는 변동환율제도의 도입으로 달러/원 시장이 발전한 단계이다.

정답 ❸

 실질환율에 대한 설명으로 옳지 않은 것은?

① 통화의 단위가 아니라 상품의 수량으로 표시된다.
② 한 나라의 상품이 다른 나라의 상품과 교환되는 비율로 가격이 조정된 명목환율과 같다.
③ 우리나라 상품의 수량으로 나타낸 외국 상품의 가치이다.
④ 실질환율이 상승하면 우리나라 상품가격이 외국 상품가격에 비해 상대적으로 비싸져 수출이 감소하고 수입이 증가한다.

출제포인트
실질환율이 상승하면 우리나라 상품가격이 외국 상품에 비해 상대적으로 싸지게 되어 수출이 증가하고 수입이 감소한다.

정답 ❹

이패스코리아 외환전문역 Ⅰ종

환리스크 관리   제3과목

제2장

환리스크 관리

 # 환리스크 관리

▶ 접근전략 및 기출트렌드

환리스크 관리의 종류 및 대외적, 대내적 관리 방안 및 적절한 헷지 방법이 출제됩니다. 대외적 관리 기법인 선물, 옵션 스왑에 대한 내용을 정확히 숙지해야 하며, 환리스크 관리에 적용할 수 있는 권고안의 마련 방법에 대해서도 이해해야 합니다.

가장 중요한 환리스크 관리 실행이 무엇인지 알고, 은행의 대고객 외환거래 한도 관리 방법에 대해 이해 및 암기해야 시험에 대비할 수 있습니다.

▶ 출제빈도

단원	주제	학습중요도	출제비율
1절	환리스크의 개념	★★	20%
2절	환리스크 관리의 실행방안	★★★★★	50%
3절	환리스크 관리에 적용할 수 있는 권고안	★★	20%
4절	은행의 대고객 외환거래 한도	★	10%

▶ 체크리스트

체크리스트	기본서 상세페이지
환리스크 관리의 종류 및 대외적, 대내적 관리 방안에 대해서 이해한다.	P.44 ~ P.51
환리스크 관리에 적용할 수 있는 권고안의 마련 방법에 대해서 이해한다.	P.72 ~ P.80
은행의 대고객 외환거래 한도 관리 방법에 대해 이해한다.	P.81 ~ P.84

19 지급환율이 1달러당 1,000원에서 1,050원으로 상승하였다. 이에 대한 의미로 옳지 않은 것은?

① 원화가 평가절상되었다.
② 미 달러화에 대한 원화가치가 하락하였다.
③ 자국통화 표시환율로 표시되었다.
④ 다른 조건이 동일하다면 수출업체에게 유리하다.

20 미국의 콜라 가격이 1달러이고, 한국의 콜라가격이 2,000원이다. 현재 1달러가 1,000원에 거래되고 있다면 실질환율은?

① 0.5
② 1
③ 2
④ 2.5

정답 및 해설

15 ② 미국의 양적완화정책 → 달러공급 증가 → 달러가치 하락(환율 하락)
16 ④ 시간대상으로 서울 외환시장과 바로 이어지는 뉴욕 외환시장이 가장 큰 영향을 미친다.
17 ③ 같은 시간대에 외환시장은 국경에 관계없이 하나의 시장처럼 움직인다.
18 ④ 일반적으로 환율을 말할 때에는 명목환율 중 현물환율의 지급환율을 의미한다.
19 ① 원화가 평가절하 되었다.
20 ① 실질환율 = (명목 환율 × 해외 가격)/국내 가격 = (1,000 × 1달러)/2,000원 = 미국 콜라 1병당 우리나라 콜라 0.5병의 교환비율이다.

15 다음 환율변동요인과 결과에 대한 설명으로 바르지 않은 것은?

① 국내물가 상승 → 수입 증가 → 외환 수요 증가 → 환율 상승
② 미국의 양적완화정책 → 달러 공급 감소 → 달러가치 상승(환율 상승)
③ 국민소득 증가 → 구매력 증가 → 수입 증가 → 환율 상승
④ 자국금리 인상 → 외국인들의 국내투자 유입 → 외환 공급 증가 → 환율 하락

16 다음의 외환시장 중 우리나라 외환시장의 시초가에 가장 큰 영향을 미치는 시장은?

① 뉴질랜드시장　　　　　　　　② 호주시장
③ 동경시장　　　　　　　　　　④ 뉴욕시장

17 외환시장의 특징으로 옳지 않은 것은?

① 장외 시장이다.
② 미국달러 기준의 시장이다. 다만 영연방 통화와 유로는 이들 통화가 기준 통화이다.
③ 각 나라의 외환시장은 서로 독립적으로 움직인다.
④ 미국 달러를 배제한 크로스 거래가 활성화되어 있다.

18 다음의 환율 구분에 대한 설명 중 옳지 않은 것은?

① 명목환율보다 실질환율이 국제 경제이론에서 더 중요한 변수이다.
② 명목환율이 1달러당 1,000원에서 1,100원으로 상승할 경우 달러가 평가절상되었다.
③ 지급환율은 자국통화 표시환율이다.
④ 일반적으로 환율이라고 말할 때에는 실질환율 중 현물환율의 지급환율을 의미한다.

13 외환시장을 분석한 것이다. 설명이 바르지 못한 것은?

① 달러/원 환율 변동은 외국인의 국내 직·간접 투자 및 내국인의 해외투자에 따라 변동된다.
② 투기 목적으로 자주 활용되며 그 거래량도 대규모인 경우가 다수인 거래를 NDF거래라고 한다.
③ 경기변동, 투자자금의 흐름, 정부정책 등은 환율의 변동 중 거시적 변동요인이다.
④ 소비자 신뢰지수, 소매판매 지수 등은 환율의 변동 중 생산관련 지표이다.

14 외환포지션에 대한 다음 정의 중 바른 것은 모두 몇 개인가?

㉠ 선물환 포지션(Forward Position) : 선물환거래로 생기는 매입금액과 매도금액의 차이
㉡ 현금 포지션(Cash Position) : 결제가 완료된 외환포지션으로 외화 당좌예금계정에 남아 있는 예치잔액
㉢ 현물환 포지션(Spot Position) : 현물환 거래에서 매매 후 결제가 완료된 포지션만을 고려한 외환포지션
㉣ 종합 포지션(Overall Position) : ㉠ + ㉡ + ㉢하여 산출한 매입금액과 매도금액의 차이

① 1개 ② 2개
③ 3개 ④ 4개

정답 및 해설

10 ① 롱 포지션에 대한 설명이다.
11 ① 해당국의 상대적 물가상승은 해당국의 수출경쟁력 약화를 일으키고 이에 따른 경상수지 악화로 외환에 대한 초과수요가 발생하여 해당국의 통화의 가치는 하락한다. 이에 상대국 통화에 대한 해당국 통화의 환율이 상승하는 요인이 된다.
12 ① 2백만 달러 숏 포지션에서 환율이 상승하므로 상승만큼의 추가손실이 발생한다.
13 ④ 소비자 신뢰지수, 소매판매 지수 등은 환율의 변동 중 개인소비관련 지표라고 한다.
14 ③ 현물환 포지션의 경우 현물환 거래에서 매매 후 결제가 완료되지 않은 포지션까지 고려한 외환포지션을 말한다.

10 다음에서 설명하는 외환포지션의 기본적 형태에 가장 알맞은 용어는 무엇인가?

> 특정 통화에 대한 외환매입액이 외환매도액을 초과하면 외화표시 자산이 외화표시 부채를 초과하게 되는데 이렇게 외환매입액이 많은 상태

① 롱 포지션
② 숏 포지션
③ 스퀘어 포지션
④ 오픈 포지션

11 각종 경기지표에 환율과의 상관관계에 대한 다음 설명 중 바르지 않은 것은?

① 해당국의 상대적 물가상승은 상대국 통화에 대한 해당국 통화의 환율이 하락하는 요인이 된다.
② 무역수지 흑자가 클수록 해당국가의 통화는 강세를 보인다.
③ 실업률을 보고 향후 인플레이션이나 경기침체 등을 예측할 수 있으며, 이에 따라 향후 환율변동 예측이 가능하다.
④ 국제외환시장에서 대부분의 선진국 통화에 대한 실증분석에 의하면 경제성장률이 높은 나라의 통화가 강세를 나타내는 경향이 있다.

12 이패스기업의 경우 현재 외화예금의 잔고가 7백만 달러이고 15일 뒤에 결제대금으로 주어야 할 돈이 9백만 달러이다. 이 경우 결제대금을 지불한 이후 USD/KRW의 환율이 상승할 경우 이패스기업에 미치는 영향으로 바른 것은?

① 환율상승으로 인한 추가 손실 발생
② 환율상승으로 인한 추가 이익 발생
③ 손익에는 영향이 없다.
④ 알 수 없다.

08 환율표시에 대한 다음 설명 중 바르지 않은 것은?

① Two-way quotation이란 은행이 은행으로부터 외환을 매입 또는 매도하려는 고객을 위해 매수호가와 매도호가를 동시에 고시하는 것을 말한다.
② Two-way quotation은 은행과 고객 사이에서만 적용된다.
③ 외환시장의 참가자들은 달러나 영연방통화를 기준통화로 하고 그에 해당하는 상대국통화 몇 단위의 형식으로 환율을 표시하여 거래한다.
④ 이 때 기준이 되는 통화를 base currency 또는 fixed currency(FC)라 하고, 그에 상대되는 통화를 quoted currency 또는 variable currency(VC)라 한다.

09 외환포지션에 대한 설명이다. 가장 바르지 못한 것은?

① 현물환 거래에서 매매 후 결제가 완료되지 않은 포지션까지 고려한 외환포지션을 현물환 포지션(Spot Position)이라고 한다.
② 일정시점에서 특정통화에 대한 외화표시 자산과 외화표시 부채의 차이를 외환포지션라고 한다.
③ 외화자산 < 외화부채인 경우 외환 초과 매수포지션(over bought position)이라고 한다.
④ 외환을 매수한 경우 매수포지션(Long Position), 매도한 경우 매도포지션(Short Position)이라고 한다.

정답 및 해설

04 ① 뉴질랜드의 웰링턴 외환시장을 기점으로 하여 각 시간대 별로 모든 국가들을 경유하여 미국 샌프란시스코 외환시장에 이르기까지 토요일과 일요일 및 주요 외환시장의 공휴일을 제외하고는 하루 24시간 끊임없이 거래된다.
05 ③ 정부소속 단체는 해당되지 않는다.
06 ④ 특정통화를 사거나 판다고 말할 때에는 늘 기준통화를 기준으로 말한다.
07 ① 스프레드 폭이 좁은 환율고시일수록 가격추종자(Calling Party) 입장에서는 유리해진다.
08 ② 비단 은행과 고객 사이의 거래뿐만 아니라 은행 간 외환거래에서도, 가격추종자(calling party)와 가격고시자(Quoting party) 사이에도 적용된다.
09 ③ 외환 초과 매도포지션(over sold position)이라고 한다.

04 외환시장 특징에 대한 설명이다. 바르지 않은 것은?

① 외환시장 참가자는 자국의 영업시간 이외는 현실적으로 거래가 불가능하다.
② 대부분은 외환시장 참가자들이 일정한 거래장소나 시간에 구애받지 않고 전화나 딜링머신 등을 이용하여 거래하는 장외시장을 통해 거래된다.
③ 달러는 국제외환시장에서 세계 기축통화의 기능을 수행하면서 모든 통화에 대한 환율표시의 기준이 되고 있지만, 예외적으로 파운드와 같은 영연방국가들의 통화는 기준통화가 달러가 아닌 경우도 존재한다.
④ 외환시장에서 모든 시장참가자들의 거래 결과는 모두가 윈윈 할 수 없는 제로섬(Zero Sum)으로 귀착된다.

05 외환시장 참가자로 가장 부적합한 것은 어느 것인가?

① 중앙은행
② 기업과 개인
③ 정부소속 단체
④ 브로커

06 다음 설명 중 가장 바르지 못한 것은?

① 1.9832/37의 경우 환율을 고시한 은행입장에서는 1파운드를 1.9832달러에 사고, 1파운드를 1.9837달러에 팔겠다는 의미이다.
② 원활한 결제를 위하여 대부분 T + 2일을 결제일(Value Date)로 한다.
③ 현물환 거래에서 익익일물거래(Value Spot)가 일반적이고, 익일물거래(Value Tomorrow), 당일물거래(Value Today)도 포함된다.
④ 특정통화를 사거나 판다고 말할 때에는 늘 해당통화를 기준으로 말한다.

07 외환거래 관련 용어 중 스프레드에 대한 다음 설명 중 바르지 않은 것은?

① 스프레드 폭이 좁은 환율고시일수록 가격추종자(Calling Party) 입장에서는 불리하다.
② 가격추종자는 늘 스프레드 면에서 보면 손해를 보며 거래하는 입장이다.
③ 매수호가와 매도호가의 차이를 스프레드(spread)라고 한다.
④ 은행(Quoting Party) 입장에서는 스프레드는 곧 수익이 된다.

# 출제예상 문제

01 외환시장 참가자에 대한 다음 설명 중 가장 바르지 않은 것은 어느 것인가?

① 기업과 개인의 경우 대외거래에 따라 외환의 매매가 필요하다.
② 브로커는 은행과 은행 사이의 외환거래를 중개하고 중개수수료를 취득하는 자이다.
③ 중앙은행은 자국통화 가치를 조절하거나 외환시장을 안정시키기 위하여 외환시장에 참가한다.
④ 외환시장의 대부분은 환리스크를 관리하기 위해서이다.

02 외환거래 발생 원인이 아닌 것은?

① 국가 간 투자를 통한 국제자본거래
② 이전거래
③ 재화나 용역 등의 수출입
④ 국내 간 거래

03 외환의 발생 원인에 대한 설명으로 바르지 않은 것은?

① 재화나 용역을 외국에 수출하는 경우 외국환의 지급이 발생하고 반대의 경우 외국환의 수입이 발생한다.
② 이전거래는 거주자와 비거주자 사이의 증여, 정부 간 배상금 지급 및 군사원조 등의 경우에 발생한다.
③ 국가 간의 투자는 거주자와 비거주자 사이의 직접투자, 대부 및 차관의 원리금 지급 등 국제자본거래의 결과로 발생한다.
④ 외환시장은 규모 면에서 보면, 무역거래나 국제자본거래에 의한 외환거래보다는 오히려 매매차익을 얻기 위한 투기적 외환거래가 훨씬 더 많다.

정답 및 해설

01 ④ 환투기 목적 : 전체 외환거래의 95% 이상이다.
02 ④ 국내 간 거래에는 외환거래가 발생하지 않는다.
03 ① 재화나 용역을 외국에 수출하는 경우 외국환의 수입이 발생하고 반대의 경우 외국환의 지급이 발생한다.

29 환율의 표시방법에 대한 설명으로 옳지 않은 것은?

① 외국통화 1단위를 얻기 위해 지불해야 하는 자국통화의 수량을 명목환율의 지급환율이라고 한다.
② 자국통화 1단위로 받을 수 있는 외화의 수량을 수취환율이라고 한다.
③ 외화의 가격은 매입가격과 매도가격을 동시에 고시한다.
④ 지급환율은 외국통화 표시환율, 수취환율은 자국통화 표시환율이라고 한다.

출제포인트
지급환율은 자국통화 표시환율, 수취환율은 외국통화 표시환율이라고 한다.

정답 ④

30 아래는 어느 기업의 재무제표이다. 이 기업이 보유하고 있는 외환포지션에 대한 아래 설명 중 가장 적절한 것은?

자 산	부 채
원화 135억원	원화 120억원
미달러화 USD 5백만불(50억원)	미달러화 USD 7백만불(70억원)
일본엔화 1억5천만엔 (15억원)	일본엔화 1억엔 (10억원)
자산 총계 200억원(원화기준)	부채 총계 200억원(원화기준)

① 미달러화는 Long포지션이다.
② 외화전체는 Long포지션이다.
③ USD/KRW 환율이 상승하면 미달러화 포지션에서 환평가이익이 발생한다.
④ USD/KRW 환율이 변하지 않은 상태에서 엔화강세 시 환평가이익이 발생한다.

출제포인트
원화 롱포지션, 외화전체는 숏포지션이다. USD는 숏포지션, 엔화는 롱포지션이다.

정답 ④

외환시장을 분석한 것이다. 설명이 바르지 못한 것은?

① 달러/원 환율 변동은 외국인의 국내 직·간접 투자 및 내국인의 해외투자에 따라 변동된다.
② 투기 목적으로 자주 활용되며 그 거래량도 대규모인 경우가 다수인 거래를 NDF거래라고 한다.
③ 경기변동, 투자자금의 흐름, 정부정책 등은 환율의 변동 중 거시적 변동요인이다.
④ 소비자 신뢰지수, 소매판매 지수 등은 환율의 변동 중 생산관련 지표이다.

출제포인트
소비자 신뢰지수, 소매판매 지수 등은 환율의 변동 중 개인소비관련 지표라고 한다.

정답 ④

미국의 ABC사는 뉴욕은행과 아래와 같은 달러/원 역외선물환(NDF)거래를 체결하였다. 이 경우 만기 시 현금흐름에 대한 설명으로 가장 적절한 것은?

ABC사가 뉴욕은행에 달러 NDF 매도
- 거래금액 : 1,000,000달러
- 계약환율 : 1,100원
- 정산환율 : 1,000원

① ABC사가 뉴욕은행에게 100만 달러를 지급하고 11억원 수취
② ABC사가 뉴욕은행에게 100만 달러를 지급하고 10억원 수취
③ 뉴욕은행이 ABC사에게 1억원 지급
④ 뉴욕은행이 ABC사에게 10만 달러 지급

출제포인트
해외 NDF 거래이므로 달러로 차액정산만 하게 된다.
(1,100 - 1,000) × 1,000,000 = 100,000,000이고 100,000,000/1,000 = 100,000원이 된다.

정답 ④

다음 중 원화 강세요인이 아닌 것은?

① 한국은행의 금리 인상
② 한국의 물가상승률 증가
③ 국제수지의 흑자
④ 한국의 통화량 감소

출제포인트
한국의 물가상승률이 높을 경우 수출경쟁력은 약화되고 수입수요가 높아져 경상수지의 악화를 초래하고 원화 약세로 이어진다.

정답 ②

 다음 중 외환시장에 전해지면 USD/KRW 환율(앞쪽 통화가 기준통화)이 하락할 것으로 예상되는 뉴스는?

① 미국의 양적완화 축소(테이퍼링)
② 우리나라의 사상 최대 무역수지 흑자 기록
③ 외국인의 우리나라 주식 순매도 증가
④ USD/JPY환율의 상승

출제포인트
무역흑자는 원화강세가 되고 환율하락으로 이어진다.

정답 ②

23 다음 설명 중 가장 바르지 못한 것은?

① 외환시장의 경우 다른 두 나라 통화가 거래대상이다.
② 외환규제 완화와 정보통신 기술의 발달로 하나의 시장처럼 동조화되고 있다.
③ 자금시장의 가격은 환율이고, 외환시장의 가격은 이자율이다.
④ 우리나라는 경제의 70%가 수출이기 때문에 외환시장의 중요성은 날로 커지고 있다.

> **출제포인트**
> 자금시장의 가격은 이자율이고, 외환시장의 가격은 환율이다.
>
> 정답 ③

24 우리나라 원, 중국의 위안, 일본의 엔 등 아시아 각국의 통화는 미국 달러와의 환율에서 움직임이 서로 비슷하게 나타나는 동조화 현상(coupling)을 보이고 있다. 이에 대한 설명으로 가장 적절하지 않은 것은?

① 아시아 각국의 환율 간 상관계수는 0보다 1에 가까워진다.
② 아시아 각국의 미국 경제에 대한 의존성이 증가하면서 나타나는 현상이다.
③ 아시아 각국 정부가 환율에 대한 통제를 확대할수록 외환시장의 자율적인 동조화 현상은 증가한다.
④ 아시아 각국 통화의 동조화 현상이 커질수록 각국 통화에 대한 분산투자 효과는 감소한다.

> **출제포인트**
> 환율에 대한 통제를 하는 경우 즉 고정환율 제도의 경우 동조화 현상과 멀어지게 된다.
>
> 정답 ③

21 (주)이패스상사는 수출대금으로 수취한 외화계좌의 달러를 원화로 환전하려고 한다. 은행이 고시한 환율표가 아래와 같은 경우 이 거래에는 어떤 환율이 적용되는가?

통화명	현찰		송금 전신환		T/C 사실때	외화수표 파실때	매매기준율	환가료율
	사실때	파실때	보내실때	찾으실때				
미국 USD	1,073	1,037	1,065	1,045	1,067	1,044	1,055	2.0183

① 1,037.0 ② 1,045.0
③ 1,065.0 ④ 1,073.0

출제포인트
현찰과 전신환 중 전신환매매율을 적용받으며, 달러를 팔아야 하기 때문에 은행의 매입률을 적용한다.

정답 ❷

22 이패스자동차(주)는 독일에 자동차를 수출하고 받은 유로화 수출대금을 현물환거래를 이용하여 달러로 환전하려고 한다. 각 은행이 제시하는 EUR/USD 현물환율(앞쪽통화가 기준통화)이 다음과 같다면, 어느 은행과 거래하는 것이 가장 유리한가? (단, 은행의 수수료는 없다고 가정한다)

	Bid	Offer
A은행	1.5110	1.5130
B은행	1.5115	1.5135
C은행	1.5120	1.5140
D은행	1.5125	1.5145

① A은행 ② B은행
③ C은행 ④ D은행

출제포인트
이패스 자동차는 유로를 매도하고 달러를 매입하여야 한다. 따라서 유로화를 비싸게 팔수록 유리하다.

정답 ❹

외환시장에서 USD/JPY와 USD/KRW의 현물가격이 다음과 같이 고시되고 있을 때 JPY/KRW의 은행의 손익분기 Cross rate는?

- USD/JPY 80.20/25
- USD/KRW 1,120.50/80

① 13.9626/13.9751
② 13.9751/13.9626
③ 13.7863/13.7893
④ 13.7893/13.7863

출제포인트

- 은행의 JPY/KRW 매입환율의 계산 은행의 JPY매입/KRW매도 → JPY매도/USD매입(가격 = 80.25JPY) → USD매도(가격 = 1,120.50 KRW)/KRW 매입 따라서 80.25JPY = 1,120.50KRW JPY/KRW = 13.9626
- 은행의 JPY/KRW 매도환율의 계산 은행의 Dollar매도/JPY매입(가격 = 80.20JPY) → JPY매도/KRW매입 → KRW매도/Dollar매입(가격 = 1,120.80KRW)따라서 80.20JPY = 1,120.80KRW JPY/KRW = 13.9751

정답 ❶

USD/KRW환율은 1,050이며 USD/JPY환율은 105이다. 이 경우 100JPY/KRW 환율은 얼마인가? (환율은 앞쪽 표 통화가 기준통화)

① 945.0원 ② 1,000.0원
③ 1,102.5원 ④ 1,155.0원

출제포인트

동일한 유럽식 표시법이므로 1,050/105 = 10(1,000원)이다.

정답 ❷

17 (주)이패스무역은 JPY100,000의 숏(Short) 포지션을 보유하고 있다. 환율이 아래와 같이 변동할 경우 이 포지션에서 발생하는 원화 손익은 얼마인가? (환율은 앞쪽 통화가 기준통화)

환율	변동 전	변동 후
USD/KRW 환율	1,000	1,200
USD/JPY 환율	100	80

① 500,000원 손실   ② 500,000원 이익
③ 800,000원 손실   ④ 800,000원 이익

출제포인트

교차환율을 계산하게 되면 변동 전 JPY/KRW = 10원 변동 후는 JPY/KRW = 15원이다. 그러므로 5원이 상승하게 되어 short거래에서 환율 상승으로 손실을 입게 된다. 즉 5원×100,000 JPY = 500,000원 손실이다.

정답 ①

18 다음 보기의 환율 호가 상황을 설명한 내용으로 바른 것은?

은행이 달러/엔(USD/JPY)환율을 105.31/44로 고시하였다.

① Calling Party는 1달러를 105.44엔에 매수할 수 있다.
② Calling Party는 1엔을 105.31달러에 매도할 수 있다.
③ Quoting Party는 1엔을 105.31달러에 매수하려 한다.
④ Quoting Party는 1달러를 105.31엔에 매도하려 한다.

출제포인트

은행(Quoting party)은 bid rate : 1$ = 105.31엔, offer rate : 1$ = 105.44엔에 고시하고 있다. 따라서 은행은 105.31엔에 1$를 매수할 것이며, 105.44엔에 1$를 매도할 것이다.

정답 ①

15 (주)이패스무역의 달러 포지션이 아래와 같다. 이때 USD/KRW 환율(앞쪽 통화가 기준통화)이 100원 상승하면 얼마의 이익 혹은 손실이 발생하는가?

• 달러 예금	500,000
• 달러 외상매출금	1,000,000
• 달러 외상매입금	300,000
• 달러 차입금	1,200,000
• 달러 선물환 매도	700,000

① 0
② 5천만원 이익
③ 7천만원 손실
④ 1억2천만원 손실

출제포인트
전체 포지션이 70만달러 숏이므로 100원 상승하면 700,000달러 × 100원 = 7천만원 손실이 발생한다.

정답 ❸

 16 K은행의 외환딜러 L과장은 달러/환 환율이 상승할 것으로 예상하여 1,180.00원에 5백만 달러를 매수하였다. 동 외환거래에 대한 설명 중 옳지 않은 것은?

① L과장은 원화 롱포지션을 가지고 있다.
② 달러/원 환율이 하락하면 외환차손이 발생한다.
③ 외환표시 자산이 외화표시 부채보다 많은 상태이다.
④ 위의 거래 이후 달러/원 외환거래에서 5백만달러 매도하면 스퀘어 포지션이 된다.

출제포인트
외화 롱포지션이다. 원화 숏포지션이다.

정답 ❶

13 다음 중 헤지(hedge) 거래와 가장 거리가 먼 것은?

① 미국에 반도체 부품을 수출하고 달러를 수취하는 A사는 달러 선물을 매입하였다.
② 중국으로부터 운동화를 수입하고 위안화로 결제하는 B사는 위안화를 현물환으로 매입하여 외화정기예금에 예치하였다.
③ 이탈리아에서 의류를 수입하고 유로화로 결제하는 C사는 유로화 콜옵션을 매입하였다.
④ 중동지역에 석유화학 플랜트를 건설하고 공사대금으로 달러를 수취하는 D사는 달러 풋옵션을 매입하였다.

출제포인트
반도체를 수출하고 달러를 받는 업체는 달러 하락에 따른 손실을 막기 위해 달러 선물환을 매도해야 한다.

정답 ①

14 외환 포지션이 다음과 같다면 달러의 종합(Overall) 포지션은 얼마로 산출되는가?

• 달러 현금	100,000
• 달러 예금	500,000
• 달러 차입금	1,000,000
• 달러 외상 매출금	2,500,000
• 달러 외상 매입금	500,000
• 달러 선물환 매도	1,000,000

① 40만 달러 Short 포지션
② 60만 달러 Long 포지션
③ 160만 달러 Long 포지션
④ 200만 달러 Long 포지션

출제포인트
전체 포지션을 합치면 종합 포지션이다. 따라서 현금×예금×매출금 = long 포지션이고, 차입금×매입금×매도 = short 포지션이다. 양변을 더하며 600,000달러 long 포지션이다.

정답 ②

환율에 대한 다음의 설명 중 옳지 않은 것은?

① 지급환율로 표시된 명목환율의 상승은 원화의 평가절하(depreciation)를 의미한다.
② 실질환율은 자국의 상품수량으로 표시한 외국상품의 가치이며, 실질환율이 상승하면 수입이 증가한다.
③ 매입초과 포지션(long position)인 경우 환율 하락은 손실을 유발한다.
④ 다른 조건이 일정할 경우 자국 금리가 상승하면 자국 통화가 강세를 보인다.

출제포인트
실질환율의 상승은 자국 상품가격이 상대적으로 낮아진다는 의미이며, 이 경우 수출이 증가하고 수입은 감소하여 무역수지가 개선된다.

정답 ❷

 아래 기업의 상황에 대한 설명 중 잘못된 것은? (환율표기에서 앞쪽의 통화가 기준통화)

제품 생산의 원자재 중 일부는 국내에서 원화로 구입하며, 일부 원자재는 일본에서 수입하고 엔화로 지급한다. 생산된 제품은 미국으로 수출하여 달러로 대금을 수취한다.

① 이 기업의 엔은 Short포지션, 달러는 Long포지션이다.
② 환위험을 헤지하기 위해서는 엔은 Long헤지, 달러는 Short헤지를 해야 한다.
③ USD/KRW 환율이 상승하면 달러 포지션에서는 이익이 발생한다.
④ JPY/KRW 환율이 하락하면 엔 포지션에서는 손실이 발생한다.

출제포인트
달러수출, 엔 수입이므로 달러는 long, 엔은 short 포지션이다. 따라서 JPY/KRW 환율이 하락하면 엔 포지션에서는 이익이 발생한다.

정답 ❹

09 다음은 국내 언론의 주요 경제 기사 제목이다. 관련 내용이 서울외환시장에 전해질 경우 USD/KRW 현물환율(앞쪽의 통화가 기준통화)이 상승할 것으로 예상되는 기사와 거리가 먼 것은?

① "불안한 중국, 자본 유출에 이어 수출까지 감소세"
② "미국 경제지표 호조, FOMC 기준금리 추가인상 가능성 확대"
③ "한국 무역수지, 올해에도 대규모 흑자 기록할 것으로 예상"
④ "한국은행 금융통화위원회, 기준금리 0.25% 포인트 인하"

출제포인트
한국무역수지가 흑자가 되므로 원화가 강세가 되고 환율이 하락하게 된다. 나머지는 환율이 상승하게 된다.

정답 ❸

10 다음은 주요 일간지 경제면의 기사제목이다. 외환시장에 전해지면 USD/KRW 환율(앞쪽 통화가 기준통화)이 상승할 것으로 예상되는 뉴스와 가장 거리가 먼 것은?

① "FRB, 시장의 허를 찌른 과감한 금리인상 단행"
② "러시아 금융 불안으로 중국, 브라질 등 신흥국 통화절하 지속"
③ "국내 조선업계 선박수주 실적, 기대에 훨씬 못 미친 것으로 나타나"
④ "한국은행, 예상과 달리 기준금리 인상하기로 결정"

출제포인트
한국은행의 금리 인상은 원화강세를 유발하고, 이것은 환율 하락을 의미한다.

정답 ❹

현재 우리나라에는 은행간 원/위안 직거래시장이 개설되어 있다. 이에 대한 설명으로 가장 잘못된 것은?

① 기업은 원/위안 직거래시장에 직접 참여할 수 없고, 외국환중개사(브로커)를 통해 간접적으로 참여한다.
② 원/위안 직거래시장의 환율은 달러/원 환율과 달러/위안 환율에 영향을 받는다.
③ 원/위안 직거래시장은 평일 오전 9시에 거래를 시작하여 오후 3시 45분에 거래를 마감한다.
④ 기업의 입장에서는 원/위안 직거래시장의 개설로 인해 위안화 환전시 외환거래 수수료를 절감할 수 있다.

출제포인트
현재 위안화 거래에서도 기업은 은행을 통해서만 거래가 가능하다.

정답 ①

 한국과 중국의 원활한 무역거래를 위하여 2014년 12월부터 서울 외환시장에서 CNY/KRW(위안화대 원화) 직거래가 이루어지고 있다. 이 거래에 대한 설명으로 가장 적절한 것은? (환율표기에서 앞쪽의 통화가 기준통화)

① 중국 위안화의 환율변동 위험을 헤지하기 위하여 기업도 외환중개회사를 통해 은행 간 외환시장에 직접 참여할 수 있게 되었다.
② 직거래 시장이 개설됨에 따라 중국과 거래하는 기업은 환전 수수료를 절감할 수 있다.
③ USD/CNY 환율이 변동하지 않은 상태에서 USD/KRW 환율이 상승할 경우 CNY/KRW 환율은 하락한다.
④ USD/KRW 환율이 변동하지 않은 상태에서 USD/CNY 환율이 하락할 경우 CNY/KRW 환율은 하락한다.

출제포인트
위안화대 원화 직거래 시장으로 인하여 기업은 환전수수료를 절감할 수 있다.

정답 ②

 외환거래에 대한 설명이다. 가장 바르지 못한 것은?

① Quoting Party에게 스프레드는 비용이다.
② 일반적으로 기축통화인 미국 달러화를 중심으로 환율을 표시하는 방식이 유럽식 환율표시방식이다.
③ $1.65/£ 또는 $1.25/€로 표시하는 것이 미국식이다.
④ 딜러인 은행은 실제 외환거래에 있어서 항상 매수율(bid rate)과 매도율(offer rate)에 차이를 두어 제시한다.

출제포인트
Quoting Party에게 스프레드는 수익이다.

정답 ❶

 USD/KRW 환율(앞쪽 통화가 기준통화)의 하락 요인에 대한 설명이 잘못된 것은?

① 외국인 투자자의 우리나라 주식, 채권 순매수 증가
② 우리나라 조선회사의 해외 선박 수주 및 선물환 매도 증가
③ 글로벌 금융위기에 따른 해외 시장에서의 달러화 강세
④ FRB(미국 중앙은행)와 ECB(유럽 중앙은행)의 양적완화 실시

출제포인트
달러화 강세의 경우 환율이 상승하고 원화 가격이 하락하게 된다.

정답 ❸

다음은 외환시장에 대한 설명이다. 맞지 않는 것은?

① 수출입 기업은 실수요 거래와 환위험 헤지를 위해 시장에 참여하며, 외국환 은행이 시장 조성자의 역할을 한다.
② 런던·뉴욕·동경 시장이 세계 3대 외환시장이며, 뉴욕 외환시장의 거래결과가 서울 외환시장의 시초가에 가장 큰 영향을 준다.
③ 미국 달러화가 기축통화이며, 영연방과 유로시장은 파운드화와 유로화가 기준통화이다.
④ 일반적으로 환율은 실질환율, 현물환율, 지급환율을 의미한다.

출제포인트
명목환율, 현물환율, 지급환율이 일반적으로 가리키는 환율이다.

정답 ④

 미국 달러화와 원화 간 은행의 대고객 외환거래 및 기업 등의 회계처리 기준이 되는 매매기준율은 다음 중 어느 시장에서 거래된 외환거래를 기준으로 산출된 환율인가?

① 은행간 현물환시장
② 은행간 선물환 시장
③ 역외 NDF 시장
④ 대고객 외환시장

출제포인트
두개의 국내 외국환 중개회사가 중개하여 거래한 이전 영업일의 현물환거래 환율을 거래량으로 가중평균하여 산출한다.

정답 ①

제1장 핵심정리 문제

 외환의 개념에 대한 설명으로 가장 바르지 못한 것은?

① 국제 간 채권 및 채무를 결제하는 수단으로 이용하는 것이 외환이다.
② 외환거래 발생 원인으로는 재화나 용역 등의 수출입, 이전거래 등이 있다.
③ 전체 외환거래의 95% 이상은 환리스크를 관리하기 위해서이다.
④ 외환거래 목적으로는 실수요 목적, 환리스크 관리 목적 등이 있다.

출제포인트
환투기 목적 : 전체 외환거래의 95% 이상이다.

정답 ❸

 다음 중 외환거래(Foreign Exchange Transaction)만을 골라 묶은 것은?

A. 우리나라 기업이 우리나라 은행에게 달러를 매도하고 원화를 수취했다.
B. 우리나라 은행이 외국 은행에게 달러를 매도하고 원화를 수취했다.
C. 우리나라 기업이 우리나라 은행에서 달러를 차입했다.
D. 우리나라 은행이 외국 은행에서 달러를 차입했다.
E. 우리나라 기업이 해외 거래처로부터 수출대금으로 달러를 수취했다.

① A, B
② A, B, E
③ B, D, E
④ A, B, C, D, E

출제포인트
외환거래란 한나라의 통화와 다른 나라의 통화를 서로 교환하는 거래이다.

정답 ❶

이패스코리아 외환전문역 Ⅰ종

환리스크 관리 　제3과목

제1장

외환거래와 외환시장

외환거래와 외환시장

▶ 접근전략 및 기출트렌드

외환거래 환율, 현물, 선물환 거래의 차이점이 주로 출제되고, 외환시장의 의의 및 특징, 참가자에 대한 내용이 주로 출제됩니다.

특히 용어 위주로 시험에 나오기 때문에 용어 개념위주로 학습해야 하며, 외환시장 분석 및 선진국 통화 환율 변동요인은 출제빈도가 낮기 때문에 학습 비율을 조정해도 됩니다.

▶ 출제빈도

단원	주제	학습중요도	출제비율
1절	외환거래	★★	20%
2절	외환시장	★★★★★	50%
3절	외환시장 분석	★★★	30%

▶ 체크리스트

체크리스트	기본서 상세페이지
외환거래 환율, 현물, 선물환 거래에 대해 이해한다.	P.2 ~ P.17
외환시장의 의의, 특징, 참가자에 대해 이해한다.	P.18 ~ P.25
외환시장 분석 및 선진국 통화 환율 변동요인을 이해한다.	P.26 ~ P.39

이패스코리아 외환전문역 Ⅰ종

제3과목

환리스크 관리

- 제1장 　외환거래와 외환시장
- 제2장 　환리스크 관리
- 제3장 　선물환거래와 외환스왑
- 제4장 　선물
- 제5장 　스왑
- 제6장 　옵션

19 금융위원회가 처분할 수 없는 제재유형은?

① 행정처분
② 외환, 증권, 부동산 등에 대한 몰수·추징
③ 과태료
④ 업무제한이나 정지에 갈음하여 과징금 부과

20 외국환업무취급기관 등에 대한 제재에 해당하지 않는 것은?

① 경고
② 등록 또는 인가취소
③ 6개월 이내 범위에서 외국환업무 제한 또는 업무전부나 일부에 대한 정지
④ 과태료

정답 및 해설

15 ① 개인을 제외한 거주자, 개인을 제외한 거주자의 현지법인, 개인을 제외한 거주자의 해외지점이 해외에서 사용할 목적으로 해외에서 차입하거나 보증 받는 경우를 현지금융으로 정의한다. 따라서 개인인 거주자는 현지금융거래를 할 수 없다.
16 ④ 법원에서만 가능하다.
17 ② 거주자와 인정된 거래에 따른 담보권을 취득하는 경우는 위규사례에 해당되지 않는다.
18 ③ 외국환은행장 신고수리사항이다.
19 ② 외환, 증권, 부동산 등에 대한 몰수·추징은 법원에서만 할 수 있다.
20 ④ 과태료는 해당하지 않는다.

15 다음 중 외국환거래법상 현지금융거래를 할 수 없는 자를 고르시오.
① 거주자인 이패스(주)의 대표이사
② 거주자인 이패스(주)의 현지법인
③ 거주자인 이패스(주)의 해외지점
④ 거주자인 이패스(주)

16 3년 이하의 징역 또는 2억원 이하의 벌금 등의 법규위반자에 대한 제재는 어떤 처분권자가 집행할 수 있는가?
① 한국은행총재
② 관세청장
③ 금융위원회
④ 법원

17 부동산 취득 관련 신고의 위규사례가 아닌 것은?
① 비거주자가 신고 없이 국내부동산을 취득하는 경우
② 거주자와 인정된 거래에 따른 담보권을 취득하는 경우
③ 거주자가 신고수리 없이 해외부동산을 취득한 경우
④ 신고수리 내용과 다르게 부동산취득을 위해 비거주자로부터 차입한 거래

18 부동산 취득 관련 신고에 관한 설명으로 옳지 않은 것은?
① 외국부동산 매매계약이 확정되기 전에 지정외국환은행장으로부터 내신고수리를 받을 수 있다.
② 거주자 본인(배우자 포함)이 해외에서 2년 이상 체재할 목적으로 주거용 주택을 취득하거나 투자목적으로 부동산을 취득하는 경우 외국환은행장에게 신고해야 한다.
③ 외국의 부동산시설물 등의 이용사용 또는 이에 관한 권리의 취득에 따른 회원권(골프회원권 등)을 매입하고자 하는 경우 한국은행총재 신고수리사항이다.
④ 비거주자가 거주자와 인정된 거래에 따른 담보권을 취득하는 경우 외국환은행장 신고사항이다.

12 다음의 해외직접투자 중 위규 사례에 해당하는 것은?

① 투자금액 미화 9천불을 투자하면서 신고없이 현지법인을 설립 후 6개월 후에 사후신고를 하였다.
② 정상적으로 영위하는 기업에게 대부투자 방식으로 미화 30만불을 투자하고 1년 후 조기 회수하였다.
③ 최초 신고한 내용을 변경하게 되어 사전에 변경신고를 하였다.
④ 현지법인에 대한 수출대금 채권을 그 법인의 발행주식을 인수하기 위하여 자본출자 전환하고자 해외직접투자 신규 신고를 하였다.

13 해외직접투자관련 위규사례가 아닌 것은?

① 해외투자 미적격자가 편법으로 투자거래를 한 경우
② 사전신고를 하지 않은 해외직접투자거래를 한 경우
③ 역외금융회사를 통한 해외직접투자거래를 한 경우
④ 거주자 간 채권양수도 및 해외법인 지분취득거래를 한 경우

14 비거주자가 외국으로부터 휴대수입 또는 송금된 자금으로 국내부동산 또는 이에 관한 권리(물권, 임차권 등)를 취득하는 경우 신고수리조건은 어떻게 되는가?

① 외국환은행장 신고사항이다.
② 한국은행총재 신고수리사항이다.
③ 외국환은행장 신고수리사항이다.
④ 한국은행총재 신고사항이다.

정답 및 해설

10 ② 비거주자가 신고예외 및 외국환은행장 신고대상을 제외하고 거주자로부터 증권을 취득하는 경우 한국은행총재 신고사항이다.
11 ③ 금융감독원 조사대상 중 자본거래 관련 신고 등 위반이 전체 위규 건수의 90%를 차지하여 위규의 대부분을 차지한다.
12 ④ 현지법인에 대한 수출대금 채권을 현물출자 방식인 경우 그 법인을 인수하면 신규사유이고, 대부투자 방식의 지분투자로 전환한 행위는 해외직접투자 변경신고사유이다.
13 ③ 역외금융회사를 통한 해외직접투자거래는 위규사례가 아니다.
14 ① 외국환은행장 신고사항이다

10 다음 설명 중 가장 바르지 못한 것은?
① 신고예외대상을 제외하고 비거주자로부터 증권을 취득하고자 하는 경우 한국은행총재 신고사항이다.
② 비거주자가 신고예외 및 외국환은행장 신고대상을 제외하고 거주자로부터 증권을 취득하는 경우 외국환은행장 신고사항이다.
③ 비거주자가 투자전용계좌를 통한 거래, 거주자로부터 상속·유증으로 취득하는 경우는 한국은행총재 신고사항이다.
④ 비거주자가 신고 없이 국내증권을 취득하는 경우 위규이다.

11 자본거래 신고업무에 관한 설명으로 옳지 않은 것은?
① 거주자가 해외직접투자를 하고자 하는 경우 외국환은행장에게 신고해야 한다.
② 해외직접투자 관련 제재기관으로부터 제재를 받은 경우는 사후신고가 가능하다.
③ 금융감독원 조사대상 중 자본거래 관련 신고 등 위반이 전체 위규 건수의 1% 이내로 위규정도가 미미하다.
④ 역외금융회사는 한국은행총재에게 신고해야 한다.

07 지급수단 등의 수출입의 신고예외사항이 아닌 것은?

① 외국환은행의 환전용 내국통화 수출
② 1만불 이하 지급수단 등의 수출·수입
③ 거래당사자가 아닌 제3자를 통한 지급
④ 외국환은행을 통하지 않는 지급 등의 신고를 한 경우

08 다음 중 지급 등의 절차에 관한 설명으로 옳지 않은 것은?

① 해외여행경비는 휴대수출, 외국환은행을 통한 지급 및 신용카드 등으로 지급할 수 있다.
② 해외체재자 및 해외유학생이 해외여행경비를 지급하고자 하는 경우에는 거래외국환은행을 지정하여 거래를 하여야 한다.
③ 해외유학생은 매 연도별로 재학증명서 등 재학사실을 입증할 수 있는 서류를 제출하여야 한다.
④ 세대별 해외이주비 지급누계금액이 미화 5만불을 초과하는 경우에는 관할세무서장이 발급하는 자금출처확인서를 지정거래외국환은행장에게 제출하여야 한다.

09 다음 설명 중 가장 바르지 못한 것은?

① 신고 없이 수출입 명목으로 비거주자로부터 외화자금을 차입 하는 것은 위규이다.
② 비거주자가 10억원 초과 원화자금을 대출받는 경우는 위규이다.
③ 만기 등 금전대차 관련 변경신고 누락은 위규이다.
④ 신고 없이 거주자가 비거주자로부터 원화자금을 차입한 경우는 위규이다.

정답 및 해설

03 ② 외국환은행을 통하지 않는 지급 등은 한국은행 총재에게 신고해야 한다.
04 ② ②는 정당한 업무처리이다.
05 ③ 기타 거주자 또는 비거주자가 지급수단 등을 수출입하고자 하는 경우는 위규가 아니다.
06 ③ 자본거래 신고를 한 자의 신고된 바에 따른 기명식증권의 수출입 등은 신고예외사항이다
07 ③ 거래당사자가 아닌 제3자를 통한 지급은 위규사례이다.
08 ④ 세대별 해외이주비 지급누계금액이 미화 10만불을 초과하는 경우에는 관할세무서장이 발급하는 자금출처확인서를 지정거래외국환은행장에게 제출하여야 한다.
09 ② 비거주자가 10억원 초과 원화자금을 대출받는 경우는 위규가 아니다.

03 여행경비 등 지급과 관련하여 주의할 사항이 아닌 것은?
① 해외여행경비는 휴대수출, 외국환은행을 통한 지급 및 신용카드 등으로 지급이 가능하다.
② 외국환은행을 통하지 않는 지급 등은 기획재정부장관에게 신고해야 한다.
③ 재외동포 재산반출신청서와 지급증빙서류를 지정거래외국환은행장에게 제출해야 한다.
④ 해외체재자 및 해외유학생이 해외여행경비를 지급하고자 하는 경우에는 거래외국환은행을 지정하여 거래해야 한다.

04 다음 설명 중 가장 바르지 못한 것은?
① 신고 없이 해외예금거래를 한 경우는 위규이다.
② 거주자가 비거주자로부터 증권을 취득하고자 하는 경우는 위규이다.
③ 신고 없이 기타자본거래(임대차거래)를 한 경우는 위규이다.
④ 신고 없이 거주자의 현지법인이 본사의 보증을 받아 현지금융을 받은 경우는 위규이다.

05 지급수단 등의 수출입의 위규사례가 아닌 것은?
① 거래당사자가 아닌 제3자를 통한 지급
② 지정거래외국환은행을 통하지 않은 지급
③ 기타 거주자 또는 비거주자가 지급수단 등을 수출입하고자 하는 경우
④ 차명을 이용한 분산송금

06 다음 중 지급수단 등을 수출입하는 경우 관할세관장에 신고하지 않아도 되는 경우는?
① 거주자 또는 비거주자의 1만불 초과 지급수단의 휴대 수입
② 기타 거주자 또는 비거주자가 지급수단 등을 수출입하고자 하는 경우
③ 자본거래 신고를 한 자의 신고 된 바에 따른 기명식증권의 수출입 등
④ 국민인거주자의 1만불 초과 지급수단의 휴대 수출

06장 출제예상 문제

01 지급 등의 절차 – 방법 및 관련 위규사례에 대한 설명으로 바르지 못한 것은?

① 외국환업무 취급기관은 취급하는 외국환거래가 외국환거래법에 따른 허가를 받거나 신고한 것인지를 확인할 의무가 있다.
② 건당 미화 1만불을 초과하는 지급 등을 하고자 하는 경우 외국환은행장에게 사유와 금액을 입증하는 서류를 제출해야 한다.
③ 조약 및 일반적으로 승인된 국제법규와 국내법령에 반하는 행위와 관련된 지급 등을 해서는 안 된다.
④ 지급 등을 하고자 하는 경우 원칙적으로 증빙자료를 제출해야 한다.

02 다음 중 신고기관이 한국은행총재인 외국환거래에 해당되지 않는 것은?

① 거주자 간 외국환은행을 통한 차입
② 제3자가 지급
③ 기획재정부장관이 정하는 기간을 초과하는 지급
④ 상계에 의한 계산

정답 및 해설

01 ② 건당 미화 5천불을 초과하는 지급 등을 하고자 하는 경우 외국환은행장에게 사유와 금액을 입증하는 서류를 제출해야 한다.
02 ① 외국환은행을 통하지 않은 지급거래는 원칙적으로 한국은행총재에 신고대상인 거래이다.

13 외국환거래심사에 대한 설명이다. 가장 바르지 못한 것은?

① 수출입거래 · 용역거래 · 자본거래의 그 거래당사자 및 관계인은 관세청장이 외국환거래심사를 한다.
② 환전영업자(개항장 안의 환전영업자에 한정)와 그 거래당사자 및 관계인은 한국은행총재가 외국환거래심사를 한다.
③ 한국은행총재가 위탁받아 수행하는 업무에 관련되는 보고대상자 등은 한국은행총재가 외국환거래심사를 한다.
④ 외국환업무취급기관 및 관계인, 한국은행총재 및 관세청장의 검사대상자 외의 자에 대한 검사는 금융감독원장이 외국환거래심사를 한다.

출제포인트
환전영업자(개항장 안의 환전영업자에 한정)와 그 거래당사자 및 관계인은 관세청장이 외국환거래심사를 한다.

정답 ❷

금전대차 관련 신고에 관한 설명으로 가장 바르지 않은 것은?

① 대금을 외국환은행을 통해 수수하지 않는 경우 한국은행총재 신고사항이다.
② 거주자와 비거주자 간 금전대차의 경우 거래주체가 개인, 비영리법인인 경우 한국은행총재에게 신고해야 한다.
③ 다른 거주자의 보증 또는 담보를 제공받아 대출받는 경우 비거주자가 신고해야 한다.
④ 거주자와 비거주자 간 외화차입 시 1년 5천만불 초과 시 한국은행총재에게 신고해야 한다.

출제포인트
거주자와 비거주자 간 외화차입 시 1년 5천만불 초과 시 기획재정부장관에 신고해야 한다.

정답 ④

 다음 중 금전대차 관련 신고에 대한 설명으로 가장 옳지 않은 것은 어느 것인가?

① 신고 없이 수출입 명목으로 비거주자로부터 외화자금을 차입하거나 신고 없이 거주자가 비거주자로부터 원화자금을 차입한 경우, 만기 등 금전대차 관련 변경신고 누락 등은 위규이다.
② 거주자와 비거주자 간 은행의 외화차입은 금액에 상관없이 기획재정부장관에 신고해야 한다.
③ 비거주자는 외국환은행의 타행대출합계 동일인 기준 300억원 이하 대출하는 경우 외국환은행장 앞으로 신고해야 한다.
④ 거주자와 비거주자 간 차입에서 거래주체가 개인, 비영리법인인 경우 한국은행 총재신고 사항이다.

출제포인트
1년 5천만불 초과시 기획재정부장관에 신고해야 한다.

정답 ②

09. 다음 중 거주자의 해외부동산 취득에 대한 설명으로 가장 바르지 않은 것은?

① 외국 부동산·시설물의 권리 취득에 따른 골프회원권 등의 매입은 신고대상이 아니다.
② 외국 부동산 매매계약이 확정되기 전에 지정외국환은행장으로부터 내신고수리를 받을 수 있다.
③ 거주자 본인(배우자 포함)이 해외에서 2년 이상 체재할 목적으로 주거용 주택을 취득하는 것이 가능하다.
④ 투자목적으로 신고하여 해외송금한 후 다른 부동산을 취득하거나 제3자 명의로 부동산을 취득하는 것은 관련법규 위반에 해당된다.

출제포인트
외국 부동산·시설물의 권리 취득에 따른 골프회원권 등의 매입은 외국환은행장에 신고대상이다.

정답 ①

10. 다음 중 부동산 취득 관련 신고에 대한 위규사례 중 위규에 해당하지 않는 항목은?

① 외국부동산 매매계약이 확정되기 전에 지정외국환은행장으로부터 내신고수리를 받고 취득예정금액의 10% 이내에서 외국부동산 취득대금을 지급한 경우
② 거주자가 신고수리 없이 해외부동산을 취득한 경우
③ 신고수리 받은 내용과 다른 거래를 한 경우
④ 신고수리 내용과 다르게 부동산취득을 위해 비거주자로부터 차입한 거래

출제포인트
내신고제도에 대한 설명으로 10% 이내에서는 취득 전 지급이 가능하다.

정답 ①

다음 중 자본거래 신고업무에 대한 설명으로 가장 옳지 않은 것은 어느 것인가?

① 금융감독원 조사대상 중 자본거래 관련 신고 등 위반이 전체 위규 건수의 90%를 차지한다.
② 자본거래의 경우 원칙적으로 신고의무를 부과한다.
③ 해외직접투자 등 일부 거래의 경우 사후관리 등의 의무까지 부여한다.
④ 신고 등의 절차를 이행하기 전에 1만불 이내에서 지급한 경우 및 해외직접투자 관련 제재기관으로부터 제재를 받은 경우에는 사전신고가 원칙이다.

출제포인트
사후신고도 가능하다.

정답 ❹

 다음 중 해외직접투자관련 신고 등에 대한 설명으로 가장 옳지 않은 것은 어느 것인가?

① 거주자가 해외직접투자를 하고자 하는 경우 외국환은행장에게 신고해야 한다.
② 역외금융회사의 설치 및 금융기관을 제외한 거주자가 해외지점 또는 사무소를 설치하는 경우 한국은행총재에게 신고해야 한다.
③ 이미 투자한 외국법인이 자체이익유보금 또는 자본잉여금으로 증액 투자하는 경우로서 거주자가 최대주주가 아닌 경우에는 사후보고가 가능하다.
④ 자료제출을 정해진 기한 내 제출하지 않은 경우에는 금융감독원장에게 보고해야 한다.

출제포인트
금융기관을 제외한 거주자가 해외지점 또는 사무소를 설치하는 경우 외국환은행장 신고사항이다.

정답 ❷

05 다음 중 지급 등의 방법에 대한 설명으로 가장 옳지 않은 것은 어느 것인가?
① 지급 등을 하는 경우 거래당사자가 외국환은행을 통하여 거래상대방과 직접 지급하거나 영수하는 것이 원칙이다.
② 제3자 지급 및 외국환은행을 통하지 않는 지급 등은 한국은행총재에게 신고해야 하는 거래이다.
③ 1만불 초과 지급수단 등의 수출·수입은 신고예외 사항이다.
④ 신고대상 거래를 증빙자료를 요하지 않는 소액송금방식으로 편법거래, 지정거래외국환은행을 통하지 않은 지급 등 거래, 거래당사자가 아닌 제3자를 통한 지급 등, 차명을 이용하여 분산송금, 상거래대금을 유학생경비로 허위지급 등은 대표적인 위규사례이다.

> **출제포인트**
> 1만불 이하 지급수단 등의 수출·수입이 신고예외 사항이다.
>
> 정답 ❸

06 자본거래 신고업무에 대한 설명이다. 가장 바르지 못한 것은?
① 해외직접투자관련 신고 시 사후관리가 불가능한 경우 수출입은행장에게 사후관리면제보고를 해야 한다.
② 지정거래외국환은행장은 해외직접투자 관리대장을 작성하고 신고내용의 이행 여부를 확인하는 등 사후관리를 실시해야 한다.
③ 금융기관을 제외한 거주자가 해외지점 또는 사무소를 설치하는 경우 한국은행총재에게 신고해야 한다.
④ 거주자가 신고한 내용을 변경하고자 하는 경우 해외투자신고를 한 기관의 장에게 변경신고 해야 한다.

> **출제포인트**
> 금융기관을 제외한 거주자가 해외지점 또는 사무소를 설치하는 경우 외국환은행장에게 신고해야 한다.
>
> 정답 ❸

다음 중 여행경비 등 지급과 관련하여 주의할 사항에 대한 설명으로 가장 옳지 않은 것은 어느 것인가?

① 해외여행경비는 휴대수출, 외국환은행을 통한 지급 및 신용카드 등으로 지급이 가능하다.
② 외교통상부로부터 해외이주신고확인서를 발급받은 날(국내이주자) 또는 재외공관으로부터 최초로 거주여권을 발급받은 날(현지이주자)로부터 3년 이내에 지정거래 외국환은행을 통하여 지급하거나 휴대수출 할 수 있다.
③ 상계 및 상호계산 및 기획재정부장관이 정하는 기간을 초과하는 지급 등은 외국환은행장에게 신고해야 한다.
④ 재외동포 재산반출신청서와 지급증빙서류를 지정거래외국환은행장에게 제출해야 한다.

출제포인트
한국은행 총재에게 신고해야 한다.

정답 ③

 다음 중 외국환거래법령상 외국통화 매매시 외국환은행이 외국환신고(확인)필증을 발행하거나 제출 받아야 하는 경우에 해당되는 내용으로 옳지 않은 것은?

① 비거주자가 여행경비로 미화 3만불의 외국통화를 매입 의뢰하는 경우
② 여행업자가 단체여행경비로 미화 2만불의 외국통화를 매입 의뢰하는 경우
③ 해외이주자가 이주비 명목으로 미화 5만불을 휴대, 반출하고자 하는 경우
④ 국내법인이 해외여행경비로 미화 1만불의 외국통화를 매입 의뢰하는 경우

출제포인트
1만불 초과 매도시 외국환신고(확인)필증 발급해야 한다.

정답 ④

핵심정리 문제

 다음 설명 중 가장 바르지 못한 것은?

① 외국환업무취급기관제도와 확인의무는 건전한 외국환거래질서 유지 및 체계적 관리를 위한 핵심제도이다.
② 증빙서류 제출 없는 지급 등을 하는 경우는 지급 또는 영수사유서를 통해 거래에 대한 확인을 받아야 하는 등 거래에 대한 확인의무도 없다.
③ 당해 지급 등 또는 그 원인이 되는 거래 또는 행위가 외국환거래법규 및 타 법령 등에 의해 신고를 하여야 하는 경우에는 지급 등을 하기에 앞서 그 신고를 먼저 해야 한다.
④ 외국환거래법령상 신고 등을 요하지 않는 거래로서 연간 누계금액이 10만불 이내 지급은 증빙서류를 제출하지 않을 수 있다.

출제포인트
지급 또는 영수사유서를 통해 거래에 대한 확인을 받아야 하는 등 거래에 대한 확인의무는 있다.

정답 ❷

 해외이주비의 경우 외교통상부로부터 해외이주신고확인서를 발급받은 날(국내이주자) 또는 재외공관으로부터 최초로 거주여권을 발급받은 날(현지이주자)로부터 몇 년 이내에 지정거래외국환은행을 통하여 지급하거나 휴대수출 할 수 있는가?

① 1년　　　　② 3년　　　　③ 5년　　　　④ 10년

출제포인트
3년 이내에 휴대수출 할 수 있다.

정답 ❷

이패스코리아 외환전문역 Ⅰ종

외국환거래실무 제2과목

제6장

각종 위규사례

 # 각종 위규사례

▶ 접근전략 및 기출트렌드

외국환거래법규와 관련한 주요내용은 1과목과 중복되므로, 1과목 내용을 중심으로 공부하도록 합니다. 주요 외국환거래 및 위반사례에 대한 내용으로 1과목에 나온 규정을 중심으로 위규를 판정하므로 출제 빈도가 높지 않습니다.

검사 및 제제의 과태료 등도 1과목이 더 많은 내용이 나오므로 1과목을 참조하면 효율적으로 학습할 수 있습니다.

▶ 출제빈도

단원	주제	학습중요도	출제비율
1절	개요	★	10%
2절	외국환거래법규와 관련한 주요내용	★★★	30%
3절	주요 외국환거래 및 위반사례	★★★★	40%
4절	검사 및 제제	★★	20%

▶ 체크리스트

체크리스트	기본서 상세페이지
외국환거래법규와 관련한 주요내용은 1과목과 중복된다.	P.328 ~ P.331
주요 외국환거래 및 위반사례에 대한 내용으로 1과목에 나온 규정으로 정리한다.	P.348 ~ P.389
검사 및 제제의 과태료 등에 대해서 이해한다.	P.390 ~ P.392

20 수출환어음 매입 및 추심 시 유의사항이 아닌 것은?

① 유효하지 않은 신용장의 수출환어음 매입(추심)은 거래가 금지된다.
② 동일한 고객에 같은 사유로 하자통보가 반복되지 않도록 유의하여야 한다.
③ 특수조건부 신용장 등의 추심 후 지급해야 한다.
④ 매입지정신용장은 매입지정 해제 해지 전에 거래해야 한다.

정답 및 해설

20 ④ 매입지정신용장은 매입지정 해제 해지 후에 거래해야 한다.

18 외화수표와 외화송금에 대한 설명이다. 가장 바르지 못한 것은?

① 위·변조의 경우 해외입금 후라도 부도처리되는 경우가 있으므로 매입의뢰인의 실명확인 및 채권보전에 철저히 해야 한다.
② 타발송금이 도착된 경우 수취인에게 즉시 통지하여 환율변동에 따른 고객의 손실 등으로 민원이 발생하지 않도록 한다.
③ 국가별 은행고유번호 입력을 철저히 하여야 한다.
④ 외화수표는 대금회수가 확실하다고 인정되는 경우에 한하여 추심 후 매입을 하여야 한다.

19 다음 중 수출환어음 매입 및 추심 업무에 관한 설명으로 옳지 않은 것은?

① 수출환어음 매입(추심)일자는 수출신고필증 일자보다 앞서야 한다.
② 환어음은 매입은행이 배서한다.
③ 보험서류는 Assured에 기재된 자(수혜자)가 배서하고 매입은행의 배서는 필요 없다.
④ B/L 등은 Consignee가 To order, To order of shipper인 경우 Shipper가 배서한다.

정답 및 해설

15 ① 외국인직접투자는 기본적으로 사전신고가 원칙이다. 해외직접투자도 원칙적으로 사전신고사항이다. 단, 사후신고가 허용될 수 있는 경우는 당해 계약이 성립한 날로부터 1년 이내로 미화 1만불 범위 내에서 휴대 또는 송금한 경우이다.
16 ① 개인인 경우 3영업일 이내 발급된 주민등록등본을 제출 받아 해외이주 수속 여부를 확인한다.
17 ④ 건당 1백만원 이하에 상당하는 외국통화의 환전(매입·매도) 시에는 실명확인을 생략할 수 있다.
18 ④ 외화수표는 대금회수가 확실하다고 인정되는 경우 추심 후 매입 원칙이고 예외적으로 추심 전 매입을 할 수 있다.
19 ① 수출신고필증 일자는 수출환어음 매입(추심) 일자보다 앞서야 한다.
　　즉, 수출신고필증 일자 ≪ 선적일자 ≪ 매입(추심) 일자

15 다음 중 직접투자 신고 시 주요 점검사항에 관한 설명으로 가장 바르지 않은 것은?

① 해외직접투자는 원칙적으로 사전신고이며, 외국인직접투자는 사후신고가 원칙이다.
② 외국인직접투자 신고 시 투자신고인은 외국인 투자가이다.
③ 해외직접투자 시 투자자의 자격확인(신용불량자, 조세체납자인지 여부)을 거쳐야 한다.
④ 해외직접투자신고서, 사업계획서, 사업자등록증, 납세증명서 등을 징구해야 한다.

16 다음 중 해외직접투자 신고 시 투자자의 자격 확인 점검사항으로 옳지 않은 것은?

① 개인인 경우 7영업일 이내 발급된 주민등록등본을 제출 받아 해외이주 수속 여부를 확인
② 신용불량자 여부 확인
③ 조세체납자인지 여부 확인
④ 개인사업자인 경우 영주권 취득을 목적으로 하는 투자인지 여부 확인

17 다음 중 외국통화 매입 시 유의해야 할 사항에 관한 설명으로 옳지 않은 것은?

① 은행에서 매입이 가능한 통화는 매입은행이 환율을 고시하는 외국통화로 해야 한다.
② 외국통화를 매입할 경우 반드시 지폐의 손상 및 위·변조 여부를 확인하여야 한다.
③ 거주자로부터 동일자, 동일인, 동일점포 기준으로 미화 2만불 상당액을 초과하는 경우는 취득경위 입증서류를 받아야 한다.
④ 건당 1백만원 이하에 상당하는 외국통화를 환전(매입·매도)할 때라도 실명확인을 반드시 해야 한다.

13 다음 중 중계무역방식 수출입 업무에 관한 설명으로 옳지 않은 것은?

① 중계무역방식 수입신용장은 매입은행 이외의 수하인(consignee)을 지정하거나 선하증권(B/L) 일부만의 제시로 개설되는 경우가 대부분이므로 채권보전에 철저를 기하도록 한다.
② 중계무역방식 수입신용장을 개설할 때는 발행된 선적서류 전통을 요구하고 수하인을 중계무역 취급은행으로 지정하여 채권보전을 강화해야 한다.
③ 정상거래 여부와 대금의 결제흐름을 확인하여 외화유출로 유용되지 않도록 유의하여야 한다.
④ 중계무역 관련 기한부 수입신용장(RU)은 만기일 연장이 가능하다.

14 내국신용장 조건에 관한 설명으로 옳지 않은 것은?

① 양도가 불가능한 취소불능 신용장일 것
② 유효기일은 물품의 인도기일에 최장 10일을 가산한 기일 이내일 것
③ 표시통화가 반드시 원화일 것
④ 판매대금추심의뢰서 등의 형식은 개설의뢰인을 지급인으로 하고 개설은행을 지급장소로 하는 일람출급 환어음일 것

정답 및 해설

10 ② 소지인이 위폐인도를 하는 경우 해당외화를 인도받아야 하며 해당하는 금액은 반환하지 않는다. 참고로 소지인이 위폐인도를 거부 시 형법상 처벌내용 설명해야 한다(경찰서에 유선 신고).
11 ④ 신용장상의 요구서류와 선적서류 송부신청서상의 기재내용 일치해야 한다.
12 ① L/G 발행 건에 대해서는 하자를 사유로 부도처리할 수 없다.
13 ④ 중계무역 관련 기한부 수입신용장(RU)은 만기일 연장이 불가하다.
14 ③ 표시통화가 외화여도 가능하다.

10 외화 위폐발견 시 업무처리 절차가 아닌 것은?
① 즉시 관할경찰서에 신고해야 한다.
② 소지인이 위폐인도를 하는 경우 그에 해당 금액을 전신환매입율로 처리하여 지급하여 준다.
③ 한국은행 국제국 국제기획팀 앞으로 위·변조 외국통화 발견내용을 통보해야 한다.
④ 내부보고체계에 의하여 준법감시인 등에게 보고하여야 한다.

11 다음 설명 중 가장 바르지 못한 것은?
① 신용장 개설 시 수입업체 신용도 및 수입물품 확인해야 한다.
② 수출신고필증일자 – 선적일자 – 매입(추심)일자 순으로 처리해야 한다.
③ 수출환어음 매입 및 추심 시 동일한 고객에게 같은 사유로 하자통보가 반복되지 않도록 유의하여야 한다.
④ 신용장상의 요구서류와 선적서류 송부신청서상의 기재내용이 반드시 일치해야 하는 것은 아니어서 업무 처리 시 일치 여부에 상관없이 업무 처리가 가능하다.

12 다음 중 수입신용장 업무에 관한 설명으로 옳지 않은 것은?
① 수입화물선취보증서(L/G)를 발행한 후 선적서류의 하자가 발생된 경우 하자의 사유는 부도의 이유가 된다.
② 일람불 L/C는 만기연장이 불가능하다.
③ 부도처리 시는 신용장조건과의 불일치사항(하자)을 모두 기재해야 한다.
④ 수입신용장 감액 및 취소는 수익자(수출자)가 불리해지는 조건변경이므로 반드시 통지은행을 통한 수익자의 동의전문 접수 후 감액 및 취소거래를 한다.

08 다음 중 수입신용장 개설 및 조건변경 등에 관한 설명으로 가장 바르지 않은 것은?

① 선하증권의 수하인을 은행으로 지정하지 않거나, 선하증권 전통 또는 일부를 제3자 앞으로 송부하는 조건인 경우에는 채권보전의 어려움이 있을 수 있다.
② 모든 하자사항을 수리하는 조건(All Discrepancies are acceptable)의 L/C는 개설이 불가하다.
③ 본지사 간 또는 현지법인을 수출자로 한 수입신용장 등을 개설하는 경우에는 현지법인 등의 물품공급능력 등을 파악하여 공모사기의 가능성에 각별히 유의하여야 한다.
④ 물품의 품질이 좋지 않다는 사유로 부도처리될 수 있으므로 유의하여야 한다.

09 무역금융 융자대상이 아닌 경우는?

① 내국신용장에 의하지 않고 수출용 완제품 또는 원자재를 공급하고자 하는 전년도 실적 5천만 달러 미만인 업체
② 수출 또는 공급실적이 있는 자로 동 수출실적을 기준으로 융자를 받고자 하는 자
③ 수출신용장 또는 지급인도(D/P)와 인수인도(D/A)조건 및 기타 수출관련계약서에 의하여 물품, 건설 및 용역을 수출하거나 국내에 공급하고자 하는 자
④ 전년도 또는 과거 1년간 수출실적이 미화 5천만달러 미만인 업체

정답 및 해설

05 ① 외국환업무 취급기관은 과거 인가제에서 현재 등록제로 바뀌었다.
06 ① 내국신용장을 근거로 다른 내국신용장을 개설할 경우 차수에 관계없이 발행할 수 있다.
07 ③ 전년도 또는 과거 1년간 수출실적이 미화 2억달러 미만인 업체가 포괄금융이 가능하다.
08 ④ 물품의 품질이 좋지 않다는 사유로 부도처리할 수 없다.
09 ① 무역금융 융자대상은 원칙적으로 내국신용장에 의하여야 한다.

05 다음 중 외국환업무 취급 시 유의사항에 관한 설명으로 옳지 않은 것은?
① 외국환업무 취급기관은 과거 등록제에서 현재 인가제로 바뀌었다.
② 외국환 관련 법규 중에서 외국환거래법은 직접 외국환거래를 목적으로 하는 기본 법규이다.
③ 외국환업무 취급기관 및 환전영업자는 거래내용을 기록하고 관련서류를 보존하여야 한다.
④ 외국환업무를 업으로 영위하고자 하는 자는 대통령령이 정하는 바에 의하여 자본·시설 및 전문 인력을 갖추어 미리 기획재정부장관에게 등록하여야 한다.

06 다음 중 환위험 관리 및 무역금융에 관한 설명으로 옳지 않은 것은?
① 내국신용장을 근거로 다른 내국신용장을 개설할 경우 차수에 관계없이 추가 발행할 수 없다.
② 무역금융의 용도별 구분을 하면, 생산자금, 원자재자금, 완제품구매자금으로 나눌 수 있다.
③ 하나의 수출신용장 등과 관련된 무역금융의 취급 및 수출대금의 영수는 동일 외국환은행을 통해 이루어져야 한다.
④ 외국환업무 취급기관은 외국환포지션 한도를 위반한 경우에는 위반한 날로부터 3영업일 이내에 금융감독원장에게 이를 보고하여야 한다.

07 외국환업무 취급 시 유의사항이 아닌 것은?
① 불공정거래행위의 금지 준수 여부 등을 확인해야 한다.
② 외국환업무 취급기관은 외국환 매입초과액과 매각초과액의 한도(외국환포지션 한도) 준수 여부를 매 영업일 잔액을 기준으로 확인하여야 한다.
③ 전년도 또는 과거 1년간 수출실적이 미화 2억달러 이상인 업체는 포괄금융이 가능하다.
④ 수출 또는 공급실적이 있는 자로 동 수출실적을 기준으로 융자를 받고자 하는 자는 무역금융 융자대상이다.

03 다음 중 역외계정의 설치·운용에 관한 설명으로 가장 바르지 않은 것은?

① 역외계정의 예치목적으로 미화 1천만불을 초과하는 외화증권을 상환기간 1년 초과의 조건으로 발행하고자 하는 경우에는 기획재정부장관에게 신고하여야 한다.
② 역외계정과 일반계정 간의 자금이체는 기획재정부장관의 허가를 받아야 한다.
③ 외국환은행은 비거주자로부터 외화자금을 조달하여 비거주자를 상대로 운용하는 역외계정을 설치한 경우에는 이를 일반계정과 구분계리 하여야 한다.
④ 외국에서 외화증권을 발행하여 역외계정 자금을 조달할 수 있고, 비거주자 또는 다른 역외금융계정에 대한 대출 및 예치 등으로 자금을 운용할 수 있다.

04 외국환업무 취급 시 유의사항이 아닌 것은?

① 허가 또는 신고의무 이행 여부를 확인해야 한다.
② 외국환 수수료율에 대한 부당한 공동행위의 금지 준수 여부 확인해야 한다.
③ 외국환거래의 비밀보장 등은 확인의무 사항이 아니다.
④ 외국환 수수료율에 대한 부당한 공동행위의 금지 준수 여부 확인해야 한다.

정답 및 해설

01 ④ 외국환 업무를 위해서는 자본·시설·전문인력을 갖추어 기획재정부장관에 등록하여야 한다.
02 ① 중계무역방식 수출실적으로는 무역금융 혜택을 받을 수 없다.
03 ① 역외계정의 예치목적으로 미화 5천만불을 초과하는 외화증권을 상환기간 1년 초과의 조건으로 발행하고자 하는 경우에는 기획재정부장관에게 신고하여야 한다.
04 ③ 외국환거래의 비밀보장 등은 확인의무 사항이다.

05장 출제예상 문제

01 외국환 업무의 범위에 대한 설명으로 가장 바르지 못한 것은 어느 것인가?
① 외국환 관련 법규의 기본법규는 외국환거래법이다.
② 대외무역법, 외국인투자촉진법, 국내자산도피방지법, 한국은행법, 한미행정협정 등의 관련법규가 있다.
③ 외국환 업무의 범위에서 신용장의 개설·통지·양도, 선적서류 매입 및 인도는 신용장업무에 해당한다.
④ 외국환 업무를 위해서는 자본·시설·전문인력을 갖추어 한국은행에 등록하여야 한다.

02 다음 중 무역금융 융자대상에 해당되지 않는 자를 고르시오.
① 중계무역방식 수출실적으로 융자를 받고자 하는 자
② 수출 또는 공급실적이 있는 자로 수출실적을 기준으로 융자를 받고자 하는 자
③ 내국신용장에 의하여 수출용 완제품 또는 원자재를 공급하고자 하는 자
④ 해외에서 구매한 원자재를 가공하여 수출용 완제품을 공급하고자 하는 자

15 해외직접투자에 대한 설명으로 바르지 못한 것은?

① 개인이나 개인사업자인 경우 해외이주 수속 중이거나 영주권 취득을 목적으로 하는 투자가 아니어야 한다.
② 외국인직접투자는 기본적으로 사후신고가 원칙이다.
③ 신용불량자 및 조세체납자는 해외직접투자가 불가능하다.
④ 해외직접투자 시 대리인이 신고할 경우에는 공증 받은 외국인 투자가의 위임장을 첨부해야 한다.

출제포인트
외국인직접투자는 기본적으로 사전신고가 원칙이다.

정답 ❷

13 다음 중 수출입 업무에 대한 설명으로 가장 옳지 않은 것은 어느 것인가?

① 신용장 만기일 연장 시 반드시 서류제시은행을 통한 수출자의 연장 동의 전문 접수 후 연장이 가능 한 것이 Shipper's Usance L/C이다.
② 부도처리는 신용장조건과의 불일치사항(하자)을 모두 기재하여야 한다.
③ 일람불 L/C는 연장이 불가하다. 단, 서류제시은행을 통한 수출자의 연장 동의 전문 접수 후 연장이 가능하다.
④ 서류상 불일치로 인한 하자 여부가 가능하고, 물품의 품질 등이 나쁘다는 사유로 부도처리가 가능하다.

출제포인트
물품의 품질이 나쁘다는 사유로 부도처리할 수 없다.

정답 ④

14 중계무역방식 수출입 업무에 관한 설명으로 가장 바르지 못한 것은?

① 중계무역 관련 기한부 수입신용장은 만기일 연장이 불가능하다.
② 중계무역방식 수입신용장은 매입은행 이외의 수하인을 지정하거나 선하증권(B/L) 일부만의 제시로 개설되는 경우가 대부분이므로 채권보전에 철저해야 한다.
③ 수입대금의 지급보다 네고가 선행하는 경우에는 동 수출대금을 반드시 관련 수입대금 결제자금(수입보증금)으로 충당하는 채권보전에 유의하여야 한다.
④ 중계무역 시 수입신용장은 관련 수출신용장의 매입이 전제될 경우 원칙적으로 기한부신용장으로 개설한다.

출제포인트
중계무역 시 수입신용장은 관련 수출신용장의 매입이 전제될 경우 원칙적으로 일람불신용장으로 개설한다.

정답 ④

수입신용장 개설 및 조건변경 등에 대한 설명이다. 가장 바르지 못한 것은?

① 신용장 감액 및 취소는 수익자(수출자)가 불리해지는 조건변경이므로 반드시 통지은행을 통한 수익자의 동의전문 접수 후 감액 및 취소거래를 한다.
② 본지사 간 또는 현지법인을 수출자로 한 수입신용장 등을 개설하는 경우에는 현지법인 등의 물품공급능력 등을 파악하여 공모 사기의 가능성에 유의해야 한다.
③ 신용장 개설 시 채권보전 등에 유의해야 한다.
④ 신용장 개설 시 특수조건부 신용장의 경우 매입을 거절해야 한다.

> **출제포인트**
> 신용장 개설 시 특수조건부 신용장의 경우 매입이 가능하지만 신용장 여부 등의 확인을 철저하게 해야 한다.
>
> 정답 ④

 다음 설명 중 가장 바르지 못한 것은?

① 반드시 서류제시은행을 통한 수출자의 연장 동의 전문 접수 후 연장이 가능한 신용장은 Shipper's Usance L/C라고 한다.
② L/G 발행 건은 하자를 사유로 부도처리가 가능하다.
③ Banker's Usance L/C의 경우 자금상황과 미래현금흐름을 면밀히 파악하여 연장시점에서 최대한 수입보증금을 적립해야 한다.
④ 신용장방식 이외의 송금방식 결제분이 혼합된 선적서류의 경우 L/G 발급에 유의해야 한다.

> **출제포인트**
> L/G 발행 건은 하자를 사유로 부도처리가 불가능하다.
>
> 정답 ②

 위·변조 외국통화 유통사례에 해당하지 않는 것은?

① 다량의 외국통화 매입시 권종이 다른 화폐를 포함한 경우
② 소액권을 고액권으로 변조하는 경우
③ 외국통화 구권 및 고액권의 환전을 요구하는 경우
④ 일부 훼손된 화폐의 교환을 요구하는 경우

출제포인트
일부 훼손된 화폐의 교환을 요구하는 경우는 위·변조 외국통화 유통사례에 해당하지 않는다.

정답 ④

 다음 중 외국통화 매입 시 점검사항에 대한 설명으로 가장 옳지 않은 것은 어느 것인가?

① 거주자의 경우 매입 시 2만불 초과 시 취득경위를 입증할 수 있는 서류를 제출해야 한다.
② 거주자의 경우 매입 시 2만불 초과 시 취득경위를 입증하지 못할 경우 증여로 간주하여 매입한다.
③ 비거주자 / 외국인 거주자의 경우 2만불 초과 시 외국환신고(확인)필증을 징구한다.
④ 국내 입국 후 계속하여 12개월 이상 체류하는 경우 외국인거주자로 전환한다.

출제포인트
국내 입국 후 계속하여 6개월 이상 체류하는 경우 외국인거주자로 전환한다.

정답 ④

외국환업무 취급 시 유의사항에 대한 설명이다. 가장 바르지 못한 것은?

① 신용장기준금융을 이용하는 업체에 대하여는 당해 업체가 보유한 수출신용장 등의 외화금액에 매매기준율의 융자취급일 전월 평균환율을 곱한 금액 범위 내에서 융자가 가능하다.
② 하나의 수출신용장 등과 관련된 무역금융의 취급 및 수출대금의 영수는 2군데 이상의 외국환은행을 통하여 어음매입을 지정할 수 있다.
③ 무역금융을 융자금의 형태로 구분할 때 생산자금, 원자재자금, 완제품 구매자금으로 나누는 것을 용도별 금융이라고 한다.
④ 외국환포지션 한도를 위반한 경우에는 위반한 날로부터 3영업일 이내에 금융감독원장에게 이를 보고하여야 한다.

출제포인트
하나의 수출신용장 등과 관련된 무역금융의 취급 및 수출대금의 영수는 동일 외국환은행을 통하여 이루어져야 한다.

정답 ❷

 다음 중 무역금융에 대한 설명으로 가장 옳지 않은 것은 어느 것인가?

① 무역금융 융자대상으로는 수출신용장 또는 지급인도(D/P)와 인수인도(D/A)조건 및 기타 수출관련계약서에 의하여 물품, 건설 및 용역을 수출하거나 국내에 공급하고자 하는 자, 내국신용장에 의하여 수출용 완제품 또는 원자재를 공급하고자 하는 자, 수출 또는 공급실적이 있는 자로 동 수출실적을 기준으로 융자를 받고자 하는 자 등을 말한다.
② 전년도 또는 과거 1년간 수출실적이 미화 2억 달러 미만인 업체는 용도별 금융을 받아야 한다.
③ 무역금융 융자금액은 신용장기준금융을 이용하는 업체에 대하여 당해 업체가 보유한 수출신용장 등의 외화금액에 매매기준율의 융자취급일 전월 평균환율을 곱한 금액 범위 내에서 융자가 가능하다.
④ 하나의 수출신용장 등과 관련된 무역금융의 취급 및 수출대금의 영수는 동일 외국환은행을 통하여 이루어져야 한다.

출제포인트
포괄금융을 받을 수 있다.

정답 ❷

 외국환업무 취급에 대한 설명으로 가장 바르지 못한 것은 어느 것인가?

① 변칙적인 외환송금-환전의 금지 준수 여부 등을 확인해야 한다.
② 우리나라가 체결한 조약 및 일반적으로 승인된 국제법규의 성실한 이행을 위하여 불가피한 경우 기획재정부장관의 허가를 받도록 할 수 있다.
③ 상계 등의 방법으로 채권·채무를 소멸시키거나 상쇄시키는 방법으로 결제하는 경우 기획재정부장관에게 미리 신고해야 한다.
④ 외국환업무 취급기관을 통하지 아니하고 지급 또는 영수를 하는 경우 한국은행장에게 미리 신고하여야 한다.

> **출제포인트**
> 상계 등의 방법으로 채권·채무를 소멸시키거나 상쇄시키는 방법으로 결제하는 경우 외국환은행장 및 한국은행장에게 미리 신고해야 한다.
>
> **정답 ❸**

 다음 중 외국환업무 취급 시 유의사항에 대한 설명으로 가장 옳지 않은 것은 어느 것인가?

① 우리나라가 체결한 조약 및 일반적으로 승인된 국제법규의 성실한 이행을 위하여 불가피한 경우 기획재정부장관의 허가를 받아야 한다.
② 기획재정부장관이 정하는 기간을 결제하는 경우 경우는 기획재정부장관에게 미리 신고를 해야 한다.
③ 국제평화 및 안전유지를 위한 국제적 노력에 특히 기여할 필요가 있는 경우 기획재정부장관에게 미리 신고를 해야 한다
④ 외국환 수수료율에 대한 부당한 공동행위의 금지 준수 여부를 지켜야 한다.

> **출제포인트**
> 기획재정부장관의 허가를 받아야 한다.
>
> **정답 ❸**

외국환은행이 대고객 외국환업무를 처리함에 있어 외국환거래법, 동법 시행령, 외국환거래규정 등 각종 법규를 준수하는 올바른 업무처리 방법에 해당하지 않는 것은?

① 외국인 및 비거주자에 대하여 환전시에는 금액에 상관없이 실명확인을 필수로 한다.
② 환전상이 임의로 제시한 명단에 의해 환전 요청할 경우 환전이 불가함을 안내한다.
③ 해외체재자 및 해외유학생에게 해외여행경비 지급 시 거래외국환은행을 지정한다.
④ 일반여행자가 미화 1만불을 초과 금액을 휴대, 수출하는 경우 세관에 신고하도록 안내한다.

출제포인트
1천불 이상인 경우 실명확인을 한다.

정답 ①

 외국환업무에 설명으로 가장 바르지 못한 것은 어느 것인가?

① 외국환은행이 비거주자로부터 미화 5천만불 초과 외화자금을 상환기간 1년 초과 조건으로 차입하고자 하는 경우 기획재정부장관에게 신고사항이다.
② 잔존만기 3개월 이내 부채에 대한 잔존만기 3개월 이내 자산 비율을 60% 이상으로 관리해야 한다.
③ 외국환업무 취급기관은 상환기관이 1년 이상인 외화대출의 100% 이상을 상환기간이 1년 초과인 외화자금으로 조달해야 한다.
④ 외국환은행은 비거주자로부터 외화자금을 조달하여 비거주자를 상대로 운영하는 역외계정을 설치한 경우에는 이를 일반계정과 구분계리 하여야 한다.

출제포인트
잔존만기 3개월 이내 부채에 대한 잔존만기 3개월 이내 자산의 비율을 85% 이상으로 관리해야 한다.

정답 ②

핵심정리 문제

 외국환 업무 범위의 국제금융 항목에 포함되지 않는 것은?
① 단기·중장기 외화자금 조달 및 운용
② 외화표시 유가증권 발행·투자·운용·인수·주선
③ 무역금융, 내국신용장, 원화지급보증
④ 금융선물, 파생상품

출제포인트
무역금융, 내국신용장, 원화지급보증은 무역관계 여신항목이다.

정답 ③

 다음 중 외국환 업무에 대한 설명으로 가장 옳지 않은 것은 어느 것인가?
① 외국환 기본법규는 외국환거래법이다.
② 외국환 관련 법규는 대외무역법, 외국인투자촉진법, 국내자산 도피방지법, 한국은행법, 한미행정협정 등이 있다.
③ 외국환업무의 등록을 위해서는 자본·시설·전문인력을 갖추어 한국은행장에게 등록해야 한다.
④ 외국환업무에 2년 이상 종사한 경력이 있는 자 또는 기획재정부장관이 정하는 교육을 이수한 자를 영업소별로 2명 이상 확보해야 한다.

출제포인트
기획재정부장관에게 등록해야 한다.

정답 ③

이패스코리아 외환전문역 Ⅰ종

외국환거래실무 제2과목

제5장

외국환업무와 관련된 컴플라이언스 업무

05 외국환업무와 관련된 컴플라이언스 업무

▶ **접근전략 및 기출트렌드**

외국환업무 취급 시 유의사항 및 체크포인트로 1과목과 중복되므로, 1과목에서 충분한 내용이 숙지되었다면 넘어가도 되는 파트입니다. 또한 출제빈도도 높지 않습니다.

▶ **출제빈도**

단원	주제	학습중요도	출제비율
1절	개요	★	10%
2절	외국환업무 취급 시 유의사항 및 체크포인트	★★★★★	70%
3절	관련사례	★★	20%

▶ **체크리스트**

체크리스트	기본서 상세페이지
외국환업무 취급 시 유의사항 및 체크포인트 1과목과 중복된다.	P.285 ~ P.308

14 외화매매손익의 구성요소에 설명으로 가장 바르지 못한 것은 어느 것인가?

① 외환매매손익 환가료 등은 취급수수료에 해당한다.
② 외화매매손익의 구성요소 중 운임과 보험료 및 Handling Charge는 취급수수료이다.
③ 외화매매손익의 구성요소의 매매마진은 외환매매차익이다.
④ 외화표시 자산·부채의 취득가액과 평가가액과의 원화가치 변동액은 외환평가손익이다.

15 다음 중 포지션계정의 성격과 역할에 관한 설명으로 가장 바르지 않은 것은?

① 영업점에서는 고객과 수동적인 외국환매매거래를 통해 포지션이 발생하게 되어 대부분 통화별로 매입초과 또는 매도초과 상태에 놓이게 된다.
② 영업점에서 외국통화를 원화를 대가로 매입 시는 매입포지션이 발생되어 환리스크를 부담하게 되므로 본부와 포지션을 Square하기 위한 Position-Cover 거래를 하게 된다.
③ 포지션계정은 전표기표에 의해 발생하는 계정이다.
④ Position Cover 거래란 매입초과 포지션 또는 매도초과 포지션을 반대거래를 통해 Square Position 상태로 만들기 위한 것이다.

정답 및 해설

12 ④ 외국통화는 자산계정이므로 자산의 감소는 대변에 기록하고, 외국통화 매도는 매도초과(Oversold) 포지션이므로 차변에 외화본지점으로 기록한다.
13 ④ 매입초과 포지션의 경우 원화유출이 발생한다.
14 ① 외환매매손익 환가료 등은 이자에 해당한다.
15 ③ 포지션계정은 원화 대가에 의한 외환의 매매거래 발생 시 자동적으로 나타나는 계정으로, 전표기표에 의해 발생하는 계정이 아니다.

12 이패스은행은 고객에게 외국통화 미화 5만불을 매도하고 포지션을 커버하였다. 다음 중 올바른 회계 처리는?

	거래구분	차변	대변
①	외국통화매도	외국통화 ×××	고객계정 ×××
	포지션 커버	원화본지점 ×××	외화본지점 ×××
②	외국통화매도	고객계정 ×××	외국통화 ×××
	포지션 커버	원화본지점 ×××	외화본지점 ×××
③	외국통화매도	외국통화 ×××	고객계정 ×××
	포지션 커버	외화본지점 ×××	원화본지점 ×××
④	외국통화매도	고객계정 ×××	외국통화 ×××
	포지션 커버	외화본지점 ×××	원화본지점 ×××

13 외화자산 및 부채의 평가에 대한 설명이다. 가장 바르지 못한 것은?
① Square 포지션은 환리스크가 없고, 원화자금흐름에도 영향이 없다.
② 통상 미달러화의 자금이체는 한국은행 외환업무부에 설치되어 있는 지준예치금계정을 통해 이루어진다.
③ 외환포지션의 매입초과 또는 매도초과 분에 대해 국내외 외환시장에서 은행간 거래를 통하여 포지션을 커버하는 절차를 환조정이라고 한다.
④ 매입초과 포지션의 경우 원화유입이 발생한다.

10 다음 중 은행의 Bought Position이 발생하는 거래로 옳지 않은 것은?

① 추심 전 매입
② 부도 후 입금대전 지급
③ 타발송금 대전 지급
④ 당발송금, 여행자수표 판매 등

11 다음 중 외환회계의 손익계정 처리 업무로서 가장 바르지 않은 것은?

① 외국환업무와 관련하여 발생하는 수익과 비용은 크게 나누어 보면, 이자·수수료·외환매매손익으로 구분할 수 있다.
② 모든 외환손익은 당일의 기준환율을 적용하여 모두 원화로 환산하여 원화손익계정에 계상된다.
③ 외화재무상태표의 자산과 부채의 원화 평가액이 매일매일 변동하듯 손익의 원화평가액도 매일매일 변동한다.
④ 외국환회계는 통화별 재무상태표 작성이 가능하나, 외화손익계산서는 작성되지 않고 원화손익계산서에 흡수된다.

정답 및 해설

07 ③ 고객의 송금요청에 의해 송금을 하게 되면 당행의 외화타점예치금 계정에서 수수료를 제외한 금액이 지급은행에 지급되기 전까지는 매도외환이라는 경과계정으로 처리하였다가 당행의 외화타점예치금에서 돈이 인출되어 지급은행에 입금이 되는 시점에 그 경과계정이 소멸되게 된다.
08 ③ 미결제외환에 관한 설명이고, 미지급외환, 외화선수수익은 부채계정이다.
09 ① 외화타점예치금은 대표적인 결제계정이다. 수출환어음 취급 같은 경우는 매입환으로 경과계정으로 계정 처리하였다가 추심 후 결제계정인 외화타점예치금으로 입금이 되면 경과계정을 없애고 결제계정으로 대체한다.
10 ④ 당발송금이나 여행자수표 판매는 매도외환이 발생하므로 Sold Position이 발생하는 거래이다.
11 ③ 외화재무상태표의 자산과 부채의 원화 평가액은 매일매일 변동하지만 외국환업무에 따른 손익거래는 모두 원화로 환산하므로 결과적으로 모두 원화거래가 된다.

07 외국환은행에서 고객의 의뢰에 의하여 대외송금거래가 발생되었다. 이 때 고객으로부터 받은 송금대전이 외국에서 실제로 지급되기 전까지 잠정적으로 처리하는 경과계정은?

① 외화타점예치금
② 매입외환
③ 매도외환
④ 미지급외환

08 해외의 예치환거래은행 등에 있는 외국환은행의 당방계정 또는 외국환은행의 국외 본지점계정에서 선차기 되었으나 아직 그 귀속주체가 정해지지 않아 미결제되고 있는 대금을 처리하는 경과계정은?

① 미지급외환
② 외화선수수익
③ 미결제외환
④ 외화미수수익

09 다음 중 외국환회계에 관한 설명으로 가장 바르지 않은 것은?

① 외화타점예치금 계정은 수출환어음 매입대금이 예치환거래은행 계좌에 입금될 때 일시적으로 회계처리하는 경과계정이다.
② 외환평가손익은 외화표시자산 및 부채의 취득가액과 현재 환율에 따른 평가가액과의 원화가치 변동액을 의미한다.
③ 외국환거래에서 발생하는 손익은 발생 즉시 원화로 평가하여 원화손익으로 반영된다.
④ 우편기간, 시차 등의 이유로 당방계정과 선방계정의 잔액은 일치하지 않을 수 있으므로 환대사를 통해 그 차이를 규명하게 된다.

04 외국으로부터 내도하는 타발송금의 경우 송금대전은 이미 외국환은행의 외화타점예치금 계정에 입금되었으나 국내의 송금수취인에게 지급이 아직 일어나지 않는 경우에 발생하는 경과계정은?

① 외화가지급금　　　　　　　　② 외화미지급금
③ 미지급외환　　　　　　　　　④ 미결제외환

05 은행의 우발채무 중에서 주채무가 확정된 우발채무(확정지급보증)와 주채무가 확정되지 아니한 우발채무(미확정지급보증)를 구분 표시하여야 하는 계정과목을 무엇이라고 하는가?

① 난외계정　　　　　　　　　　② 손익계정
③ 경과계정　　　　　　　　　　④ 부채계정

06 외국환계정과목의 체계에 대한 설명이다. 가장 바르지 못한 것은?

① 모든 외환손익은 이를 외화로 평가하여 외화손익계정에 계상한다.
② 유동성이 높은 자산과 부채 과목을 먼저 표시하는 유동성 배열법을 사용한다.
③ 외국예수금, 매도외환, 외화콜머니 등은 부채계정이다.
④ 은행의 우발채무 중에서 주채무가 확정된 우발채무(확정지급보증)와 주채무가 확정되지 아니한 우발채무(미확정지급보증)를 구분 표시하여야 하는 계정과목을 난외계정이라고 한다.

정답 및 해설

01 ④　경과계정이라고 한다.
02 ③　경과계정이란 결제계정에 최종적으로 귀착할 때까지 잠정적 처리를 위한 계정과목을 말하며, 결제계정은 외국환거래가 최종적으로 귀착(종결)되는 계정과목을 말한다. 외화본지점은 대표적인 결제계정과목이다.
03 ①　해외환거래은행이 국내 외국환은행에 개설한 해외환거래은행 명의의 환결제계정을 선방계정이라고 한다.
04 ③　경과계정으로서 미지급외환에 관한 설명이다.
05 ①　난외계정이라고 한다.
06 ①　모든 외환손익은 이를 원화로 환산하여 원화손익계정에 계상한다.

출제예상 문제

01 외국환회계의 특성에 대한 설명이다. 가장 바르지 못한 것은?

① 외국환거래는 대외지급수단인 외국통화, 외화수표 등 외국환 자체를 하나의 상품으로 간주한다.
② 환율변화에 따라 외화자산과 외화부채의 가치가 변동하고 외환매매손익이 결정된다.
③ 외국환거래는 자금의 대차업무와 상품매매업무가 복합된 형태이며, 운임 및 보험료와 보전수수료 등이 수반된다.
④ 외국환은행이 회계처리 절차상 어떤 거래의 결제가 이루어질 때까지 과도기적으로 처리할 수 있는 계정을 결제계정이라고 한다.

02 다음 계정과목 중 경과계정이 아닌 것은?

① 매입외환　　　　　② 매도외환
③ 외화본지점　　　　④ 미결제외환

03 외국환회계의 특성에 대한 설명이다. 가장 바르지 못한 것은?

① 해외환거래은행이 국내 외국환은행에 개설한 해외환거래은행 명의의 환결제계정을 당방계정이라고 한다.
② 외화타점예치금(Our a/c)은 당방계정 차변에 기록한다.
③ 통화별 외화손익계산서가 작성되지 않기 때문에 수납 당일의 환율을 적용, 모두 원화손익으로 반영해야 한다.
④ 외국환거래는 자금의 대차업무와 상품매매업무가 복합된 형태이며, 운임 및 보험료와 보전수수료 등이 수반된다.

외화재무상태표 계정과목 중 외화본지점 계정에 대한 설명으로 옳지 않은 것은?

① 잔액이 차변에 표시될 수도 있고, 대변에 표시될 수도 있는 양변계정이다.
② 본지점 합산재무제표 작성시 잔액이 상쇄되어 표시되지 않는 것이 원칙이다.
③ 고객과의 외국환거래시 해당거래가 종료되지 않은 경우 결제시점까지 일시적으로 처리하는 경과계정 과목이다.
④ 국외본지점 계정은 갑계정(Special A/C)과 을계정(Ordinary A/C)으로 구분된다.

출제포인트
결제계정이다.

정답 ❸

 외화매매손익에 설명으로 가장 바르지 못한 것은 어느 것인가?

① 일반 외국환은행의 평가기준일은 매월 최종영업일이다.
② 외국은행 국내지점은 매월 1회 자체적으로 지정한 일자 및 결산 시에는 결산일이 평가기준일이다.
③ 평가대상은 외화자산과 외화부채이다.
④ 수입신용장발행(대충), 기타외화지급보증(대충) 등 각주계정(대조계정)은 평가대상에서 제외된다.

출제포인트
수입신용장발행(대충), 기타외화지급보증(대충) 등 각주계정(대조계정)도 평가대상에 포함된다.

정답 ❹

10 환포지션에 대한 설명이다. 가장 바르지 못한 것은?

① 매입초과 포지션의 경우 환율상승 시 환차익이 발생한다.
② 영업점은 고객의 요구에 의해 환포지션이 발생하므로 환위험을 피하기 위해서는 반대거래를 통해 포지션을 Square로 만들어야 한다.
③ 영업점 간의 환포지션 합이 자동으로 Square로 조정되는 것을 환조정이라고 한다.
④ Bought Position은 수출거래 시 추심전 매입, 추심후 매입대전지급, 부도후입금대전지급 등을 말한다.

출제포인트
환매리라고 한다.

정답 ❸

11 다음 중 외화자산 및 부채의 평가에 대한 설명으로 가장 옳지 않은 것은 어느 것인가?

① Bought Position의 경우 수출거래에서는 추심전 매입, 추심후 매입대전지급, 부도후 입금대전지급 등이 발생 원인이 된다.
② Sold Position의 경우 수입거래에서는 수입어음결제, 대지급금발생이 발생 원인이 된다.
③ 영업점은 고객의 요구에 의해 환포지션이 발생하므로 환위험을 피하기 위해서는 반대거래를 통해 포지션을 Square로 만들어야 한다.
④ 외환포지션의 매입초과 또는 매도초과 분에 대해 국내외 외환시장에서 은행간 거래를 통하여 포지션을 커버하는 절차를 환매리라고 한다.

출제포인트
환조정(Exchange Cover)이라고 한다.

정답 ❹

외화재무상태표 부채 계정과목으로 옳지 않은 것은?

① 매도외환 ② 외화차입금
③ 내국수입유산스 ④ 외화수입보증금

출제포인트
내국수입유산스는 자산계정이다.

정답 ③

외국환계정과목 중 주요 부채계정이 아닌 것은?

① 외화콜머니 ② 미결제외환
③ 외화본지점 ④ 외국예수금

출제포인트
미결제외환은 자산계정이다.

정답 ②

은행에서 외환업무를 처음 맡게 된 외환담당자 A는 외화수표 매입은 외국환회계상 [매입 외환] 계정으로 처리된다는 사실을 알게 되었다. 다음 중 [매입외환] 계정에 대한 설명으로 옳지 않은 것은?

① 동 계정잔액은 자금화 예정인 미추심 원화금액이다.
② 외국환회계상 외화자산계정(차변)에 표시된다.
③ 동 계정은 일시적으로 처리하는 경과계정과목이다.
④ 수출환어음 매입 시에도 동계정과목으로 처리한다.

출제포인트
동 계정잔액은 자금화 예정인 미추심 외화금액이다.

정답 ①

다음 중 외국환계정과목에 대한 설명으로 가장 옳지 않은 것은 어느 것인가?

① 유동성이 높은 자산과 부채 과목을 먼저 표시하는 것을 유동성 배열법 표시라고 한다.
② 주요 자산계정에는 매도외환, 미지급외환, 외화콜머니 등이 있다.
③ 은행의 우발채무 중에서 주채무가 확정된 우발채무(확정지급보증)와 주채무가 확정되지 아니한 우발채무(미확정지급보증)를 구분표시 하여야 하는 계정과목을 난외계정이라고 한다.
④ 난외계정(부외계정, 각주계정, Footnotes)은 약정사항의 종류별 금액, 배서금액, 파생상품관련 약정사항 등을 말한다.

출제포인트
주요 자산계정에는 외국통화, 외화예치금, 매입외환 등이 있다.

정답 ❷

 대고객 외국환거래시 해당 거래가 종료되지 않은 경우 동 거래의 결제가 완료되는 시점까지 일시적으로 처리하는 외화재무상태표 경과계정 과목으로 옳지 않은 것은?

① 매도외환
② 미지급외환
③ 외화증권
④ 매입외환

출제포인트
외화증권은 자산계정이다.

정답 ❸

03 다음 중 경과계정과 결제계정에 대한 설명으로 가장 옳지 않은 것은 어느 것인가?

① 외국환은행이 회계처리 절차상 어떤 거래의 결제가 이루어질 때까지 과도기적으로 처리할 수 있는 계정을 경과계정(Tunnel a/c)이라고 한다.
② 결제를 위해 외국환거래가 최종적으로 귀착되는 계정을 결제계정이라고 한다.
③ 경과계정의 종류에는 수출거래, 수입거래, 당발송금거래, 타발송금 등이 있다.
④ 해외환거래은행이 국내 외국환은행에 개설한 해외환거래은행 명의의 환결제계정(당좌예수금)을 당방계정이라고 한다.

출제포인트

선방계정에 대한 설명이다. 당방계정은 외국환은행이 해외환거래은행에 개설한 자행 명의의 환결제계정(당좌예치금)을 말한다.

정답 ④

 04 다음 계정과목 중 경과계정에 해당하는 것은?

① 외화타점예치금
② 외화본지점
③ 외화타점예수금
④ 미지급외환

출제포인트

미지급외환 계정과목은 경과계정이며, 나머지는 결제계정이다.

정답 ④

제4장 핵심정리 문제

01 다음 중 외국환회계의 특성에 관한 설명으로 가장 바르지 않은 것은?

① 외국환거래는 국제간의 대외지급수단인 외국통화, 외화수표 등 외국환 자체를 하나의 상품으로 간주하지는 않는다.
② 외국환회계는 환율이 개재되어 있어 환율의 적용문제는 외국환회계의 가장 기본적이고도 중요한 요소이다.
③ 환가료, 수수료, 외환매매손익, 외환평가손익 등 복잡한 손익형태를 갖는다.
④ 복잡한 자금결제 구조를 갖고 있어 경과계정 및 결제계정 등 특이한 계정체계를 갖는다.

출제포인트
외국환거래는 국제간의 대외지급수단인 외국통화, 외화수표 등 외국환 자체를 하나의 상품으로 간주한다.

정답 ❶

02 선방계정의 차변에 기록하는 항목인 것은?

① 외화타점예수금(Their a/c)
② 외화타점대(Their a/c Overdraft)
③ 외화타점차(Our a/c Overdraft)
④ 외화타점예치금(Our a/c)

출제포인트
선방계정의 차변 항목에 들어갈 내용은 타은행의 외화계정이고 차변이므로 외화타점대(Their a/c Overdraft)이다.

정답 ❷

206 제4장 • 외국환회계

이패스코리아 외환전문역 Ⅰ종

외국환거래실무　제2과목

제4장

외국환회계